新时代

非凡十年的虹口答卷

中共上海市虹口区委党史办公室 编

上海人民出版社

编委会

目　录

文化建设

社会建设

生态文明建设

全面从严治党

北外滩开发建设

后　记

序

中共上海市虹口区委书记　李　谦

十年可以见证一个区域的蜕变，也可以成就一个地方的辉煌。

新时代非凡十年，是虹口坚定不移沿着习近平总书记指引的方向一路前行的十年，也是内强实力外塑形象、全区上下自信自强极大提升的十年。特别是 2018 年，在改革开放 40 周年这一重大历史时刻，习近平总书记亲临虹口考察，掀开了新时代虹口高质量发展的新篇章。

十年的团结奋进，虹口地区生产总值突破千亿元大关，金融从无到有、从有到精，成为资管规模超 8 万亿元的财富管理高地；航运集聚发展的优势和能级持续巩固提升，成为全球高能级航运企业和功能机构汇聚之地；绿色低碳迈出新步伐，成为全国碳排放权交易市场的落地运行之所，积聚了高质量发展的强劲动能。十年的用心绘就，虹口更高了，浦西最高楼从 320 米白玉兰广场跨越到了 480 米上海北外滩中心；虹口更开阔了，3.4 公里"一江一河"岸线还江于民，让老百姓直抵滨水一线；虹口更令人瞩目了，世界会客厅于建党百年之际落成启用，习近平总书记向首届北外滩国际航运论坛发来贺信。十年的倾力投入，全区成片二级以下旧里改造历史性完成，"一南一北"区域医疗中心建成，上艇赛、上帆赛、旅游节、潮生活节让人民群众的生活更加丰富多彩。十年前，来到这里的人们憧憬着未来的虹口；十年后，在虹口生活的他们更期待都市发展新标杆。这一幅幅景象、一项项成果、一道道声音，生动演绎了中国式现代化的虹口实践，勾勒了上海这座人民城市的虹口画卷。

以史鉴今、资政育人。本书对虹口新时代十年的发展历程和宝贵经验进行了系统梳理，从党建引领、科技创新、企业发展，到社会治理创新、城市品质提升、民生福祉改善，以翔实的史料、清晰的脉络、生动的案例，全方位展现了虹口的发展亮点和创新突破，是一部生动鲜活的发展史、荣誉册和奋斗书。十年风雨兼程，十年硕果累累，这份答卷是虹口广大干部群众共同书写的。

新时代新征程，在党中央、国务院和市委、市政府的坚强领导下，虹口正全面贯彻落实习近平新时代中国特色社会主义思想，坚持创新引领高质量发展，加快建设"上海北外滩、都市新标杆"，努力打造成为中国式现代化的重要展示窗口，以更高站位、更大格局、更强担当，推动宏伟蓝图高质量转化为"施工图""实景画"，为上海加快建设具有世界影响力的社会主义现代化国际大都市作出新贡献，为以中国式现代化全面推进中华民族伟大复兴增添新力量！

2023 年 10 月

十年综述

全面推进中国式现代化建设的虹口实践
以实干实绩打造中国式现代化重要展示窗口

北外滩滨江新貌

　　党的十八大以来，中共虹口区委贯彻落实习近平新时代中国特色社会主义思想和党的十八大、十九大、二十大及历次全会精神，不断增强"四个意识"，坚定"四个自信"，做到"两个维护"，深刻领会"两个确立"的决定性意义，坚定不移沿着习近平总书记指引的方向奋勇前进，按照市委部署，坚持总揽全局、协调各方，把方向、管大局，发展的思路更加清晰，路径更加明确。切实担负起对经济社会发展的全面领导责任，紧紧围绕中央和市委的战略部署，坚持规划引领，优化发展思路，全面落实区"十三五"规划，科学编制和推进区"十四五"规划，谋划和推进了南中北协调联动的城区发展格局。始终保持昂扬向上的精神状态，以胸怀大局、敢于担当的使命意识，聚焦难题抓突破，敢于打破条条框框，敢于创新体制机制，使改革创新成为推动发展的强大动力。坚持处理好改革发展稳定的关系，充分发挥各级党组织的战斗堡垒作用和广大党员的先锋模范作用，带领全区干部群众，风雨同舟，勠力同心，实现了区域经济与社会民生协同发展、城区环境与文明程度协同提升、事业发展与队伍建设协同推进。大力倡导真抓实干、开拓创新，始终坚持心中有民、一心为民，在干事创业、顽强拼搏中，形成了心齐气顺、主动跨前、不畏艰难、奋发有为的良好氛围。2018 年 11 月，习近平总书记亲临虹口区市民驿站嘉兴路街道第一分站考察，殷殷嘱托和深情关怀，让虹口人民倍感温暖、备受鼓舞、倍增信心。面对复杂多变的外部环境、艰巨繁重的改革发展稳定任务特别是新冠疫情严重冲击，区委深入贯彻落实习近平总书记考察上海重要讲话精神，在市委、市政府的领导下，团结带领全区人民，积极应对风险挑战，奋发有为推进各项事业，胜利完成各项目标任务，为虹口在新起点上实现新跨越打下了坚实基础。

全面深化改革　创新驱动发展

　　党的十八大后，虹口区主动适应经济新常态，转方式、调结构，经济发展呈现稳中有进、量质齐升的新局面。党的十九大后，在我国进入全面建成小康社会的决胜阶段，上海到了基本建成"四个中心"和社会主义现代化国际大都市的决定性时期的大背景下，虹口作为上海中心城区的核心区，也迈入了爬坡奋进的关键时期，区位优势更加凸显，坚持稳中求进工作总基调，聚焦强化"四大功能"，大力发展"五型经济"，着力提高经济发展质量和效益。地区生产总值突破千亿元，一般公共预算收入增速始终保持中心城区前列。

　　大力实施创新驱动发展战略。着力推进供给侧结构性改革，解决制约发展的结构性、体制性矛盾和问题，努力实现更有效率、更高质量、更加公平、更可持续的发展。创新驱动成效凸显，建成"全球双千兆第一区"，5G 全球创新港投入运营，上海市工业互联网协会等功能平台入驻虹口。围绕"碳达峰、碳中和"国家战略，推动全国碳排放权交易市场在北外滩落地运行。不断提升经济发展能级和水平。加强招商引资工作，进一步推动楼宇（园区）经济、总部经济、涉外经济和平台经济发展。聚焦高端现代服务业，不断增强现代服务业的集聚辐射能力和资源配置能力。大力发展金融服务业，持续打造财富管理高地，集聚金融核心企业和机构，积极防范金融风险，增强金融服务实体经济的能力。不断发展航运服务业，进一步强化航运服务总部和高端特色，提升产业的国际竞争力和行业影响力。做实现代商贸业，做大专业服务、绿色环保、文化创意等特色产业，持续推进产业提质增效。把握信息化社会发展机遇，利用互联网、大数据、云计算、物联网、人工智能、虚拟现实等新技术，培育壮大新产业，带动传统产业优化升级，持续提升经济发展的质量和效益。着力培育经济发展新动能。主动融入上海科创中心建设，积极承接国家绿色技术银行等重大功能性平台，大力促进科技成果转移转化，壮大科技金融，努力打造国内外技术成果交易枢纽。深化与高校科研院所的战略合作，加快建设高品质创新载体，形成一批具有较强发展潜力的产业集群。深入贯彻落实市科创中心建设 22 条意见，系统谋划落实举措，搭建"一中心六平台"框架体系，"小马创业村""930 创客基地"被认定为国家级众创空间。深化以大柏树科技创新中心为核心的科技创新体系建设，以市场化、专业化为导向，大力发展众创空间，扶持发展创业苗圃、孵化器、加速器等创业服务机构，进一步营造创新创业的浓厚氛围。加快推进三大功能区发展。坚持规划引领，不断提高功能区要素集聚和发展水平。南部北外滩地区融入上海"四个中心"建设，按照城市中央活动区核心区的定位，积极布局高端商业商务，着力提升项目建设、环境配套、生态景观和开放空间的品质，努力成为浦江两岸新亮点。中部地区融入上海国际文化大都市建设，发挥文化积淀深厚、商业资源丰富的特点，推动环虹口足球场—龙之梦、环四川北路—音乐谷、环瑞虹新城等区域商旅文体融合发展，努力成为兼具历史底蕴和创意时尚的都市文化新名片。北部地区融入上海科技创新中心建设，打造科技创新生态环境，增强创新创业活力，形成具有虹口特色的"硅巷"式科技创新模式，努力成为区域创新发展新引擎。

打造核心功能重要承载地。区域功能深化拓展，北外滩实现了从航运功能向航运、金融双重承载的转变，在上海国际航运中心和金融中心建

新时代非凡十年的虹口答卷

设中的地位持续提升。进一步锻造北外滩核心引擎，切实增强集聚配置全球资源的能力和水平。航运要素和高端业态加快集聚，成功打造全国首个"航运服务总部基地"和"中国邮轮旅游发展实验区"。贯彻落实市委部署，举全区之力、集全球智慧推进北外滩新一轮开发建设。夯实国际航运服务高地，认真贯彻落实习近平总书记贺信重要精神，把北外滩国际航运论坛打造成为国际航运领域的重要观点交流平台、重要政策发布平台、重要规则孕育平台。加快集聚各类优质航运企业、航运组织和功能性机构，促进航运服务业高端化、国际化发展。航运服务总部基地功能不断夯实，全球前50位船公司中有12家在虹口设立了地区总部或分支机构。金融服务业成长为区域经济重要支柱产业，在全国率先成立对冲基金园区，设立上海风险投资中心，财富管理特色不断凸显，财富管理品牌全面打响，资产管理规模超8万亿元，公募基金管理公司达17家，超过全国总数的八分之一。大力吸引国内外大型金融总部、资产管理机构、要素市场，促进金融与科技深度融合，提高金融风险防范能力。构筑绿色低碳示范高地，抓住全国碳排放权交易市场落户北外滩的契机，加快碳金融中心、气候投融资试点推进，积极参与上海绿色金融枢纽建设，探索北外滩区域超低能耗、净零排放项目投建，争创"双碳"示范区。形成服务贸易发展高地，主动对接浦东高水平改革开放，集聚全球顶级服务机构和高端服务要素，不断扩大服务贸易国际市场份额，成为全球服务贸易网络的关键节点。发展质量和效益持续提升，经济结构不断优化升级，高端服务业集聚度进一步提高，"6+X"产业基础更加巩固，创新驱动发展的能力进一步显现，综合经济实力和核心竞争力显著提升。四川北路商旅文体融合发展得到加强，大柏树科技创新环境不断改善。现代商贸繁荣繁华，新增和改造商业载体75万平方米，北外滩来福士、瑞虹太阳宫开业以来人流如织，"今潮8弄"正式运行。

全面深化改革开放。按照中央和市委的部署，切实完成各项重大改革任务，为经济社会发展注入新的动力和活力。成立区委全面深化改革领导小组，统筹协调、扎实推进，确保各项改革任务有效落地。以经济体制改革为引领，处理好政府与市场的关系，使市场在资源配置中起决定性作用，更好地发挥政府作用。学习和借鉴中国（上海）自由贸易试验区制度创新经验，深化行政审批制度改革，全面落实商事制度改革，不断完善权力清单、责任清单、服务清单，加强事中事后监管，营造公平竞争、平等准入的市场环境。紧密对接三项新的重大任务和一大平台，推进改革开放再出发。营商环境不断优化，深化"放管服"改革，在全市首创"合议核准制"，率先实施"一证多址""一照多址"等改革措施，被国务院表彰为深化商事制度改革落实事中事后监管成效明显地区。"千人访万企"服务企业机制常态长效，楼长制、园长制成为特色品牌，亿元楼达到29幢、亿元园区达到9个。实施投资服务体制改革，取消街道招商引资职能，构建新的招商模式，进一步提升服务企业的能力和水平。深化国资国企改革，优化国资国企布局，做强做优做大区属国有企业，更好服务于全区发展战略。支持非公有制经济健康发展，加大对小微企业的扶持力度。提升开放型经济发展水平，争取一批服务业开放项目在虹口落地，优化外商投资产业结构，加强与周边地区联动发展，积极融入长江经济带和"一带一路"建设，深入开展多方位、多层次的区域合作与国际交流。顺利完成机构改革，切实做好社会事业、城市管理、纪检监察、司法体制等领域改革。积极融入长三角一体化发展，馆内外联动承接进博会溢出效应，实到外资、进出口总额均实现连年上升。深化合作交流，对口支援5个援建地区全部脱贫摘帽，持续推动乡村振兴建设。

铸就忠诚品格　凝聚强大合力

中共虹口区委始终坚持把政治建设摆在首位，以习近平新时代中国特色社会主义思想为指引，铸就对党忠诚的政治品格，凝聚勠力同心的强大合力。

坚持用马克思主义中国化的最新成果武装头脑、指导实践。深入学习贯彻习近平新时代中国特色社会主义思想，党的十八大、十九大、二十大和历次全会精神，牢牢把握核心要义、深刻领会思想精髓，准确把握贯穿其中的马克思主义立场观点方法，切实做到真学真懂真信真用，牢固树立政治意识、大局意识、核心意识、看齐意识，始终在思想上政治上行动上同以习近平同志为核心的党中央保持高度一致。完善中心组学习制度，充分发挥党校主阵地作用，大力开展党的理论教育和党性教育，深化中国特色社会主义和中国梦宣传教育，引导广大党员和干部群众进一步坚定中国特色社会主义的道路自信、理论自信、制度自信、文化自信。按照中央和市委部署，精心组织开展党的群众路线教育实践活动、"不忘初心，牢记使命"主题教育、党史学习教育、"四史"宣传教育，切实抓好"三严三实"专题教育，扎实开展"两学一做"学习教育，切实增强全体党员"学"的主动性、"做"的执行力。开展"解放思想大讨论"活动，促进全区干部开阔视野，形成一批助力虹口未来发展的创新举措。组织开展"我为群众办实事"活动，增强党员干部群众观念，解决了一批群众"急难愁盼"问题。坚持学用结合、知行合一，在迎接新挑战、新考验中，提高把握规律攻坚克难的能力和水平，努力把中央和市委的决策部署化为虹口的生动实践。弘扬伟大建党精神，启动全域"大思政课"，推动四川北路红色文化生态示范区建设，建成中共四大纪念馆 5A 级景区和全市首个国旗教育展示厅，完成"留法勤工俭学出发地汇山码头"等革命遗址旧址纪念标识树碑，推动"左联"会址纪念馆、李白烈士故居、"1925 书局"等红色场址改扩建。精心组织庆祝改革开放 40 周年、中华人民共和国成立 70 周年和中国共产党成立 100 周年等重大活动，引导全区上下坚定不移听党话、跟党走，凝聚干事创业、攻坚克难的磅礴力量。

把稳政治方向，让理想信念照亮奋斗之路。坚持以习近平新时代中国特色社会主义思想为指引，强化思想政治引领，坚定理想信念，不断增强"四个意识"、坚定"四个自信"、坚决做到"两个维护"，始终在思想上政治上行动上同以习近平同志为核心的党中央保持高度一致。加强理论武装，严格落实"第一议题"制度，扎实开展各级党委（党组）中心组学习，巩固拓展党史学习教育和"四史"宣传教育成果。深化意识形态工作责任制，牢牢把握意识形态领域主动权。规范党内政治生活。坚持以党章为根本遵循，认真贯彻落实《关于新形势下党内政治生活的若干准则》和《中国共产党党内监督条例》，着力增强党内政治生活的政治性、时代性、原则性和战斗性。严格执行民主集中制，健全党委议事决策机制，提高决策科学化水平。

　　不断完善党的领导方式，营造精诚团结、共谋发展的良好氛围。发挥党委总揽全局、协调各方作用，突出把方向、管大局、做决策、保落实。认真贯彻落实《中国共产党地方委员会工作条例》，制定区委工作规则，改进领导方式，增强领导能力，扎实推进民主政治建设。践行全过程人民民主，坚持和完善人民代表大会制度、中国共产党领导的多党合作和政治协商制度，强化人大对"一府一委两院"的监督力度，促进依法行政和公正司法。加强人民政协专门协商机构建设，促进建言资政和凝聚共识双向发力。巩固和发展最广泛的爱国统一战线，完善大统战工作格局。围绕区域改革发展重点，广泛听取意见建议，完善参政议政平台，支持帮助各民主党派、工商联加强自身建设，完成换届工作，抓好民族、宗教、侨务和港澳台海外工作。坚持党建带群建促社建，充分发挥好工会、共青团、妇联等群团组织的桥梁纽带作用，扎实开展群团改革，进一步增强群团组织的政治性、先进性、群众性。扎实做好老干部工作，用心用情服务老干部。强化党管武装，推动军民融合深度发展。稳步推进基层民主建设，居委会换届直选比例达到100%。

　　坚持履职担当，不断提升政府治理水平。始终围绕法治政府、创新政府、廉洁政府和服务型政府的建设目标，深入推进政府改革创新，持续加强作风建设，强化全面依法履职，不断提升行政效能和为民服务水平。坚持立足发展大局，保持发展定力，坚守为民情怀，不断提高把握新发展阶段、贯彻新发展理念、构建新发展格局的政治能力、战略眼光和专业水平。持续凝聚改革发展正能量，同心协力狠抓落实、务求实效。面对复杂多变的外部环境，牢记"三个务必"，坚持党的全面领导，切实加强政府自身建设，努力锻造一支政治过硬、业务精湛、作风优良的高素质干部队伍。坚持以政治建设为统领，以法治建设为保障，扎实推进政府治理现代化，不断提升政府行政效能和政务服务质量，加快建设为民务实清廉的服务型政府。牢记"国之大者"，自觉用习近平新时代中国特色社会主义思想武装头脑、指导实践、推动工作，不断提高政治判断力、政治领悟力、政治执行力，不折不扣贯彻落实党中央、国务院大政方针和市委、市政府以及区委决策部署。深入推进区政府系统全面从严治党，强化"四责协同"机制，严格落实中央八项规定精神。推行闲置资产"公物仓"管理，从严控制"三公"经费，持续压减一般性支出，将更多财力用于支持发展和改善民生。全面实施预算绩效管理，推进审计监督全覆盖。开展4个重点项目预算绩效评价并强化结果运用，建立存量资金动态监控机制，盘活存量资金。深入实施机关"作风指数"测评，认真开展常态化大调研、"我为群众办实事"实践活动，切实解决企业和群众最关心最直接最现实的利益问题。

全面深化法治建设，为高质量发展提供坚实的法治保障。持续深化法治城区建设，依法行政能力和水平进一步提高，司法机关维护公平正义、服务改革发展的作用进一步发挥。增强法治观念，积极运用法治思维和法治方式深化改革、推动发展、化解矛盾、维护稳定。推进科学依法民主决策，严格执行重大行政决策程序，健全决策事前评估和事后评价制度，着力防控决策风险。推进政务公开，开展"政府开放月"活动，在"政府透明度指数评估"中位列全国前十，在中国社会科学院发布的《中国政府透明度指数报告（2021）》中排名全国第五。持续延伸信息公开服务点，完善公众参与反馈机制，打造全市首个"政务公开双语会客厅"，进一步拓展政务公开数字解读官运用场景，着力提升政务公开标准化规范化水平。持续聚焦重点领域和关键环节，严格落实审计监督和整改。自觉接受法律监督，工作监督，民主监督，监察和社会舆论监督。全面完成区人大代表建议和区政协提案办理工作，按期办复率达100%。推进街道综合行政执法改革，实现基层"一支队伍管执法"。

擦亮"文化三地"品牌　提升城区软实力

虹口作为文化大区，历史文化底蕴深厚，被习近平总书记高度评价为"文化三地"（海派文化发祥地、先进文化策源地、文化名人聚集地）。党的十八大以来，虹口主动融入上海国际文化大都市建设大局，扎实推进文化强区建设，吸引力、竞争力、影响力和软实力不断提升。社会主义核心价值观深入人心，思政教育润物无声，历史文脉延续传承，"文化三地"品牌持续打响，公共文化服务体系日臻完善，更多文化场馆、体育设施全面开放，人民精神文化生活不断迈上新台阶。

大力弘扬社会主义核心价值观。坚持把社会主义核心价值观融入经济社会发展的方方面面，凝心聚力、强基固本，不断弘扬以爱国主义为核心的民族精神和以改革创新为核心的时代精神，弘扬上海城市精神，把城市精神品格化为每个市民成长的丰富滋养，化为城市发展进步的不竭动力。大力培育先进典型，不断增强全区党员和干部群众的精神力量。持续开展社会公德、职业道德、家庭美德、个人品德教育，加强和改进未成年人思想道德建设，完善社会诚信体系，树立良好社会风尚。深入开展群众性精神文明创建工作，创成上海市文明城区、全国文明城区提名城区等，进一步拓展"漂亮楼道、文明弄堂"等工作品牌，不断提升市民文明素质和城区文明程度。持续推进新时代文明实践中心、文明实践站建设，打造"一江一河"文明示范带，积极开展"最美虹口人""虹德向善"工程。构建"大思政"格局，打磨百个大思政课场景、培育百名红色传讲人、开设千场思政课程，推动虹口成为习近平新时代中国特色社会主义思想的生动实践地、重要育人园。严格落实意识形态工作党委主体责任，坚持正确舆论导向，增强舆论引导力，加强区级媒体建设和主动策划能力，提高运用新媒体、新技术的能力和水平，推动区级媒体深度融合发展，提高国际传播能力，讲好虹口故事，传递虹口声音。加强网络安全和信息化工作，完善网络综合治理体系。

擦亮"文化三地"品牌。坚持不忘本来、吸收外来、面向未来，推动"海派文化发祥地、先进文化策源地、文化名人聚集地"在城区建设发展中迸发新的活力。深入贯彻落实市委、市政府关于"全力打响上海文化品牌、加快建设国际文化大都市"的战略部署，区委、区政府正式下发了《关于推进文化强区建设的决定》，明确了虹口文化强区建设的主要目标和主要任务等27条内容。召开文化发展大会，制定《虹口区关于全力打响文化品牌 推进文化强区建设的三年行动计划（2018—2020年）》，以项目化方式推动文化强区建设的相关工作。推出宣传文化事业专项资金，重点支持有利于展现虹口"文化三地"，打造虹口红色文化、海派文化、江南文化品牌，繁荣发展社会主义文艺等九个领域的宣传文化项目及活动，并引导社会资金共同参与虹口宣传文化建设，推动全区宣传文化事业的创新繁荣发展。大力推进"党的诞生地"发掘宣传工程，推进四川北路红色文化生态示范区建设，启动红色场馆影响力提升计划，推动革命文物保护和党史史料挖掘研究。建成中共四大纪念馆、海派文化中心。完成中共四大纪念馆展陈优化和"左联"会址纪念馆修缮，国旗广场和国旗教育展示厅崭新亮相。新建上海犹太难民纪念馆二期（白马咖啡馆），编辑出版《犹太难民与上海》丛书，精武武术入选国家级非物质文化遗产名录，文化发展的影响力进一步提升。孕育独具海派特色的文化内涵，提振精武文化品牌，推动剧场群、演艺区联演联映，重现"过河看影戏"文化盛景。焕新四川北路、虹口足球场、音乐谷国家音乐产业基地，探索山阴路历史风貌区保护开发。改造提篮桥区域，以上海犹太难民纪念馆为基础，打造"海上方舟"文化体验区。不断深化"虹口记忆"工程，深度发掘近代历史文化名人资源，传承鲁迅精神，弘扬鲁迅文化，开展"鲁迅文化周"活动。加强多伦路文化名人街、"沈尹默故居"、"聂耳旧居"等保护开发，引进更多文化活动和研究机构，让人们更好地感知虹口"文化三地"独特魅力。更加突出生态性保护，实施瑞康里、闵行路等区域保护性改造，推进提篮桥、溧阳路、山阴路、多伦路等区域多元化开发，上海文学博物馆落户虹口，引进国内外知名演艺团队，进一步扩大文化影响力。

推出"城市会客厅"系列。结合城市更新、空间重构，潜心打造"城市会客厅"系列，满足人民对美好生活的新期待。在"一江一河"沿线，推出"望得见水、看得见景、守得住乡愁"的"江景会客厅"。推广居委会"沉浸式办公"，打造昆山居委、木刻讲习所等"社区会客厅"。改造升级红色旧址、文化场馆，推出"1925书局"、"1927·鲁迅与内山纪念书局"、虹口图书馆等"书香会客厅"。支持市场主体演绎"城市集市"新模式，推出更多"情景会客厅"，留住城市的"烟火气"和"市井味"，让人们在这里感怀旧日时光，乐享幸福当下。

不断完善公共文化服务体系。积极构建全覆盖、网络化的公共文化服务体系，群众文化蓬勃发展，文艺创作成果丰硕，中国剧协上海（虹口）小戏小品创作基地、上海市文艺工作者虹口创作体验基地等先后成立。加快基础性公共文化设施建设，打造南部北部区域性文化体育休闲中心，实施区文化馆迁建，积极引入社会力量参与公共文化服务，不断创新机制，优化设施网络，大力丰富文化资源。繁荣文艺创作，鼓励群众参与，打造大众文化品牌，形成创作繁荣、特色彰显、亮点闪耀、力作涌现的群众文艺创作新景象。积极拓展"虹口文化云"平台，加快区域内各类文化场馆数字化建设，让群众享有更加丰富多彩的文化生活。

加快提升文化产业竞争力。注重系统谋划，优化体制机制，加强政策引导和服务支撑，推进文化与金融、科技、教育、旅游、体育等融合发展，大力发展创意设计、新媒体、数字出版、动漫游戏等文化创意产业，争取有影响力的文化体育赛事落户虹口。把握文化发展新趋势，推动文化产业转型，建设一批文化创意引领项目，集聚一批具有行业带动力的龙头企业，打造一批更具实力的文化创意园区，继续推进国家数字出版基地、国家音乐产业基地、环上大影视园区等建设，不断增强文化创意产业核心竞争力。创新融合发展，加快文创产业转型升级，借力"互联网+"新动能，推动传统文化产业改造升级。增强上海国家音乐产业基地的示范引领作用，推动文创园区专业化、品牌化、特色化发展，提升虹口足球场体育功能，提升剧场演艺功能。优化文创产业发展环境，大力支持文创企业利用多渠道挂牌上市。引导扩大文化消费，搭建文商旅体企业联盟平台，建设文商旅体载体，优化文商旅体节庆活动，引导休闲体验式消费模式，打响虹口购物品牌。

人民城市人民建　人民城市为人民

党的十八大以来，虹口区牢记习近平总书记的嘱托，牢固树立共享发展理念，坚持把保障和改善民生作为全部工作的出发点和落脚点，坚持财力有一分增长，民生就有一分改善，让改革发展成果更多、更公平、更实在地惠及广大人民群众。始终坚持把群众的感受度作为最根本的衡量标尺，以更优的供给满足人民需求，把最好的资源留给人民，不断把为人民造福的事业推向前进。坚持践行"人民城市人民建，人民城市为人民"的理念，不断推动社会治理创新，人民群众获得感、幸福感、安全感持续提升。

社会治理创新成效显著。全面完善党委领导、政府负责、民主协商、社会协同、公众参与、法治保障、科技支撑的社会治理体系。牢记习近平总书记殷殷嘱托，与时俱进拓展市民驿站功能，实现市民驿站全覆盖。推动长者服务站、社区代表工作站和"双减"课后活动站"三站合一"，线下升级"百事通"窗口接待服务，线上探索"掌上驿站"建设，满足群众多元需求。推进社区党群服务中心体系功能建设，打造功能集成、开放融合、协同高效的服务阵地。注重以人为核心、以基层为重心，强机制、重服务，深入贯彻落实市委"1+6"文件，稳妥实施街道体制改革，进一步聚焦街道公共服务、公共管理、公共安全的职能。推进职能部门力量下沉，理顺条块关系，打造网格化综合管理服务片区。不断创新基层工作机制，在全市率先探索居委会工作"一点通"信息系统、"全岗通"工作机制和社区事务自下而上评价机制，基层减负增能成效显现。市民驿站覆盖全区，首创居委会"全岗通"做法在全市推广，加装电梯从"单门洞"到"整小区""全居委"，"三委联合办公""小小区合并"等创新举措，为全市社区治理提供了经验。做实自治共治平台，深化社会主义基层民主建设，让人人有序参与治理的生动实践处处可见。着力提升社区共治和居民自治水平，健全社区代表会议和社区委员会制度，扎实推进居委会自治家园创建活动，积极引导社会组织参与社区治理，成功创建"全国社会组织建设创新示范区"和"全国和谐社区建设示范城区"。加强基层队伍建设，成立虹口社会建设学院和社区党校，建立社区工作者职业化体系，按规定落实居民区党组织书记进编享编，队伍结构不断优化。推动城市数字化转型。以"两张网"建设为"牛鼻子"，推动城市治理模式创新、治理方式重塑、治理体系再造，推进经济、生活、治理全面数字化转型。抓好政务服务"一网通办"和城市运行"一网统管"，完善"社区综合执法＋城区大脑＋流程再造"模式。深化政务服务"一网通办、虹口好办"，提高在线办理率、全程网办率。推进城市运行"一网统管"好用管用，建强区、街道两级城运中心，加强"云、数、网、端"基础设施建设。完善数据治理体系，强化数据安全和隐私保护。持续推进场景开放、数据赋能，打造一批智慧社区、智慧交通、智慧医疗等应用示范场景，让每个人都能尽情享受"数字红利"。维护社会和谐稳定，完善社会矛盾预防和化解机制，有序开展各类重大决策的风险评估，妥善化解一批历史遗留问题和信访突出矛盾，依法严厉打击违法犯罪，平安虹口建设取得实效，居民群众的安全感进一步增强。

城区品质与形象持续优化。着眼于改善人居环境，破瓶颈、补短板，将旧区改造作为虹口最大的民生工作，完善体制机制，创新融资方式，注重群众参与，推进"圆桌会议"、居民评议监督小组等举措，在全市首创"十全工作法"，得到了群众的广泛认同和支持，实现了旧改工作的重大突破，基本完成虹镇老街旧改任务，北外滩成片二级以下旧里改造全部完成。近五年实现以"美丽家园"建设为主的各类旧住房修缮改造 1000 万平方米，群众居住条件逐步改善，为城区功能转型和民生改善打下坚实基础。积极推进重大工程建设，轨道交通 12 号线、广中路北地道、上海国际航运和金融服务中心（西块）、白玉兰广场、北横通道、海伦路拓宽等重点项目顺利竣工，完成 7 条区区对接道路建设，大力发展公共交通、慢行系统，保持"窄马路、密路网、小尺度街区"的区域形态。持续改善城区生态环境，成功创建国家卫生区，大力开展区域环境综合整治和交通大整治，"五违四必""六无"创建等取得显著实效，解决了一批城市管理顽症。构建"大安全"工作体系，深入开展扫黑除恶专项斗争，严厉打击各类违法犯罪，不断加强生产安全、消防安全、交通安全、食品安全等工作，区运行安全有序，社会大局和谐稳定。成功创建全国文明城区提名城区，城区文明程度显著提升。

群众获得感不断增强。始终把增进人民福祉作为不懈追求，惠民生、强保障。坚持实施就业优先战略，鼓励创业带动就业，健全就业公共服务体系、劳动关系协调机制，深入推进创业型城区建设，就业形势保持稳定，城镇登记失业人数控制在市里下达的目标范围内，建成市级创业型城区，8个街道连续 5 年通过市级充分就业社区创建评估。各项社会保障政策有效落实，切实加强困难群众帮扶工作，2012 年以来共发放各类救助金逾 20 亿元。住房保障体系不断完善，彩虹湾大型保障房基地初具规模，近五年完成各类旧住房修缮 1108 万平方米。积极应对老龄化趋势，深化养老服务"时间银行"项目，加大适老化改造力度，养老服务体系趋于优化，不断完善以居家为基础、社区为依托、机构为支撑、医养相结合的养老服务格局，努力使老年人获得更加便利的服务。全区养老床位总数不断增加，推进社区综合为老服务中心和"长者照护之家"建设，不断扩大社区养老服务覆盖面。健全分层分类的社会救助体系，切实维护好退役军人、妇女儿童、青少年、残疾人等重点人群基本权益，提高城区无障碍服务水平。以教育综合改革为统领，以立德树人为根本任务，以建设现代化教育强区为目标，优化教育设施布局，强化学区化集团化办学，推进基础教育优质均衡发展和特色发展，完善现代职业教育和终身教育体系。建立 10 个学区化办学集团（联盟），促进教育资源均衡化，成立国际教育服务与创新园区，进一步完善终身教育网络。促进"五育融合"，实施"彩虹计划"，成立上海南湖职业技术学院。深化医药卫生体制综合改革，优化区域医疗卫生资源布局，建成一南一北区域医疗中心，打造中西医结合特色医疗服务体系，全面实施社区卫生服务综合改革，提高医疗服务和健康管理水平。上海市中西医结合医院成功创建为三级甲等医院，并成为上海中医药大学附属医院，推行"11253"模式的家庭医生制服务，扎实开展人口与计划生育工作。推进"国医强优"三年行动计划，完成 29 家标准化家庭医生诊所建设。坚持人民至上、生命至上，全力打好新冠疫情防控的人民战争、总体战、阻击战，先后派出 30 名白衣天使驰援武汉和市公卫中心，组织 1366 名机关干部、医护人员和公安干警支援机场入境防疫工作，动员广大医卫人员、社区干部和志愿者长期奋战在防疫一线，坚决筑牢群体免疫屏障，18 岁及以上人群全程接种率超过 93%，为打赢疫情防控"大上海保卫战"贡献了虹口力量。文化旅游事业繁荣发展，积极承办世界城市文化论坛、上海国际文学周等活动，推进上海文学馆等项目建设，入选第二批国家文化和旅游消费试点城市。体育事业不断加强，广泛开展全民健身活动，积极发展竞技体育。"双拥"工作取得新成效，荣获"全国双拥模范城"七连冠、"上海市双拥模范区"八连冠。

坚持绿色发展理念　打造未来城市样板

党的十八大以来，虹口区深入学习贯彻习近平生态文明思想，按照习近平总书记"保护生态环境就是保护生产力，改善生态环境就是发展生产力"的科学论断，把生态文明建设放在突出位置，融入虹口建设发展各领域、全过程，坚定不移走生态优先、绿色发展之路，打好污染防治攻坚战，推进城区环境品质持续优化，着力将生态环境打造成为虹口最突出的软实力标识之一。

打好蓝天、碧水、净土保卫战。坚持预防为主、综合治理，以解决损害群众健康的突出环境问题为重点，强化水、大气、噪声、固体废弃物等污染防治。成立区环境保护和环境建设协调推进委员会，完成第五轮、第六轮、第七轮环保三年行动计划，深入实施第八轮环保三年行动计划，进一步加强生态环境保护工作，加快推动生态文明建设迈上新台阶，2019年开展"七大专项"（减硝行动、治柴行动、绿通行动、消重行动、清水行动、清废行动、增绿行动）治理行动，生态环境质量明显改善，生态空间规模、资源利用率和绿色生产生活水平显著提高。全面落实中央和市委生态环境保护督察整改工作，压实河长制湖长制林长制责任，切实守护虹口的蓝天、碧水和净土，顺利通过全市河长制工作验收及中小河道综合整治核验，全区沿河10米内违法建筑基本拆除。建立区环保大数据监控平台，提升环境监测监管监察效能。实施最严格的清洁水、清洁空气行动计划，强化噪声环境综合治理。全区直排工业污染源全部实现截污纳管。

垃圾分类成为新时尚。2018年11月，习近平总书记考察上海期间走进虹口区市民驿站嘉兴路街道第一分站，仔细倾听来自居委会、企业的年轻党员交流社区垃圾分类推广的做法。总书记强调，"垃圾分类工作就是新时尚！""垃圾综合处理需要全民参与，上海要把这项工作抓紧抓实办好。"牢记总书记的嘱托，虹口区全面推进生活垃圾分类工作。发布《提升生活垃圾分类实效三年行动计划》，将垃圾分类全面融入城市管理、社会治理、文明创建各领域，不断提升城市文明程度，营造市民群众自觉参与生活垃圾分类的良好氛围。广泛发动社会参与，进一步推行垃圾分类"进校园、进楼宇、进公共场所"，深入开展生活垃圾分类教育，普及垃圾分类知识，通过"小手牵大手""Plogging拾捡""志愿者讲师团"等活动方式，促进全社会养成垃圾分类的习惯。试点开展生活垃圾分类信息化工作，依托"两网融合"服务点位建设，利用智能垃圾桶、大数据等相关技术运用，构建智能投放新模式，逐步推行居住区生活垃圾的"定时、定点、定类、定员"服务制度；同时，在现有的区环卫综合信息管理平台基础上，实现垃圾分类作业全过程可视化，将垃圾箱房、小压站、作业人员、作业车辆、中转站等相关的业务数据形成闭环，实现全区垃圾分类数据统计和汇总，生成对不同垃圾数量与品质分析的结果，为垃圾分类的后续推进提供可靠的数据支撑及依据。成立全市首家从事垃圾分类活动的专业化社会组织"上海虹口新时尚垃圾分类事务所"，发布《引导社会力量参与楼组居民自治，促进社区垃圾分类工作指南》，充分发挥社会组织在居民楼组与专业企业间的桥梁作用，形成政府主导、社会组织促进、居民自治、企业参与的垃圾分类工作新格局。加强垃圾综合治理，推进生活垃圾分类收集、运输、处置，推动垃圾收运和再生资源回收"两网融合"。建成 68 个"两网融合"再生资源回收服务点位和 4 个中转站，区建筑资源再生利用中心项目试运营。垃圾分类绿色账户覆盖全区 682 个居住区、24.58 万户居民。实现生活垃圾分类居住区 100% 覆盖，获评"上海市生活垃圾分类示范区"。巩固创建成果，持续推进垃圾分类"三增一减"，实现生活垃圾回收利用率达到43% 以上。

加大节能减排力度。推行低碳降耗行动计划，积极开展建筑能耗分项计量、新能源项目建设等各项节能减排工作。基本建成覆盖全区大型公共建筑的能耗监测系统，区级既有建筑能耗监测平台投入运行，完成市下达的节能减排各项目标。围绕碳达峰碳中和目标，加强重点行业和重点领域的降碳改造，深化节能技术改造和合同能源管理，浦江国际金融广场等被评为上海市楼宇节能合同能源管理示范项目。支持上海环境能源交易所正式开展碳排放交易试点，依托上海碳排放交易试点的示范带动效应，加快建设以花园坊为核心的上海低碳经济生产性服务业功能区，建设绿色产品电子交易平台，做强节能环保产业。承接绿色技术银行项目，发挥上海环交所、绿色技术银行等功能性平台作用，加快绿色技术创新和低碳产业集聚。发挥龙头项目引擎作用，放大绿色技术银行的辐射带动效应，推动绿色技术创新元素和金融要素集聚融合发展，建设绿色技术转移转化创新示范区。支持筹建上海低碳研究院和上海碳交易企业联盟，全力打造绿色技术产业链。

打造未来城市样板。完成鲁迅公园、霍山公园、爱思儿童公园、昆山公园等改造。打开城市公园界面，拓展"公园＋"内涵，高标准升级改造和平公园、鲁迅公园，新增全龄段健身、生态科普、萌宠狗乐园等功能，实现 24 小时全天候开放。结合城市更新，见缝插绿，努力增加绿化面积，挖潜盘活资源，建成汶景园、秋光里等一批口袋公园，新建雷士德工学院绿地等一批绿地及立体绿化。建成甜爱路、溧阳路等市级林荫道。瑞虹天地月亮湾区域创建成为市级绿化特色街区。建成新建路、黄浦路等 10 条全要素景观道路。在北外滩地区开展"美丽街区"建设试点，全要素提升市政市容景观和功能。提高绿地养护水平，整体提升公共绿化、单位绿化、小区绿化品质，积极营造"城在林中、路在绿中、人在景中"的人居环境。建设"双碳"示范区，精心打磨无车区、慢行优先区，优化轨交换乘、步行骑行设施，大力推进装配式建筑、智慧能源管理、海绵城市建设，深化"数字北外滩"建设，建立核心区时空数据模型，加快滨水空间管理等各类数字孪生应用场景开发落地，争创国家级旅游度假区。精心守护窄马路、小街巷等独具特色的城市肌理，活化利用好历史建筑群落，推进片区保护性开发，提升滨水景观资源，建设北外滩航海公园，打造"始终有温度""守住记忆、触摸未来"新旧交融的城市画面。

全面从严治党"永远在路上"

实现宏伟的目标，关键在党，关键在党要管党、从严治党。党的十八大以来，中共虹口区委坚持全面从严管党治党，以改革创新的精神推进党的建设，着力构建"全口径，大党建"，党的建设走深走实，全面从严治党深入推进，管党治党水平显著提升，党内政治生活更加严格规范，党组织战斗堡垒作用和党员先锋模范作用不断增强，党风政风持续向好，政治生态风清气朗，为推动经济社会发展提供了坚强的政治保证。

加强和规范党内政治生活。党要管党必须从党内政治生活管起，从严治党必须从党内政治生活严起。中共虹口区委坚持以党章为根本遵循，贯彻党的政治路线、思想路线、组织路线、群众路线，着力增强党内政治生活的政治性、时代性、原则性、战斗性，着力增强党的自我净化、自我完善、自我革新、自我提高能力，着力提高党的领导水平和执政水平、增强拒腐防变和抵御风险能力，着力维护以习近平同志为核心的党中央权威、保证党的团结统一、保持党的先进性和纯洁性，努力形成又有集中又有民主、又有纪律又有自由、又有统一意志又有个人心情舒畅生动活泼的政治局面。牢牢抓住主体责任这个"牛鼻子"，从区委常委会自身建设抓起，不断完善集体领导制度，实行集体领导和个人分工负责相结合，集中精力把方向、管大局、作决策、保落实。聚焦全区领导干部这个"关键少数"，以上率下、从严从实、转变作风，营造了干事创业的良好氛围。

切实加强基层党组织建设。牢固树立夯实基层基础的鲜明导向，推动基层党建全面进步、全面过硬。进一步夯实基层党建工作责任制，落实各级党组织书记第一责任人职责，形成一级抓一级、层层抓落实的良好氛围。积极适应城市基层党建工作新要求，完善区域化党建工作格局，健全项目化运行机制，大力推进党群服务阵地体系功能建设，突出党建引领，促进社区共建共治。深入推进基层服务型党组织建设，建成新时代上海党群服务阵地创新实践基地。深化"千人访万家""三全"工作法等特色品牌，完善领导干部面对面联系服务群众、机关和居民区党组织"双结对"机制，持续开展青年"进物业、进业委会、进小区"，推动资源力量向基层倾斜，充分为居民区党组织赋权增能，更好实现组织有活力、党员起作用、群众得实惠。注重在有形覆盖基础上进一步加强有效覆盖，扎实推进《基层党建高质量发展三年行动计划》，深化"家园党建"、网格党建、区域化党建，统筹推进机关、事业单位、国有企业、"两新"组织、离退休干部等各领域党建，促进基层党建引领基层治理全过程各方面，扩大党在各领域的号召力和凝聚力，让党旗在虹口高高飘扬。建强基层支部，认真贯彻落实支部工作条例，进一步加强党支部标准化规范化建设。注重分类指导，机关党组织突出转变作风，服务大局，服务基层，服务群众；事业单位党组织围绕深化分类改革、促进事业发展，推动公益服务水平提升；国有企业党组织充分发挥领导核心和政治核心作用，为做强做优做大国有企业提供坚强组织保证；居民区党组织不断加强在基层社会治理中的领导核心作用，提升服务群众的能力；扩大"两新"组织党的组织和工作覆盖，不断增强工作有效性。充分发挥党内民主，积极发挥党代表作用，尊重党员主体地位，保障党员民主权利。进一步严格党员教育管理，优化党员队伍结构，关心爱护老党员、困难党员，改进流动党员服务管理。坚持党的组织生活的各项制度，创新方式方法，不断增强组织生活活力。选优配强基层党组织负责人，加强专职党群工作者队伍建设，着力打造一支结构合理、素质优良、精干高效的带头人队伍，不断激发基层党务工作者的积极性和创造性。

加强各级领导班子和干部队伍建设。按照德才兼备、以德为先和"好干部"标准，坚持正确选人用人导向，完善科学有效的干部工作机制，持续打造一支团结奋进、敢于担当、勤政务实的干部队伍，不断夺取虹口发展的新胜利。优化干部队伍结构，进一步加强处级领导班子建设，下大力气培养年轻干部，合理用好各年龄段干部。提高选人用人公信度，坚持公平公正，有为才有位，不让"雷锋"式的好干部吃亏，着力打造一支想干事、能干事、干成事、不出事的干部队伍。加强干部多岗位锻炼、全方位交流，实施个性化培养计划，提高干部素质和能力。拓宽选人用人视野，让基层一线的优秀干部脱颖而出，重视选拔培养女干部、少数民族干部和党外干部。加大从严管理干部的力度，探索干部能上能下的机制。主动关心老干部，切实落实好老干部政治待遇、生活待遇。

着力强化人才工作。人才是发展的第一资源。虹口倍加珍惜人才、真心关爱人才，努力提高党管人才的能力和水平，大力营造唯才是举、知人善任的氛围。深入实施"百人工程""宏才工程"，积极构建有利于各类人才成长的制度和政策环境，加大优秀年轻干部培养选拔力度，合理使用各年龄段干部，有效激发干部队伍活力。畅通人才集聚通道，强化人才引进机制，大力引进高层次领军人才，不断完善人才信息库。进一步健全人才综合服务体系，深入实施优化人才发展综合环境，打造"国际产业人才港"，优化居住、教育、医疗、文化等配套服务，吸引各类人才近悦远来。近年来有 100 余人入选上海领军人才等市级以上人才计划。

深入推进党风廉政建设和反腐败斗争。区委切实担负起全面从严治党主体责任，在全市率先以项目化方式落实主体责任，持之以恒抓好中央八项规定精神和市相关要求的落实，大力支持各级纪检监察组织履行监督职能，不断完善责任上下传递、压力逐级传导的工作格局，着力构建不敢腐、不能腐、不想腐的体制机制。完善区委巡察工作，强化对权力运行的制约和监督。深化全面从严治党"四责协同"机制，扎实推进监察体制改革，在全市率先实现区级机关派驻全覆盖，完成区委任期内巡察全覆盖。持续深入推进作风建设，驰而不息纠正"四风"，推动党风政风持续向好。紧盯作风领域出现的新变化、新问题，坚决防止"四风"问题反弹，以作风养成的小切口带动干部作风大转变。坚持抓早抓小、动辄则咎，保持惩治腐败的高压态势，运用监督执纪"四种形态"，严肃查处一批违纪违法案件。深入推动全面从严治党向基层延伸，严肃处理侵害群众利益的不正之风和腐败问题，让正风反腐给群众带来更多获得感。近四年连续在全市纪检监察组织考评中位列中心城区第一。严明党的纪律，把纪律挺在前面，引导广大党员干部遵循党章，严格执行党内法规，严守政治纪律和政治规矩。坚持制度治党，健全和落实"三重一大"决策制度，全方位扎紧制度笼子，切实做到用制度管权管事管人。坚持党内监督没有禁区、没有例外，贯彻民主集中制，坚持依规依纪，把信任激励同严格监督结合起来，促使党的领导干部做到有权必有责、有责要担当，用权受监督、失责必追究。

北外滩：新时代都市发展新标杆

党的十八大以来，虹口区始终以对历史高度负责的态度，坚持一张蓝图干到底，主动服务和融入新发展格局，以坚定的信心和必胜的决心，举全区之力、集全球智慧推进北外滩新一轮开发建设，打造新时代都市发展新标杆。

顶级规划全面绘就。坚持最高标准、最好水平，擘画北外滩新一轮开发建设宏伟蓝图。紧盯"三年出形象、五年塑功能、十年基本建成"目标任务，推动新一轮规划方案落地落实落细。《北外滩地区控制性详细规划》获得批复，规划形成"一心两片、新旧融合"的总体格局，建设总规模将达到840万平方米。调整行政区划，设立北外滩街道，成立北外滩开发办并逐步完善架构和职能，组建北外滩开发建设专家委员会，建立项目总控机制，开发机制模式不断优化。中央绿轴、地下空间以及风貌保护街坊等专项规划持续深化，二层连廊样板段开工建设，数字北外滩展示馆建成运行。91街坊成功出让，完成全球设计方案征集，未来将建成480米浦西新地标。

品质形象不断升级。北外滩地区成片二级旧里以下房屋改造全面收官，近五年累计新增各类高品质办公楼宇和酒店170余万平方米，白玉兰广场、星港国际中心、中美信托金融大厦相继建成并投入使用，W酒店、苏宁宝丽嘉酒店建成运营。目前，20个重大项目正在全面加快建设。"一江一河一港"全面贯通提质，北外滩地区高标准全要素市政市容提升、北苏州路滨河空间贯通提升、虹口港东岸贯通和两侧"世纪长廊"景观提升等项目如期建成，国客中心码头880米岸线面向市民开放，具有全球影响力的世界级滨水区加快打造。上海犹太难民纪念馆展陈面积扩大4倍后重新对外开放，向全世界诠释"人类命运共同体"理念。117街坊新建学校、北外滩航海公园等项目顺利开工，雷士德工学院旧址修复焕新，北外滩友邦大剧院、92街坊、海运大楼等项目完成建设，海泰滨江超塔平层住宅入市销售。精心打造北外滩商圈，上海华贸中心顶奢品牌之家成功落地，中美信托商业项目顺利开业，"今潮8弄"成为海派潮流新地标，全区共引进各类品牌首店近50家。公共空间持续优化，推动瑞泰里、邮政大楼、河滨大楼等滨水沿线底层开放，升级滨江、滨河驿站功能，上海赛艇公开赛再次相约"世纪同框"，北外滩成为市级旅游度假区，获评三星级上海市绿色生态城区（试点）。

服务功能聚势增能。坐落于北外滩的"世界会客厅"于建党百年之际正式启用，成为"中国共产党的故事——习近平新时代中国特色社会主义思想在上海的实践"特别对话会、2021年世界城市日中国主场活动、上海城市推介大会、上海全球投资促进大会、北外滩国际航运论坛等高规格外交外事和人文交流活动的举办地。中国国际金融论坛、中国首席经济学家论坛年会、中国资产管理年会等高能级品牌活动顺利举行。2021首届北外滩国际航运论坛成功举办，习近平总书记发来贺信，逾千家媒体竞相报道，北外滩显示度、影响力不断提升，已成为世界观察上海的窗口、上海链接世界的枢纽。北外滩展馆亮相第五届进口博览会，过万人次云集参观。

核心功能持续增强。航运高端业态加快集聚，北外滩成为全国首个

"航运服务总部基地"，获批"中国邮轮旅游发展实验区"。新一轮规划公示后，虹口区与高瓴集团、青山实业等 200 余家国内外知名企业开展对接洽谈和项目合作，引进注册资金 3000 万元以上的重大项目 630 余个。高端资源要素加快集聚，中国证券博物馆建成开放，5G 全球创新港投入运行，上海创新创意设计研究院启动运行，第二届"设计寰宇"创意营暨北外滩国际创意节成功举办。上海资产管理协会、北外滩国际商会联盟等功能平台相继成立，友邦保险、国联集团等头部企业置业入驻，国供粮油、紫金矿业、伊莱克斯等 56 个重点项目、超过 416 亿元投资落地。北外滩开发建设的起势效应、辐射效应、磁吸效应加快显现。

目前，虹口正紧盯"三年出形象、五年塑功能、十年基本建成"目标任务，推动新一轮规划方案落地落实落细，加快硬件建设和软实力提升，北外滩开发建设全面起势成势：一是全力打造有显示度的世纪精品。坚持面向世界、面向未来，全面落实"三带三含"和"三个同步"的要求，力争把北外滩每一个项目都打造成为设计经典、功能复合、环境友好的传世之作。精细提升具有全球影响力的世界级滨水区空间和品质，精心打造以 480 米浦西制高点为代表的核心区标志性建筑群，精致活化虹口港和提篮桥片区的历史建筑群落，塑造错落有致、富有韵律、彰显魅力的最美天际线，推动北外滩新一轮开发建设早出形象早出功能。二是全力打造核心功能重要承载地。建设全球资产管理高地，设立北外滩资产管理中心，加快吸引国内外大型金融总部、优质资产管理机构和要素市场，深化金融与科技融合发展，全面防范金融风险。打造国际航运服务高地，深度融入国际航运事务合作，加快推动航运服务业向智能化、专业化、国际化、高端化发展。打造绿色低碳示范高地，支持全国碳排放权交易市场做大做强做优，加快碳金融中心建设，促进全球碳排放、碳交易领域资源、技术、人才等要素的集聚和配置，争创"双碳"示范区。打造服务贸易发展高地，大力引进全球顶级服务机构，集聚各类高端服务要素，不断扩大服务贸易国际市场份额。三是全力构建居职相融的品质空间。高标准建设中央绿轴、二层连廊、慢行优先区、无车区等重大项目，完善 AI 人行步道系统，实现地上地下与水岸全方位联动。高品质增加教卫文体服务供给，办好上海创新设计研究院，加快建成上海市中西医结合医院专科诊疗中心、雅诗阁国际人才公寓等项目，营造天下英才近悦远来的良好生态。高水平用好各类历史文化资源，加快上海文学馆等文化地标建设，用心塑造一批高颜值、有品位的"城市家具"，打造彰显历史厚度和文化魅力的顶级中央活动区。

虹口是一个光荣的城区，蕴含着深厚的底蕴，寄托着人民的期盼，洋溢着旺盛的生机。征途漫漫，唯有奋斗；大道至简，实干为要。在新时代的赶考之路上，虹口干部群众将更加紧密地团结在以习近平同志为核心的党中央周围，高举中国特色社会主义伟大旗帜，在中共上海市委的领导下，传承好红色血脉，始终保持昂扬向上的斗志、务实奋进的作风、战胜困难的勇气，不忘初心、牢记使命，奋发进取、勇攀高峰，全力打造"上海北外滩、浦江金三角"，共同谱写高质量发展高品质生活高效能治理新篇章，全面推进中国式现代化建设的虹口实践，以实干实绩打造中国式现代化重要展示窗口，为上海加快建设具有世界影响力的社会主义现代化国际大都市贡献虹口力量！

鲁迅公园俯瞰图

经济建设

瑞虹天地太阳宫

"十三五"期间新增八个大型商业体

　　"十三五"期间，虹口区立足区域社区商业发展基础，把握消费结构变化、商业转型升级、科技驱动创新的趋势，以规划引导、布局完善、示范创建为抓手，全面促进社区商业品质化、精细化、集约化、网络化发展，商业总建筑面积从 2015 年年底的 200 万平方米递增至 280 万平方米。区内大型社区商业中心从 3 个增加至 11 个，建筑面积约合 70 万平方米；标准化菜市场从 32 个增加至 35 个，区域内居民日常生活消费需求得到了基本满足，为"十四五"商业发展打下了坚实基础。其中白玉兰广场、瑞虹综合商业体、上滨生活广场、曲阳百联购物中心颇受市民欢迎。

　　白玉兰广场：潮人打卡地。Wolfgang 牛排馆上海首店、恐龙人俱乐部、赛梦微缩世界……2018 年 12 月 23 日开业的上海白玉兰广场购物中心作为北外滩地标性商业综合体，一开张就吸引了很多潮流人士前来"打卡"。白玉兰坐拥一线江景，结合虹口文化底蕴深厚的特点，商业体着重从餐饮和体验消费两块招商，先后引进了23家首店和一批特色消费店。餐饮特别是带滨江景观位的西餐在业内独树一帜，如来自纽约的Wolfgang牛排馆、主打德系菜的兰巴赫西餐、日本mufmuf渔味料理都列入了"老饕"们心中"拔草"的清单，节假日这些店更出现了"一位难求"的现象。而经过上百次邮件沟通、"三顾茅庐"才引入上海的"恐龙人俱乐部"，吃饭遛娃两不误，深受家长的喜爱。白玉兰的首店名单还在不断拉长：爱心小熊Care Bears品牌全球首家主题体验中心试营业，让人置身被彩虹般的爱心小熊包围的童话乐园，体验独一无二的场景，还有潮牌联名款T恤等丰富多样的自营产品和线下快闪活动，为消费者提供全新的娱乐体验。芒果TV在白玉兰开出全国第一家电视广播级现场音乐酒吧，内有LAcoustic顶级音响、森海塞尔SKM9000系列无线话筒、Digico数字调音台、声博士全场建筑声学设计，并将邀请中国流行乐最有实力的年轻歌手、歌坛老将现场演唱，让乐迷在欣赏滨江美景之余一饱耳福。O星球沉浸式游戏首店也将掀开神秘面纱，以满足电竞爱好者的体验需求。结合酒吧、西餐厅、集市等经营需求，白玉兰还将夜市经济作为一个重点发展方向，聚拢北外滩人气，提升地标性商业体的夜间活跃度。

瑞虹综合商业体：业态丰富人气旺。毗邻北外滩的瑞虹新城，是上海内环线以内规模最大的城市更新项目之一。经过二十多年精心打造的瑞虹新城，如今生活区域环境宜人，商业街区文艺范十足。"白天小资晚上浪，越夜越动听，越夜越动感"的月亮湾是一个半开放的街区式商业，雕塑、喷泉、绿植散落其间，"摩登天空"、言几又书店、英皇UA电影城等让商业体凸显了不凡的艺术格调，美食餐饮、风尚购物、夜间集市进一步打造了年轻潮流＋夜时尚的玩乐据点，排队成了节假日月亮湾的常态。网友说："在这里兜兜转转，周末晚上听听音乐，是非常享受的事情。"紧邻的星星堂定位亲子消费，为辣妈和好奇宝贝打造了"儿童成长中心"，各类早教中心、培训机构、丽人塑身等品牌聚集，孩子们在这里可以挖沙土、钻洞洞、玩滑梯，还可以上培训课，被妈妈们誉为"遛娃的好地方"。坚持服务社区邻里定位的瑞虹坊，升级了已营业20年的超市卖场业态，引进

上海白玉兰广场

消费升级的新超市和多频次、高品质的集合店 Pink Park，网红咖啡 Manner、泸溪河、烧肉的炎太、很久以前羊肉串、味千拉面等明星店、网红店入驻其中，成了名副其实的"家门口的生活驿站"。2021 年开业的太阳宫通过引入 MUJI meal solution supermarket 中国首店、国内首家商场内水族馆 Hall of the Sun Aqua Park、寰映影城、星际传奇等品牌，为区域消费者带来全新体验。太阳宫和已经开业的瑞虹天地月亮湾相连通，形成近 25 万平方米的室内室外整体项目，从月光露台运动空间到天宝路、瑞虹路的沿街夜市交相呼应，实现白天到夜晚商业氛围的延续，打造 365 天 24 小时全维度共融性的都市生活能量站。

上滨生活广场：精耕社区细分社群。2019 年 8 月，位于周家嘴路上的上滨生活广场正式开业。上滨将"家门口世界风"作为目标，引入了虹口区进博参展企业的优质商品，开展了德国品质生活馆、"一带一路"移动国别馆等活动，让居民们不出家门就能买到世界各地好物。同时，商场与周边街道紧密联系，充分利用内部纵跨 3 层的超挑高大型下沉式公众文化演艺舞台，让居民们在"家门口"欣赏到西班牙、墨西哥、荷兰等地的异域风情，这里也是社区文艺社团展示的舞台，周边居民不知不觉中形成了"乐在其中、购在此地"的习惯。在推介新生活方式、北外滩文化方面，上滨巧妙利用社团的形式，每周开展诸如行走犹太难民馆、话剧沙龙等不同的文化活动，吸引小众爱好者在这里找到一席之地。据统计，仅国庆黄金周期间，上滨生活广场车流就增加了 40%，购物，宠物，圈层文化的培养成了商场近悦远来的"法宝"。

百联曲阳购物中心正式开业

2019 年 12 月 15 日，曲阳商务中心化身百联曲阳购物中心华丽回归，正式开业。购物中心将自身定位为连接"人、场、景"等多维度的社交型购物中心，面向社区客群，辅以高校年轻潮人及精致商务白领，主打精神文化娱乐活力互动新生活，同时提出新一代购物中心的经营理念——SCT（Social Connect Together），为不同需求的群体提供多元化的社交平台，通过美陈展示、体验互动等让你随时随地，吸收到新的知识，结合"Learning Mall"的打造，成为各类兴趣爱好者交流联系的集聚地，亮点颇多。

亲子世界：三楼作为区域内面积最大、品类最全的儿童业态楼层——涵盖零售、教育、娱乐等业态，并设有贴心的母婴室，温馨雅致的 VIP 休息区等舒适齐全的公共设施，营造虹口"儿童友好型社区"的邻里和睦氛围。品质生活：商务中心众星云集，160+ 品牌涵盖餐饮零售、休闲娱乐、亲子教育、生活社交等全业态，如盒马鲜生、优衣库、华为、戴森，耐克等。还有适合家庭聚餐的丰收日、避风塘等耳熟能详的品牌，更有荣登上海必吃美食排行榜的潮界、苏小柳、老头儿油爆虾等网红餐饮店，菜式丰富，环境明亮，传递美食与情感的真谛。室内街区：六楼酷炫十足的集装箱街区，聚焦新时代年轻群体，在独具个性的创意涂鸦下，打包最热潮流尖货。20 多个集装箱有各国风味的美食、创意手作 DIY 等，漫画、轮胎、彩色油桶等元素构建了靓丽的涂鸦世界，每处都是不可错过的时尚街拍背景。最现代化的大众书局，将咖啡、家居生活馆与书籍融为一体，适合您捧上

百联曲阳 6 楼的"邻剧场"

喜欢的书窝在沙发里，静享时光流淌。最时尚的红星电影院共设 8 个影厅，近 1000 个座位，拥有区域内首个 ONYX LED 影厅和激光 LUXE 全景声巨幕厅，还提供毛毯、儿童座椅、雨伞租借等贴心服务……整层将文化、艺术、商业自然融合，形成聚集创新品牌、才艺、态度的现代街市，为消费者带来触手可及的高品质生活。

链接二：

四川北路打造全程电子商务平台

2012 年上海购物节虹口区活动期间，虹口区会同中国电信股份有限公司上海北区电信局全力打造的四川北路商业街全程电子商务平台，在四川北路沿线全程建设了 61 个公共 wifi 热点设备，并推动主要商家内部铺设 wifi，在全市率先实现市级商业街户外"全覆盖、全天候、全免费"无线网络环境。通过"畅享无线生活，时尚消费在虹口"四川北路全程电子商务推广活动，利用电子商务新模式带动传统商业转型升级，体现四川北路差异化竞争优势，促进区域商业繁荣发展。

上海购物节虹口区活动期间，区商务委充分利用四川北路沿线无线网络环境，会同丁丁网开发了"四川北路智慧商业街 App 移动无线网络应用平台"，搜罗沿线商旅文体和公共服务信息，开展丰富多样的线上营销活动，实现了四川北路线上线下良性互动。与此同时，有关部门积极探索实践商业和金融的有效融合，与中国银行及第三方支付企业——通联支付网络服务股份有限公司等合作，引入四川北路商圈专属银行卡等，从而吸引本市乃至长三角地区的消费者。在电子商务推广中，以四大板块"畅享无线四川路、掌上玩转四川路、信用消费四川路、移动支付四川路"，分别开展各种活动，推动电子商务平台的建立。同时，区商务部门还着力促进商圈消费模式的转变，支持天翼电子商务有限公司上海分公司在四川北路推广"天翼手机支付"小额快捷支付业务，探索打造时尚支付商圈。还重点组织区内电子商务企业苏宁易购、百丽优购网、号百商旅、818 医药网等

四川北路街景

在购物节期间结合国庆、中秋、重阳三个重要节日开展多重促销活动，用现代消费理念和手段，吸引众多年轻消费者群体。

链接三：

虹镇老街地区旧改完成

2018年8月9日，虹口区122街坊二轮征询首日正式签约率达到90.55%，超过85%的签约协议生效比例。122街坊的成功征收，意味着整个虹镇老街地区的旧改彻底完成，全市知名的老式棚户区也真正成为历史。

虹镇老街地区是由新港路、东沙虹港路、临平路和虹镇老街四条路围起来的一个长方形街区。作为历史悠久的棚户区，其名声在上海可以说是家喻户晓，曾被戏称为"上海滩棚户区最后的部落"。这里曾住着超过1.38万户人家，人口密度高，而且居住条件简陋，走进老街的许多弄堂就像走进迷宫，抬头只能看到"一线天"，脚下还要当心堆在路上的各种物件。1996年，总规划面积约40万平方米的瑞虹新城启动建设，一期工程动迁居民1969户，拆除危棚简屋4.95万平方米，实现当年洽谈、当年签约、当年动迁、当年开工建设。2012年，瑞虹新城整体规划调整，增加"瑞虹

阳光征收得民心

"天地"的商业和商务功能，将一个以居住为主的生活社区转变为涵盖办公、商业零售、高端生活住宅等多功能、复合型、国际级的风尚街区。2015年和2017年，分别定位亲子体验主题商业的"星星堂"和音乐娱乐主题休闲街区的"月亮湾"先后开业，瑞虹新城已逐渐成为上海体现现代化宜居生活的又一消费生活集聚地。截至2018年，国际级综合性社区瑞虹新城陆续建成七期，约5500户人家在此安家，包括来自32个国家的外籍人士。

三大跨界消费特色示范区形成

2019 年，虹口区立足区域发展特色，研究制定《关于虹口区进一步优化供给促进消费增长的项目实施方案》，在"一线一街多圈多点"总体商业布局的基础上，通过打造夜间消费特色、形成夜间消费热点，以项目为抓手，推进本区夜间经济发展，在北外滩、虹口足球场、瑞虹天地三大商圈打造跨界消费特色示范区。

北外滩商圈：滨江"潮流夜生活"区域。根据虹口商业总体布局，北外滩将作为区域金融、航运产业承载区，"一带一路"桥头堡，未来商务商业重点发展区域，夜间经济对该地区的定位是发展"全景式"夜间经济，依托滨江一线的景观优势，推广游船游览，在滨江步道推广夜跑；吸引国内外知名品牌在国客中心码头、白玉兰、凯德等商业载体进行时尚新

七彩航海家邮轮

品发布；鼓励在大型载体内布局影戏剧院，推出各类文娱表演；调整周边业态，挖掘周边具有文化特色的背街小巷的商业潜力，引入酒吧夜店网络直播等业态形式，实现"游、展、食、购、娱"一体化发展。目前北外滩地区正在逐步形成以白玉兰广场、W 酒店、上港邮轮城、苏宁宝丽嘉为中心的"夜经济""夜生活"滨水商圈。白玉兰广场购物中心将潮玩风尚圣地与夜晚时尚空间相结合，引入了兰巴赫啤酒坊、熊猫老灶火锅、Bites & Brews；W 酒店的池畔酒吧、WOOBAR 酒吧，宝丽嘉酒店的 LAGO 意大利餐厅、外滩茂悦的非常时髦酒吧，已成为年轻人潮流打卡的新地标；一滴水邮轮码头充分利用沿江景观优势，威马品牌夜、上海国际经典车超级盛荟、卡地亚全新 MAGNITUDE 高级珠宝展晚宴、VivoNEX3 未来无界5G 旗舰机发布会等夜展、夜秀首发活动接连不断。从 9 月中旬开始到 10月底，北外滩滨江还开展了一系列的夜间主题活动，包括 2019 上海酒节、上海国际文化装备博览会、河马生活节等，利用九、十月份黄金季，进一步炒热北外滩滨江夜间商业氛围。

虹口足球场商圈："动感夜生活"区域。根据虹口商业总体布局，环"虹口足球场—龙之梦"区域将建设以"体育＋消费"为特色的购物新地标，打造赛事期间世界一流的体育竞技中心、非赛事期间具有体育特色的消费休闲中心。结合该区域定位，计划以虹口足球场为中心，整合周边体育场馆、公园等资源，打造辐射周边商圈的文体特色夜间消费生态圈。依托虹口足球场，承办中超联赛，举办莫文蔚、五月天、张杰等群星演唱会，打造夜间文体消费名片；依托周边的申花球迷活动俱乐部、阿森纳足球队主题酒吧等体育夜间消费点，发挥线上赛事直播平台作用，与线下赛事活动形成互动，推进区域内体育夜间经济发展。

瑞虹天地商圈："风尚夜生活"区域。瑞虹天地商圈集购物、餐饮、文化、娱乐、时尚、体验、休闲等业态于一体，以"生活音乐家"为品牌内涵，以多种文娱、演绎形式为载体，打造集风尚购物、精致餐饮、生活娱乐于一体的夜生活购物地。未来，以太阳宫为核心，将打造融合"亲子、娱乐、美食"的现代化综合性区域，实现商圈整体"风尚夜生活圈"的目标。目前，商圈内已有凑凑火锅、花儿胡同等十数家餐饮娱乐类租户延迟

"虹口德必体育文化"主题墙

瑞虹天地月亮湾夜景

营业至晚间 12 点左右，具备一定的夜市氛围基础，已推荐为本区夜上海特色消费示范项目。2019 年瑞虹天地月亮湾开展了"玩味夏夜"系列活动，以中国传统文化为主题的古风夜市活动，让消费者观赏笔墨纸砚、书画作品，更体验了茶艺、书法、活字印刷等项目。同时，结合新加坡旅游局、新加坡商会及精酿啤酒厂商资源，以新加坡娘惹特色为主题，融入夏日啤酒节元素，开展了新加坡趴趴走主题活动，娘惹风婚礼巡游、娘惹舞蹈、新加坡吉祥物巡游、现场歌唱演出、特色手工 DIY 等活动，呈现出浓烈的国际文化特色，带来了超高人气。

链接一：

瑞虹天地太阳宫开业

2021 年 9 月 19 日，瑞虹天地太阳宫正式开门迎客。作为瑞安房地产旗下目前最大单体量购物中心项目，瑞虹天地太阳宫将打造集艺术、文化、自然与生活美学于一身的北上海生活力中心。太阳宫的设计采用了开放式休闲街区形态，整体建筑设计紧扣"都市绿洲"概念，以低密度、高绿化率、错落有致的建筑风格，让顾客感受自然的场景。有 5500 平方米超大穹顶天幕结构，"荷叶"般的玻璃顶覆盖中庭空间，将阳光引入室内，融合了室内水景、亲水瀑布与步道阶梯的立体植物园。

瑞虹天地太阳宫拥有 18 万平方米超大商业体量，其中，30% 为上海首

瑞虹新城

店、40% 为北上海首店、70% 为虹口首店。"太阳村"主题 2.0 版 FOODIE SOCIAL 在整体品牌业态上，太阳宫推出"最美空中村落"FOODIE SOCIAL、全上海首个融合娱乐及社交场景的运动集合专区 SPORTS SOCIAL、2.5 万平方米单层面积最大的亲子体验空间 KIDS SOCIAL、创新宠物友好社交空间 PET SOCIAL 四大社群专区。同时，从中国首店到区域首家，多家旗舰品牌的入驻也很引人注目。比如，meland club 将打造游乐面积超 4000 平方米的城市亲子游乐社交地标，推出涵盖 AI 人工智能、AR 体感游戏、VR 沉浸互动等数十类项目场景在内的"未来科技馆"。寰映影城打造业内顶配 IMAX 激光厅和童趣满满的特色儿童厅，分别配以超逼真声学装备和保护宝宝视听的特殊系统，打造适用于全年龄的沉浸式观影体验。"CityMart 城市集市·江湖"也在太阳宫推出漠北武侠风全新店面。在这个武侠江湖沉浸式主题街区，每个人都化身为江湖侠客，品尝五湖四海的街头美味，如破店小酒馆、七宝茶馆等。几年前，无印良品在大阪做了一个生鲜超市的概念，这一次，太阳宫把它引入了中国。MUJI Market 全国首店既有超市生鲜的概念，也有零售的概念，还有咖啡厅和零售家居的部分。

凯德虹口商业中心开业十周年

2021年12月2日，凯德虹口商业中心（原凯德虹口龙之梦）举行十周年庆典。位于四川北路商圈的凯德虹口商业中心，是沪上老牌商业综合体。过去十年，商场经历了项目更名、品牌迭代、空间焕新等，逐步构建起集时尚潮流、人气美食、文化娱乐为一体的多元化商业中心。自开业以来，商场一直关注民生需求，通过不断地创新探索，以多业态的品牌结构、多元化的活动内容、多层次的空间品质服务升级，为消费者提供更好的购物体验，也承载起社交娱乐功能。近年来商场注入了大量艺术、人文等元素，为顾客带来"边购物边娱乐"的体验。

十周年之际，凯德虹口自创IP"因吹斯汀家族"，四款卡通IP形象首次亮相。大力丸Hunk、暖心丸KaKa、优乐丸Ada、智能丸Pop共四个IP，名称灵感来源于凯德虹口商业中心的英文名称"HongKou Plaza Anniversary"首字母。庆典现场，Hunk与Kaka的人偶形象首次亮相，增添趣味的同时，更赋予经典地标购物中心新的活力。12月11日至2022年1月3日，结合科幻题材的沉浸式剧本杀《YATA雅塔计划》也在凯德虹口推出，该活动将当下深受年轻人喜爱的剧本杀与商业相结合，与场内多家商户携手深度共创，将空间作为载体，发起多个品牌限定体验互动，为人们带去更具感染力和社交化的消费体验。12月2日，奕桥Bridge+在凯德虹口商业中心办公楼A座8楼的新项目同步开启。该项目考虑了不同规模的公司需求和使用场景，利用8楼共1419平方米的空间，设置了5个可租赁的独立办公区、3个会议室、1间可容纳80人的培

凯德虹口商业中心

训教室。还可直达商场顶楼花园平台，并在不久的将来直接连通购物空间。奕桥 Bridge+ 作为凯德旗下的灵活空间和商业社群平台，深耕联合办公领域，也抓住社群平台"跨界合作产生价值"等新需求，通过共享协作理念，联结起人与空间、工作与生活、办公与商业，将为凯德虹口商业中心的社群带来更多元的办公体验。

链接三：

上海第三座来福士亮相北外滩

2019 年 5 月，全球第十座、上海第三座来福士亮相北外滩，并于 2020 年全面开业。

北外滩来福士

来福士位于星港国际中心。星港国际中心是目前上海最高的双子塔建筑，2019年年初正式竣工，也是虹口单体体量最大的TOD交通枢纽中心。由两栋263米高的主体塔楼商业裙房及六层地下室共同组成综合体项目，总建筑面积约45万平方米。星港国际中心还设有地下步行街直通公平路码头，对接地铁12号线地铁站。此外还有空中连廊方便直达周边项目，更有4000平方米公交枢纽终点站和公平路轮渡码头，打造集地铁、公交、航运、空中步行系统于一体的城市交通枢纽，实现多种公共交通的快速换乘。北外滩的来福士和上海来福士广场以及长宁来福士都有着不同，那就是将开启3.0版本。即协同区域内其他商办项目、旅游酒店等提振北外滩区域整体发展之势。3.0版本的来福士将进一步探索空间的创新运用，打造更具文化标识和精神内涵的公共空间，发挥城市综合体推动引领城市文化生活的平台作用和公共服务功能。两栋办公塔楼屋顶各有约2000平方米的空间，将打造成屋顶花园、观景台、高端餐饮、艺术展厅等场所。此外，智能服务也会升级，更多智能化应用落地，科技、绿色属性升级。大楼的设计本身就充满了科技，建筑大面积采用玻璃幕墙，材料特殊，反射率不超过7%，减低了对周边建筑的光反射污染。而外立面采用外遮阳，有效减低室内电动窗帘的使用面积，为避免低反射玻璃颜色过深带来的不利感观，外立面采用阳极氧化的装饰构件，使整个建筑更加明亮。

总部企业数量三年内翻两番

2022 年，虹口区面对复杂严峻的外部环境，始终把优化营商环境作为提升城区核心竞争力的关键，通过建机制、搭平台，持续深化产业政策、招商政策，积极营造亲商、安商、稳商、留商的营商环境，不断夯实企业服务合力。截至 2022 年 9 月，虹口区总部企业数量三年内翻了两番，虹口亿元楼达到 37 幢、亿元园区达到 14 个。产业分布涵盖了金融、航运、新能源科技等多个领域，也是虹口北外滩先导产业、新兴产业、未来产业高质量发展的代表。

2021 年，虹口区成立了以区政府主要领导牵头的营商环境联席会议，进一步完善投资促进服务体系，连续五年推出营商环境 1.0 至 5.0 行动方

位于北外滩的中远集团

新时代非凡十年的虹口答卷

案，特别是自 2021 年始，连续两年发布北外滩优化营商环境"9+11"条举措，全力促进区域经济高质量发展。同时，虹口区启动了重点企业"回家"三年行动计划，推出"人才、就医、子女教育、政策服务、一对一帮办"等八大服务举措，为企业提供从楼宇推荐、场地选址、回搬手续，再到日常经营的"全过程周期服务"，让企业在虹口安心扎根经营。上海明汯投资管理有限公司便是通过"回家"三年行动计划过来的企业之一，也是一家亿元企业。上海明汯投资管理有限公司落户虹口发展多年，虽然办公地曾短暂搬离虹口，但区有关部门经常定期登门调研，了解企业需求，解决实际困难。在了解企业有意愿迁回虹口后，落实专人、专业、专项的全方位服务，从各个环节密切联系服务，2022 年 7 月企业顺利回归虹口，搬迁入驻北外滩来福士广场。随着北外滩的显示度、影响力日益凸显，无论在硬件建设还是营商软环境匹配上，均向外界展现出无限可能，"回家"的企业，享受到了人才政策、产业服务等多项政策扶持，发展的红利。在此

大背景下，上海家化电子商务有限公司、维京悠旅邮轮（上海）有限公司、财通证券资产管理有限公司上海分公司等企业先后"回家"，优质企业的集聚，推进了楼宇经济体量不断提升。重点企业的"回家"既是虹口优化营商环境的体现，又可不断完善北外滩区域产业生态，吸引和带动更多的优质企业聚集协同发展，提升楼宇经济体量和能级。目前，北外滩来福士广场吸引京东数科、华菁证券、达诚基金、

位于国客中心段的上港邮轮城

浦银金科和华为华东总部等多家重量级金融科技研发和应用示范型企业入驻，楼宇入驻率、税收落地率和坪效不断攀升，来福士广场也于去年成为新晋优质月亿楼，并逐步成为北外滩金融科技发展新地标。

2022 年，虹口区继续深入开展企业大走访，努力当好"最佳合伙人"和"最暖店小二"，为企业提供全过程周期服务。在企业大走访，重点企业上海家化电子商务有限公司提出电子发票、稳岗补贴、企业发展等多个方面诉求，为此，区投促办、税务局、人社局、商务委等多个部门第一时间组成服务团队，上门为企业指导解决。人社部门帮助企业纳入上海市第八批全电票试点名单，收到了 40 多万元稳岗补助，涉及人数 600 余人，企业对此非常满意。2022 年，全区共走访调研各类企业 12434 户次，收集各类问题诉求 2051 个，处置答复率 94%。

2023 年，虹口区将进一步优化招商机制，打造"优"无止境的国际一流营商环境新标杆，不断丰富投资促进工作手段和资源，以更跨前、更精准、更贴心地为企业提供服务，紧紧围绕北外滩开发建设主战场，持续聚焦招大引强、提升楼宇坪效、做优航运产业能级，推动区域经济持续健康发展。探索"租税联动"方案，以白玉兰、来福士、太阳宫等为试点，大力引进优质项目，充分调动楼宇业主方积极性，提高楼宇税收落地率和单位面积产出，培育更多"总部楼、亿元楼、月亿楼"。

链接一：

亿元楼"朋友圈"再添新成员

2022 年，虹口亿元楼出现了很多"新面孔"：北外滩来福士、双狮汇、国投 1 号楼、浦江国际大厦、瑞丰国际和嘉昱大厦。这些楼宇均坐落在北外滩地区，区域高品质楼宇税收明显发力，特别是双狮汇，尽管受疫情影响仍逆势上扬，2022 年一举跃升为"亿元楼"。

双狮汇是位于北外滩核心商圈的甲级办公楼，该项目集办公和商业一体，占地面积 1.3 万平方米，总建筑面积 10 万平方米，由两栋 21 层高的

位于东长治路 399 号的双狮汇

办公楼和 4 层裙房组成。大厦在 12 号线国际客运中心站上盖，紧连新建路隧道、大连路隧道，交通极其便利。内部 1500 平方米的无柱空间，为企业提供了优质的办公环境。双狮汇得益于上海家化总部公司的回搬，家化旗下多个业务版块、科研中心、供应链等部门均坐落在虹口，大力提升了楼宇税收规模。2022 年上半年楼宇三级税收同比增加 15.94%，区级税收同比增加 71.07%，单位面积区级产出同比增加 71.06%，成为了北外滩亿元楼经济发展的新引擎。

随着北外滩的发展成熟，吸引了非常多的金融、航运、科技企业及其总部来到这片区域。双狮汇半年来出租率进一步提升，现在基本上达到了将近满租的状态。吉宝资本通过首峰亚洲宏观趋势基金，联手吉宝置业中国及其他联合投资者，自 2019 年从大连一方（集团）收购该项目以来，对商业部分做了一定的改造，优化商业配套的设计，提升品质，商业配套设施不断完善，给周边入驻企业和白领提供更便捷的办公环境。2022 年双狮汇商务楼宇拿到了 LEED（能源与环境设计先锋）的铂金认证，进一步提升了绿色建筑的服务能级。另外，物业会组织各种活动，如露台瑜伽、中秋答谢活动以及一些免费的课程。在双狮汇露台既能欣赏到一轮圆月下的浦江美景，又可以穿上汉服、享用美食、DIY团扇、参加抽奖，让人感受到浓厚的节日氛围，体会到了双狮汇的用心服务。

白玉兰广场半年税收超过 12 亿元

2022 年上半年，虹口楼宇经济逆势上涨，亿元楼税收贡献同比增长超 2 倍，占楼宇总税收近九成，成为楼宇经济发展跃升的中流砥柱。北外滩沿江楼宇是稀缺资源，更是虹口楼宇经济发展的重中之重，其中，白玉兰广场作为北外滩楼宇"风向标"和"领跑者"，近两年不断迸发新活力、实现新绩效。2021 年，白玉兰广场成为"月亿楼"。2022 年上半年，白玉兰广场税收已超过 12 亿元，三级税收同比增加 77.6%，区级税收同比增加 100.21%，单位面积区级产出同比增加 95.45%。

通过这几年在招商过程中的不断摸索，白玉兰形成了独具特色的体系。更吸引众多企业的是，在白玉兰广场 20 楼，业主方和政府相关部门搭建了一个较好的平台——白玉兰党建服务站，可以为白领提供休憩、办理政府事务的活动空间，为入驻企业营造了良好的营商环境。同时，多年来白玉兰广场也经常组织各种各样的活动，丰富白领文娱生活。每年寒暑假期间楼宇会组织亲子活动，让孩子有一天时间来父母工作的场所，参与到爸爸妈妈的工作中，拉近白领的亲子关系。平时，还会组织摄影、羽毛球比赛、网球比赛等活动，满足白领的业余休闲需要。节日里，白玉兰也会提供相应的节日活动，让白领、企业可以在白玉兰广场安心工作。

重点楼宇实施"楼长制"

2018 年 5 月 29 日，虹口区重点楼宇"楼长制"工作推进会举行，会上正式发布《虹口区推行重点楼宇"楼长制"的实施方案》及首批试点的重点商务楼宇名单。2018 年先在 10 幢重点商务楼宇推行"楼长制"，2019 年进入全面推广阶段。

"楼长制"，即虹口各功能区管委会办公室主任分别担任所在区域楼宇

2022 年 9 月 21 日探索楼宇善治新路径 区政协在虹口滨江驿站召开关于北外滩楼宇自治和共治"协商于民"座谈会

的"总楼长",各投资服务分中心主任(功能区相关分管领导)分别担任对口服务重点楼宇的"楼长",由楼长牵头负责设立楼宇服务工作小组,协调楼宇招商引资和入驻企业服务具体工作。这是为有效发挥三大功能区"属地服务、区域统筹"的功能效应,当好企业"店小二",切实打通服务企业"最后一公里"问题,提升企业服务精细化水平的又一新举措。"楼长制"主要以本区重点商务楼宇为服务对象,聚焦虹口三大功能区产业发展定位,引导和鼓励部分商务楼宇向重点领域发展,着力吸引一批总部型企业、持牌金融机构、"独角兽"特征企业等,形成产业发展集聚效应,逐步打造和培育一批金融楼、航运楼、专业服务楼等特色品牌楼宇。在实现"一楼一特"的同时,"楼长制"还提供"一门式"服务。结合楼宇经营和发展现状,"楼长"将有针对性地制订楼宇属地服务方案,做到"一楼一策",重点解决人才一站式服务、白领中午就餐难等问题;建立快速反应机制,对企业诉求,做到第一时间研究、协调、解决和答复。

当好"金牌店小二"

2021 年 9 月 28 日,"虹口区推动外资总部经济发展新政宣讲会"在北外滩来福士举行。区商务委、区市场监管局、区人才服务中心等部门为 20 余家跨国公司地区总部、外资研发中心及外资重点企业"组团"服务。像这样的政策精准推介活动,虹口 2021 年已经举办过多场。为应对疫情影响和国内外经济的复杂形势,虹口各部门创新服务举措,加快外资企业升级,当好"金牌店小二"。

把企业"捧在手心里"。跨国企业总部在虹口加速集聚,既彰显了外资企业在华投资的信心,也与虹口不断优化的营商环境有着密不可分的关系。2016 年至 2021 年,是虹口发展史上具有里程碑、划时代意义的五年。五年间,虹口的营商环境几乎每年都在优化,筑巢引凤,为更多优质项目资源在虹口加快聚势增能奠定了基础。2021 年 3 月,虹口《优化营商环境行动方案》4.0 版正式发布,聚焦"打造运作全球的总部城、构筑辐射全球的中央活动区核心区、建设引领全球的世界级会客厅"目标,特别提出了北外滩优化营商环境九大举措。近期,虹口又制定了《北外滩七大专项行

举办主题日活动

动》规划，其中，打造上海全球资产管理中心核心承载区专项行动、特别是将北外滩区域打造成为上海全球资产管理中心的核心承载区，成为《北外滩七大专项行动》的重点。"北外滩企业服务中心不像印象中的办事大厅，大气简约的设计更像当下流行的共享办公空间。今后办事不用再挨个部门跑，在家门口就能享受私密、定制化的服务，真是把我们企业'捧在手心里'！"北外滩来福士负责人口中的北外滩企业服务中心，位于杨树浦路 147 号，是虹口区直面企业、人才办事的难点、痛点、堵点，打造的全流程专属服务平台。作为优化北外滩营商环境的一项具体举措，北外滩企业服务中心汇集了公安、科委、人社、税务等全区 29 个部门 1404 项事项集中办理，并首推"线上预约、一对一定制、集成服务、自助办理"新模式，让企业在北外滩享受更加便捷、高效、温馨的服务。

一杯咖啡的办事时间。"以前新店开业都会担心时间来不及，但是在虹口，一点都不需要为此操心。"对于虹口区的企业服务，物语（上海）企业管理有限公司万虹娟赞不绝口。2021 年 6 月 16 日，万虹娟在北外滩企业服务中心仅用了一杯咖啡的时间，就拿到了所需证照，而那时距离北外滩来福士开业仅剩 2 周不到的时间。"当时，我们的餐饮店是计划赶在和北外滩来福士开业同时对外营业，本来还有点担心来不及，没想到我们装修时，相关部门同志就来上门指导，让我们少走了不少弯路。办行业综合许可证材料交得少，我喝杯咖啡的功夫事情就办成了。"值得一提的是，这里还是虹口首个 24 小时"不打烊"的政府服务窗口。24 小时自助服务区在工作时间配备专人帮助企业利用自助终端开展网上办事；而在非工作时间，办事人则可通过身份认证，在 AI"智能导引员"的引导下，自助进入该区域办理相应业务。北外滩企业服务中心真正实现了功能区的事功能区办，通过数字化、人性化、专业化的服务空间，营造更便捷、高效、国际化的营商环境。

栽下梧桐引得凤凰。在北外滩发展引领带动下，虹口区域营商环境不断优化，仅 2021 上半年就新引进企业 2369 户，其中注册资金 3000 万元以上的企业 157 户；全区新增高能级企业总部、研发中心和创新性平台共 14 家；创新驱动发展迈出新步伐，推动全国碳交易市场在北外滩落地

"税法进科创"

运行，工业互联网创新平台暨西门子创新中心启动建设；全区共有高新技术企业 424 家，市、区两级小巨人企业 120 家；楼长责任制、园长责任制发挥积极作用，楼宇、园区单位面积产出分别同比增长 43.2% 和 28.4%，亿元楼达到 24 幢、亿元园区达到 8 个。而在这波高能级辐射效应的带动下，虹口的金融、航运、现代商贸业等重点产业也增势强劲。截至 2021 年 8 月底，虹口区内金融企业达 1895 家，涵盖了除信托以外的各类业态，资产管理规模近 7 万亿，其中公募基金 17 家，占全国公募基金总数的 1/8，资管机构已成为虹口金融产业的"压舱石"。2021 年上半年，虹口区金融业全口径税收同比增幅 64%，税收贡献居全区各产业之首，成为虹口区域经济增长的主力军。与此同时，虹口的财富管理高地也正在产生"虹吸效应"，2021 年上半年，吸引高瓴资本旗下瓴仁私募基金成功落户，新引进美国睿驻星资本、德意志银行资管等 QFLP 试点企业，浦银金融科技、上海东亚期货等一批持牌金融机构也先后落地。航运总部基地形成"磁吸力量"，引入上海远洋运输、维京游轮、北英海事咨询等重点企业，新增上海航海学会、上海船艇商务服务中心等功能性机构。截至 2021 年 10 月底，航运服务业经济贡献同比增长 265.3%，创造了本区有史以来航运产业区域经济贡献的新高，航运产业作为区龙头产业的地位进一步稳固。

对外投资总额创历年新高

2012 年，随着国家"走出去"各项政策措施的不断推进落实，虹口区企业对外投资的意愿正在逐年提升。2012 年，虹口区对外投资获批项目数为 9 家，涉及投资总额 10.17 亿美元，列中心城区前三位，再创历年来新高。

虹口区对外投资在结构优化、布局合理和行业多元化等方面特点明显，主要表现在投资规模显著提升。2012 年计划投资总额达 10.17 亿美元，是前五年投资总和的近 30 倍。其中，计划投资总额 5000 万美元以上的有 1 家，100 万到 1000 万美元的有 5 家，10 万到 100 万美元的有 2 家。投资布局更趋成熟。如从事电子设备制造业的上海科泰信息技术有限公司，通过近 2 年境外投资，完成了阿拉伯、香港等亚洲地区的分支机构建设和业务渠道维护，目前正积极申报设立安哥拉分公司，为企业开拓非洲新兴市场做准备。投资行业趋向多元化和关联化。涵盖金融信息服务、电子设备维护、机电设备贸易、水上运输和矿产勘查等多个行业，基本围绕境内投资主体业务的上下游延展，利用境外企业实现资源配置全球化，以实现降低主体运营成本，提升总体竞争力的目标。

"2020 年上海市虹口区投资环境研究报告发布会暨虹口区外资招商推介会（北外滩来福士专场）"举办

"新三板"上市企业实现零突破

2013 年 8 月 8 日，注册于虹口区的上海世富环保节能科技股份有限公司在"全国中小企业股份转让系统"正式挂牌，证券简称"世富环保"，证券代码"430272"。至此，世富环保节能科技股份有限公司成为虹口区，也是张江高新区虹口园首家上"全国中小企业股份转让系统"挂牌的企业。

政策优势托底政府再"扶"一把。世富环保成功挂牌"新三板"，拓宽了企业的融资渠道，也为今后企业转向主板或创业板上市奠定了基础。世富环保成功上市离不开张江高新区虹口园的政策优势及政府部门的支持、帮助。作为非上市股份有限公司股权顺畅流转的重要平台，2012 年前，"新三板"（现已改称"全国中小企业股份转让系统"）仅对注册于中关村科技园区内的企业开放。2012 年 8 月，经国务院批准，决定扩大"新三板"试点，首批扩大试点除北京中关村科技园区外，新增上海张江高新技术产业开发区、武汉东湖新技术产业开发区、天津滨海高新区。张江高新区虹口园也随之成为首批受到扩容政策辐射的非核心园区。好政策进来了，接下来就是要看政府部门如何作为了，为了让更多的科技型企业了解并利用好"全国中小企业股份转让系统"，张江高新区虹口园在政策落地第一时间，就通过组织培训会等措施，全面启动扶持企业上"全国中小企业股份转让系统"挂牌。2012 年 9 月，区科委举办了上市政策宣讲会，特邀券商、私募基金为园区内科技型中小企业宣讲政策，吸引了 40 余家企业前来参加。通过这次宣讲会，多家企业在与券商接触后达成协议，此次成功挂牌"全国中小企业股份转让系统"的上海世富环保节能科技股份有限公司就是其中之一。此外，为了鼓励企业通过资本市

2013 年 4 月 15 日《虹口报》

场实现发展，对有意向进行改制上市的企业，区科委在企业项目申报、相关政策补贴等扶持政策上也给予了适当倾斜。

"孵化"有序推进后备企业蓄势待发。目前，虹口区共有改制上市后备企业 60 家，7 家企业已基本完成股改。在区科委等相关部门的引导下，各上市后备企业的"孵化"进程有序推进。注册于纪念路 500 号的上海易所试网络信息技术股份有限公司是一家专业从事品牌营销服务的高新技术企业。公司以官方网站"喜试网"为基础，为企业客户提供各种高效互动的客户反馈、体验传播和市场营销服务。在区科委的指导下，企业于 2012 年年初启动股份制改制，并于当年 12 月 12 日完成改制。目前，上海易所试网络信息技术股份有限公司已获得由全国中小企业股份转让系统有限责任公司签发的股转系统函，并于本月正式挂牌，有望成为继世富环保后，虹口区第二家上"全国中小企业股份转让系统"挂牌的企业。"新三板"上市企业实现零突破。

链接三：

首家科创板上市企业诞生

2021 年 11 月 12 日，上海安路信息科技股份有限公司（证券代码：688107，证券简称"安路科技"）正式在上交所科创板上市，成为从虹口走出的首家科创板上市企业。安路科技本次发行数量 5010 万股，募集资金总额 10 亿元，用于新一代现场可编程阵列芯片研发及产业化项目、现场可编程系统级芯片研发项目、发展与科技储备资金。

安路科技于 2011 年 11 月 18 日在虹口区注册成立，是一家专注 FPGA 芯片及专用 EDA 软件自主研发、设计和销售，掌握关键核心技术的集成电路设计企业，是中国 FPGA 市场技术和产品的领导者。安路科技创始人及核心团队由来自海外高级技术管理人才及资深集成电路和软件行业人员组成，参与开发了多款世界领先的 IC 芯片和 EDA 软件。经过近十年的技术累积，公司在 FPGA 芯片设计技术、SoC 系统集成技术、FPGA 专

公司产品发布会

用 EDA 软件技术、FPGA 芯片测试技术和 FPGA 应用解决方案领域均取得了技术突破。公司产品实现了 55 nm 到 28 nm 工艺 FPGA 重点型号全覆盖，建立了 EAGLE 高性价比系列、ELF 低功耗系列、PHOENIX 高性能系列多元化的产品矩阵，能够为客户提供多种不同性能特点及不同逻辑规模的 FPGA 芯片产品，以满足客户多样化需求。公司是国内极少数通过多家国际领先通信设备商认证的合格供应商之一，部分产品指标超过同类国外产品。公司在 FPGA 硬软件等关键核心技术方面达到国内领先，是国内最早实现 FinFET 12 nm 工艺关键技术验证的 FPGA 企业之一；芯片出货量在中国市场国产 FPGA 芯片厂商中排名第一，2020 年销售芯片数量超过 2000 万颗。公司最近三年营业收入分别为 2852.03 万元、12232.77 万元和 28102.89 万元，三年复合增长率为 213.91%。2021 年 1—3 月，公司营业收入为 14999.47 万元，同比增长 307.13%。

中国国际进口博览会中的虹口元素

　　中国国际进口博览会（以下简称"进口博览会"）由国家商务部、上海市人民政府主办，自 2018 年开始在上海举办，已历时五届，均取得圆满成功，在国际国内产生广泛影响，国际采购、投资促进、人文交流、开放合作四大平台作用凸显，综合效应持续放大。按照习近平总书记关于进口博览会"不仅要年年办下去，而且要办出水平、办出成效、越办越好"的重要指示精神，区委、区政府带领全区上下统一思想，积极统筹安全保卫、公共卫生、城市运行、市容景观、来宾接待、经贸对接、市场监管和宣传推介等方面的城市服务保障任务。区商务委作为主要对接进博会各条线的部门，重点做好《虹口区服务保障中国国际进口博览会行动方案》牵头及上海交易团虹口分团相关任务。

　　采购交易成绩增长喜人。对于各个交易团，每一届进博的采购交易总量是最核心的任务指标。2018 年第一届进博会，上海交易团虹口分团完成了 6450 万美元采购金额，到第四届进博会的三年间，意向采购额分别

"德国品质生活馆"开幕式

增长了 21.3%、34.27% 和 50.46%。第五届进博会虹口分团意向采购金额 2.116 亿美元，同比第四届增长 34.28%，比 2020 年翻了一番，取得了连续五届采购交易额均达到两位数增长的好成绩，虹口的年均增长高于上海的平均水平。

交易分团规模不断扩。第一届进博会，上海交易团虹口分团采购商只有 4 家。区商务委把采购交易目标融入日常招商引资和企业服务工作，持续不断地积极宣传展示进博，挖掘组织区内的展商和采购商参与进博会，拓展展商展示领域，保证了每一届进博会虹口分团的采购商和展商数量都能增长。第五届进博会虹口的采购商达到了 11 家，展商达到了 17 家，展示领域从食品和消费品拓展至医药保健展区，14 个展馆中的 9 个都有虹口展商的身影。

专业观众报名效率优。第一届进博会虹口分团有 651 家企业，5344 人次报名专业观众。因为报名系统初次上线，所有人员信息核查和证件印发都采用手动方式。经过系统升级，从第二届开始，报名系统自动化程度大大提升，专业观众报名服务体验全线优化。受新冠疫情影响，第三届进博会报名系统增加了核酸检查证明和自查报告，需要专门审核。同时，针对入场观众的专业程度和年龄限制也做了特别要求，因此从第三届进博会开始，虹口分团的入场观众结构从社会化和全龄化转向了专业化和有效化。第五届进博会虹口分团最终报名专业观众单位 324 家，人数 1564 人。即使受疫情影响，审核人员仍旧 24 小时坚守线上报名系统岗位，保障每一个报名企业不被落下。

进博企业服务精益求。第二届进博会，区商务委针对服务虹口进博企业提出了"2+3+5"的口号，做到了 2 个"全覆盖"、3 个"优先"和 5 个"服务"。到第四届进博会，服务机制升级为了"三重覆盖、四项机制、五大服务体系"。在呈现前几届进博会虹口区各项成果的基础上，区商务委持续坚持全力服务我区进博会重点企业，从党建引领、联合保障、疫情防控、服务配套四个方面落实保障机制，并为参展企业提供金融、通关、商务、政策、投资五项完备服务。

北外滩馆彰显虹口实力。在区委主要领导的指示下，第四届进博会

《虹口区对接进博会服务手册》　　　　　　　　　　德国品质生活馆展示区

北外滩馆初次入驻进博会现场，取得了良好的社会反响。北外滩开发办及区商务委再接再厉，在北外滩馆再次登陆第五届进博展馆。展馆在布展上多维展现北外滩的形象，既有历史的厚重，又有现代发展的活力，同时兼具未来感、科技范。区内十余家科技、金融、文创企业携优秀技术和产品"加盟"展馆，参与馆内"2+4+N"相关活动，并通过"上海虹口"抖音号将企业的新产品、新理念、新形象传播出去。11月8—9日进行的为期两天的直播活动，总曝光量达310万人次，吸引近50万观众在线参与，让虹口的重点企业借进博会之势走向全球。

虹口进博营造宣介高。每一届进博会，虹口都充分利用好进博宣传平台，加强融合传播，全方位、多层次推介进口博览会重要成果，展示虹口改革发展的最新形象。在虹口北外滩馆举行的第五届进博会上海交易团虹口分团集中采购签约仪式上，新兴铸管（上海）金属资源有限公司、高丝化妆品销售（中国）有限公司、奥碧虹（上海）化妆品贸易有限公司、森世海亚有限公司等一批虹口分团的企业代表集中签订了5个项目，涉及金额超亿美元，订单横跨日化用品、消费品、医药和保健品等多个领域。虹口分团的集中签约信息受到了央视1套《新闻联播》的关注，相关进博信息两次获得央级媒体报道。区商务委制作的"我的进博故事"系列也被上海市商务委公众号转载。

进博专项政策重点凸。2022年初，区商务委制定了《虹口区关于加快发展苏州河以北现代商贸业的实施意见》，分别在扶持引入贸易型总部、"6+365"平台建设、进口商品国别店、进博会溢出效应、海关AEO认证、出口信用保险补贴等多个方面助企业、促发展。其中，进口商品国别店支持区内企业对接进博会，促进展品变商品；"6+365"的认定奖励鼓励区内企业打造进博"6+365"平台，包含了综合服务平台、跨境电商平台、专业服务平台，让进博溢出效应延伸至全年365天。

进博溢出效应不断深。区商务委坚持将进博明星产品引入商圈，打造虹口"家门口的进博会"这一品牌，在重点商圈开辟进博明星产品常年展销区域，探索举办进博好物进商圈系列项目，先后举办了"家门口　世界风""移动国别馆之罗马尼亚馆""一带一路沿线国家馆""进博好物进商圈""进博好物进机关""德国品质生活馆"等活动。区商务委通过上述的系列活动落实"6+365"目标，促进进博会溢出效应在虹口落地，提升全区商圈消费能级，获得了良好的社会反响和经济效益。

链接一：

推动贸易便利化

2015年4月16日，虹口区政府与上海海关合作备忘录签约仪式在区政府举行。上海海关党组书记、关长李书玉，上海海关巡视员、缉私局局长郑宁，区委书记吴清，区委副书记、区长曹立强出席并见证签约。上海海关党组成员、副关长郑巨刚，区委常委、副区长徐彬代表双方签约。虹口区政府长期以来与上海海关保持紧密的联系与深入的合作。此次合作备忘录的签订，标志着双方将在推动贸易便利化，促进上海自贸试验区相关政策、措施的复制、推广中进行更为深入的合作，共同为上海国际贸易中心建设作出应有的贡献。

吴清表示，虹口区和上海海关一直保持着较为紧密的联系，无论是北外滩公用型保税仓库的设立，还是区域内航运、贸易企业的通关便利化服务，都得到了上海海关的大力支持。此次《合作备忘录》的签署，不仅对虹口的改革、开放、创新具有很大的指导意义，也标志着双方的合作关系得到了进一步深化和拓展。希望上海海关在今后的各项工作中，能一如既往地给予虹口区更多的指导、支持和帮助，共同为地方经济发展作出新的努力。

新时代非凡十年的虹口答卷

李书玉表示，上海海关正在根据本市各区县特点，研究改革制度的复制、推广，虹口区在国际航运贸易等方面优势明显，相信在双方的共同努力下，上海自贸试验区的大部分创新政策可以在虹口区落地。上海海关愿意和虹口区政府加强合作与联系，共同打造更符合现代商贸发展要求的营商环境。

链接二：

涉外经济发展成绩喜人

2012 年，虹口区的涉外经济在外部大环境不够理想的背景下逆势增长，多项数据均位居全市中心城区前列。

外贸方面，1—11 月的统计数字显示，全区共完成海关进出口总额 347438 万美元，同比增长 10.39%，已连续多年位列全市中心城区前三甲；出口总额达 179352 万美元，同比增长 5.35%，连续三年位居全市中心城区第一；进口总额达 168086 万美元，同比增长 16.33%；外贸经营企业数由 421 家增至 493 家，同比增长 67.44%。

外资方面，1—12 月的统计数字显示，本区吸引合同外资为 10.4 亿美元，同比增长 27.14%；全年实到外资 10.2 亿美元，同比增长 62.94%。同时，境外投资也持续稳定发展，1—12 月，企业直接对外投资总额达 4274 万美元，累计核准新设对外投资项目 25 个，总投资额达 10.7 亿美元。

在引进外贸企业数量激增的同时，虹口区引进的外贸企业越来越符合区域经济发展的战略定位，企业的品质和能级也在不断提升。航运服务业方面，吉与宝（上海）船务有限公司是瑞士吉与宝公司亚洲区运营总部；太平船务（中国）有限公司的投资方为全球前 20 强集装箱班轮公司之一。金融服务业领域，华宸未来基金管理有限公司是本区第一家外资公募基金公司；外资融资租赁类公司的引进，也成为年度外资招商工作的一大亮点。现代商贸业方面，四川北路上第一家国别店"乐购仕生活广场"成功入驻；日本最大的体育用品超市 ALPEN 株式会社落户中信广场；百丽电

太平船务（中国）有限公司远洋货轮

子商务有限公司增资 2000 万美元，同时，新注册的上海海兴企业管理有限公司成为本区第 5 家"百丽"系企业。专业服务业方面，英国 ERM 集团继在虹口成立伊尔姆环境资源管理咨询（上海）有限公司之后，又设立了伊尔姆希维斯能源管理（上海）有限公司，为本区的绿色产业注入了新的活力。

链接三：

电子商务企业风生水起

虹口区经过多年的积累，电子商务企业的发展风生水起，区域经济贡献度快速提升。截至 2012 年底，电商企业完成社会零售额 16.3 亿元；实现三级税收 1.34 亿元，同比增长 60.4%；区级税收 4924 万元，同比增长 60.8%。

目前，虹口区电商企业已达 237 家，比 2009 年翻了两番，电子商务作为现代商贸业的重要一环，引领着区域行业市场的整体繁荣。以号百商旅电子商务有限公司为首的老牌"电商"继续领跑。号百商旅电子商务是中国电信旗下全资子公司，依托电信品牌和网络等优势，基于语音信箱（118114、4008118114）、互联网、移动互联网等接入方式，提供旅行、酒店、餐饮、商品订购等"吃住行、游购娱"的商旅服务。公司成立以来，在激烈的网络市场角逐中取得不菲业绩，仅去年就完成区级税收 2502 万元，居纳税"十强"电商之首，成为本区现代商贸业中战略性新兴产业的标杆。2012 年纳税"十强"榜单中还有诸多亮点。上海家化信息科技有限公司的区级税收呈现"井喷"，同比增长了 8004%。这家传统名牌企业，2010 年底正式宣布"触网"，经过一年多的建站和培育，旗下品牌佰草集、高夫、清妃、珂珂分别建立了官方旗舰店，并于去年发力创造出了不俗业绩。公司高层表示，电子商务已成为公司一

2014 年 8 月 28 日《中国贸易报》

个重要的增长来源，如佰草集电子商务收入的比重目前占 5% 左右，未来有望达到 15%，甚至更高。

科普品牌

—— "科启未来说"

2019 年，虹口区科协推出全新打造的科普新品牌"科启未来说"。"科启未来说"以"每个人都是科学技术的推广者"为核心理念，围绕国家战略、区域发展、重大科技成就等内容进行主题演讲，旨在打造集行业交流、经验分享、成果展示等功能于一体的科普平台，助力虹口公民科学素质提升，助推虹口科创中心建设，至 2022 年已连续举办了 8 季。2021年"科启未来说"品牌活动获得上海科普教育创新奖科普管理优秀奖一等奖。

科学普及是实现社会创新发展的重要元素。长期以来，虹口的科学普及紧贴城市高质量发展对市民科学素质的要求和市民迫切高品质生活的需求，开展科学普及活动。2019 年以来重点打造的科普品牌活动"科启未来说"，紧扣社会热点，传承科学家精神，经过 3 年的深化培育，受益人数达10 万人次，在虹口社区居民中有了很高的影响力。面向区域内重点科技产

2022 年虹口"科启未来说"第七季拉开帷幕，论坛以"无限元宇宙，美好新未来"为主题

业，用科普诠释创新，成为"科启未来说"的一大特色。

2019年3月30日，虹口建成并投入试用全球首个行政区域5G网络，成为了"全球双千兆第一区"，在新一代信息基础设施建设上迈出了重要步伐。"科启未来说"以此为契机邀请三位行业嘉宾向区域企业和市民做

全国科普示范社区

中国科协　财政部
二〇一五年

关于5G的主题演讲，在5G数字化转型、5G时代的应用场景、5G与AI的产业互联网发展等领域做了相关分享。作为"全球双千兆第一区"，虹口在元宇宙这条新赛道上，提前布局，发枪起跑。

2021年建党百年之际，"科启未来说"以"科学精神、薪火传承"为主题，中国科学院上海技术物理研究所老中青三代科技工作者作主旨演讲，传承"科学家精神"讲好"青春故事"。其中，中国科学院院士、红外物理专家褚君浩从自己热爱科学、刻苦求学、投身科研的经历娓娓道来，让在场观众感受到了老一辈科学家将国家利益、集体利益看得高于一切的奉献精神，以及刻苦钻研，突破技术封锁，报效祖国的爱国情怀。而作为"后浪"的代表，来自技术物理研究所的研究员周易则用自己的履历和实践，讲述了一个"传承""使命""期待"的故事，让观众看到了一个热爱科学、尊重科学的年轻人，肩负起新时代自立自强、科技创新的使命和担当。

2022年，虹口区率先发布了"元宇宙产业发展行动计划"，通过布局元宇宙虹口1号空间和2号空间，成立元宇宙产业基金，进一步将元宇宙产业做实。那元宇宙究竟是什么？元宇宙落地需要哪些条件？如何抢占元宇宙新赛道？"科启未来说"又以"无限元宇宙，美好新未来"为主题，通过业内专家的分享，助推虹口科创中心建设。

"科启未来说"启动以来，面对市民对科学生活的需求，用科普讲好科学精神，是"科启未来说"的另一大特色。从"垃圾分类新时尚""科技战疫，美好生活"到"疫情常态化控制的科学生活"……"科启未来说"不断弘扬科学的生活态度、传播科学的思维方式，倡导科学的健康生活。虹

口这片承载红色基因的热土，与科技的缘分一直就密不可分，从中国第一部公用电话到5G电话的拨通，从第一盏电灯的点亮到风云卫星的研制，无一不在书写着虹口科技，自立自强的动人故事，"科启未来说"在品牌活动中，注重加大红色文化传播力度，由此也成为广大市民欢迎的红色科技文化使者。

链接一:

西门子创新中心正式揭牌

2021年8月，虹口区科学技术委员会、西门子工业软件（上海）有限公司、上海城投控股股份有限公司三方经友好协商，签署合作协议，共同就工业互联网创新平台暨智能制造创新中心——西门子数字化技术全体验（以下简称"西门子创新中心"）建设，打造协同创新共同发展的数字工业生态，以促进国际领先企业的知识转移，吸引高端人才集聚，努力成为北外滩"新基建"创新应用的产业标杆，推动虹口形成工业互联网展示高地。

2022年9月，西门子创新中心正式揭牌，西门子创新中心的建成，对推动虹口布局"工业互联网 + 数字新基建"，建设工业互联网展示高地，吸

西门子工业互联网创新平台暨智能制造创新中心

新时代非凡十年的虹口答卷

引和培育一批具有全国影响力的智能制造头部企业，发展虹口数字科创生态，助力上海打造具有世界影响力的国际数字之都具有重要意义：借助西门子在装备制造、汽车、生物医药、电子信息等重点行业的国际领先技术，依托西门子"工业互联网＋数字新基建"的整体布局，西门子创新中心将发挥"赋能、加速、连接、生态"的作用，促进工业互联网创新发展，推动虹口进一步提升创新策源能力，助力北外滩新一轮开发建设。主要体现在：一是促进工业互联网产业集聚与创新生态发展，依托西门子打造具有行业影响力的公共服务平台，聚焦智慧工厂，探索新场景、挖掘新模式、形成新应用，推动虹口构建"工业互联网＋数字新基建"创新生态圈；二是深化产业服务，赋能地方实体经济，依托西门子的先进技术和产品优势促进数字化、智能化等领先技术服务于中小企业，使其获得最新的技术资源、行业知识与业务实践，赋能中小企业转型升级；三是给予智库支持，助力北外滩新一轮开发，引入西门子全球专家与智库资源，建立共享研发平台与创新生态系统，赋能区域企业的科研创新能力，打造面向土地资源集约化利用的区域产业发展新模式，推动西门子创新技术的应用，推动虹口产业能级提升；四是培养与汇聚高端人才，秉持产教融合，联合高校、培训机构、企业开展多层次的教育培训，让更多的中高端人才可以"找得到、留得住、用得好"，培养和留住一批符合未来数字化企业转型需求的人才；五是探索数字化转型示范应用，围绕虹口"5G＋工业互联网"创新生态，探索5G、人工智能、物联网、区块链等技术与制造业的融合应用，形成智能制造产业链，通过合作开发、合作经营等多种方式发挥产业集群效应，培育和孵化一批小微企业。

链接二：

科技创新体系"一个中心，六大平台"全部落地

2016年5月24日，由虹口区人民政府、上海科技成果转化促进会合作共建的"技术转移创新实践基地""上海技术转移与创新成果展示交流中

优族 173 复旦软件园

心"揭牌成立。这也标志着构成虹口区科技创新体系的"一个中心,六大平台"已全部落地。

2015 年 5 月以来,虹口区分别出台了《关于推进科技创新中心建设的若干意见》《虹口区推进科技创新中心建设的实施方案》《虹口区促进创新创业人才集聚推动大众创业、万众创新的政策措施》三个重要文件,加快虹口区科技创新体系建设,并在《实施方案》中进一步明确了"一个中心,六大平台"和包括五大方面的 59 项重点任务,打造"科技成果转化和技术转移平台"正是其中的一项重要内容。科研成果无法通过成果转化进入市场,不仅阻碍企业创新步伐,更制约了上海科技创新中心建设发展。虹口联合上海科技成果转化促进会(以下简称"科促会")共建"一基地,一中心"的初衷,就是要发挥科促会的品牌优势、项目优势、人才优势、平台优势,使之成为市、区科技成果展示、发布、推广、交流的集聚地,成为信息流、成果流、人才流的集散中心。立足虹口、面向全市,通过以企业为主体,以企业需求、市场需求为导向,深入推进科技成果的转移转化。

"技术转移创新实践基地"和"上海技术转移与创新成果展示交流中心"选址于法兰桥创意产业园区。正式投入运行后,科促会还通过设立"联盟计划"和"助推计划"服务中心,加强高校、科研院所与企业的合作交流。首批共 306 项高校可转化的助推项目率先登陆"科技成果转化和技术转移平台",并且今后每年还将推介不少于 80 项高校可转化的助推项目,促成不少于 10 项联盟计划项目以扶持虹口中小企业。

链接三:

华为上海首个创新中心落地虹口

2019 年 10 月,虹口区政府与华为技术服务公司达成协议,合作共建华为上海首个创新中心——"华为—上海 5G+VR/AR/MR 创新中心"。这是双方在 2018 年 7 月签署共同推进"智慧虹口"建设的合作框架协议基础上又一次深度合作。虹口将依托区域网络的深度覆盖、开放的场景应用、得天独厚的区位优势,借助华为的品牌优势、资源优势,与其强强联手,共同打造虹口 5G 产业生态圈。

华为在 5G 技术上引领全球,可以从基础网络、云计算与 AI、终端以及云使能平台等方面,全面助力 5G 产业应用发展,VR/AR/MR 产业更是华为未来重点打造的产业之一。华为 CloudVR 解决方案已经建立了从芯片到生态的端到端自主技术体系,并将协同 VR 产业伙伴围绕物联网、云计算与 AI、终端以及云使能平台四个方面,共同探索 VR 商业场景、研发创新技术、孵化解决方案等,以实现 CloudVR 的商业落地。作为"全球双千兆第一区"和"上海 5G 综合应用先导示范区",已实现 5G 基站重点区域城市级精品覆盖,这为率先发展 5G 商用和 5G 产业奠定了基础。同时还将 5G、金融科技和数字内容作为未来信息服务业发展的主导产业。

合作将通过搭建虹口 VR/AR/MR、人工智能与软件开发等私有云平台,围绕 5G 物联网、云计算、大数据、区块链、人工智能等行业领域赋能区内产业升级转型;设立 5G 产业应用成果展示中心,全方位展示最先进的 5G 产业应用成果;建立 5G+VR/AR/MR 产业发展联盟,形成创新产业集聚,着力打造 5G 创新策源地建设;联合举办具有品牌影响力的展会、全球开发者大赛、主题论坛等创新创业活动,营造 5G 产业生态环境,助

华为—上海 5G+XR 创新中心落户北外滩

力本区树立全球化产业品牌，带动区内产业能级提升，推动资本链、创新链、产业链的良性循环发展，加快推进 5G 产业在本区的集聚与发展，率先形成 5G 产业生态圈，为本区科技创新和经济高质量发展打造真正的强力引擎。

园区发展稳步推进

　　2014 年，虹口区产业园区管理服务办公室成立，制订《虹口区产业园区管理办法》，大力支持园区产业发展。2016 年至 2019 年，虹口区先后印发《虹口区产业园区 2016—2018 三年提升计划》《虹口区人民政府关于成立虹口区产业园区发展服务工作领导小组的通知》《关于加快虹口产业园区转型升级和功能提升的实施意见》《虹口区加快促进产业园区高质量发展的扶持意见》等产业政策和文件，积极助推虹口园区转型发展。

　　2018 年，虹口区建立"园长制"。"园长制"设"总园长"和"园长"，"总园长"负责推进试点园区的管理和服务，牵头组织开展园区发展规划、产业定位、认定授牌、管理考核等各项工作，协调解决产业园区发展重大

空间 188 创意园区

1876 老站创意园

问题。"园长"负责收集园区基本信息，定期走访园区，了解并定期报送园区动态等工作。同时，区科委探索引入第三方评估机制，对"园长制"试点工作涉及的产业园区效能进行跟踪和专业评估，及时分析情况，改进工作方式。

2020—2022 年疫情期间，区科委制定出台《关于全力抗击疫情支持企业平稳健康发展的实施细则》，在运用新技术促进企业发展、科技企业行政审批、科技企业服务、创新创业载体、为中小企业减免房租五个方面支持科技企业平稳健康发展，切实减轻因疫情对企业经营造成的负担。同时，区科委切实履行好区园区办的职能，认真做好全区 48 个产业园区 49 个点位的管理和协调工作。2022 年，纳入经济考核的 36 个产业园区区级税收 18.3 亿元，同比增长 15.6%；单位面积产出 2710 元 / 平方米，同比增长 15.4%。亿元园区发展到 14 个。

其中，张江虹口园成立于 2011 年，面积 7.88 平方千米，覆盖虹口区近三分之一的面积。经过十多年的规划建设，张江虹口园功能定位愈发明晰，空间布局持续优化，产出规模不断扩大，税收贡献快速增长，创新能级大幅提升，发展成效显著。在"十四五"规划中，张江虹口园紧紧围绕"南部辐射、中部转型、北部发力"的空间格局：北外滩增强全球资源配置功能，以"5G 全球创新港"为标杆，培育发展总部型数字产业，打造数字科创总部经济新地标和全球科创双循环链接平台；中部依托音乐谷国家产业基地，打造数字文创产业新标杆；北部强化创新策源能力，打响北中环科创集聚带品牌。2019 年，张江虹口园全口径生产总值 355.32 亿元，固定资产投资 55.02 亿元，实现税收收入 118.40 亿元，实际利用外资金额 30.15 亿元；亿元园区（楼）从 3 个增长到 8 个，并依托上海城创金融科技国际产业园、万向区块链实验室、绿色技术银行、上海环境能源交易所、5G 全球创新港、上海市工业互联网协会等产业和功能重点项目，以及虹口区全球双千兆第一区和上海 5G 综合应用先导示范区建设深化，推动自身集聚发展功能特色进一步强化，实现了从大数据、大健康、新材料、新能源的"两大两新"产业发展转型成以"金融科技、绿色科技、信息科技"为主体的三大特色产业。张江虹口园是虹口区链接张江高科平台与资源优势、支撑区域经济社会发展的重要功能区域，自 2011 年成立以来，园区空间布局持续优化，产出规模不断扩大，税收贡献快速增长、创新能级大幅提升，单位面积产出从 756 元 / 平方米增长到 1448.93 元 / 平方米，园区内产业投资基金规模达到 16.12 亿元；2019 年工商注册企业数达到 18156 个，其中高新技术企业数 152 家，发展成效显著。园区依托平台资源，一方面全力打响 5G 新经济名片，依托 5G 基站密度"全市之最"优势，2019 年，园区集聚 5G 产业相关企业 132 家，华为—上海 5G+VR/AR/MR 创新中心是上海市首个落地的 5G+ 联合创新平台；另一方面集聚各类科创力量，汇聚了 5 家市级及以上科技企业孵化器、4 家众创空间（其中科技部备案 2 家、市科委备案 2 家）、4 家市级产业技术创新战略联盟等创新创业服务机构，以及 3 家市级及以上科研院所、8 家市级及以上企业技术中心、5 家市级工程技术研究中心、3 家市级新型产业技术研发机构等，这为张江虹口园及整个虹口区科创能级提升打下坚实基础。

链接一：

打造北中环科创产业集聚带

2021 年 1 月，投资近 50 亿元的虹口北部地区重点建设项目之一的北中环科创综合体项目启动建设。该项目是虹口区与临港集团深化"区区合作，品牌联动"，打造"北中环科创产业集聚带"的重要项目，对促进北中环地区的科创产业具有集聚效应。北中环科创综合体项目位于虹口区凉

北中环院校赋能社区创新治理联盟正式成立

城地区，占地面积3.8万余平方米，总建筑面积20余万平方米，项目计划于2023年竣工。项目建成后，将集聚临港集团科创资源，立足虹口、着眼上海产业发展及城市形态建设，在航运、现代商贸、科技金融等优势产业，打造在线新经济、人工智能、科技金融等为一体的"科技创新中心、科学交流中心、科学家社区中心、企业总部中心"，成为北中环沿线地标性建筑。

北中环科创综合体未来还将重点围绕中外环融合性数字产业发展环，结合总部企业品牌展示、智能硬件应用体验以及智能制造研发产学研平台，成为集智能技术、5G技术应用等一体的智慧城区，助力虹口科技研发创业产业升级。虹口区充分发挥北外滩开发建设的引领带动作用，深入推进北外滩与中部和北部功能区之间招商资源共享、营商环境共创、产业生态共建，加快资源整合、产业融合和功能复合，实现三大功能区协同联动发展。除了打造"北中环科创产业集聚带"，虹口区还充分发挥北部科创空间和资源优势，做大做强上海城创金融科技国际产业园，推进上海先进材料国际创新中心、上海国际能源创新中心等重点项目建设，加快建设北部"硅巷"式科创产业集聚新空间。深化与中科院上海技物所、上海材料所等科研院所的合作，进一步提升创新载体能级，探索协同创新模式，积极争取一批国家级、市级的重大科技项目落户虹口。

链接二：

上海灯具城开业

2013 年 7 月 28 日，上海现代照明产业生产性服务业功能区正式揭牌，历时七年改造的上海灯具城同时开业。

1995 年建成的上海灯具城，是国内最重要的灯具集散地之一。为适应照明产业新一轮发展，上海灯具城由广厦控股集团所属上海明凯投资（集团）有限公司投资，历时 7 年重建改造。建成后的灯具城总面积 7.5 万平方米，由 18 层办公用主楼和商展裙楼组成。作为全国首家现代照明行业生产性服务业功能区，上海灯具城专注于吸引一线品牌和优质厂商、经销商入驻，同时引入研发设计、权威检测等机构，提供第三方增值服务，并将逐步形成集商品流通、信息汇聚、创业创意、金融服务等为一体的十大功能性服务平台。

2023 年，上海灯具城获中国照明灯饰行业 2022 年度"影响力市场"荣誉称号。上海灯具城，自转型功能服务平台以来，紧紧围绕十大功能服务和八大统一管理创新经营理念，坚持品牌经营，强化诚信经营、质量管理、知识产权等各方面提升，不断倡导厂、场、商三者紧密联动和促进良性发展，同时始终坚持探索专业市场新模式、新领域的跨界融合发展。近年来通过各方面经营发展，上海灯具城的功能服务平台经济效应凸显，在社会各界和行业各方的关心和支持下影响力和认知度不断提升。

地处柳营路 125 号的上海灯具城

上海大柏树科技创新中心揭牌成立

2014年12月25日，上海大柏树科技创新中心在上海财大科技园正式揭牌成立，预示着虹口科技创新之路迈上新的台阶，步入崭新的历史时期。

"上海大柏树科技创新中心"是虹口区响应创新驱动发展战略，充分发挥自身区位优势，积极打造的一个创新要素的集聚地和创新网络的枢纽型节点。中心选址在北部的大柏树区域，旨在通过优化城市空间布局、拓展科技产业载体、营造良好的创新创业环境、推动科技创新和成果转化，以及提供行业扶持政策和提高专项服务等软实力，吸引高新技术、人才、资本、项目等要素在虹口集聚，推动科技创新、文化创新、金融创新等多轮驱动、协同发展。同时，虹口区积极推动科技与金融、文化创意等产业融合发展。10月成立的"上海风险投资中心"打通了社会富余资本为创新创

上海联合数字内容产业中心

业企业"输血"的通道，为建设"上海大柏树科技创新中心"提供风险投资和多层次资本市场的支撑，使虹口更好地服务上海、服务全国，为上海建设具有全球影响力的科技创新中心作出贡献。

揭牌仪式上，虹口区政府与上海材料研究所签署了关于"共建上海消能减震工程技术研究中心"的框架协议，与上海技术物理研究所签署了"红外探测技术联合实验室、技术物理—医学交叉研究中心"的战略合作框架协议，与复旦大学签署了"上海工业菌株工程技术研究中心"战略合作框架协议，与同济大学签署了合作备忘录，并举行了"上海大柏树科技人才服务中心""张江虹口园知识产权服务中心""上海市大柏树信息产业院士专家服务中心""大柏树—以色列海法市高新技术企业孵化服务中心"的揭牌仪式。各方将秉着合作共赢、跨界融合发展的原则，向建设具有国际影响力的科技中心的目标共同迈进。

"酒功能区"进入加速发展期

　　2013 年，随着上海追溯酒品信息中心、上海市酒类产品质量检验中心、上海葡萄酒研究院同时揭牌，"曲阳路 379 号"酒功能区核心载体建设完成，标志着上海国际酒类现代商贸服务功能区进入加速发展期。"酒功能区"是以酒产品为主题的"部市合作"项目，也是上海市现代服务业综合试点方案之一。该功能区将形成酒类"大市场、大平台、大流通、大商贸"的格局，争取 2 至 3 年成为国内具有领先地位、国际具有相当影响力的现代服务业功能区。

　　2005 年，作为四川北路商业街的节庆营销活动，上海酒节拉开帷幕，致力于展示世界各地酒文化，提升城市居民饮酒知识和生活品位。几年间，上海经济加快转型，致力于建设国际贸易中心，上海酒节也因此悄然"转身"。借此平台，虹口区逐步探索打造"酒产业链"，先后吸引了上海酒类

2011 年 12 月 18 日，上海国际酒业交易中心开业典礼在区宝矿国际大厦举行

2020 年第十六届上海酒节在位于虹口区的 1933 老场坊开幕

消费指数中心、上海酒消费信息中心、上海国际酒业交易中心等功能性机构落户。2012 年，"上海国际酒类现代商贸服务功能区"在第八届上海酒节开幕式上启动建设，标志着这一部市合作项目正式落户虹口区。

建设"酒功能区"是虹口现代商贸业创新发展的新探索。为扎实推进酒类商贸服务功能区建设，虹口区出台了《加快建设上海国际酒类现代商贸服务功能区的若干措施》，落实政策，吸引更多优质酒商、酒企和功能性机构入驻功能区。截至 2012 年年底，共有 310 家酒类批发企业入驻虹口区，实现区级税收 4629.6 万元，同比上升 28.9%；实现销售收入 43.5 亿元，同比上升 40.7%。

大力发展平台经济，是实现"创新驱动，转型发展"战略的主要推动力。为此，在推进"上海国际酒类现代商贸服务功能区"的进程中，虹口区把平台建设放在了首位。"上海国际酒类现代商贸服务功能区"包含了酒产业展示推广、数据交换与信息发布、产品追溯、职业培训、检测评价、仓储物流、贸易服务、酒类新产品与衍生品开发 8 个公共服务平台。目前，已完成首批包括酒产业展示推广、产品追溯、检测评价和贸易服务在内的四个平台项目的申报、认定和资金拨付工作。

以上海国际酒业交易中心为依托的"贸易服务平台"，是虹口区推进酒类功能区建设打出的第一张"牌"。该平台的运作模式参照伦敦国际葡萄酒交易所，全部采用酒品实物交易，不涉及期货、权益等虚拟交易，从而在酒厂、酒庄和高端酒品爱好者之间搭建一个安全公正的第三方交易平台。2013 年以来，该平台已发行"黄山头，容天下""酒祖杜康传奇"等三支酒品，全年交易额有望达到 200 亿元，将成为虹口区探索新型"平台经济"的新亮点。

紧随贸易服务平台其后，此次揭牌成立的上海追溯酒品信息中心、上海市酒类产品质量检验中心也即将陆续投入使用。酒类产品追溯平台，由物联网技术和"大数据"对接构成，覆盖国内终端和酒产品国际、国内同步源头追溯，不仅对规范酒类市场具有里程碑式的意义，通过平台，消费者还能查询到最新的价格信息，以此购买到最实惠的酒品。而作为先进技术和传统产业有效对接的典范，上海市酒类产品质量检验中心已经完成了酒类检测中心计量认证和授权认证，可检测产品由原来的 47 个增加到 52 个，可检测参数由 49 个增加至 102 个，并首次涉及了酒精检测及微生物定量检测，成为上海市酒类产品检测项目最齐全的检测机构。该平台将力争成为"酒品检测全覆盖、检测能力全提升、检测服务全方位、酒类市场全监管、国内国际全对接"的"五全"酒品检测评价公共服务平台。

链接一：

上海国际酒业交易中心荣升"专精特新"

上海国际酒类交易中心被评为 2013 年度上海市"专精特新"中小企业。上海市"专精特新"中小企业名单是在"企业申报、区县推荐、市级评定"的基础上确定的，旨在加快中小企业的创新转型步伐，向"专业化、精细化、特色化、新颖化"的目标发展。

上海国际酒类交易中心作为上海市政府特许设立的国际酒类公共平台，

上海国际酒业交易中心（以下简称"交易中心"）专注于国内外酒品线上交易。目前，"交易中心"同时运营着收藏酒和消费酒两个平台，其中，收藏酒平台是目前国内最大的高端白酒与葡萄酒交易平台，目前已发行 12 支高端白酒与葡萄酒，认购酒品金额达 8 亿元，申购酒品

上海国际酒业交易中心

金额更高达 32 亿元，受到业内外广泛认可。而"交易中心"的消费酒平台则致力于为国内的二、三线酒品经销商提供一个全球直采平台，并以酒厂挂牌价直供。这一平台运营后，原来无法直接从酒厂进货的经销商将史无前例地获得货源优势和酒厂直供价，从而提高自身在市场上的竞争力和销售利润。

链接二：

设立专项资金 2000 万元建设酒功能区

2012 年 12 月，虹口区制定《加快建设上海国际酒类现代商贸服务功能区若干措施》（以下简称《若干措施》），进一步加快酒功能区建设步伐。《若干措施》规定：设立虹口区加快建设上海国际酒类现代商贸服务功能区专项资金，年度金额为 2000 万元，滚动补充使用，连续三年。其中，1000 万元专项用于对国家和市级扶持项目的资金配套。而扶持对象为税务登记在虹口，并经区商务委认定的酒类企业、酒类功能性机构以及为酒类产业提供发展载体或平台服务功能的企业。

《若干措施》规定：对获得国家、市级资金支持的酒类项目，按照不低于 1：1 的比例，给予匹配资金支持；对建设面积不低于 3000 平方米的园区或商务楼宇，酒类产业集聚不低于 70%（以企业户数计）、企业属地率不低于 70%（以注册在虹口、经营在本园区或楼宇的企业户数为计）、

中国白酒品酒师中级培训

50% 以上面积为属地且实际经营酒类企业的，经区商务委认定，给予不超过 300 万元的建设启动资金。对新引进的总部型酒类企业，经认定，按照不超过两年内实收资本的 2% 给予一次性投资奖励，最高金额不超过 200 万元。对新引进的总部型酒类企业，经认定，在虹口购置自用办公（商业）用房的，按照不超过实际购房房价的 1.6% 给予一次性补贴，最高金额不超过 500 万元；在虹口租赁自用办公（商业）用房的，根据实际租赁面积，按照不超过年租金的 20% 给予补贴，年度最高金额不超过 150 万元，年限不超过三年。对新引进的重点酒类企业，经认定，按照不超过两年内实收资本的 2% 给予一次性投资奖励，最高金额不超过 100 万元。对新引进的重点酒类企业，经认定，在虹口购置自用办公（商业）用房的，按照不超过实际购房房价的 1.6% 给予一次性补贴，最高金额不超过 300 万元；在虹口租赁自用办公（商业）用房的，根据实际租赁面积，按照不超过年租金的 20% 给予补贴，年度最高金额不超过 100 万元，年限不超过三年。对新引进的一般酒类企业，经认定，在虹口租赁自用办公（商业）用房的，根据实际租赁面积，按照不超过年租金的 20% 给予补贴，年度最高金额不超过 30 万元，年限不超过三年。一般酒类企业的房租补贴，每年资金总额累计不超过 200 万元，企业先到先得。对新引进的酒类功能性机构，经认定，按照国际级、国家级、省部级及以下级别，分别给予最高不超过 50 万元、40 万元和 30 万元的一次性奖励。此外，《若干措施》还就推进酒品展示推广平台、酒类数据交换与信息发布平台、酒类产品追溯平台、酒类培训平台、酒品检测公共服务平台、酒品贸易服务平台、酒品仓储物流公共服务平台、酒类新产品及衍生品开发平台八大类服务平台建设制定了相应的举措。同时，《若干措施》还就鼓励开展形式多样的国际交流与推广活动和加大酒类产业人才扶持力度做了规定。

链接三：

2021 美酒集市在虹口启动

2021 年 4 月 30 日，2021 上海酒节·美酒集市在虹口区 1933 老场坊正式启动。继去年成功举办美酒集市以来，2021 年的活动全方位升级，不仅增加现场活动的丰富性、趣味性，而且从 4 月底持续至 11 月底，在每月的月中、月末各举办一场。

活动现场云集了张裕、卡斯特、古井贡、金易久大、黔醉多、鸣霄等知名酒商酒企，涵盖了白酒、葡萄酒、啤酒等各大品类，让人们在这个"五一"小长假足不出"沪"就能畅饮世界各地品牌美酒。鸡蛋仔、深海鱿

外国友人在酒节品酒

鱼、龙虾烧烤、网红薯条等美食，成了最佳"下酒菜"。吃吃喝喝还能走走逛逛，一排排潮玩文创、手工饰品令人流连。此次集市还设置了两大打卡点——星光泡泡树和梦幻泡泡屋，游客可以在这里和家人朋友一起留下难忘的合影。此外，现场还有演出及多场主题互动，让观众感受到不一样的夜生活魅力。

　　活动由虹口区人民政府、虹口区商务委员会委托上海虹创科技发展（集团）有限公司主办。上海酒节作为国内首个以省市命名的综合性大型酒节，截至目前已经成功举办了十六届。作为品牌推广、酒商聚会、市民消费的综合性酒类盛会，累计吸引了来自4大洲50多个国家的5大酒种数百企业参展，百万人次前来参观和品鉴。美酒集市作为上海酒节传播与推广的活动项目，2020年在1933成功举办，接下来将作为一个集市IP长期在虹口区举办。

金融产业发展跑出"中国速度"

　　虹口金融产业历经十年成长，厚积薄发、励精图治，由小到大，由弱至强，走出了一条极具特色的发展之路，为上海国际金融中心建设的宏伟蓝图添加了浓墨重彩的一笔，也成为践行习近平总书记提出的"走出中国特色金融发展之路"重要指示的一个生动写照。至"十三五"末，金融产业已成为虹口核心主导产业，北外滩金融集聚带、陆家嘴和外滩现已形成了上海金融业最具竞争力和影响力的"黄金三角"。

　　金融产业规模快速壮大。虹口金融的发展历程是改革开放以来我国金融业发展历程的缩影，虹口金融的发展速度也是"中国速度"的完美体现。虹口金融产业发展可以分为两个阶段："十二五"为量变阶段，这时期金融企业数量快速增加，但偏小偏弱，产业税收贡献虽然持续增长但占比不高。"十三五"开始进入质变期，产业的集聚效应开始集中显现，产业发展速度和税收贡献度均显著提高。2010年年底全区金融企业仅78家，至2022年

2019年3月上海金融科技园区在虹口正式揭牌

年底，全区各类金融企业共2075家，是"十一五"末的26.6倍。2010年年底金融产业区级和全口径税收分别为1.42亿元和4.41亿元，到2022年年底，金融产业区级税收和全口径税收分别为3.43亿元和12.57亿元，分别为"十一五"末的2.4倍和2.85倍，分别占全区区级税收和全口径税收比重的17.9%和18.4%，金融产业的支柱地位不断巩固。2010年年底仅上海证券资产管理资金约10亿元，至2022年年底，区金融企业资产管理规模已近7.8万亿元，约为"十一五"末的8000倍。

金融业态不断丰富。"十一五"末，辖区内金融机构类型大多为证券公司营业部，综合类券商仅有上海证券一家，业态较为单一。十年后的今天，虹口区已经积聚了除信托以外的所有金融业态，并且重磅机构云集。全区目前共有17家公募基金公司，占全国公募基金总数的约1/8；天风期货、国信期货、东亚期货等期货公司及其分支机构、子公司共计26家，虹口区的百亿级私募总数已达15家，并且新的重量级金融机构还在不断涌入，如华兴证券、赛领资本、中证中小投资者服务中心、国家开发投资公司和中国建设投资集团上海总部、中国邮储银行第二总部等。随着知名度的不断提高，虹口金融已经蜚声海外。美国世邦魏理仕、美国景顺集团、瑞士联合私人银行等国际知名投资机构的QFLP（合格境外有限合伙人）、QDLP（合格境内有限合伙人）试点企业，以及美国绿光环球、南非预知资本、美国运通等外资机构先后落户虹口，显著提升了虹口以北外滩为承载核心的财富管理高地的国际化水平。

财富管理特色鲜明。2011年，虹口在国内率先提出"打造财富管理高地"的发展战略目标。十年来，瞄准国际国内资管产业发展趋势，大胆创新，敢为人先，积极引进量化对冲机构。2013年10月虹口挂牌成立了国内首个功能性专业型对冲基金集聚地"上海对冲基金园区"，并配套出台了国内第一个对冲基金专项扶持政策。园区一期载体坐落于虹口中信广场。为进一步拓展园区空间，吸引更多优质对冲基金企业入驻，2020年年初，园区二期正式在上海滩国际大厦挂牌。截至2022年年底，园区吸引了从事量化对冲的企业300余家，管理规模超2000亿元。知名机构如明汯资管、启林资管、因诺（上海）资管、申毅投资等，每家管理资产规模都超

上海金融科技园区

百亿元，率先形成量化对冲集聚效应。

大力打造金融科技特色园区。2019年3月，在第九届北外滩财富与文化论坛上，上海金融科技园区正式揭牌。时任上海市委书记李强在2020年4月调研北外滩时明确指出，北外滩要打造上海新时代都市发展新标杆，与陆家嘴既要交相辉映，更要错位发展，凸显特色性，金融产业要聚焦资产管理功能。为贯彻落实李强书记的讲话精神，提升北外滩财富管理高地的发展能级，顺应金融产业与信息技术不断融合的发展趋势，虹口不断加大对金融科技领域的建设力度。上海金融科技园区成立以来，优质企业快速集聚，市场影响力不断增强，已吸引了京东数科二总部、达诚基金、东亚期货金融科技总部、吉利集团金融科技等一批优质金融科技示范企业入驻。全面形成了北部城创金融科技园区以研发为主，南部北外滩凯德来福士上海金融科技园区以实业为主的"南北呼应"格局。

注重优质功能性机构的集聚。"十二五"期间，在组建、发展上海对冲基金俱乐部、上海对冲基金研究中心的基础上，2015年，园区又与上海财经大学、第一财经传媒共同发起成立了国内首家对冲基金高端专业人才培训机构——"上海对冲基金培训基地"，为业界提供急需的对冲基金高端专业人才研修培训。"十三五"期间，中国首席经济学家论坛研究院、北外滩绝对收益投资学会以及北外滩金融研究院等优质功能性机构先后落户我区，"十四五"以来，上海首席经济学家金融发展中心、上海金司南金融研究院、北外滩国际金融学会依次落地，上述功能性机构的入驻，对于提升北外滩地区的金融辐射和服务实体经济能力有着进一步的促进作用。2022年9月，上海资产管理协会成立大会在北外滩举办，会上宣告协会正式落户虹口，协会首批会员123家，均为业内头部机构。

链接一：

金融生态环境持续优化

近年来，虹口区委、区政府把打造财富管理高地战略放在首要位置，主动融入上海国际金融中心建设大局，以北外滩金融集聚带为依托，通过加大扶持培育以财富管理和资产管理为特色的金融产业，着力构建上海全球资产管理中心的重要承载区。2021年，制定了《虹口区关于加快推进上海全球资产管理中心核心承载区建设的实施意见》与《虹口区促进资管中心建设的实施细则》；2022年，制定了《虹口区促进金融科技发展的实施意见》《虹口区关于支持企业多层次资本市场融资的实施意见》及《虹口区促进碳金融产业发展的实施意见》，修订《虹口区产业发展投资引导基金管理办法》，金融政策扶持体系日益完善，从金融政策方面支撑构建北外滩全球资管中心和金融科技中心的核心承载地。

第八届区块链全球峰会在虹口举办

2015 年区金融局协助区法院成立了上海市法学会财富管理法治研究中心，这是国内首个财富管理法治研究中心，中心将在服务金融改革、填补行业法制空白等方面积极探索。2015 年 11 月以来，区金融局与区法院签订战略合作协议，区法院为虹口金融持续健康发展和金融创新提供有效的司法保障和法制智力支持，协调各类金融企业的司法诉求。2016 年起，由区政府与中国审判理论研究会金融审判理论专业委员会、上海市高级人民法院、上海市金融服务办公室、上海市法学会等共同举办的金融中心建设司法论坛在虹口顺利召开两届。2019 年开始，由证监会直属的证券金融类公益机构——中小投资者服务中心与中国证券业协会、中国期货业协会、中国证券投资基金业协会以及中国上市公司协会联合举办的第二届中小投资者服务论坛在北外滩顺利召开，至今已举办至第四届。金融法治建设的不断加强为区金融产业乃至上海国际金融中心建设提供了可靠的司法保障。

　　"中国首席经济学家论坛年会""金牛资产管理论坛""北外滩财富与文化论坛""区块链全球峰会""中国北外滩资产管理峰会"等高端财富管理论坛相继在北外滩创办或永久性扎根。2016 年在中国金融和经济领域极具影响力的中国首席经济学家论坛秘书处和研究院正式落户虹口，已在北外滩连续召开六届首席经济学家论坛年会。由中国证券报社主办的金牛奖颁奖典礼已连续四年在北外滩举办。金牛奖评选被誉为中国资管行业的"奥斯卡奖"，是中国资本市场极具权威性和影响力的顶级评价指标。"北外滩财富与文化论坛"已连续举办十届，先后邀请 80 余名来自中国人民银行、中国证监会、国家发改委、文化部和财政部等国家相关部门的知名专家出席论坛进行主旨演讲，已成为虹口的一张名片。2015 年开始由万向区块链创办的区块链全球峰会已举办八届，历届峰会均吸引了全球知名区块链研究机构和全球数百位包括银行、证券、大宗商品等金融行业的专业人士，已成为全球区块链领域的标杆性会议。中国北外滩资产管理峰会连续举办八届，已成为上海乃至全国金融领域的年度盛会。此外，沪上金融家颁奖仪式、21 世纪经济报道资管年会等极具市场影响力、号召力的高端论坛也相继在北外滩举办。

严守金融风险防范底线

2012年以来，虹口在取得金融产业飞速发展的同时，注重防控金融风险，确保金融环境稳定有序。十年来，面对复杂多变的金融风险防控形势，虹口区既无输出型风险，辖内也无重特大案件发生，守住了不发生区域性，系统性金融风险的底线。

开展专项整治，净化区域金融环境。在国家及市级监管部门的部署与指导下，虹口区扎实开展各项检验风险防控工作，为虹口区健康稳定的金融环境打下了坚实的基础。近年来，虹口区扎实开展互联网风险专项整治、交易场所清理整顿"回头看"、现金贷专项整治、代币发行融资活动专项整治等一系列专项整治工作，摸清了各领域风险指数，分类施策，妥善化解风险，不断净化区域金融环境。对于前期发展迅速，近年来风险较高的P2P网络借贷，虹口区一贯保持谨慎态度，区内平台数量和规模均控制在较低水平。根据2019年年中统计数据，虹口区平台数量、存量业务规模均不足全市的1%，至2021年2月底，P2P网络借贷平台清退工作已全部完成，综合完成率达100%，并列全市第一位。

"聚焦金融数字化，防范金融诈骗"宣传

开展各种形式打非宣传，激发群众内生"免疫力"。区金融工作局广泛借助各方力量，综合运用多种载体，深入一线持续开展形式多样的宣传工作：通过广播电视、户外大屏幕、人民日报电子屏、楼宇电梯屏等形式进行全方位、立体化的宣传；与公检法部门联合组织开展专场宣传活动，精选鲁迅公园等老年群体集中场所，以点带面，不断扩大宣传辐射范围，注重宣传实效，扎实下沉各街道社区，将内容通俗易懂、形式新颖多样的防范宣讲带给广大群众，贯彻"上医治未病、防患于未然"的金融风险防控理念。金融风险防范宣传需要常抓不懈，久久为功，我区将不断加大宣传力度，拓展宣传渠道，切实增强群众识别与防范金融风险的能力。

《推进小微企业融资服务机制建设的工作指导意见》出台

2012年10月，虹口区为了更好地搭建"政企银"三方交流平台，借助资源，力推政府政策、企业需求和金融服务有效对接，力促小微企业融资服务更具便利化和批量化，力助小微企业的健康发展，出台《推进小微企业融资服务机制建设的工作指导意见》（以下简称《指导意见》），共分为五大部分。

第一部分阐述建设小微企业融资服务机制的重要意义，《指导意见》指出小微企业是促进经济增长的重要力量、是改善和服务民生的重要渠道、是促进经济结构调整的重要载体、是经济形势走向的重要风向标。

第二部分明确小微企业融资服务机制建设的主要任务，《指导意见》要求区有关部门拟定相关政策，制定《虹口区小微企业融资推荐暂行办法》；促进政策落实，有关部门将主动向商业银行推荐本区基本符合条件的小微企业，供商业银行批量处理融资服务，目前，虹口区已向商业银行推荐了75家企业，其中有21家成功获批，贷款金额已逾1.2亿元；积极探寻融资创新服务，建立"投贷保"联动机制、健全中小企业法律法规体系、金融制度创新等"组合拳"缓解小微企业融资"饥渴"，同时，介绍本区有关融资政策及工具，如股权投资、集合债券、集合票据等融资工具，并借机引进更多融资性公司，如担保公司、小额贷款公司等非银行金融机构，为本区小微企业提供多元化的配对服务，打造本区小微企业融资创新服务，完善金融服务对接；推动专业化经营，引导商业银行开展针对小微企业融资服务的专业业务模式，明确专门的目标市场，建立专营机构、专业队伍，形成专门的授信业务流程，授信审批模式、风险控制手段以及考核奖励机制，通过改革创新，切实降低贷款准入标准，提高金融服务效率，增强商业银行服务小微企业的能力，有关部门也将建设专业化的融资服务团队，提升本区解决小微企业融资辅助能力；引入绩效评价机制，通过成立有权威性的绩效评价综合管理机构，作为小微企业融资服务绩效评

新办企业服务专窗　　　　　　　　　　　　专家在线解答

价的执行主体，为绩效评价工作的开展提供制度保障，同时，本区将对试点商业银行引入评价与激励机制，对本区试点商业银行信贷支持力度较大，并努力实现小微企业贷款增速且增量高于一定水平等符合条件的商业银行，实现政策激励；探索长效机制，切实为小微企业生存创造宽松的发展空间。

第三部分明确建设小微企业融资服务机制的责任主体，《指导意见》明确了相关责任部门；要求以区中小企业服务中心为依托，做好小微企业融资服务工作；以科技园为依托，构建科技型中小企业融资服务平台；鼓励和支持行业协会、商会、小微企业商业信用合作社、中小企业融资市场等其他社会组织为小微企业提供便利化和批量化融资服务。

第四及第五部分规定了小微企业融资服务机制建设的工作职责，以及各责任主体的工作流程指引，具有较强的指导性及操作性。

链接一：

全市首个智慧办税服务厅在虹口正式启用

2019 年 4 月 2 日，上海市第 28 个税收宣传月主题活动在虹口区举行。活动中，上海市税务局发布了《2018 上海税收营商环境白皮书》，并宣布全市首个智慧办税服务厅在虹口正式启用。

全市首个智慧办税服务厅位于临平北路 19 号，面积 300 余平方米，智慧办税服务厅集成了智能咨询、远程视频、涉税体检、虚拟体验、数据展

上海首家智慧办税服务厅

示、自助办税、网上体验等七大功能区。一系列智能化办税应用，带给纳税人的是无需找人就可智慧办税的全新体验和服务。近年来，虹口区税务局运用人脸识别技术和税收大数据，通过采集办税人员人脸图像，自动与税务"金税三期"系统实名认证的人员进行信息比对，精准识别办税人员身份，并同步推送有针对性的提醒信息，包括任职身份、未申报、欠税、管理预警等内容，提醒纳税人及时办理涉税事项。同时，虹口区税务局还为企业定制了涉税体检服务，企业法定代表人可以通过人脸识别或身份证验证方式，打印各年度的纳税人体检报告，为企业加强风险防控提供更多、更精准的定制服务，提升纳税遵从度。智慧办税服务厅建设是上海构建"智慧税务"生态体系的重要组成部分。下一步，虹口区税务局将坚持需求导向和问题导向，进一步强化智慧办税功能应用，增强办税互动性和纳税人体验度，努力把智慧办税打造成上海优化税收营商环境的靓丽品牌。

链接二：

优化营商环境 4.0 版方案出炉

2021年3月8日，在虹口区营商环境大会暨重点企业和重点楼宇（园区）表彰大会上，虹口区发布优化营商环境4.0版方案。优化营商环境4.0版在5个方面、31项任务、146条举措下更大功夫，切实做到"智能办""简易办""及时办""贴身办""督促办"。聚焦"打造运作全球的总部城、构筑辐射全球的中央活动区核心区、建设引领全球的世界级会客厅"目标，持续优化北外滩国际营商环境，助力北外滩开发建设，在行动方案中虹口特别提出了北外滩优化营商环境九大举措。

《虹口区加强改革系统集成持续深化国际一流营商环境建设行动方案》宣传海报

虹口区始终坚持把营商环境作为促进区域经济高质量发展抓手，2018年以来先后推出优化营商环境1.0、2.0、3.0版本，营商环境持续得到优化。区域内各类新设市场主体如雨后春笋般涌现，全区企业注册资本由2017年年底的5342亿元增加到2020年年底的7409亿元。2019年年末，虹口企业密度位列全市第一。总部经济、涉外经济取得长足发展，目前区域内集聚了17家公募基金总部，占全国总数的1/8。北外滩自2018年掀起新一轮开发热潮以来，迅速成为资本市场追逐的热点，外商对虹口特别是北外滩区域持续看好，不断加码。近三年，虹口实到外资年均12.82亿元，其中2020年实现13.03亿元，位列全市中心城区第二。

链接三：

三年培育"专精特新"企业45家

2012年，虹口区共有"专精特新"企业45家，较2010年的15家，增长了2倍多。

2012年，虹口区现有工商登记企业近24000家，其中99%为中小微企业。根据国家和市政府"特别关注和支持中小微企业发展"的战略部署，

专精特新企业元宇宙培训

近年来，虹口区加快推进中小微企业的服务工作，特别是从2010年年初启动的"'专精特新'中小企业培育工程"，更是有针对性地扶持了一批企业做大做精。根据"专精特新"中小企业试行标准，企业只有在满足当年营业收入增长率不低于25%，或最近两年营业收入平均增长率不低于15%的通用标准，以及在战略专一化、研发精深化、产品特色化和业态新型化等专项标准上有所成就，才能申请接受"专精特新"企业培育工程。因此，对于企业来说，想成为"专精特新"，门槛不低。为了让更多的企业具备成为"专精特新"的标准，虹口区在制定下发《虹口区中小企业发展专项政策》的基础上，加大了对"专精特新"企业的扶持力度。对于被认定为"专精特新"的中小企业，不仅能得到本区一次性5万元人民币的奖励，还能享受到优先参加培训、优先加入推广平台、优先接收辅导和申报国家、市级中小企业发展专项资金的机会，为企业实现可持续发展创造优越的条件。2012年年底，区商务委和中小企业发展促进中心又着手建立"'专精特新'企业数据库"，一企一档的模式将辅助政府加强对企业的跟踪管理，以便更为及时地为企业排忧解难。至2013年4月，针对首批400家成长型企业的数据库已基本完成。

2023年3月，市经信委公示了2022年上海市"专精特新"企业名单（第二批），虹口区44家企业成功入选，另有24家企业通过了复核。至此，区市级"专精特新"企业增至132家，增长率达到33%。"专精特新"企业主要集中在"软件和信息服务业、专业服务业、智能制造和节能环保"等行业领域。

"虹企贷"助推实体经济提质增效

  2021 年 7 月 22 日,"虹口区'虹企贷'批次担保市区联动战略合作"启动仪式在北外滩 5G 创新港举行。启动仪式上共同发布政策性融资担保虹口区首期 20 亿授信额度"虹企贷"批次包。虹口区委书记郭芳,上海市财政局党组书记、局长曹吉珍共同见证签约仪式。近年来,虹口区为促进中小微企业健康发展,创新完善中小微企业政策性融资担保体系,进一步发挥政策性融资担保增信和财政资金杠杆撬动作用,加大财政、金融支持服务实体经济力度,着力缓解中小微企业"融资难、融资贵"问题,区有关部门在做好中小微企业政策性融资担保贷款的基础上,创新推出"虹企贷"批次包专项产品,对符合区域产业发展导向、财务管理制度健全、信用良好、具有良好的市场前景和商业模式、诚信合法经营并对区域经济社会发展有一定贡献的中小微企业提供信贷支持。

"虹企贷"启动仪式

"虹企贷"持续加大政策性融资担保贴息贴费力度。面对经济下行压力特别是突如其来的疫情冲击，市、区两级财政部门坚持深化改革创新，严格落实担保政策，不断扩大担保规模，较好地发挥了政策性担保基金"四两拨千斤"的引导撬动功能和"放大器"作用。虹口财政聚力政策创新，一是通过精准供给产品，减轻企业缺少有效抵押物、担保落实难等问题，赋能中小微企业，着力满足小微企业的融资需求。在2022年年底前，通过"虹企贷"发放的用于受疫情影响恢复生产经营的贷款，给予50%贷款利息补贴和100%的担保费补贴；二是借助批量授信（"批次包"），提高银行风险容忍度，政府为企业增信，与银行共担坏账风险，增加了银行放贷的积极性和信心；三是要求合作银行每月反馈"虹企贷"进展情况，便于区财政局及时跟踪放贷情况，开展后续的指标考核，发挥好金融服务实体作用。

　　"虹企贷"着力提升政府性融资担保服务质量。2022年区财政局牵头的"虹企贷"批次担保业务与区发改委开发的"信易贷"线上平台强强联手、优势互补，将"虹企贷"业务嵌入"信易贷"线上平台，从企业申请、初审筛查、联合会审、银行反馈等环节入手，大幅度提高工作效率。一方面，企业可以直接从平台申请，减少部门流转等中间环节；另一方面，"信易贷"平台通过对接企业信用系统、企业营收数据等，代替人工初筛，同时，各产业部门实现线上同步会审，加快审核速度。上海大微物流科技有限公司创立于上海国际航运中心服务聚集区的北外滩，疫情发生以来，该公司资金流出现困难，"虹企贷"的合作银行——中国银行了解情况后，第一时间告知企业可以办理"虹企贷"，享受区财政50%的利息补贴与100%担保费补贴的政策。6月15日，中国银行将大微物流等42家企业，上报至"虹企贷"系统，各产业部门实现线上同步会审，加快审核速度，1天内完成审核，大幅度提高政府服务效率，进而大大缩短企业获得贷款的时间，6月30日前，大微物流已获得最高1000万元的贷款额度，化解了公司可能出现流动资金紧张的局面，公司负责人感慨万分。

　　"虹企贷"不断扩大政策性融资担保覆盖面。虹口区自推出"虹企贷"以来，在市担保中心的指导下，区财政局与区发改委、各产业部门、各投资服务分中心、各银行等密切合作，持续开展常态化大走访、大调研、送

首期"虹企贷"业务合作三方协议签约仪式

政策、送服务上门，邀请相关银行负责同志举办银企对接会，介绍"虹企贷"产品的相关政策，尽最大努力解决企业实际问题。截至 2022 年年底，已联合会审 9 批"虹企贷""白名单"，涉及企业 276 家，期望融资规模 17.28 亿元，已完成 119 家企业的贷款审批，金额 6.54 亿元，区属中小微企业政策性融资担保贷款 19.85 亿元，惠及 581 户企业。

链接一：

虹口"信易贷"平台上线启动

2021 年 11 月 12 日，虹口区中小企业融资综合信用服务平台"信易贷"发布会暨平台上线启动仪式在北外滩 5G 创新港举行。会上还为首批入驻的"信易贷"平台的上海银行、浦发银行、农商银行授牌。同时宣布成立由市发展改革委、市公共信息信用服务中心、虹口区相关政府部门、银行、征信机构等 14 家单位组成的虹口区中小企业融资信用平台创新发展联盟并举行了签约仪式。2020 年国家发展改革委专题召开视频会议，对全国"信易贷"工作进行了部署。2021 年，全国两会的政府工作报告中，提出要加快信用信息共享步伐，引导银行扩大信用贷款。近年来，虹口区围绕上海建设"五个中心"，聚焦强化"四大功能"，大力发展"五型经济"，

"信易贷"申请指南

率先提出"打造全球资产管理高地"的发展战略目标，着力加速集聚金融资源，进一步增强金融服务功能和集聚度。目前，全区资产管理规模近 7 万亿元，公募基金管理公司达 17 家，超过全国总数的八分之一。

虹口"信易贷"平台以"诚信在虹口，融资更易有"为目标，主要作用是助力中小企业融资贷款，降低企业的融资成本和负担，提供便捷的融资渠道。基于大数据、人工智能、区块链等先进技术，搭建中立、开放、可达性强的融资贷款统一窗口，促进形成"信息共享＋信用赋能＋融资匹配＋服务推广＋政策集成"的中小企业信用金融服务生态。目前首批入驻的上海银行、农商银行和浦发银行已上架了"商 e 贷""宅即贷"等 16 款信用贷款产品。工商银行、建设银行等第二批入驻银行筹备工作也已启动。

链接二：

金融服务实体经济水平不断提升

"十二五"以来，虹口区通过完善扶持政策体系，聚焦重点行业和龙头企业，加强孵化培育，因势利导，多管齐下，推进企业改制挂牌上市工作不断攀登新台阶，形成了"挂牌上市一批、报会一批、改制一批和储备一批"的梯度推进格局。截至 2022 年，全区共有 102 家企业挂牌上市，其中 10 家 IPO 企业、47 家企业在新三板挂牌，45 家企业在区域性股权交易中心挂牌，涵盖了多层次资本市场的各个层面。初步形成了以新三板挂牌为主体、境内 A 股市场上市和上海股权交易中心挂牌两翼齐飞的全覆盖多层次资本市场的上市格局。

一是加强合作联动，共推企业上市培育。2018 年第五届中国北外滩财富管理峰会上虹口区人民政府同上海证券交易所续签了战略合作备忘录，

新时代非凡十年的虹口答卷

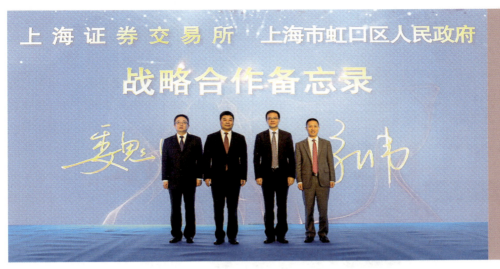

2020 年 10 月，虹口和深圳证券交易所签订了战略框架协议，从而成为上海市第一个同国内两家最主要证券交易所建立战略合作的区，标志着今后双方会在上市培育、并购重组、投融资对接等多个领域有更进一步的合作。今后还将与北京证券交易所加强联动。各方将通过建立工作协同、信息共享等机制，携手加强主板和科创板上市企业培育和服务，推动虹口区企业改制上市及已上市企业的持续发展。二是举办线上线下各类投融资对接会。近年来，依托上海风险投资中心、天使俱乐部、万向区块链、上海北外滩金融研究院等机构，举办了"北外滩金融产业资本助推实体经济系列沙龙""创星秀 InnoX""北外滩科创会客厅"等高端投融资对接会，依托投中网的"投等舱"，大力促进股权投资机构与创新创业企业的深入合作。十年间与近 110 家券商、PE/VC 机构合作，共同举办各种投融资对接活动，服务企业近 2500 家，收到了显著的经济和社会效应，直接促进了本区企业对接多层次资本市场水平的提高。

链接三：

小微科技企业拿到百万元"续命款"

2022 年 8 月，虹口区的小微企业上海凌泽信息科技公司拿到了一笔

"虹企贷"申请指南

100万元的信用贷款。公司董事长石兴说："有了这笔资金支持，我们公司今年就可以迅速开展和落地新业务。作为小微企业主，切身感受到了区政府和金融机构的关心和帮助。"

凌泽信息是一家注册在虹口区的高新技术小微企业，在风险识别与监测、危机干预与处理等领域有着丰富经验，产品广泛应用于城市公共安全、数字生活、文化保护等行业，获得了信息安全27001管理认证并拥有11项专利技术及35项软件著作权。该公司自主研发设计的环境空气消杀监测系统，因契合公共场所的防疫工作需求，受到了全国市场的广泛认可。上海疫情发生以来，该公司新订单量剧增，急需补充用于扩大生产的流动资金。但作为初创的小微企业，该公司却在融资门槛上遇到了难题。该公司向虹口区科委反映情况后，科委积极为其牵线搭桥，对接各家金融机构。在了解到工行虹口支行对区内科创企业的支持政策后，该公司向工行说明了企业目前遇到的困境及其需求，并递交了相关材料。工行虹口支行在虹口区政府的指导下，收到融资申请的第一时间，由行长室牵头，为其开展贷款审批工作。工行综合评估了该企业的知识产权含金量、盈利模式及发展前景后，最终为其发放100万元信用贷款，成功解决了客户支付采购款的燃眉之急。

自疫情以来，虹口创新推出"政银助企三贷联动"贴息及担保费补贴，区政府新增1亿元财政专项资金，通过"信易贷""科技贷""虹企贷"等平台，用于企业贷款的利息补贴及担保费补贴，联合14家银行推出虹口振兴经济普惠金融授信，额度达到164亿元。

虹口高质量发展中的"税力量"

税收，一头连着国计，一头牵着民生。党的十八大以来，虹口税务按照区委、区政府部署和上海市税务局要求，围绕中心大局，坚持以数治税，充分发挥税收职能作用，为区域经济高质量发展贡献"税力量"。尤其北外滩开发建设以来，虹口区显示度和影响力大增，区域营商环境日趋完善，经济韧性和内生动力不断增强，期间虹口区税务局积极发挥税收职能作用，助力招商、安商、稳商、留商。经过多年培育，虹口产业结构显著优化，现代服务业区级贡献达到65.8%。截至2022年，虹口区金融企业总数增长至2000余家，较2012年增长超20倍，资产管理规模超过7.5万亿元；北外滩实现了由"老码头"到"航运服务总部基地"的跃升，已有超过4000家航运服务企业落户，企业密度在全国首屈一指；区域内共有高新技术企业450家，密度位居全市第一，3家企业被评为国家级专精

争先当优

特新小巨人企业……这十年，虹口区经济实力显著提升，地区生产总值突破千亿大关。

正确处理"减"与"收"的关系，统筹做好退税减税降费与组织收入工作，在培育税源企业与夯实财力保障中实现良性发展。2012年"营改增"启动试点，2016年全面实施"营改增"，2017年国务院推出"1+4+6"六大减税举措，2018年深化增值税改革、个人所得税改革，2019年实施小微企业普惠性政策、大规模减税降费，2022年推出新的组合式税费支持政策……一批批税费优惠持续为市场主体发展提供不竭动力，税惠红利步步扩围、层层递进。十年来，区税务局始终围绕党中央、国务院决策部署，狠抓退税减税降费政策举措落地，助力制造业企业更好发展，助力中小微企业纾困解难、助力统筹疫情防控和经济社会发展，形成了"事前精准宣传、事中系统校验、事后监督问效"全过程管理，"纵向上贯通到底、横向上协同共治"等一系列政策落实措施，使各类市场主体及时享受退税减税降费红利，为经济社会高质量发展提供了有力支撑。

那么政策落袋后的获得感怎么样？作为"2021年上海民营制造业企业100强"、专精特新"小巨人"企业，上海维安电子有限公司是全球电路保护及功率半导体产品提供商。财务张英龙算了一笔账：自制造业企业加计扣除比例提高到100%，企业仅这项税收优惠享受额度就达2995万元，同比去年增加超60%。"受疫情影响，企业面临着原材料供应不足、人才支撑不足等困难，资金投入成本也在不断加大。'真金白银'的税收优惠红利为我们大大减轻了研发投入负担，也让我们继续攻关'卡脖子'关键技术增添了强劲动力。"

2022年疫情封控期间，区税务局收到上海华泰海运有限公司的一封电子感谢信，信中表达了对税务部

深入企业调研

门及时落实留抵退税新政、帮助企业抵御疫情"寒流"的赞扬。在当时复杂严峻的疫情形势下，经营成本高企，资金压力骤增，企业经营陷入困境。"关键时刻，税务人员及时提醒公司符合增值税增量留抵退税条件，主动为我们提供政策辅导和全程帮助。"该公司财务负责人王蓓说："4月1日，通过电子税务局办理了退税申请，税务部门留守值班，及时审批办结。740万元退税款一分不少，4月2日就到账了。"一项项退税减税降费措施精准推送、直达快享，为市场主体和区域高质量发展注入了政策红利"活水"，"放水养鱼"效果持续显现。

2018年11月6日，习近平总书记亲临虹口区市民驿站嘉兴路街道第一分站考察，深情关怀让虹口人民倍感温暖、备受鼓舞。依靠税收等财力的有力支撑，虹口区对养老服务、旧区改造、教育医疗等民生的投入逐年增加。如今，虹口区每个街道至少建有3—4个市民驿站，为老服务触角延伸，税收服务也随之深入到"神经末梢"，涉税辅导、办税终端等进一步融入15分钟社区服务圈，人民生活正在变得越来越美好。

链接一：

优化营商环境中的"排头兵"

2009年，全市首台国地税功能合一的自助办税终端投入使用；2012年，首家"7×24小时"自助办税服务厅落户；2019年，首家智慧办税服务厅诞生；2021年，首个5G商圈社会共治点启用……虹口区税务立足区位优势，改革创新、主动作为，一直致力于智慧税务建设。

智慧税务的一路发展，纳税人缴费人感受到的是越来越便捷的税收营商环境。线下办税体验越来越智能化的同时，"网路"也在不断拓宽，310项税费事项实现了"一网通办"，智慧办税、纳税服务已经成为虹口的靓丽名片。上海康俪隆健康科技有限公司是一家2021年新成立的小微企业，主要从事保健品、日化产品销售。2022年疫情之后，公司接到了一笔100多万的交易订单，需要将发票最高限额临时提升至十万元。"业务不熟练，客

北外滩来福士社会共治点

户又不断催促，真担心好不容易签下的大单流失，太头疼了。"在税务部门发起的电话调研中，公司财务负责人刘明反映。了解企业情况后，区税务局第一时间"云"端视频连线，手把手辅导企业申请、购票，线下特事帮办，高效完成最高开票限额审批，也在当天，刘明收到了"发票配送"的消息。

从以票控税到以数治税，从"纳服中心""风控中心"实体化运作到进一步深化税收征管改革，从办税服务厅标准化建设到税收协同共治，从推广网上报税认证到大力推进"一网通办"，从"面对面"税收政策交流培训到"点对点"精准推送，从政策专递"微"直播到"虹e所"纳税服务品牌建设……这十年，区税务局在优化税收营商环境中开拓进取，在纳税人缴费人获得感不断提升间奋勇前行。

链接二：

制造业区级税收贡献达 1.7 亿元

2016 年，虹口区制造业企业为 640 余家，主要分布在电子信息技术、装备制造、生物医药、材料、都市工业等 5 大行业。2016 年区级税收贡献达 1.7 亿元，同比增长 37%。

近年来，虹口区坚持搭建以技术创新为核心的产业支撑体系，直接对"地盘不大、底子不厚"的虹口制造注射了新的"活力素"。搭建制造业的"四梁八柱"。虹口区的制造业产业支撑体系包括八个方面，其中，企业技术中心的评定是重要一环。多年来，虹口区已引导并协助区内制造业企业成功申报成为国家级、市级、区级企业技术中心。此外，虹口区还通过促进"产学研用"四方合作、引进技术的吸收与创新、开展新兴产业重点产业化项目、生产性服务业促产业转型升级等多个方面不断完善上述产业支撑体系，搭起虹口制造的"四梁八柱"，推动虹口制造向中高端转型升级，呈现出虹口特色，

上海技物所研制光学载荷随风云三号 G 星顺利入轨

即从制造向"智造"方向转型、从制造商向品牌商方向转型、从制造向"智造＋服务"方向转型。从制造到"智造"转型升级。依托以技术创新为核心的产业支撑体系，虹口区制造业企业转型发展态势良好。其中，具备核心技术的国家高新技术企业达 30 家，市、区"科技小巨人"企业达 14 家。结合"6+X"产业，虹口制造向"智造"挺进已有鲜活样本。

虹口区制造业企业在数量上不具优势，但在质量上越走越高。一方面离不开区位优势，中心城区交通便利，信息流畅通；周边科研院所、高校林立，为制造业的转型发展提供了宝贵的智力和人才资源，如中科院上海技术物理研究所、上海材料所、华东电力试验研究院等；另一方面，虹口区近年来营造的技术创新氛围日益浓厚，为企业转型发展搭建了好的平台。

链接三：

2.0 版自助办税厅成"服务明星"

"2.0 版服务厅"集"网上办税、自助办税、实体办税"于一体，于2015 年初与广大纳税人见面，并开通了 7×24 小时服务，成为重要的延伸性办税载体。

"2.0 版服务厅"引导纳税模式由传统向现代转变，很大程度上方便了纳税人。截至 2015 年 5 月底，自助办税厅已接待纳税人 2500 余户次，其中，网上办税的办理率从去年同期的 24% 提高到 69%。自助办税厅投入运

工作人员引导市民自助办税

行半年来，凭借齐全的配套设施、自由的时间选择、舒适的办税环境，赢得了越来越多纳税人的青睐。

模拟演示"面对面"解决难题。为了让纳税人第一时间掌握"2.0版服务厅"操作流程，区税务局特意在服务厅里设置了展示区、体验区和自助办税服务区三个区域。模拟演示厅和网上报税操作室就是其中的"展示区"和"体验馆"，通过视频循环播放流程指南，配合触摸式点播功能，让纳税人可以反复观看各步骤环节，即便是第一次前来，也能轻松学会自助操作。

网上办税"手把手"专人辅导。区税务局应纳税人需求设置一对一咨询辅导岗位，引导纳税人逐步了解、熟悉、接受网上办税新模式。随着税务系统标准化、专业化建设不断深入，流程更简化、资料更精简，同时，网上办税更普及，纳税人足不出户即可办业务、查流程、取结果。目前，越来越多的纳税人愿意通过"网厅"办理涉税业务。

应急服务"心贴心"保障质效。"营改增"42号公告的推出引发了国际货代免税备案和月底发票认证高峰重叠，办税服务厅一时间门庭若市，上门认证达21万份。自助办税厅启用应急室，有效缓解区税务局办税大厅的接待压力。应急室在5月底最后两天受理上门认证3万份，占总量的35%。为了确保遭遇业务量激增和停电等突发情况时，各项涉税业务仍可正常办理，应急室还配置了8台电脑终端、8台扫描仪、1台打印机等设备，实现有效分流和快速应对，减少了纳税人等候时间，缓解窗口工作压力，实现了将纳税人等候时间控制在半小时内的目标，进一步提升了纳税人满意度。

政治建设

开展"解放思想大讨论
——我为虹口发展献一计"活动

在 2016 年 7 月举行的中共虹口九届区委十二次全会上，区委提出，"十三五"时期，虹口仍处在爬坡奋进的关键阶段，面对信息化社会的到来，面对中央对上海发展的新要求、新任务，面对兄弟区你争我赶的发展态势，为了在新起点上实现虹口发展的新突破新跨越，必须要在全区开展一次解放思想大讨论，组织动员全区广大党员干部群众，围绕改革发展的生动实践，丢掉条条框框、打破坛坛罐罐，不断开阔视野、创新举措，为下一步的改革发展提供坚实的保障和不竭的动力。贯彻区委决策部署，当年 7 月至 12 月，虹口全区范围内迅速掀起"解放思想大讨论——我为虹口发展献一计"活动热潮。

区委要求，大讨论要按照目标思维、辩证思维、创新思维、底线思维的要求，把思维能力的提升转化为工作能力与水平的提高。要找准目标、紧盯目标，紧紧围绕"十三五"规划的目标，主动对标一流，积极寻求实现目标的新思路、新方法。要学会辩证、善用辩证，把区委提出的把握好

虹口区人民检察院举行"解放思想大讨论"学习交流会

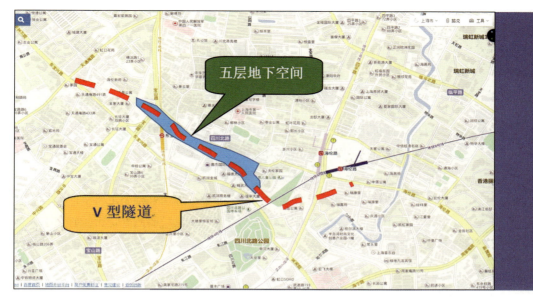

五层地下空间

V 型隧道

在论证"金点子"可行性的过程中，区建管委工作人员到实地拍摄了多张现场图，并认真地在地图上做出规划简图

当前与长远、局部与大局、优势与劣势、变与不变"四个关系"的要求，贯穿到本单位的实际工作中，正确把握、科学实践。要敢于创新、不断创新，把创新摆在更加重要的位置，鼓励创新、宽容失败，让创新真正成为引领发展的第一动力。要认清底线、守住底线，在改革创新的同时增强风险意识，对虹口未来的发展，哪些能做，哪些不能做，一定要想清楚，搞明白，确保改革发展的正确方向。开展解放思想大讨论，要把握好与"两学一做"学习教育相结合这个基本点。开展好学习是解放思想的重要前提。要结合"两学一做"学习教育，努力在学上下功夫。要在学好党章党规、学好习近平总书记系列重要讲话的基础上，不断丰富学习形式，拓展学习内容。采取多种形式，结合大讨论活动必读书目，主动向书本学、向历史学、向时代学、向专家学、向先进典型学、向人民群众学，不断拓宽视野、打开思路、认清形势，提高认识。

大讨论突出凝心聚力、形成共识，突出问题导向、目标导向，突出自我革新、协同发展，突出以上率下、知行合一这四个方面的要求。共分为四个阶段：组织发动阶段，全区各部门、街道、单位高度重视，抓好起步。按照方案要求，领导干部带头做表率，组织好各单位的动员部署，充分调动干部群众参与的积极性。注意收集活动开展的相关资料，客观反映活动开展的实际情况。学习交流阶段，全区上下聚焦学习，及时反馈。将学习与交流讨论紧密结合，开展形式多样、内涵丰富的学习活动，主动提高学习意识，在大讨论中碰撞出思维火花，激发出思想能量。计策收集及评比阶段，兼容并蓄，优中选优。开拓思路，不拘一格，及时收集大讨论中产生的创新举措以及社会面上的"金点子"，结合方案要求，突出针对性、实用性，进行划分、筛选并加以指导完善。在评比中凸显公正性、严肃性，制定科学详细的评价标准，优中选优，强中选强，评选出经得起实践检验的好计策、好点子。总结应用阶段，全面总结，抓紧落实。按时间节点，全面总结大讨论活动情况。对评选产生的创新举措结合实际加以完善提升，最终形成"十大创新举措"，区委将对活动成果进行集中表彰。把创新举措转化为虹口发展的实效。

活动中，区委结合"两学一做"，推出了必读书目。区里各级干部走出去调研，广泛发动社会各界做"虹口人"、议身边事、出金点子，为虹口的发展献计献策，摇旗呐喊。凝聚各方力量，形成广泛共识，最大限度地激发了全区各界人士助推虹口经济社会发展的主动性。干部的视野开阔了，打开了思路，主动性明显增强。活动为虹口发展注入了新的强大动力。

通过"解放思想大讨论——我为虹口发展献一计"活动，至当年底，全区形成了助力虹口发展的创新举措114项约17万字，还征集到社会各界"金点子"近1000个，真正成为汇集民智的过程，最终评出"十大创新举措"，确定了"实施高标准管理、实现高质量发展、打造高品质生活"的发展路径和建设目标，吹响了虹口新一轮发展的号角。这些工作举措逐步形成了一批可复制可推广的经验。2017年10月，虹口全区管理标准体系1.0版本试运行，此后每年拾级而上，进一步推动虹口高水平发展、高品质生活。

链接一：

剪报达人心中有个"虹口梦"

周全海是一个土生土长的虹口人。从"我为虹口发展献一计"金点子征集活动的公告发布以后，他陆续寄来十二个"金点子"，希望能为虹口的发展献智献计。

周全海出生于1945年，退休前在上海钢铁厂工作。他是一名"资深"报纸收藏爱好者，从1964年起收藏报纸，以剪报为主，分类汇编成册。对于此次征集活

周全海手写的12个"金点子"

动，周全海结合几十年的集报经验，共撰写了十二个金点子。有的关注虹口精神文明建设，有的关注文化地标建设。喜爱读书看报的周全海把学习作为终生的爱好，他提出了"学习学习再学习"的建议，指出虹口要在发展中不断学习、与时俱进；他了解到虹口正处于"爬坡奋进"的关键时期，提出"树'十干精神'，走成功之路"的点子；他收集了报纸中连续发表的党中央"治国理政新实践新成就"的系列文章，于是将一些关键词、标语汇总在一起，结合长征胜利80周年，提出了在虹口经济社会建设过程中"让长征精神永放光芒"的点子……

周全海还是一个"鲁迅迷"，他收集的所有关于鲁迅先生的资料都捐给了上海档案馆。他的其中一个"金点子"就是关于鲁迅公园文化品牌建设的。"鲁迅公园是虹口区的一个文化地标。我在这些年的剪报过程中，时刻关注着它的点滴动态。"周全海关于鲁迅公园的"金点子"涉及园区的方方面面，十分详尽具体。他希望鲁迅公园的历史文化能得到进一步传承和弘扬，"加强对鲁迅纪念馆、鲁迅墓的文化宣传，形式可以多种多样，让本区的文化氛围越来越浓厚。"

"既然虹口是'海派文化的发祥地，先进文化的策源地，文化名人的聚集地'，就更加应该发挥这些资源的优势，打造万众瞩目的文化虹口。"周全海表示，虽然他只是一个普通的虹口居民，但是只要有利于虹口发展的活动，他都愿意积极参加，助力家乡实现"虹口梦"。

流光溢彩北外滩

大讨论催生北外滩（集团）有限公司

2016年，虹口区开展的"解放思想大讨论——我为虹口发展献一计"活动，评出了十大创新举措，其中之一就是提篮桥街道（现北外滩街道）的《组建"北外滩投资开发（集团）有限公司"》。

2017年5月，上海北外滩（集团）有限公司成立，这是专门从事北外滩地区开发建设的功能性国有企业。北外滩集团和北外滩开发办实行"一体化"的管理和运作，采取"政府主导、办企合一、市场化运作"的开发模式，北外滩集团是北外滩开发建设的操作平台。集团以"瞄准一流、勇于担当、多元融合、争创奇迹"的企业文化理念，对标一流品质，举全市之力、举全区之力，集中全球智慧推进北外滩开发建设，努力把北外滩建设成为上海新时代顶级中央活动区、汇聚顶级配套服务的世界会客厅、全球超大城市精细化管理的典型示范区。

为着眼全球视野谋划推进北外滩开发建设，以实际行动回答好、践行好区委全会提出的"北外滩四问"的大胆尝试和生动实践，适应新一轮国资国企改革的需要，从2020年7月17日开始，上海北外滩（集团）有限

公司拿出百万年薪面向全球公开招聘一名高级职业经理人，以进一步提升北外滩开发建设的国际化水平、专业化能力，推动北外滩全力打造新时代都市发展新标杆、核心功能重要承载地、新发展理念实践区。

链接三：

"金点子"结出"金果子"

虹口区把征集人民建议作为倾听民声、把握民情、了解民意、汇集民智的重要渠道，让群众共同参与社会治理建设。2021年，虹口区先后征集到人民建议132条，近七成落到实处，"金点子"结出了"金果子"。

经常开车经过中山北一路中山北二路路口的市民刘千荣，发现这一连接内环高架、逸仙路高架以及中环高架的重要路段，常常拥堵不堪，便向虹口区人民建议征集办公室建议：是否可以增加一条机动车道以缓解拥堵。

工作人员专程到现场察看了解，并将此建议反馈给虹口区交警部门。交警部门非常重视，多次和征集办公室工作人员一起倾听群众意见，现场办公拿出缓解拥堵的方案。决定向较宽的"非机动车道"和"机非隔离墩"

中山北一路新辟的车道

要空间，将中山北一路（逸仙路下匝道—广灵四路路段）原机非隔离墩铲除，改为机非隔离栏设置，并缩减非机动车道宽度，使原本路段5根机动车道变为6根，从而改变原先的交通瓶颈问题。

同时，交警部门对中山北一路左转进中山北二路高架立柱下的"隔离岛""腾笼换鸟"，通过削减30厘米的"隔离岛"侧石，为路口东向出口"由二变三"腾出空间。然后，重新漆画中山北一路中山北二路转弯处车道，形成"三对三"，与中山北一路北向东左转弯车道相互衔接，避免左转车辆在路口内变道造成冲突点，既消除隐患，又提高了约50%的路口通过量。

市民群众的一个"金点子"，通过政府有关部门和交警部门的共同努力，结出了"金果子"。如今的中山北一路中山北二路路口，原先早、晚高峰时段中山北一路地面道路的"尾巴"堵到甘河路附近，内环高架也要"多吃"2个红灯才能进入地面道路的拥堵状况，通过系列优化调整，机动车"拖尾"现象基本消失，路口各个方向的整体通行量都有了较大提升。

开展"不忘初心、牢记使命，勇当新时代排头兵、先行者"大调研

为深入贯彻党的十九大精神，按照习近平总书记关于大兴调查和研究之风及对上海工作的重要指示精神，市委决定2018年在全市开展为期一年的"不忘初心、牢记使命，勇当新时代排头兵、先行者"大调研。中共虹口区委贯彻落实《中共上海市委关于在全市开展"不忘初心、牢记使命，勇当新时代排头兵、先行者"大调研的意见》精神，2018年1月5日，召开动员部署大会，迅速在全区范围内掀起大调研的热潮。

区委制定下发了《中共虹口区委关于开展"不忘初心、牢记使命，勇当新时代排头兵、先行者"大调研的工作方案》，成立领导小组和工作组。落实责任分工，区委办负责领导小组办公室及其下设机构的组建，区纪委负责大调研的纪律监督，区委组织部负责强化对各级领导班子和领导干部开展大调研的绩效考核，区委宣传部负责做好大调研的宣传动员工作，区信访办负责大调研过程中的来信来访处理和意见建议收集整理工作。全区党政机关作为主体，面向全区企事业单位、基层社区、"两新"组织和市民群众开展调研，抓好调研对象全覆盖，加强调研对象统筹。区委建立了工作专班和专职联络员制度、调研方案备案制度、调研台账和清单制度、调研信息工作制度、情况通报交流制度、协调推进制度、考核督查制度七大制度，按照"突出调研重点、优化调研方式、着力解决问题"的要求，分六个阶段对大调研进行了具体安排：方案制度阶段、调研实施阶段、问题集中梳理阶段、研究解决阶段、完善制度阶段、督查回访阶段，全力保障大调研的顺利推进、取得实效。

在区领导的带领下，全区党政机关大兴调研之风，深入基层、查找问题、回应需求。此次大调研不仅聚焦疏通企业经营中的难点、痛点、堵点，着力于优化营商环境，解决一批企业生产经营中的困难，同时也高度关注群众最盼、最急、最忧、最怨的问题，致力于夯实基层社区治理的薄弱环

虹口区大调研方案图解

节，办成一批群众关注的民生实事。通过大调研，不仅让企业和群众感受到实实在在的获得感和幸福感，也让广大党员干部通过在社会课堂里的生动实践，进一步发现问题、受到教育、积累经验、提升能力。

2017 年，虹口区推进"千人访万企"行动，全区 200 多名处级以上干部带头走访辖区内企业，与他们结对子，共搜集了 3000 多项需求建议，其中 95% 顺利办结，形成了跨部门、全方位发力的工作机制。在此基础上，2018 年大调研中，虹口区在优化营商环境方面推出"千人访万企"服务品牌的 2.0 版本，进一步延伸企业服务的覆盖面，重点突出"服务主体、服务对象、服务内容"三个维度的"全覆盖"式企业服务模式。在全区干部走访调研的基础上，虹口还打造了"虹口企业服务云"平台。除了能及时向企业集中发布虹口区文化、医疗、人才、教育、招商等综合服务事项，特别开设了"民营企业绿色通道"，专门针对民营企业和中小企业提供人才公寓、融资贷款、中小企业政策、项目对接等方面信息，切实将服务内容做到"全覆盖"。针对企业反映的获取信息难度大、政府信息数据分散等问题，虹口制定了建设"政策一网通办"集成系统等制度；针对部分楼宇和园区经济贡献度不高、企业反映服务不及时等问题，制定了"楼长制"和"园长制"等制度。

不仅仅是优化营商环境，虹口在大调研过程中，注重群众和企业反映集中的普遍性、规律性问题，通过建章立制有针对性地加以解决，制度

新时代非凡十年的虹口答卷

建设渗透到民生服务的方方面面。针对群众反映强烈的小区物业管理难问题，虹口区推进了全区各街道物管中心规范化建设，建立了居委会、业委会、物业企业"三委联合办公"机制，试点"小小区合并"，有效提高了物业管理水平；区绿化市容局针对沿街面社会绿地无人管养、影响环境等问题，制定了"沿街面社会绿地托底管养制度"；区商务委制定了"农贸市场设置与管理"制度；南中北三个功能区均建立了议事规则或议事制度。2018年全年，全区64个党政机关部门开展调研走访4.6万户次，发现问题4400余个，近90%的问题得到解决。

链接一：

大调研推进"制度建设年"

2018年，虹口区紧密结合大调研，同步开展了"制度建设年"工作，在问需问计的过程中聚焦重点、建章立制，把大调研的成效转换为制度建设成果。全区先后梳理排摸了区内65家部门、街道和单位各类制度2971

北外滩街道根据辖区社会组织实际情况，启动了社会组织大调研

项，在此基础上，新建制度421项，修订制度403项，废除各类时间失效、效率失效、不符合当前形势需要的制度226项，进一步发挥优势、补齐短板，以制度建设为该区改革各项工作提供更加有力的保障。

虹口区在大调研过程中注重群众和企业反映集中的普遍性、规律性问题，通过建章立制有针对性地加以解决。通过"制度建设年"工作，推动了大调研的常态化长效运行，并建立大调研长效运行的"1+3"工作制度，即《关于建立健全大调研长效机制，深化联系服务工作的实施意见》以及《关于深化"面对面"联系服务群众工作的实施办法》《关于深化"千人访万企"联系服务企业工作的实施办法》《关于深化大调研长效机制，联系服务社会组织工作的实施办法》。

链接二:

"千人访万企"促成全市首个企业服务局

企业有哪些"急难愁"，如何更好地服务企业？2017年1月起，虹口区启动"千人访万企"计划，200多名处级以上干部，采取"结对子"的形式实地走访企业，用"俯下身、迈开腿"的方式与企业"面对面"交流，及时掌握梳理企业在发展过程中遇到的"痛点、难点、堵点"问题，并依托区级、部门、街道三个层面全过程、全方位持续发力，及时有效地解决了企业各类诉求，确保企业诉求"件件有回复、事事有落实"，让各类企业愿意来、留得住、发展好。2017年1月至11月，虹口区各级机关干部共联系走访企业5154户，其中3063户企业提出了3146项需求和建议，3014项得到圆满解决，办结率超过95%。

在此基础上，虹口区成立了全市首个"企业服务局"。该局主要是为企业提供全过程的服务，从企业的注册、发展包括企业遇到的问题，全过程地进行解答服务。落实企业走访全覆盖，建立"企业服务云平台"，方便企业通过这个云平台，反映在整个经营过程中需要政府服务的各类事项。做好走访反馈意见的梳理分析，全过程跟踪解决企业反馈中存在的问题，形成"走访、梳理、分派、解决、评估"的服务闭环。积极盘活配套资源，拓展服务领域，充分发挥专业职能部门专业优势，提供精准化服务，有效保障企业"8小时内安心发展、8小时外安心生活"的良好营商氛围。

链接三：

"三门"干部踏进"百家门"

2014年底，中共中央印发《关于加强和改进群团工作的意见》。2015年7月，历史上首次召开群团工作会议。虹口区按照习近平总书记的重要指示，下大力气解决群团组织"机关化、行政化、贵族化、娱乐化"的突出问题。2018年，针对以"85后""90后"独生子女为主体，从家门到校门，毕业直接迈入机关门的青年"三门干部"，普遍存在缺乏社会历练、群众工作经验不足、对民生疾苦认识不充分等问题，虹口区开展了"大调研伴我成长"青年干部专题活动。经过整整一年的历练，虹口区35岁以下青年公务员全部参与调研，共走访居民家庭4.5万余户次，企业7000余户次。青年干部们不仅成为信息"收集员"、问题"解答员"，还日益成为群众"服务员"和基层工作"指导员"，推动解决了不少民生痛点。特别是优化小学生爱心暑托班设计，缓解双职工家庭子女暑期"看护难"问题，成为虹口青年干部群策群力的"经典战役"。

虹口是上海的老城区，人口密度大，小学生暑托班招生数量少。为成功入学，不少家长甚至动员全家赶赴不同的报名点排队。青年干部们通过"大调研"发现难题后，立刻成立了由青年干部为班底的暑托班专项工作组，积极响应社会需求，努力突破场地、师资、课程配送等方面的瓶颈扩大招生规模。经过与各个街道多轮沟通，办班点增加到11处，2018年的招生规模扩大为前一年的1.5倍，近1300位青少年参加了暑托班。同时，暑托班的管理模式也进行了优化改进。虹口团区委首次以公开招投标的方式，招募5家社会组织具体负责暑托班的运营和日常管理；还实施了团区委机关干部联络员制度，每名青年机关干部负责一个办班点，检查办班点

"大调研伴我成长"青年干部专题活动中，优化了小学生爱心暑托班设计，缓解双职工家庭子女暑期"看护难"问题

日常管理等工作情况。通过探索政府支持、社会组织参与、社区监督的办班机制，切实解决了青年职工家庭孩子暑期看护难的问题。青年干部们在服务群众的同时也收获了属于自己的"获得感"。

"直通人大代表"网上平台丰富全过程人民民主的虹口人大新实践

党的十八大以来，以习近平同志为核心的党中央不断发展完善全过程人民民主，对全过程人民民主重大理念作出深刻阐释，并对全过程人民民主实践作出重大战略部署。市第十二次党代会报告指出"要坚持问计于民，常态化开展大走访、大调研，搭建更多线上线下民意'直通车'"。近年来，虹口人大积极打造"直通人大代表"信息平台，将线下"家站点组"平台与线上信息系统结合运用，进一步从理念、定位和工作框架上深化推进"全过程人民民主"在虹口的生动实践。

在功能定位上，区人大常委会在全面深入学习领会的基础上，进一步深化工作认识，强化工作举措。按照市人大《关于加强和规范人大代表联系群众平台建设的指导意见》的部署要求，在建家、设站、布点基础上，

人大代表参加社区听证会

增设人大代表工作小组，逐步形成了定位准确，功能互补的"家站点组"代表联系群众网络。在大数据时代，为推进全过程人民民主的运作技术水平的现代化，常委会坚持将人大代表履职与数字化改革相结合，开发建设"直通人大代表"平台，建好代表接待群众意见的收集处理系统，加速"家站点组"的数字化转型，线上线下结合，共同推进代表联系群众平台标准化建设。系统的开发团队由三届连任的陈建立代表领衔，充分彰显人大代表的主体作用。

在运行设计上，区人大常委会全面领会和把握全过程人民民主的"全、过程、人民"三大核心要义，健全平台运行体系，全新打造外网登记、内网处理，规范化闭环式、智慧化开放式的"直通人大代表"平台。对外，"直通人大代表"设置在"上海虹口"门户网站上，链接页面中明确告知人大代表"家站点组"的功能定位，群众通过文字描述方式对虹口区域内的相关工作事项提出意见建议，并勾选反映事项类型，同时留下姓名和联系方式，即可在线提交，实现了代表履职更加便捷，群众参与更加方便。对内，在常委会代表工作机构落实工作力量，明确牵头责任。同时，建立区人大常委会、代表之家、代表联络站、代表联系点、代表工作小组等建议处理架构。对于涉及街道层面可处理的事项，闭环处理后直接反馈；对于需要区级层面处理的事项，由人大各专工委转交政府各相关职能部门进行处理答复。为强化全链条闭环管理，常委会还研究制定了《虹口区人大常委会关于加强和规范人大代表联系人民群众平台建设的指导意见》，对"直通人大代表"平台功能定位、使用方法、日常管理等进行了明确的规定。特别是对收集、处理、反馈、汇总、分析等工作流程的每个节点都分别提出具体要求，确保管理见规范，有章法。

在形成合力上，"直通人大代表"网上平台按照"代表领衔、人大搭台、部门联动、共治共享"工作格局，借用各方面力量，整合有关系统资源，调动一切积极因素，推动群众的"急难愁盼"问题有人办、马上办、办得好，最大程度凝聚起基层社会治理合力。发挥人大代表领衔作用，平台将收集到的建议根据代表地域辖区、单位性质、专业特长等进行智能分类推荐派单，由代表领衔进行研究提出办理意见。对群众反映的涉及区域

市、区党代表和人大代表集中联系社区活动

改革发展的重大问题、人民群众高度关注的问题，代表开展深入调研，立足自身的工作岗位和资源优势提出处置意见，在规定期限范围内通过电话、电子邮件等形式进行反馈。同时，代表也可以走到群众中，采用面对面沟通的形式，共同研究解决问题的方式，共同制定解决问题的方案，推进人民群众的实际困难和问题的解决。人大各专工委分别根据工作内容和区域实际，做好与相关部门沟通对接等代表履职服务保障工作。各有关部门根据《上海市人民建议征集若干规定》，认真研究办理代表和人民群众的意见建议，发现政策执行和群众意愿之间的差距，并根据实际情况提出不同的操作建议，推动建议成果及时转化。

在务求实效上，民情民意是权力运作的基础和前提。群众的意见建议可能是具体的、细微的，涉及日常生活的方方面面。通过这些实际问题，能够及时了解具体的政策措施的落实情况，及时调整和完善工作目标和任务。人大定期对群众反映事项进行统计，利用大数据技术，积极能动地加以分析，在全面了解群众意愿和意图的基础上，提炼找准共性问题。一方面，会同政府共同研究商讨制定出台相关政策文件，推动治理解决某一类问题。另一方面，结合区域实际，反映立法需求，提交选题建议，提出立法参考，积极参与市人大相关地方性法规制定，真正做到一切为了人民，一切造福人民，以基层人大的生动实践，不断丰富全过程人民民主的时代内涵。

链接一：

虹口区北外滩街道旧改基地人大代表联络站成立

2021 年 5 月 24 日下午，在保定路 358 号昆明路以南项目旧改基地内，举行了北外滩街道旧改基地人大代表联络站成立仪式。

北外滩街道旧改基地人大代表联络站是虹口区首个建在旧改基地上移动型的代表联络站，是虹口区人大常委会不断完善人大代表联系人民群众平台建设，充分发挥人大在推进社会治理现代化中尝试的新形式。联络站设立后，主要围绕以下四个方面助力虹口区旧改工作：一是积极组织代表听取旧改情况汇报，了解旧改进度；二是围绕旧改工作开展考察调研，使代表充分知情知政；三是动员代表参与承租人变更调解、方案听证会、摇号选取评估机构等各环节工作，助力旧改工作公开透明；四是协助代表认真倾听、收集、反映人民群众的意见建议，切实发挥人大代表监督作用，让居民签得安心、搬得放心，让人大工作更接地气。

虹口的旧改基地人大代表联络站将随着旧改项目推进而不断移动。它的成立将不断促进代表发挥主体作用，成为人大代表服务旧改居民的重要平台，为闭会期间代表履职活动开展提供更好的支撑和保障。

在保定路 358 号昆明路以南项目旧改基地内，北外滩街道旧改基地人大代表联络站正式成立

链接二：

代表听民声，架起就业桥

2022 年，受新冠疫情影响，上海的就业工作面临着严峻挑战。虹口区人大常委会通过"直通人大代表"平台与"家站点组"线上线下结合的方式，多维度了解到人民群众对稳就业的意愿。区人大充分发挥人大代表企业在特殊时期稳经济促就业的作用，希望人大代表所在企业履行社会职责，挖掘岗位资源。为此，虹口区人大与人社部门一起举行了多场人大代表企业面向高校毕业生人才招聘专场云直播活动，为应届大学生提供 718 个就业岗位，回应人民群众呼声。

2022 年 7 月起，"大展虹图，聚才北外滩——虹口区人大代表企业面向高校毕业生人才招聘专场云直播间"开启。参加直播活动的有中远海运能源股份有限公司、上海外服有限公司、上海高顿教育科技有限公司、上海建工二建集团有限公司、威景智慧水务科技（上海）有限公司等 52 家人大代表企业，岗位涉及航运、建筑工程、信息技术、商务、经济管理、新媒体等多个行业，上海交通大学、复旦大学、同济大学等 20 家高校匹配参与。活动吸引了许多应届毕业大学生，云直播期间，观看量近 4.5 万人次，收到简历数 1800 余份，取得了非常好的效果。

虹口区人大常委会将围绕保障应届高校毕业生等重点群体就业，支持自主创业和灵活就业，扩大开发公益性岗位，加大企业人才储备力度，并在人才落户政策方面发挥人大作用，加强对落实主要就业指标和政策措施情况的专项监督和检查，促进就业各项工作落到实处。

虹口区人大代表企业面向高校毕业生举办专场招聘会

用"双亮"许下承诺

人大代表与选区选民和人民群众的联系，是代表知情知政的重要渠道，更是代表发挥作用，参与社区治理的有效途径。党的十八大以来，区人大常委会坚持代表集中到社区联系人民群众的制度，各街道代表联络室每年均组织代表集中联系社区 2 次，通过当场解答和《联系社区情况表》反映意见建议等形式，一批群众关注的"急难愁盼"的问题，通过代表的积极推动得到解决。

代表联系社区过程中，通过一亮身份、二亮牌子（即人大代表身份牌，个人单位、地址和手机等信息牌）的"双亮"行动，选民能及时联系到代表，此举受到选民的好评。凉城、江湾镇、四川北、提篮桥（现北外滩）等街道代表联络室，坚持安排代表定期接待选民"坐堂问诊"，在第一线了解社区情况和居民诉求。代表们通过与群众的交谈、接触，真切了解群众的需要，掌握社区情况。为助推本区文明城区创建活动开展，区人大代表工作室与各街道代表联络室以"文明创建，代表先行"为主题开展联系社区活动，得到代表们的积极响应，群众反响热烈，取得良好的成效。通过事先向代表们发放本区创建文明城区情况的资料，使代表们在活动前就对本区文明创建工作加深了解，从而在活动中能有针对性地回答人民群众提出的意见建议，各代表联络室活动后及时梳理反馈信息，形成代表建议，加强跟踪督办，有效推动了创建活动的开展。

人大代表接待居民

"虹石榴""同心圆"品牌托起"同心桥"

党的十八大以来，虹口区政协在中共虹口区委的领导下，以习近平新时代中国特色社会主义思想为指导，深入贯彻党的十八大、十九大、二十大以及历次全会精神，全面落实习近平总书记关于加强和改进人民政协工作的重要思想，坚持团结和民主两大主题，坚持发扬民主和增进团结相互贯通、建言资政和凝聚共识双向发力，努力推动政治协商、民主监督、参政议政工作在创新开拓中高质量发展。

打造"虹石榴"品牌。区政协学习贯彻习近平总书记的重要讲话精神，取意"像石榴籽那样紧紧抱在一起"，在广泛征求委员意见的基础上，打造促进委员坚定政治立场、加强理论学习、提升综合能力、广泛凝聚共识的"虹石榴"履职品牌。"虹石榴"系列活动包括"虹石榴书苑""虹石榴讲堂""虹石榴读书会""虹石榴协商议事厅""虹石榴融企荟"等活动。

"虹石榴"品牌对标新时代新要求，总结以往工作经验，探索引领、凝

2019 年 3 月 29 日，区政协成立民主监督组。成立仪式前，委员们赴嘉兴路街道就虹口区垃圾分类和创建全国文明城区工作进行民主监督

"同心圆下午茶"活动

聚委员的新方法，邀请党委、政府相关部门参加活动，在委员履职工作规则，加强和改进凝聚共识工作实施办法和年度工作计划等中明确"虹石榴"相关工作，将委员参加活动情况作为履职重要计分内容。通过"虹石榴书苑"，全面落实"书香政协"建设要求，成立覆盖全体委员的读书群，学习习近平新时代中国特色社会主义思想、党的二十大精神、习近平总书记关于加强和改进人民政协工作的重要思想等。通过"虹石榴讲堂""虹石榴读书会"，邀请专家为委员讲解全国"两会"精神，举行世界读书日主题朗读活动等。邀请委员作关于量子科技等讲座。通过"虹石榴协商议事厅"，在街道开展协商，推进政协协商与基层协商有效衔接。通过"虹石榴融企荟"举行"优化投融资服务，助力企业再发展"等主题活动。委员在履职中加强学习、共同提高、凝心聚力，争做"懂政协、会协商、善议政，守纪律、讲规矩、重品行"的表率，凝聚共识的网络更加织密、载体更加健全，品牌影响力不断提高。委员同心共抱"虹石榴"，履职成效不断增强，带动界别群众一同为新时代新征程贡献智慧和力量。

搭建"同心桥"。"同心"系列协商创新搭建建言资政的平台和机制，发挥协商民主是实践全过程人民民主的重要形式的作用，建立党委、政府有关部门与政协专委会、界别定期沟通机制，为委员直通车贡献真知灼见，为区领导、部门负责人面对面听取委员建议创造更多机会、营造更优氛围。"同心"系列协商包括"同心圆"界别协商和"同心桥"专委会对口协商。在"同心圆"界别协商中，协商议题有聚焦有覆盖，围绕让北外滩成为中国式现代化的重要展示窗口，"十三五""十四五"规划制定、落实，全区经济社会发展，各界别委员关心的问题，与区委、区政府沟通，精心选题，定期邀请分管区领导及相关职能部门参加协商。协商坚持广开言路、开门见山、直奔主题，在强化交流互动的同时，营造畅所欲言、宽松有序的协商氛围。在"同心桥"专委会对口协商中，构建专委会和区政府部门结对交流合作机制，组织委员进一步了解各部门工作的情况和特点，在"架空线入地""生态环境保护"等对口协商的建言献策中做到言之有据、言之有物，提高委员说得对、说得准的能力，也让政府部门更直接、更方便地用好委员智库，同时也更有针对性地办理委员提案和社情民意信息。区政协将专委会开展"同心"系列协商情况作为专委会评优依据之一，委员参加情况纳入履职评价并进行打分。通过"同心"系列活动，叙朋友情、议提升路，协商成效更加显著，委员相关建言更加精准，得到区领导和部门广泛好评。

链接一：

协商于民，协商为民

近年来，虹口区政协组织委员以人民为中心，践行全过程人民民主，深入基层、协商于民、协商为民，把政协制度优势转化为社会治理效能。

织密"履职一张网"，组织架构不断健全。着力提升委员服务、助推社区发展的质量，在原有基础上，设立地区指导委员会指导"协商于民"在街道和社区的具体工作，制定相关工作实施办法、评优标准和推进"协商于民"工作的系列制度，进一步为相关工作增强了底气，增添了动力。

打通"最后一公里"，工作机制不断完善。贯彻落实市政协关于打造"协商于民"品牌的要求，建立由总站、分站组成的"协商于民"政协委员

建立一批"虹石榴""协商于民"议事厅

工作站。各工作站就持续推进文明创建工作、北外滩楼宇自治和共治、推进加装电梯等议题在基层开展协商，提出意见建议。设立"虹石榴协商议事厅"，确定"协商于民"计划，组织部分全国、市、区三级政协委员深入基层，履职为民。建立机关干部与委员协同参与"双路长制"的机制，开展"走基层、重民生、保安全"主题民主监督，夯实协商式监督内涵。

捧着"为民一颗心"，履职成效不断显现。伍爱群委员领衔的委员工作室在《人民政协报》主办的评比中获得"杰出委员工作室"荣誉称号。在专题协商会上，委员、委员单位和区交警支队，就方便百姓就医进行协商，获得良好成效。委员围绕疫情防控、垃圾分类、创文、复工复产、社区建设、民生保障等在基层广泛开展协商，提出了一大批高质量的建议，为街道发展提供了有效资源。

链接二：

厚植"界别新动能"

2019年3月，《政协上海市虹口区委员会关于加强和改进界别工作的办法》(以下简称《办法》)在虹口区政协常委会议上审议通过，这是继2018年市政协出台"界别办法"以来，全市首家来自区政协的"界别办法"。《办法》将政协界别作用的发挥，贯穿于协商、调研、提案、社情民意信息、委员培训、履职管理等各项履职活动中，并对界别召集人工作职责及组织实施的形式内容加以明确界定和规范。虹口区政协正通过一项项

创新举措，厚植"界别新动能"，推动履职提质增效、高质量发展。

"同心圆下午茶""虹石榴"讲堂等充分体现虹口政协特色的界别履职品牌活动，均被纳入《办法》之中。正是通过多年来的创新实践，才顺利促成这部《办法》，为政协履职积累更多成功经验，走出一条提质增效的道路。"同心圆下午茶"这项虹口区政协探索多年的界别活动，是发挥界别作用的一项生动实践。随着活动的持续开展，越来越多的界别参与其中。区政协也越发意识到，要使这项活动更有生命力，除了政府部门要积极参与外，还必须让推荐界别委员的党组织加入进来。于是，"同心圆下午茶"的组织者从来不是区政协一家，承办方一定还会有区工商联、区妇联等界别特征鲜明的单位。不仅仅是筹备会议，这些单位的党组成员也会到场参与讨论。

"推荐界别委员的党组织"加入，让"同心圆下午茶"的界别性更加突出，讨论议题更具针对性，还极大地提高了委员的积极性。有的委员早早就相关问题收集材料，拍摄照片，形成书面建议；有的预先汇集智慧，把相关专业领域的同事带到现场参与讨论；有的主动介绍"高大上"的技术运用和国外最新资讯，提供新的思路。有参与过下午茶的政府部门负责人感慨："一场活动的收获，比去十多家企业调研走访还要多。"

政治建设

"六力协同"凝聚共识

近年来，虹口区政协创新推进政协工作，探索构建"六力协同"的凝聚共识工作模式。

在党建联建增强"向心力"中凝聚共识。区政协把学习上级精神要求作为各类会议第一项议程，引导委员不断增强政治认同、思想认同、理论认同、情感认同。发挥党员委员"主心骨"作用。定期召开党员委员专题会议布置凝聚共识工作任务，强化责任意识。

在建章立制增强"内生力"中凝聚共识。协助区委制定《中共虹口区委关于新时代加强和改进人民政协工作的实施意见》，明确要重点谋划、重点推进凝聚共识工作。制定《虹口区政协关于加强和改进凝聚共识工作实施办法》，从16个方面细化落实举措。在"履职通"信息系统中，将委员在凝聚共识上的表现作为履职评价的重要计分内容，促进委员对相关工作

2021年9月21日，虹口区政协委员考察河滨大楼改造情况和在建的河滨会客厅

的重视程度不断提高。

在嵌入履职增强"融合力"中凝聚共识。在协商议政中，从增进共识角度安排现场考察和专题介绍。在街道民主监督组"啄木鸟"行动中，委员通过所见所闻，更加充分理解了垃圾分类政策出台的必要性，自觉为居民答疑解惑、疏导情绪。在提案办理中完善沟通反馈机制，对部门开展提案办理民主评议，推动委员和办理人员对建议转化落实过程进行深入探讨，形成统一观点。通过建立社情民意观察站、观察组、观察员机制，组织委员经常性进社区收集社情民意，让群众切切实实感到诉求有反映渠道、利益有实现途径。

在搭建平台增强"创新力"中凝聚共识。建立覆盖所有委员的"主席联系常委、常委联系委员"两级联系体系，通过定期走访、谈心谈话，增进了解、联络感情。要求界别委员发挥行业代表作用，帮助党委、政府分析界别群众思想状态，及时反映他们的意愿诉求。建立基层协商会机制，突出其凝聚共识功能。

在团结联谊增强"亲和力"中凝聚共识。召开各民主党派参加区政协工作共同性事务情况交流会等，提高民主党派在政协重要协商会议上的发言比例。

在主动发声增强"影响力"中凝聚共识。就打造"海上方舟"海派文化地标积极开展预研，推动公共外交平台建设。用好各种媒介渠道，打造宣传精品。

大力推进新时代文明实践活动

为进一步深入贯彻落实习近平总书记关于建设新时代文明实践中心的重要指示精神，虹口区围绕"一个目标、四个定位、六项工作、三个到位、提升六大能力"的总要求，依托文明实践"1+8+197"三级阵地和 107 个特色站以及 45 个市、区级志愿者服务基地，夯实志愿服务平台和载体，大力弘扬志愿服务精神，挖掘培育先进典型，提升城区软实力。

一、积极构建新时代文明实践三级阵地网络

一是建设区新时代文明实践中心。虹口区与厦门国际银行共同建设位于北外滩滨江的虹口区新时代文明实践中心，紧紧围绕"学习宣传理论政策，培育践行主流价值，创新开展文明创建，大力弘扬时代新风，丰富精神文化需求，壮大志愿服务队伍"六大功能开展文明实践活动，牢牢把握传播新思想、引领新风尚的工作目标，努力把区中心建设成为学习传播科学理论的大众平台、加强基层思想政治工作的坚强阵地、培养时代新人和弘扬时代新风的精神家园、开展具有特色志愿服务的舞台。

二是打造"一江一河"新时代文明实践示范带。虹口区新时代文明实践中心统筹区域内丰富的红色文化和海派文化资源，与中国证券博物馆、上海邮政博物馆、5G 全球创新港等特色阵地形成联动，打造"一江一河"新时代文明实践示范带，为市民群众、青年白领、青少年、游客和外来建设者提供理论宣传、展览展示、自习阅读直播空间、科普文化等高品质服务功能，形成线上线下良性互动的休闲共享空间。

三是打造 100 个文明实践特色站。虹口区在建立覆盖全区、纵横联动的新时代文明实践三级网络的基础上，进一步发挥区域特色阵地作用，充分挖掘社会资源，动员社会力量共同参与文明实践工作，以红色文化、海派文化、爱国主义教育基地、青年中心、15 分钟社区生活圈、创意空间、绿色科普生态等为主题，打造 100 个文明实践特色站（点）。

虹口区新时代文明实践中心

二、打响文明实践品牌，让党的创新理论飞入寻常百姓家

一是讲好"文化三地"故事。着力打造"文化三地"志愿宣讲等文明实践项目，组建"文化三地"志愿宣讲团，来自全市各区各行业的 150 余名志愿者报名。经过专业培训和面试，88 人成为宣讲志愿者。目前已开展路线宣讲活动 150 余场，线上线下达 12 万余人参与。开发的"文化三地"人文掌上行 H5，增添互动性、创新性和趣味性环节，让市民群众在行走、听讲、互动中，品味海派文化、感悟红色文化、追寻名人足迹。

二是推出"新时代大讲堂"。通过科技创新手段，线上线下同步推出"虹口区新时代大讲堂"，开设理论、法律、医疗等 10 大类课堂，推出对象化、分众化、互动化、通俗化的 200 余个特色课程，统筹运用传统阵地和新载体新手段，使"大道理"变为"小故事"，让理论宣传和思想教育更接地气。"虹口的红色回响""上海虹口一楼一故事"等系列课程入选"学习强国"全国平台，形成线上线下良性互动。

三、夯实线上线下条块联动，开展文明实践志愿服务

一是以数字化应用提升志愿服务效能。探索"互联网＋文明实践"模式，在全市率先上线"益彩虹——虹口区新时代文明实践云平台"，探索完

善"供单—点单—派单—接单—评单"闭环管理模式。配合市级新时代文明实践云平台升级，实现市区两级资源共享、项目对接，发挥"益彩虹"云平台功能，截至 2022 年，市、区级文明实践平台发布供单 135856 条，点单 487547 条，派单 129944 条，接单 128969 条，评单 443313 条，实现了资源高度整合、高效利用，数据共享。

二是夯实文明实践条块联动。深入挖掘社会资源，联动企事业单位、高校等社会力量，共同探索文明实践新模式。以文明实践为契机，加强校地联动，探索思政育人新途径，用好红色资源，讲好虹口"大思政课"；以"一江一河"新时代文明实践带为纽带，发挥示范带联动效应，让社会力量成为文明实践的主体，为新时代文明实践试点工作打开新局面，创造新奇迹，展现新气象。

四、创新文明实践工作模式，丰富文明实践载体

一是加强校地合作。积极与复旦大学、上海外国语大学、上海对外经贸大学、上海财经大学等高校以及上海市第一人民医院、厦门国际银行上海分行等文明单位合作，吸引了一批有专业技能、有活力、有创造力的青年志愿者加入志愿服务，让他们成为新时代文明实践的主要力量，成为红色基因的重要传播者。虹口区新时代文明实践中心招募来自复旦大学、上海对外经贸大学、上海外国语大学的 4 批 81 名大学生志愿者加入区新时代文明实践中心"文化三地"志愿宣讲团、文明直播组以及场馆后勤保障组担任文明实践志愿者。

二是整合社会资源。充分汇聚社会资源积极吸纳各类社会力量参与文明实践。对接相关单位、医院、商务楼宇，打造"双语会客厅""人才会客厅"，不断扩大文明实践"朋友圈"，推出"新时代大讲堂""文明直播间""白领午间一小时"等特色志愿服务项目。设置"文明实践微心愿墙"，对接文明单位、社会组织、爱心企业、党员和志愿者助力困难群体，为群众办实事、办好事，切实将新时代文明实践工作落到实处，提升市民文明素质和城区文明程度，营造人人都是软实力的浓郁氛围。

链接一：

制定《虹口区关于加强培育和
践行社会主义核心价值观的实施意见》

2014 年 12 月 29 日至 30 日，中国共产党上海市虹口区第九届委员会第九次全体会议举行。全会审议并下发了《虹口区关于加强培育和践行社会主义核心价值观的实施意见》。

全会指出，要以创建上海市文明城区为抓手，提升市民文明程度和城区管理水平。要以社会主义核心价值观为引领，提升市民文明素质。突出领导干部、公众人物、先进模范等群体的示范引领作用，在落细、落小、落实上下功夫，把抽象的价值观变成具体的实实在在的东西。要以文明创建促进共治自治，提升社会治理能力。善于调动、引导社会资源、社会力量、广大群众等多元主体共创文明。广泛听取群众的意见建议，提升解决问题的能力。要防反潮，攻难点，提升城区管理水平。以本轮上海市文明城区创建和今后的全国文明城区创建为契机，完善城市管理体制，整合资源，完善综合执法体制。要重视文化传承与创新，着力提升城区文化软实力。将文明城区创建与"虹口记忆工程"相结合，保护历史年轮，提升文化软实力。精心筹办好重要节点纪念活动，发出主流文化的强音。

链接二：

易解放家庭荣获第一届全国文明家庭称号

为了完成儿子的遗愿，家住上海市虹口区的易解放和丈夫 2003 年从日本回国，在内蒙古从事土地荒漠化治理工作。至今已实现绿化荒漠两万亩，完成植树 250 万棵，被大家亲切称为"大地妈妈"。

易解放夫妇在承受中年丧子的巨大悲痛后，毅然将儿子亡故所获的 25 万元人民币赔偿金捐献出来建造一所以儿子名字命名的希望小学——"睿哲希望小学"。从这里起步，易解放夫妇决定做"全职公益人士"，将全部

易解放在内蒙古植树造林

精力倾注于中国的公益事业。

易解放想起，睿哲生前的时候，有一天，母子二人从电视上看到中国北部土地沙化的情况，睿哲就认真地表示毕业之后要为祖国去种树。为了实现儿子的遗愿，易解放重新振奋精神，成立了一个名叫"NPO绿色生命"的公益性组织，带领一批志愿者，自筹资金在内蒙古开展生态林种植项目。易解放经过考察，投入所有积蓄，在三万亩沙地上植树造林，并无偿捐献给当地百姓。内蒙古通化库伦旗的很多村民至今还清晰地记得，第一棵树种下的日子是2003年4月22日。克服资金、气候、环境等所有困难，易解放夫妇的真心似乎感动了上苍，在小树苗种下的第三天，常年干旱的库伦旗竟然下了一场雨，当地村民也自发地对树木加以维护。就这样，第一批小树苗的成活率达到70%以上。树苗的成活很快带动了生态，整片沙地渐渐被"绿意"覆盖。库伦旗的百姓感恩易解放夫妇所做的一切，他们特地为杨睿哲建立了一个纪念碑，碑的正面是易解放夫妇写给儿子的一段话：活着，为阻挡风沙而挺立；倒下，点燃自己给他人以光亮。

易解放获2008年第二届全国道德模范提名奖，2012年第七届中华慈善奖"最具爱心慈善楷模"称号。2016年12月12日，第一届全国文明家庭表彰大会在北京举行，易解放家庭获全国文明家庭称号。

上海首个"政务公开双语会客厅"启用

2022年9月28日，"北外滩—遇见未来"虹口区政府开放活动暨"政务公开双语会客厅"启动仪式在区新时代文明实践中心举行。本次活动启动了上海市首个"政务公开双语会客厅"，发布了全市首个数字官政策解读视频（英文版）和全市首份为外籍人士专属定制的英文版政府公报，并首次在政务公开专区启用外籍志愿者，实现四个"全市首创"。

虹口区当前正全力以赴推动北外滩新一轮开发建设，着力打造运作全球的总部城、辐射全球的中央活动区核心区和引领全球的世界级会客厅。为进一步助推北外滩区域塑造国际化城区新形象，服务市民、企业的办事需求，虹口区整合双语公开信息，打造"政务公开双语会客厅"，作为虹口区政务公开服务专区（点）"三级"体系的重要延伸，将为公众提供更便捷、高效、透明、有温度的政府服务。

依托虹口区新时代文明实践中心，政务公开双语会客厅设有"观摩体验区""信息查阅区""政民互动区""政策解读区""政策直播间"等五大功能区域，不仅可以通过各种数字化方式查询了解政策信息，多渠道收集外籍人士对政务公开、政务服务等的意见建议，还会定期开展现场解读活动，为涉外企业和外籍人士答疑解惑，进一步提高涉企决策的靶向性和质量。

针对外籍友人的需求，虹口区打破政府公报传统框架，全面梳理、调整目录内容，选取了他们更为关切的相关政策类、服务事项类内容，包含虹口区情、投资环境介绍，外企外资相关文件及解读，特色经贸考察路线、"我为虹口提升人才服务水平建言献策"等，便利外籍人士获取相关的政策信息，为北外滩的发展建设提出宝贵意见。虹口区还邀请外籍人士担任政务公开专区（政务公开双语会客厅）的志愿者和"营商环境特聘体验官"。他们将通过自己的真实体验感受，帮助更多在虹口生活、工作、游玩的外籍人士在政务公开双语会客厅就能实现政策、资讯的一站式查询、咨询服务，进一步助力虹口政务服务提质增效，打造全球一流的营商环境。

同时，在政民互动区域还设置了二维码矩阵图、触摸长屏，内容均以

在政务双语会客厅，来自法国的"营商环境特聘体验官"罗远先生，通过触摸查询一体机，体验双语版政府公开信息

双语呈现，市民只要通过手机扫一扫，便可"一码查询"，获取双语版办事服务信息、报名参加"政府开放月"活动，或对政务公开、政务服务提出意见建议。

虹口区接下来将以北外滩开发建设为引领，继续探索创新，聚焦市场主体和社会公众关切，持续拓展线上线下公开渠道，不断打造各类政务公开专区（点），努力构建15分钟政务公开服务圈，将政务公开打造成为虹口全面推进法治政府建设和优化营商环境等方面的一张亮丽名片。

开展"我为群众办实事"实践活动

2021 年，在党史学习教育中，虹口区开展"我为群众办实事"活动，把为民办实事作为党史学习教育的落脚点，推动和解决了一批市民群众的"急难愁盼"问题。

虹口制定《"我为群众办实事"实践活动工作清单》，细化"我与群众面对面"等 7 个方面 29 条具体措施、责任主体、时间节点和组织方式，每月下发工作提示，指导各单位立足自身特点、行业特色细化工作举措，抓好推进落实。为进一步倾听民声民意，虹口还在"上海虹口"App 推出"微心愿"，征集市民群众最关心、最迫切、最亟待解决的民生问题。在"我为群众办实事"活动过程中，虹口全区各级党组织共开展实践活动 4142 场次，参与 82001 人次，解决群众"急难愁盼"问题 1401 个。

虹口各级党组织把学党史同总结经验、观照现实、推进工作结合起来，在办好为民实事上下功夫。作为虹口最大民生工程之一的旧改征收，其中的 135 街坊地块，在 2020 年 12 月以 100% 比例通过意愿征询的基础上，2021 年 3 月 15 日，仅用时一周，签约比例达到 100%，4 月 13 日，135 街坊旧改基地提前完成签约期内所有居民 100% 自主搬迁，成为当年全市首个意愿征询率、签约率和搬迁率均达到 100% 的旧改基地，同时创下"三个 100%"的虹口区旧改新纪录。这样的成效，离不开虹口牢牢把握开展党史学习教育的目标要求，将"支部建在基地上"，充分发挥地块临时党支部的战斗堡垒作用，形成"党总支—党支部—党小组—党员—群众"工作链条，确保旧改地块居民区党组织与群众进行"点对点""一对一"沟通。虹口还精心打造了全区第一个移动型旧改基地党群服务站，随着旧改项目地块的变更，及时结合当地资源特色，为旧改一线党员群众提供因地制宜服务。虹口率先探索"市区联手、政企合作、以区为主"旧改新模式，建立与征收事务所"融合式"共推工作模式，推动旧改工作出实效。

虹口区应急局积极贯彻新发展理念、深入开展"我为群众办实事"实践活动，筹建了虹口区安全（应急）教育体验馆，成为上海市第一家区级层面体验馆

　　虹口将方便居民进行新冠疫苗接种作为党史学习教育中贯彻落实"我为群众办实事"的实际行动。嘉兴路街道在金融街海伦中心，广中路街道在花园坊等党群服务阵地建立临时接种点。疫苗接种点进园区、进楼宇，也是虹口服务企业、提升区域营商环境的有力举措。2021 年 3 月底，北外滩街道主动对接区卫健委和楼宇物业，联动北外滩街道社区卫生中心，在白玉兰广场 20 层党群服务站建起了专为白领服务的疫苗接种点。白领利用工余时间足不出楼就能完成新冠疫苗的接种。除了打针，白领们发现还能在此"打卡"浦江两岸美景，因此，冠之以申城"最美疫苗接种站"的美誉。正式启用后，该接种点日均服务 800 人次，共接种疫苗 2.5 万余针。

　　不止于此，虹口结合北外滩开发建设，持续强化制度创新、政策供给，2021 年推出了企业开办和注销、政务服务、人才服务等 9 大优化营商环境举措，促进服务能级提升。通过推动"跨省通办"改革，最大限度满足市场主体异地办事的需求，虹口区多家企业通过"跨省通办"顺利实现开业。

　　作为老龄化程度较高、老旧住宅相对集中的中心城区，多年来，虹口一直积极推进既有多层住宅加装电梯这一实事工程。党史学习教育开展后，虹口区将加装电梯作为践行初心和使命的具体举措，多次将党史教育现场放在加梯一线，增强责任感和使命感。坚持条块结合，加强党建引领，认真贯彻

"支部建在项目上"的工作理念，扎实推动各级相关部门共同搭建党建联建平台，引导基层社区形成"三驾马车"同轴共转、党员群众并肩作战的良好氛围和治理格局。同时，坚持广泛宣传，积极发动市民群众，及时联合街道梳理总结加梯工作经验做法，讲好加梯党建故事，充分发挥党员干部在加装电梯意愿征询、工程建设过程中的积极模范和评议监督作用，持续提升加梯工作速度、力度、精准度。坚持整合资源，发挥党的组织优势、组织功能、组织力量，结合青年"进物业、进业委会、进小区"工作，推动区、街道资源力量下沉加梯一线，有效发挥政府机关、街道青年干部参与基层社会治理作用。2021年，虹口在加装电梯方面取得新突破，从单楼破冰到整小区、整居委推进，迈入3.0时代（单楼、整小区、整居委）。

链接一：

点亮群众"微心愿"

　　2021年5月，虹口区在欧阳、江湾等街道试点启动点亮"微心愿"活动，包括学习用品、日常用品、小家电、服装等实物类心愿，以及贴合社区实际、较容易提供的生活照料、心理慰藉、信息咨询等服务类心愿。8月起，点亮"微心愿"活动在全区各街道全面开展，结合区委关于在党史学习教育中开展"我为群众办实事"实践活动的安排部署，虹口区建立"群众心愿清单"，发动全区各领域党组织和党员群众点亮万余个居民群众"微心愿"，围绕这一工作主题，在居民区、片区、街道三个层

工作人员上门收集居民"微心愿"

面，依托"家园党建"组织保障、党群服务阵地、联系服务群众各项机制、线上渠道等动员开展心愿收集认领工作，广泛排摸老年人、未成年人、生活困难家庭（低保、低收入、因病致贫等）、残疾人、外来务工人员等群体的"急难愁盼"。

为进一步提高活动参与率，推动群众需求即知即应，上海虹口 App 推出"微心愿"服务板块，该平台向所有"上海虹口 App"注册用户开放，市民可在线发起和认领"心愿"，居民区党组织及居委会经后台审核，全程介入心愿匹配和对接，切实提高解决基层困难事、群众烦心事的效能。

曲阳路街道成立"微心愿"工作领导小组，在社区党群服务中心、市民驿站、24 个居民区党群服务站等，设立"微心愿"信箱和卡片，放置"心愿邮筒"，各居民区党小组长、楼组长等，通过上门走访、电话询问，主动排摸收集居民微心愿，每周汇总"微心愿"收集及认领情况，对未匹配心愿在街道层面对接流转。嘉兴路街道探索完善联系服务群众各项机制，广泛收集"微心愿"1300 余条，通过整合多方资源力量，"微心愿"匹配率达 98%。

截至当年 9 月底，全区先后收集了群众"微心愿"10078 件，成功匹配 7805 件。

链接二：

闲置民防工程改车库化解"停车难"

私家车停车难是常见的小区"痛点"。为缓解老旧小区居民停车难问题，2020 年 9 月，虹口区民防办、凉城新村街道、区城发公司在开展"人民城市人民建，人民城市为人民"主题联组学习过程中，以党建引领凝聚共识，决定共同推动广灵四路 492 号公用民防工程改造成停车库事宜，补足秀苑小区部分车位缺口。2021 年 2 月，区民防办会同相关部门，结合秀苑小区人大代表提出的建议开展专题讨论，凝心聚力推动落实改造项目。车库改造项目体量虽小，但涉及的流程复杂。在市民防办政策法规、专业

新时代非凡十年的虹口答卷

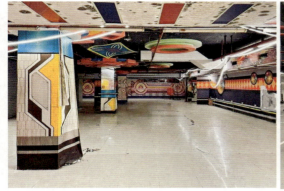

改造前   改造后

技术和专项资金的支持下，项目成立临时党支部，各方通过分工协作，筑牢一线战斗堡垒，合心合力推进落实各项工作。在全市率先实践通过既有民防工程改造为居民提供地下车位，服务民生。改造后的地下车库提供34个固定车位。

根据方案，改造项目恢复了该民防工程的防护功能。改造后，不但满足战时防护要求，还满足平时防火要求。同时，新增一条约31米长的汽车坡道并进行停车设备等改造，坡道顶棚种植绿化，保持小区整体绿地率基本不变。

在小区"美丽家园"改造征询中，此次车库改造及运营方案等被融入"美丽家园"改造方案，一并征求居民意见，并获得86%以上居民同意。项目和"美丽家园"统一规划、一并实施，避免了重复开挖，减少了扰民和施工成本。再加上"美丽家园"改造合理设计、综合规划，小区还可增加100多个地面停车位，小区停车难问题有望得到缓解。

链接三：

"6厘米工作法"暖人心

虹口区北外滩街道汉阳小区是个沿街面的小区，过道曾经坎坷不平、长期堆放杂物。2020年10月，虹口区房管局携手北外滩街道实施"美丽家园"工程，施工队对这段过道进行了平整优化。令人料想不到的是，台阶修好没几天，就出现了不少抱怨的声音。有的居民反映："我们大楼外墙

6 厘米台阶

粉刷相当满意，相当漂亮，但是平台和人行道的台阶太高，我们老年人没有办法跨上去。"

居委干部在走访中发现，主要问题集中在"台阶太高，设计不合理，老人行走不方便易滑倒"。为此，汉阳居民区党总支成员集思广益、认真研究，反复与施工队、居民沟通协商。最终，大家一致同意：增加一级高度只有6厘米的台阶。居民说："从这里开始到下面是一个斜坡，我们老年人没办法下楼，现在改了6厘米的台阶，我们跑下去就相当安全，放心了。这个是居委对我们老年人提出来的问题及时改进的，得到安全保障的很好的一种措施。"对此，施工方表示："我们施工方根据居民、物业、居委三方沟通修葺这个台阶，高度为6厘米，宽度为30厘米。这样改建以后老年人上楼就方便了。"

"6厘米"虽然微小，情意却是绵长。在"美丽家园"工程满意度调查问卷中，有近九成居民表示满意，尤其点赞了加修"6厘米"台阶的举措。汉阳居民区党总支及时提炼总结，提出了基层工作的"6厘米工作法"，即基层工作中，人民满意与否体现在是否抓住了基层服务细节这个"牛鼻子"，细节上见功夫，细节上见态度，将细节做好、做到位，人民群众生活更加便捷了，幸福感和满足感自然也会提高，人民城市的建设也就会更加完善。

"三所联动"探索矛盾化解新模式

　　2022年以来，虹口区坚持以习近平法治思想为引领，围绕区委、区政府中心工作，以坚持新时代"枫桥经验"、发扬"东莱精神"为指引，对标"人民城市为人民"理念，聚焦基层社会治理难点，搭建平台，积极适应地区矛盾纠纷变化，依托公安派出所、司法所、律师事务所"三所联动"平台，整合人民调解资源，共同分析地区矛盾纠纷情况，研判社会稳定形势，筹措资源共同化解疑难矛盾纠纷，严防因矛盾纠纷引发"民转刑""刑转命"案件，严防个人极端暴力犯罪案件、严防重大群体性案件，做到"平安不出事、矛盾不上交、服务不缺位"。在"三所联动"工作机制上进一步探索形成"3+N"工作机制，引导社会多方力量共同参与社区治理，构建虹口矛盾纠纷多元化解格局。

　　为认真贯彻落实《上海市促进多元化解矛盾纠纷条例》以及市公安局、市司法局联合下发的《关于加强矛盾纠纷排查化解防止"民转刑"案件发生的通知》精神，完善社会矛盾纠纷多元预防调处化解机制，引导社会多方力量共同参与社区治理，构建起矛盾纠纷多元化解格局，2022年2月

虹口区举行坚持和发展新时代"枫桥经验"专题部署会暨"虹馨·三所联动"工作机制推进会

"三所联动"进楼宇化解纠纷

18 日，由区委政法委牵头，区司法局、公安分局共同召开"三所联动"工作座谈会，听取辖区内 6 家律师事务所主任和 8 个司法所所长相关意见。律师事务所主任、司法所所长根据"三所联动"工作的总体目标、职责分工、工作措施、保障机制和工作要求，结合目前社区法律顾问工作实际，就如何保证调解协议法律效力、如何合理分配律师资源、调解过程中的文书规范、会商研判制度等，多层次、多角度地进行探讨，对有效落实"三所联动"工作提出了意见与建议。

在此基础上，虹口区以发展完善"三所联动"机制升级版为主要措施，通过机制引领，构建调解平台，积极发挥能效，凸显优势作用，统筹协同作战，强化实战效能。

一是以机制创新延展工作覆盖面。持续运用好"三所联动"定期联席会议，创新法律送教上门等现有小机制，以点带面，带动整体工作机制的系统性创新，不断运用"破界"思维，进一步发挥好司法所的专业优势。与街道派出所、平安办等继续进行深入联动，拓展机制覆盖边界，积极引入多方人才、社会力量等多种资源，着眼建立健全规范有效的参与资质平台，多层面开展社会治理和矛盾隐患排查化解，形成多元化的共建、共治、共享格局。

二是以法律手段提供专业有效支撑。充分发挥司法所对人民调解工作的专业性、高效性，以及调解经验丰富的特点。推动"三所联动"调解室全覆盖，在各派出所设置调解室，制订排班、定人定岗，并落实每个工作日司法调解员、专职律师在调解室内坐堂接待的机制，由调解经验丰富的民警专职调解，三方协作依法开展多元化解，着力解决居民实际困难。同时，协调汇聚部分矛盾纠纷涉及的专业部门，引入了退伍军人服务站、物业公司等人民调解资源，形成协同作战、整体联动的效果。

三是以信息共享强化矛盾风险排查。进一步融入各方力量，盘活机制组织参与方式，开展好大走访大调研，继续深入辖区企业、社会组织、居民小区、商务楼宇，访民声、听民意，充分把握辖区矛盾纠纷变化规律，聚焦公序良俗等道德约束与法律约束的衔接手段，尝试探索"警法联动""法调联动"等创新方式，不断丰富与发展"三所联动"平台内涵，进一步提升矛盾纠纷化解效能，形成隐患联治、工作联勤、平安联创的新格局，提升隐患清零工作效能。

"三所联动"从"3"（派出所、司法所、律师事务所）到"3+N"（相关行政部门、专业化调解组织等），从"9"（"三所联动"调解室）到"9+198"（居委会人民调解室），正在持续推进。目前，全区已基本实现"1个居委有1名律师"的配置，因地制宜采取坐班和预约相结合制度，各派出所230名社区警务队队长及民警，各司法所310名人民调解员参与，提供一站式法律咨询和调解，让百姓有法说法，有情说情，有理说理。2022年1至9月，"三所联动"机制共接待法律咨询1300余人次，化解突出矛盾纠纷382起，通过平台主动列管重点类纠纷148起，关注类纠纷72起，矛盾化解率达到98%以上。

链接一：

开展向梁惠英同志学习活动

梁惠英同志是全国模范人民调解员，曾任街道妇联主席、计划生育专职干部等职，退休后被聘为虹口区人民调解委员会首席人民调解员。作为一名老党员，梁惠英同志一贯对党和人民怀有深厚感情，从2008年开始，成功调解各类民事纠纷一千余起，为促进社会和谐作出了突出贡献。2011年，梁惠英及其调解工作室进驻虹镇老街旧改基地，始终坚持站在群众立

梁惠英同志先进事迹报告会

场做群众工作，运用"六心工作法"悉心服务群众，用自己的真情实意和出色的调解工作，赢得居民的广泛赞誉和信任，先后接待旧改基地居民来访咨询一千余次，成功调处家庭内部纠纷近百件。梁惠英同志是实现虹口新崛起过程中涌现出来的先进典型，是联系和服务群众工作的杰出代表。

为进一步弘扬梁惠英同志的精神，营造一心为民，奋发有为，不畏艰辛，迎难而上的时代精神，更好地激发全区党员干部投身虹口新崛起的热情，2012 年 4 月 25 日，区委、区政府作出决定，在全区范围内广泛开展向梁惠英同志学习活动。2012 年 5 月 22 日，虹口区委、区政府联合举行"梁惠英同志先进事迹报告会"。虹口区委书记孙建平亲自为这位金牌调解员题字"春风化雨，润物无声"。

2014 年 8 月 19 日 17 时 23 分，梁惠英同志因积劳成疾，不幸病逝。她用实际行动践行党的群众路线，践行社会主义核心价值观，是虹口新一轮发展中涌现出来的先进典型，是新时期共产党员的优秀代表。

链接二：

运用在线解纷平台稳妥高效化解消费服务纠纷

2019 年 12 月，某通信公司工作人员为周老先生家安装电视高清设备，安装人员离开后，周老先生才发现电视屏幕出现损坏，随即向通信公司反映，但通信公司不予认可。为此，周老先生不得已花费了电视修理费3550元，并向通信公司索赔，要求按照购买时的原价8500元赔偿损失，但始终索赔无果。遂向虹口消保委投诉并请求调解。经消保委调解，双方就赔

人民法院调解平台

付金额分歧较大。虹口消保委遂将该案移送虹口法院进行诉前调解。

法院诉调对接中心收案后，将案件委派给律师调解员进行调解。并联合消保委和律师调解员通过视频会商，制定了运用人民法院调解平台的线上联合调解方案。2020年3月26日，周老先生、通信公司代表、律师调解员、人民调解员等通过视频连线，进行线上调解。最终，双方互谅互让，达成一致，通信公司赔付3000元电视机修理费，双方当事人随即在线签署了调解协议。

本案的成功调解，是法院依托人民法院调解平台快速、高效化解矛盾纠纷的缩影，也是多方参与、多元化解纠纷的典型示范。2017年，虹口法院即与虹口消保委成立了多元化解决消费纠纷在线调解示范点，并就推动消费纠纷多元化解达成合作协议；2018年，创建律师参与调解工作机制。近年来，虹口法院始终坚持"以人民为中心"的发展理念，借助科技力量，不断满足人民群众的多元司法需求，为人民群众提供更便捷、更智能、更公开的"一站式"诉讼服务。

链接三：

检察公益诉讼守护美好生活

近年来，虹口区人民检察院始终坚持政治引领、服务大局、司法为民，

《上海法治报》报道虹口区人民检察院检察公益诉讼推动架空线安全隐患治理的事迹

主动将公益诉讼检察融入党委政府工作大局，把握公益核心，突出新领域公益诉讼探索，努力打造超大城市中心城区公益保护的"虹口品牌"。

加强重点领域案件办理。在生态环境和资源保护领域，逐步实现对大气污染、水污染、土壤污染、固体废弃物污染、光污染、绿化环境等系统治理；食品药品安全领域，落实"四个最严"要求，围绕食用农产品、农贸市场、国家批号产品、医疗美容等行业突出问题开展监督。

全力保障城市公共安全。率先开展城市公共安全领域新类型案件探索，突出头顶安全、脚底安全、燃气安全、安全生产、公共体育设施安全等问题整治，构筑立体化安全防护网。

突出特殊群众权益保护。针对老年人在信息科技应用中遇到的困难，通过对全区100多个医疗、文化场馆的现场调查和体验，办理老年人"信息无障碍"公益诉讼案件，督促行政监管部门和责任单位为老年人保留必要的线下服务渠道，为老年人消除"数字鸿沟"。

打造文化保护公益品牌。办理了全市首例优秀历史保护建筑案，通过公益诉讼督促行政机关和责任单位对遭到破坏的历史建筑进行修复。结合建筑开发利用实际，推动办理了一批历史建筑保护领域案件，兼顾了历史建筑保护、红色文化保护和残疾人权益保护等多重公共利益。

新时代非凡十年的虹口答卷

"虹馨工程"翻开社会治理新篇章

"人民城市人民建，人民城市为人民。"为进一步探索可复制、可推广的社区治理项目运行规范化机制，持续深化落实"一个街道一面旗帜"要求，推动实现治理主体多元、治理结构优化、治理机制协同、治理成效突出的虹口社区治理新格局，2021年12月29日，虹口区锚定"五个人人"努力方向，举办"激发社区'虹'动力 共建美好'馨'家园"虹口区创新社区治理一街一品"虹馨工程"品牌项目发布仪式暨社会组织洽谈会。2022年1月1日，"虹馨工程"品牌项目正式启动。

聚焦百姓需求，践行"人民城市"理念。"虹馨工程"品牌项目建设聚焦"让人民宜居安居"、聚焦"把最好的资源留给人民"、聚焦"数字化转型"、聚焦"践行全过程人民民主"，遴选在整合社区服务资源、优化社区生活环境、加强社区服务设施建设、健全社区服务网络等方面"可实操、可推广、可复制"的创新社会治理特色品牌，让"人民愿景"变为"社区创新场景"，全方位、多维

序号	街道	项目名称	类别
1	川北	15分钟生活服务圈规划	15分钟社区生活圈规划
2		四川北路北段-甜爱路-环宝华改造项目	城市微更新
3		长春路鲁迅主题街角口袋公园	城市微更新
4	欧阳	15分钟生活服务圈规划	15分钟社区生活圈规划
5		打造天宝西路"幸福Plus"公共空间暨市民驿站提升工程	市民驿站提升
6		智慧物管家及"五位一体""物业+"养老服务	美丽家园+
7		天宝西路祥德路"全龄化"康养街区共同体	城市微更新
8	嘉兴	15分钟生活服务圈规划	15分钟社区生活圈规划
9		环瑞虹美好嘉园——居委会沉浸式办公，打造多类型社区会客厅	居委会标准化建设
10		环瑞虹美好嘉园——第一市民驿站功能提升	市民驿站提升
11		环瑞虹美好嘉园——儿童友好型社区建设	友好型社区创建
12	曲阳	15分钟生活服务圈规划	15分钟社区生活圈规划
13		优化曲苑示范公共空间 打造曲阳"高兴之路"	城市微更新
14		数字化治理社区应用——"数治社区"建设	数字化转型
15	北外滩	15分钟生活服务圈规划	15分钟社区生活圈规划
16		河滨大楼会客厅提升项目	会客厅
17		三铭小区微更新	美丽家园+
18		数字化生活场景应用——数字驿站体验馆	数字化转型
19	广中	15分钟生活服务圈规划	15分钟社区生活圈规划
20		灵ស小区美丽家园特色品牌打造项目	美丽家园+
21		新同心路五卅运动红色美丽街区特色品牌打造	城市微更新
22	凉城	15分钟生活服务圈规划	15分钟社区生活圈规划
23		聚焦原居安养，探索智慧凉方	数字化转型
24		数字化赋能、沉浸式办公	居委会标准化建设
25		打造精品低碳社区，畅享绿色健康生活	美丽家园+
26	江湾	15分钟生活服务圈规划	15分钟社区生活圈规划
27		彩虹湾智慧养老服务综合体建设方案	数字化转型
28		彩虹湾社区会客厅	会客厅
29		彩虹湾全龄友好型社区	友好型社区创建
30		虹湾路美好生活营——双拥会客厅	会客厅

"虹馨工程"首批项目表

度打通惠民利民"最后一公里"。

首轮"虹馨工程"以全区各街道推进"15分钟社区生活圈"规划制定为契机，谋划推进一批"道路+""公园+""生活圈+"工程。统筹考虑生态业态、风格风貌、家具小品，全方位打造"一街一景"，精心打造"15分钟社区生活圈"，建设功能更加完善的服务综合体，营造品质更高的人居环境，开展人气更旺的文化活动。首批推出的8类30个项目涵盖"15分钟社区生活圈、友好型社区创建、社区会客厅建设、居委会标准化建设、美丽家园+、市民驿站提升、数字化转型、城市微更新"等诸多领域，各个街道均有项目覆盖。在项目申报、遴选、立项环节，就坚持把人民群众对美好生活的向往作为目标，聚焦建设一批让老百姓认可的品牌项目，一切以提升群众获得感、幸福感、安全感为考量。

"虹馨工程"充分激发每一个街道的创新活力，让街道充分挖潜，梳理统筹整合好各项资源，尊重每一个街道的资源禀赋，把最好的资源留给老百姓，打造更多城市新空间，更好地承载服务供给、关系共建、治理优化、人文滋养等功能，为老建筑赋予新功能，让老城区焕发新活力。北外滩街道发布的河滨大楼会客厅项目，就是以最美江景会客厅的标准去打造的，传承发扬虹口"文化三地"品牌，并以系列"会客厅"为载体，研究未来社区协同治理的新机制；而以江湾镇街道"彩虹湾15分钟社区生活圈"项目为代表的一批"生活圈+"工程，一方面与时俱进拓展现有的服务综合体功能，另一方面对标老年友好、儿童友好社区建设标准，打造一批更高品质的民心工程，让美好生活唾手可得。

政社协同搭平台，激发社区治理新活力。为将"虹馨工程"打造成创新社会治理的"品牌工程"，服务群众、改善民生的"民心工程"，虹口区在总结梳理自身优势资源基础上，以海纳百川的胸襟，吸引全市的优质社会组织参与"虹馨工程"项目建设，为他们提供施展才华的舞台，依托社会组织专业化、规范化、社会化的服务为社区治理赋能，同时，发挥好相关领域专家和专业团队的作用，吸引一批全市有影响力的规划师、营造师参与城市更新和公共空间改造。通过"虹馨工程"项目的推进，街道、居委会与社会组织、专业力量间将形成优势互补、互利共赢的良好局面，多元主体参与社区治理的基层社会治理新格局将愈发显现活力。推出首批"虹馨工程"品牌项目，是对推动高质量发展、创造高品质生活、实现高效能治理的回应，更是对人民群众对美好生活向往的回应。"虹馨工程"的建设和推进，更好地加强了"三社联动"，更好地为基层赋能，更好地践行了全过程人民民主，更好地形成了共建共治共享共赢的基层社会治理新格局。未来，虹口区将以"虹馨工程"品牌项目发布为契机，继续打造自身品牌亮点特色，做优做强民生服务，对标先进谋发展、心无旁骛再出发，在践行"人民城市"重要理念、完善城市治理体系和治理能力现代化等实践中，作出更加卓越的贡献。

链接一：

制定《中共虹口区委关于以习近平总书记考察上海重要讲话精神为指引，全面贯彻落实党的十九届四中全会精神，提升城区治理现代化水平的实施意见》

2019 年 12 月 26 日，中国共产党上海市虹口区第十届委员会第十次全体会议召开。全会审议通过《中共虹口区委关于以习近平总书记考察上海重要讲话精神为指引，全面贯彻落实党的十九届四中全会精神，提升城区治理现代化水平的实施意见》。

全会指出，习近平总书记连续三年亲临上海，连续两年听取上海工作汇报并发表重要讲话，为新时代上海改革发展指明了前进方向，也为我们贯彻落实党的十九届四中全会精神提供了根本遵循。要把习近平总书记重要讲话精神作为虹口一切工作的根本遵循和行动指南，全面贯彻落实党的十九届四中全会精神，按照中央和市委部署要求，立足区域实际，把握城市治理的基本规律，努力在推进城区治理现代化上闯出新路、走在前列。

全会指出，要牢记城市是人民的城市，以城市发展、民生改善的生动实践回应人民对美好生活的向往，积极地畅通渠道、扩大参与，让政府有形之手、市场无形之手和群众勤劳之手携手联动，汇聚起共建共治共享

2019年12月26日，中国共产党上海市虹口区第十届委员会第十次全体会议召开。全会审议通过《中共虹口区委关于以习近平总书记考察上海重要讲话精神为指引，全面贯彻落实党的十九届四中全会精神，提升城区治理现代化水平的实施意见》

美好城市的磅礴力量。让先进的科技应用成为城市智慧的最大源泉，以政务服务"一网通办"、城区运行"一网统管"两张网建设纵深推进智能化运用，让城市运行更高效、解决问题更及时。强化系统思维、整体思维、底线思维，统筹推进、协调联动，在空间上优化布局、在风貌上彰显特色、在功能上聚集优势、在环境上更加优美。把抓基层、打基础、强基本放在更加突出的位置，把治理触角延伸到离群众最近的地方，打通城市治理"最后一公里"。坚决破除一切阻碍发展的陈旧观念和体制机制束缚，鼓励基层大胆探索、大胆创新，把探索出来的好经验、好做法及时上升为管长远的制度和法规，切实走出一条符合虹口特点和规律的城区治理新路子。

链接二：

"虹口区社会治理十大创新项目"诞生

为深入学习贯彻落实习近平总书记考察上海时的重要讲话精神，落实市委创新社会治理、加强基层建设工作要求，深入推进"一个街道一面旗

"虹口区社会治理十大创新项目"评审

帜"活动，2019 年 7 月起，在各相关部门、街道和单位的广泛发动和积极参与下，"虹口区社会治理十大创新项目"评选活动顺利开展，一大批成效显著、社会影响广、群众认可度高的项目案例涌现出来。经过层层选拔，最终有 15 个项目入围 2019 年 11 月 8 日的现场评审。活动现场，15 个团队的创新项目一一登台进行交流，围绕全岗通、市民驿站、垃圾分类等项目，展示本区创新社会治理工作取得的最新成果。最终，来自区民政局的"居委会'全岗通'"项目，摘得了本次评审活动的第一名，"虹口区社会治理十大创新项目"也随之揭晓。

这十大创新项目是：区民政局《居委会"全岗通"》《"家门口"服务站，让群众更有获得感》，江湾镇街道《93 级台阶——既有多层住宅加装电梯项目》，区房管局、欧阳路街道《"小小区"合并综合治理》，嘉兴路街道《牢记嘱托　紧跟时尚　创新机制　做好分类——垃圾分类工作项目》，凉城新村街道《"三委联动 +"和"业委会执行秘书"探索和实践》，欧阳路街道《家园党建提升社区治理成效》，区运管中心、广中路街道《虹口区社区综合执法探索实践》，区规划资源局《虹口区社区规划及社区规划师制度》，北外滩街道《以五"新"党建 + 品牌，共筑活力白玉兰党建服务站》。

链接三：

虹口区一街一品"虹馨工程"又"上新"啦！

按照"谱写高质量发展、高品质生活、高效能治理新篇章"的要求，2023年，虹口区一街一品"虹馨工程"品牌项目以创新社区治理为目标，聚焦群众关切，围绕"15分钟社区生活圈规划试点""会客厅建设""美好社区建设""数字化治理""友好型社区创建""市民驿站提升""居委会标准化建设"七大类工作，在全区共推出18项一街一品"虹馨工程"品牌项目。

美好社区系列：美丽街区建设，深耕红色资源，展现城市人文风貌，弘扬城市精神品格，通过街区打造特色城市家具、艺术小品、公共空间。美丽小区建设，坚持以居民群众需求为导向，着力提升物业服务能级，补齐老旧小区治理短板等。

会客厅系列：根据市第十二次党代会精神，"把最好的资源留给人民，用优质的供给服务人民"，进一步挖掘公共空间，例如小区活动室、民防地下空间等，结合城市更新、空间重构，彰显都市独特风范，打造人文魅力城区，着力创造高品质生活，继续推出会客厅系列。

市民驿站提升：牢记习近平总书记殷切嘱托，与时俱进拓展市民驿

街道	项目名称	类别
川北	环中共四大会址"15分钟生活圈"项目	15分钟社区生活圈规划试点
	书香会客厅（内山书店旧址项目）	会客厅系列
欧阳	打造天宝路西塘德路"全龄化"康养街区共同体	15分钟社区生活圈规划试点
	模范居委"欧邑小站"+邻里会客厅功能提升项目	会客厅系列
	蒋家桥居委"物业+养老"项目（二期）	美好社区系列
嘉兴	"环瑞虹治理品牌"项目	美好社区系列
	儿童友好型社区建设	友好型社区创建
曲阳	寿昌路319号民防地下青创、体育、服务空间打造	15分钟社区生活圈规划试点
	曲阳路街道居委会"下楼工程"	居委会标准化建设
北外滩	河滨会客厅提升	会客厅系列
	综合为老服务中心智慧康养项目	友好型社区创建
广中	天潼庵路居委会"城市会客厅"项目	会客厅系列
	广中路街道北片区社区服务中心功能提升	15分钟社区生活圈规划试点
凉城	聚焦原院安养 打造全景式养老服务场景	市民驿站提升
	绿动凉城	美好社区系列
江湾	场中路凉城路交叉口口袋公园	美好社区系列
	虹湾路沿线综合改造提升设计工程	美好社区系列
各街道	社区大脑	数字化治理

虹口区 2023 年创新社区治理一街一品"虹馨工程"品牌项目

站功能，围绕市民驿站功能升级、数字赋能、服务提升等方面，通过深化"两张网"建设提升市民驿站服务管理能级。

15分钟社区生活圈规划试点：由区规划资源局牵头各街道，对接规划设计单位，对各街道"15分钟社区生活圈"进行整体规划，列出落地项目，作为专项专题逐年推进实施。

居委会标准化建设：按照软硬件并举的思路，通过加强居委会基层干部专业能力建设和居委会服务设施建设，推进居委会标准化建设上新的台阶。具体围绕居委会软硬件建设、社区工作者队伍建设、探索数字赋能工作管理机制、居委会沉浸式办公等方面展开。

友好型社区创建：围绕国家、市级试点示范工作，创建各类友好型城（社）区、示范基地、示范社区（街道）等，开展社会治理创新试点工作。

数字化治理：在确保数据和个人信息安全的基础上，持续推进数字生活服务、数字治理等智能化场景建设，以治理数字化牵引治理现代化。

青年"三进"提出社区治理"年轻方案"

旧小区多、人口密度大、老龄化程度高……虹口不少住宅小区普遍存在着物业服务质价不符、业委会运转不畅、社会工作力量年龄结构老化等问题。作为县域改革的有力探索，自 2019 年年底开始，虹口团区委紧紧依靠党建引领，打造以青年"三进"（进物业、进业委会、进小区）为代表的工作品牌，激发青年活力、凝聚青年才智，引导广大青年坚定不移"往社区走"，探索青年参与基层社区治理新路径。

青年"三进"启动以来，社区里的青年身影多了起来，他们始终以居民、社区的实际需求为导向，聚焦重点、难点、痛点问题，助力打开社区工作新局面，在各个街道呈现出"一街一品"的鲜明特征：广灵二路 230 弄小区飞线充电严重，存在安全隐患。凉城新村街道广灵二居民区"三进"青年协调小组成员，多次实地考察、听取民意，召开各方联席会议，协调选取弄内一块废弃角落，由物业清理杂物，由相关单位出资安装停车棚和充电站，问题得到了迅速解决。江湾镇街道推进老旧房屋加装电梯工作中，青年人成了加装电梯的主力军。由青年居委干部、青年业主、青年物业骨干组成的青年突击队，在居民区老书记的带教下，动员居民群众，讲解有关政策，服务

青年进业委会，小年轻提出社区治理新思路

居民，助力"整小区""整居委"加装电梯，实现加装工作"全生命周期管理"。"5+2"、"白＋黑"、电话打到发烫、扫楼磨破脚……已经成为许多青年人的切实体验。

2021年，由区委组织部、区机关党工委、团区委、区房管局联合制定并颁布了《关于进一步加强青年"三进"工作的实施方案》，这既是一份机制性文件，更是一份实操指南，帮助各部门、街道，在继续深入推进青年"三进"工作中，找准"路子"、踩准"拍子"。通过工作统筹制度化、青年动员组织化、资源链接社会化、专业服务市场化、实践落地项目化，不断汇聚青年力量助力社会治理创新。工作统筹制度化是指形成了《关于进一步加强青年"三进"工作的实施方案》，推出11项举措，进一步细化责任分工和工作路径，为基层实践提供"操作指南"。目前青年"三进"已经被纳入虹口党建引领社区治理的总体框架，形成由区委组织部把关定向，团区委牵头推进，区机关党工委、区房管局、各街道协同发力的联动格局。青年动员组织化是指通过党建引领，依托党团组织体系，广泛动员区域相关部门单位，让机关、事业、国企青年下沉社区发挥自身优势，增强基层工作力量。目前青年"三进"已经纳入基层党建述职评议专项考核内容、区属团组织年度考核、物业服务企业达标考核奖励。资源链接社会化是指广泛吸收社会个体、青年社会组织等社会各方面力量，架起社区与社会资源的桥梁，形成多元参与的共治生态。目前青年"三进"已经打造"青年'三进'建功联盟""青年议事会""青年顾问团""青年联谊会"等青年组织形态，开展合作交流，共享资源力量。专业服务市场化是指通过公益引领和市场运作的方式，吸纳更多青年专业人才参与社区治理，进一步提升治理效能。实践落地项目化是指青年参与社区治理工作主要通过项目化的方式来具体推进落实。"三进"青年在社区中解顽疾、优环境、办实事，常态化参与加装电梯、小小区合并、美丽家园建设、小区停车棚改造、疫苗接种、疫情防控等工作。

青年最富创造力，熟悉新理念、新思想，是数字化时代的"土著"，能给社区带来新活力。自发起青年"三进"品牌项目以来，经过三年时间的探索实践，虹口青年业委会委员、物业青年骨干人数都实现了翻倍增长；

"三进"青年用情景剧、主题演讲等方式，向现场观众亮出了青年"三进"工作的阶段性"成绩单"

虹口1700余名机关青年干部，复旦大学、上海大学等8所重点高校优秀大学生纷纷下沉社区，协助参与社区事务。在"我为群众办实事"实践活动中，累计参与解决社区问题逾2000件。青年"三进"让"三驾马车"之间的联动更紧密了，居民群众的烦心事儿有了新的解决方案，老旧小区也有了新的模样。在疫情防控"大上海保卫战"中，"三进"青年活跃在疫情防控的最前线，全区近200余名物业青年骨干、青年业委会成员，310支青年突击队，6800余名青年志愿者扎根社区，共同筑牢社区防疫的坚固屏障，为守护家园贡献青春力量。作为第二批全国县域共青团基层组织改革试点区，虹口团区委依靠党建引领，积极开展以青年"三进"（进物业、进业委会、进小区）为代表的青年参与社区治理的实践探索，形成的主要经验、相关成果得到了团市委和团中央的充分认可。《上海虹口区：青年"三进"提出社区治理"年轻方案"》作为全国县域共青团基层组织改革的第10个优秀案例，先后在"中国青年报"App和"共青团新闻联播"微信公众平台展示，有关经验做法在全团范围进行宣传推广。

党旗所指就是团旗所向，虹口共青团将贯彻落实党的二十大精神，继续以深化青年"三进"品牌为引擎，推动"新时代城市社区共青团和青年工作创新试点工作"在基层落实落细，努力走出一条"示范路"，打造虹口样板点，团结带领广大青年，在社区治理的火热实践中积极作为，围绕虹口高质量发展高品质生活高效能治理和"文化三地"建设，助力打造魅力城区、创新城区、文明城区、品质城区、善治城区，贡献青春力量！

链接一：

落实群团改革，扎根基层，服务一线

2014 年底，中共中央印发《关于加强和改进群团工作的意见》。2015 年 7 月，历史上首次召开群团工作会议，习近平总书记对群团工作作出重要指示，要求群团组织去除"机关化、行政化、贵族化、娱乐化"。2016 年起，虹口区工青妇等群团组织，在"四个全面"战略布局的大背景下，紧紧围绕保持和增强群团组织政治性、先进性、群众性的总体要求，深化改革进程，坚决发声，在区委、区政府的正确领导下，坚持问题导向，增强改革的思想自觉和行动自觉，确保改革试点扎实推进、取得实效。

不断提升群众获得感。群团改革后，虹口工、青、妇致力于在街道、网格片区、园区、楼宇、重大项目工地等处，建立广覆盖的群团基层服务站（点），打造"1+8+38+X"的群团基层服务网络体系："1"：位于柳营路 35 号的虹口区群团工作服务站；"8"：8 个街道基层群团工作服务站，各街道依托党建服务中心的资源和功能，推进基层群团服务站的建立；"38"：街道网格化片区基层群团服务点；"X"：园区、楼宇、重大项目工地的基层群团服务站。各基层群团服务站（点）建成后，结合本区群团社工队伍建设，努力探索统一服务内容、服务标准、考核要求的工作体系。着力发挥联系服务职能，积极探索开展教育培训、维权服务、咨询援助、全天候接待等工作。

坚持以群众关切为导向，以群团公益项目为突破口，结合当下社会的热点、焦点，让改革实惠群众、服务群众。采购群团公益服务项目。加快群团工作力量专业化和资源整合社会化步伐，落实群团公益项目采购专项资金，内容涉及法律维权、亲子、创业、环保等。通过社团培育、政府购买等方式，深化与各类专业性的社会组织合作，拓宽资源汇聚渠道，注重强化向市场、社会筹集资源的能力，从而更好地适应群众流动和分布变化，满足群众需求。

加强基层阵地建设。坚持以问题为导向，以双网阵地建设为中心抓手，提升群团服务覆盖广度、深度，让改革成果有生根发芽的沃土。升级打造虹口青年微生活。推动"互联网＋共青团"深度融合，打造以文化产品、渠道推广、宣传网络、评价机制为重点的"四位一体"组织形象营销系统。构建以网上共青团、电子团务、媒体宣传、青春上海 act+ 服务平台为核心的"一网三微"全媒体宣传平台，实现团青充分互动，线上线下一体的运行模式。深入开展"有困难找工会"工作。在区职工援助服务中心开设"有困难找工会"接待窗口，开通咨询服务电话 25658856，与基层工会形成联动服务模式。通过律师坐堂、与区劳动仲裁院联动、提供法律援助、为职工指明维权通道等方式提供帮助。着力抓好 25 人以上企业单独建会，破解体制外、非正规就业等建会入会瓶颈难题，通过加强行业、楼宇、园区工会组建力度，进一步织密工会基层网络。建设掌上妇联。革新自上而下的传统模式，充分运用网络和新媒体拉近与群众的"最后一公里"，建设"互联网＋妇联"工作新格局。

"反家暴彩虹联盟"让爱无伤痕

党的十八大以来，虹口区创新开展反家庭暴力和婚姻家庭纠纷预防化解试点工作，积极探索构建婚姻家庭纠纷预防化解工作的新路径，促进家庭和谐、社会稳定，有效地发挥了群团组织在基层社会治理中的作用。

构建反家暴联动体系。《中华人民共和国反家庭暴力法》2016 年 3 月 1 日实施后，虹口区依托区妇女法律援助中心、街道妇女维权服务站、居民区妇女维权服务接待点三级联动开展妇女维权服务。于 2017 年成立了由区妇联、公安分局、法院、民政局、卫计委、司法局、教育局七部门组成的反家暴彩虹联盟，制定了《虹口区反家暴工作职责分工及联动机制的实施办法》，共同防范和处理家庭暴力。依靠区公安分局，分层建立区、街道和居民区各级妇联与公安分局治安支队，街道派出所法制员，社区民警三级联络机制。申请人遭受家暴后求助于街道妇联，妇联指导其向派出所申请开具家暴告诫书。虹口区人民法院特别开通了人身安全保护令绿色通道，为涉家暴案件的妇女儿童受害人提供法律咨询、援助、立案审理等一站式涉诉维权服务，每件案件从立案到审判、审结不超过48小时；建立人身安全保护令裁定通报制度，每份保护令法院均送达妇联和社区，由妇联回访调查。建立了"虹口区反家庭暴力庇护救助中心""虹口区彩虹联盟反家暴受理点""虹口区法律服务巾帼志愿者"等一批品牌项目。启动反家暴援助行动"爱无伤痕"项目。2017年，区妇联公布虹口区历史上首部《反家庭暴力白皮书》。这也是《中华人民共和国反家庭暴力法》实施以来，上海市中心城区公布的首份《反家庭暴力白皮书》。2018年，虹口区妇联与复旦大学人口与发展政策研究中心、心理咨询专业机构成立"家庭暴力干预及评估指标体系研究"课题组，研究开发出具有上海本土文化和社会特征、符合虹口反家暴工作实际的家庭暴力评估量表。2019年，发布了全国首份分别针对受害人、施暴者的家庭暴力评估量表，为受害人、施暴者的疗愈、矫正提供了精准干预的依据。

建立"四色灯"预警家庭纠纷。2021年，首家"婚姻家庭纠纷预防化解示范点"在虹口设立，虹口区妇联以曲阳路街道为示范点，率先成立全市首家社区级家事关护工作站，积极探索婚姻家庭矛盾"四色信号灯"预警转化机制，将婚姻家庭矛盾的排摸排查和分层分类指导做实做细。虹口区妇联会同公安、法院、司法等部门，梳理出"红、橙、黄、绿"信号灯所对应的不同家庭矛盾类型，绘制出四色灯预警转换图，通过区、街道两级妇联及时排摸社区情况、主动跨前分类指导、专业力量下沉社区、有效调解跟踪回访等举措，逐渐形成婚姻家庭纠纷矛盾预防化解的良性机制。

虹口区《反家庭暴力白皮书》

链接三：

全市首个群团工作服务站亮相虹口

2016 年 5 月 3 日，作为群团改革的重要举措之一，位于上海柳营路 35 号的虹口区群团工作服务站正式投入使用，这也是全市首家投入使用的群团工作服务站。

区群团工作服务站是栋 3 层的小楼，原为虹口公益创新园。在成为群团工作服务站后，一些新功能也随之面世。服务站的启用，意味着虹口群团工作进入新阶段。区总工会、团委和妇联采取组团服务的方式，深入社区、贴近群众，为社区居民打造 1 公里服务圈。服务站里每天都会有专人值班，由区总工会、团委和妇联各安排一名专职社工，为群众提供关于工、青、妇相关方面的咨询和服务。

新启用的工作服务站也在第一时间迎来了第一批接受服务的社区居民。当天，随着服务站正式启用，由团区委牵头，联合工会、妇联共同举办的为期一个月的"54321，我们来行动"青年主题服务月活动也同时拉开帷幕，陆续为居民提供 54 项服务和活动，并开展延时、错时服务。

第一天提供的服务中，眼镜维修清洗、儿童康复咨询、道路交通安全

位于上海柳营路 35 号的虹口区群团工作服务站，是上海市首家投入使用的群团工作服务站

宣传、食品安全宣传和编织服务等一系列的志愿服务内容，让现场的市民们受益颇多。其中，免费眼镜维修清洗的摊位前，吸引了不少市民前来咨询眼镜的日常使用注意事项。而编织服务摊位里，志愿者们熟练的编织手法，也让不少社区居民前来讨教经验……一旁醒目的29天服务清单上，人民币防伪、3—6岁家教咨询、海淘咨询等好多符合居民需求的实用志愿服务，让大家感受到了群团组织就在自己身边，这样的方式，也使群团工作真正走进社区、园区，融入基层治理工作中，让群团组织真正成为群众想得起、找得到、靠得住的力量。

虹口区已逐步建立区、街道乃至网格片区的三级群团服务站，通过发挥群团组织的各自优势，实现工作方式上的转变、服务群众上的融合，使得群团的资源和力量真正下沉到基层。

千里帮扶动真情　沪滇合作结硕果

　　20世纪90年代，国家作出东西部省市对口帮扶的重大战略决策，中央确定上海与云南开展对口帮扶合作。虹口区积极响应党中央、国务院号召，按照上海市委、市政府的统一部署和要求，1996年9月开始与云南省文山壮族苗族自治州富宁县、西畴县建立对口帮扶协作关系。20多年来，虹口区紧紧围绕"民生为本、产业为重、规划为先、人才为要"的帮扶原则，坚持"输血"与"造血"相结合、帮扶与合作相结合、政府主导与社会参与相结合，动真情、扶真贫，在人力、物力、财力和技术等多方面开展对口帮扶工作，累计投入各类帮扶资金1.65亿元，极大地促进了文山壮族苗族自治州及对口两县的经济、社会等各项事业的发展和进步。

　　领导重视。虹口区历届区委、区政府，以对党、对国家、对人民高度负责的精神，非常重视对口援滇工作，讲政治、讲大局、讲奉献，把对口

虹口区开设的富宁县消费扶贫超市

支援工作作为事关民族团结进步和维护边疆稳定、促进东西部协调发展的重要内容来抓，专门成立对口支援工作领导小组，建立联席会议制度，明确责任分工，确保对口支援工作全面有序推进。与两地建立了良好持久的互访制度，先后派出区党政代表团共 20 批 883 人次赴当地考察落实帮扶项目以及慰问援滇干部、支教老师和医生。

项目援滇。聚焦当地群众的基本需求，虹口区在安居工程、修建道路、通电工程、危房改造、人畜饮水、沼气池建设等方面全方位地开展对口帮扶，累计投入市区统筹资金近 1.2 亿元，开展温饱示范村、白玉兰示范村、整村推进项目、新纲要示范村等项目 296 个，铺设进村入户道路近 400 公里，改造修缮房屋 3615 户，建设沼气池 5753 口，水窖 1513 个，直接惠及当地群众近 7 万人。援建项目帮助改善了当地贫困人口基本生产生活条件，取得了显著的成效，有力地推动了对口两县的经济和社会发展。

产业援滇。立足"输血"与"造血"相结合，因地制宜，扶持对口地区发展特色优势产业，建设了一批农业示范区和特色产业项目，先后扶持发展三七中草药、猕猴桃、杨梅、网箱养鱼等一系列特色产业项目 22 个，种植面积 25130 亩，养殖牲畜近万头，并为两县 3.5 万人次提供农村小额信贷 811 万元。此外，还通过来沪就业和就地择业等形式，不断提高当地群众收入，改善他们的生活条件，提升当地发展水平，增强可持续发展动力。

智力援滇。注重做好智力帮扶工作，按照"人才为要"的指导思想，坚持"请进来"与"走出去"相结合，积极开展对口地区人力资源培训工作，采取赴当地讲学、来沪办班、挂职锻炼等多种形式，组织各类专家团 9 批 42 人次赴当地讲学，安排 23 批 212 人次的党政干部来沪挂职，组织 20 批 806 人次当地干部和专业人员来沪培训，使当地干部进一步开阔了视野、掌握了技能、提高了本领，为当地的长远发展提供人才技术支撑。

教育援滇。"百年大计，教育为本"，长期以来，虹口区始终坚持"扶贫先扶智"的理念，注重对口地区长远发展，以完善提升对口地区的基本教育为着力点，累计派出支教教师 12 批 71 人次，为当地培训各类师资 2112 人次，建造、修缮希望学校 52 所，成人技校 2 所，捐赠书籍近万册、

2020 年 10 月 17 日，第三届上海对口帮扶地区特色农产品展销会（虹口专场）在鲁迅公园开幕

衣物数万件，受益学生 21400 余人，极大地改善了当地的教育条件，提升了对口两县教育发展水平。

卫生援滇。重视对口地区基本医疗条件的改善，累计援建妇幼保健院 1 所、卫生院 3 所、卫生室 79 个，帮助完善医疗硬件设施和设备，健全了对口两县的县、乡卫生医疗服务网络。同时做好医疗人才技术支撑培育，组织培训当地医务工作者 2000 余人次，派出 16 批 56 人次医疗卫生人员赴云南支医，使当地 30 万群众受益，为云南医疗卫生事业发展作出了重要的贡献。

文化援滇。虹口区将非物质文化遗产的保护、传承与发展作为援滇工作的重要内容来抓，促使当地民族文化发展后劲和"造血"功能得到明显提升，共捐赠近 200 万元，与当地共同打造了西畴县上果村女子太阳节和富宁县坡芽歌书文化旅游等项目，为当地民族文化的发展传播插上了高飞的翅膀。

精准扶贫。坚持政府主导与社会参与相结合，通过不断加大宣传力度，积极引导区内相关单位、企业、社会团体和个人参与到对口支援工作中来。20 多年来，累计引导社会力量无偿捐助达 4501.8 万元，开展了各类援滇项目 211 个。使得文山人民能与上海人民一道共享改革开放的成果。按照习近平总书记提出的对口支援工作贵在精准、重在精准的要求，虹口区对口支援工作，始终瞄准山瑶族、因战致残人员等少数民族和特困群体，开展帮扶。整合各方力量，为山瑶族开展那岗村整村搬迁项目、为山瑶族学生开展温暖、饮水、住宿、营养、爱心书包"五个一"工程，为 9000 余名山瑶族学生改善了生活和学习条件。针对文山壮族苗族自治州特困人群，为5000余名因战致残人员开展假肢安装维修项目，鼓励受害者树立自信、自尊，自食其力，融入社会。

链接一：

以"西畴精神"激发干事创业激情

云南省文山壮族苗族自治州西畴县，是全国石漠化程度最严重的地区之一，全县1506平方千米中有99.9%是山区，石漠化率达到75.4%，曾被联合国教科文组织称为"基本失去人类生存条件的地方"。面对极端恶劣的自然环境，当地各族人民不悲观、不埋怨、不低头，以改天换地精神凿崖修路、移石造地、植树造林、培植产业，闯出了一条符合石漠化地区发展实际的脱贫攻坚新路子。20多年来，该县人均耕地面积增加0.4亩以上，建设公路3000多千米，全县公路密度达到云南省平均公路密度的3倍以上，森林覆盖率从25.24%提高到53.3%，把一个个"口袋村"变成了生态村、文明村、富裕村。

虹口区从1996年起，与西畴县结对帮扶，先后选派了10批援滇干部，帮助西畴县在基础设施、产业合作等方面取得了实效，并先后投入数亿元，帮助培育发展了甘蔗、烤烟、商品蔬菜、乌骨鸡、生猪、猕猴桃、柑橘、中药材等高原特色农业。近年来，虹口区国有企业投入专项经费援助结对贫困村，相关部门组织社会企业，每年向贫困村投入一定的援助资金和帮扶项目。2012年以来，西畴县治理石漠化140.2平方千米，实施封山育林12.62万亩，人工造林3.35万亩，建成沼气池4.36万口。昔日的乱石旮旯变成了宜居、宜游、宜业的"喀斯特绿洲"。

2019年5月8日，中共虹口区委举办局、处两级中心组集中学习"西畴精神"报告会。来自虹口对口扶贫帮困的云南省文山壮族苗族自治州西畴县"西畴精神"宣讲报告团讲述了西畴人民与石漠抗争、向贫困宣战的感人故事和生动案例，再现了西畴人民铸就以"等不是办法，干才有希望"

为内核的"西畴精神"的生动场景。西畴人民坚定执着的理想信念、爱国爱乡的家国情怀、自强不息的精神品质、勤劳实干的实践品质、敢为人先的担当精神、艰苦奋斗的拼搏精神、不忘初心的人民情怀感动了在场的每一位观众。

学习会在干部群众中引起了强烈反响。根据区委要求，区委宣传部印发《关于迅速掀起学习"西畴精神"热潮的通知》(以下简称《通知》)，要求各部门、各街道、各单位要迅速掀起学习"西畴精神"的热潮。全区干部群众，特别是各级领导干部，认真学习领会"西畴精神"，把学习成果体现到干事创业的具体行动上、推动工作的实际举措上、实实在在的发展成效上，抓落实，谋发展，促改革，推动中央、市委各项决策部署在虹口落地生根，为虹口实现高质量发展、创造高品质生活作出新的更大贡献。

《通知》指出，要认真学习领会"西畴精神"的内涵。西畴各族人民不等不靠、苦干实干、自强不息，在艰难困苦中奋起，创造了敢教石漠变绿洲的奇迹，做成了许多看似不可能做成的事，铸就了以"等不是办法，干才有希望"为核心要义的"西畴精神"，促使生态环境保护、人居环境提升、脱贫攻坚、民族团结进步等工作全面发展。"西畴精神"的成功探索实践，为新时代脱贫攻坚提供了可学习借鉴的经验，树起了可观、可比、可学的成功典范。"西畴精神"的内涵主要包括四个方面：第一，"西畴精神"体现了奋斗精神。奋斗是"西畴精神"最鲜明的本质。西畴人民在长期的发展中用行

新时代非凡十年的虹口答卷

动诠释一个道理：偷懒懈怠、抱怨气馁、得过且过，改变不了贫困面貌，只有不怕吃苦、不怕困难、不懈奋斗，才能过上幸福美好生活。这与习近平总书记提出的"幸福生活是靠奋斗出来的""撸起袖子加油干"等理念是融会贯通的，与新时代的奋斗主旋律是完全一致的。第二，"西畴精神"体现了自强精神。"西畴精神"的形成、传承、实践和弘扬，是西畴人民不甘贫穷、不甘落后、自强不息的发展历程。一直以来，西畴人民始终以主人翁姿态，不等不靠不懈怠、苦干实干加油干，把极其艰难的生存环境变成了生态宜居的家园，走上了一条可持续的发展道路。脱贫致富不能完全依赖于外界的帮助，等靠要换不来全面小康，好日子靠自身勤劳。只有贫困群众的积极性、创造性充分调动起来、内生动力不断增强，脱贫才有希望，发展才可持续。第三，"西畴精神"体现了实干精神。幸福不会从天而降，美好生活全靠劳动创造。"西畴精神"是一种不等不靠、苦干实干的精神，强调干才有希望，干才有出路。"西畴精神"将"苦熬"转变为"苦干"，将"坐等受穷"转变为"实干致富"，就是以"实"字当头、"干"字为先，不驰于空想、不骛于虚声，不宣扬、不声张，一步一个脚印，踏踏实实做事，把思路和想法落实到行动上，转化为实实在在的成效。第四，"西畴精神"体现了创新精神。"西畴精神"不是不顾实际的盲目瞎干，而是与时俱进、不断创新。西畴人民穷则思变，大胆探索，敢为人先，从炸石造地转向综合整治、植树造林，从修路保通转向路面硬化、提档升级，从传统耕作转向学科技、用科技，符合时代发展要求。他们坚持一切从实际出发，认真吃透中央决策部署，发扬创新精神，细化措施、精准发力，因人、因地、因贫综合施策，多角度、多领域探索扶贫模式，用改革创新的办法促进脱贫，帮助贫困地区和贫困群众短期可脱贫、长远能致富、同步奔小康，做到了全面小康路上不让任何一个兄弟民族、不让任何一个人掉队。

坚持学以致用，在实干中推动虹口高质量发展。要深入贯彻市委"四个要"工作要求，即要创造"再起宏图"的传奇、要创造"颠覆超越"的传奇、要创造"脱胎换骨"的传奇、要创造"精细极致"的传奇，通过学习"西畴精神"，进一步凝聚起虹口高质量发展的精神动力。

干事创业要充满激情，始终保持昂扬向上的精神状态。虹口要落实好习近平总书记的殷殷嘱托，要开创改革发展新局面，关键取决于全区干部群众的境界格局和精神状态、能力本领和担当作为。全区干部群众要从西畴精神中汲取力量，要有一股子舍我其谁、干事创业的冲劲、韧劲、闯劲，以永不懈怠的精神状态和一往无前的奋斗姿态，投身事业、冲锋在前、奋力打拼、锲而不舍、久久为功，努力闯出一片虹口发展的新天地、干出一番新事业。

面对困难要富于创造，积极主动求新求特求鲜求解。要坚信办法总比困难多，深入学习西畴人民从无到有的创新精神。当前，面对应对经济下行压力、旧区改造、社会养老、深化社会治理创新、垃圾分类等现实课题，必须以创新的思维、扎实的举措，才能推动各项工作做实做好。全区各部门、各街道、各单位要结合实际，注重挖掘潜在资源，提升现有优势自治，不断打造无中生有、借势发力、点石成金的新亮点。要注重吸引一批顶尖高手、国际玩家，推出一批首创性改革举措。要努力让创新活力竞相迸发、创造源泉充分涌流，推动形成精彩纷呈、亮点迭出、蓬勃发展的崭新局面。

迎接挑战要勇于担当，全力以赴推动老城区焕发青春。一代人有一代人的使命，新时代的西畴干部群众，用"西畴精神"走出了一条脱贫致富的康庄大道，改写了他们世世代代的命运。通过持续推进文明城区创建、城市精细化管理、老旧小区治理等难点工作和瓶颈问题，推动虹口老城区焕发青春，是这一代虹口人的使命和责任，也是党和人民的重托。全区各级领导干部要把敢担当、敢负责、敢碰硬作为基本要求，坚持"干"字当头、挂图作战，以踏石留印、抓铁有痕的韧劲，持之以恒地推动工作件件能落实、事事有成效。

链接二：

对口帮扶协作 5 县全部如期脱贫摘帽

虹口区自 1996 年起先后与云南省文山壮族苗族自治州的西畴、富宁、马关、丘北四县开展结对共建，2010 年起与青海省果洛藏族自治州玛沁县开展对口支援工作。在对口帮扶工作中，虹口区委、区政府牢固树立"两个大局"思路，坚持以"民生为本、规划为先、产业为重、人才为要"，动真情、扶真贫，把对口帮扶工作作为重要的政治任务来抓，围绕"群众最关心、受益最直接、要求最迫切"的突出问题，真情实意扶贫，真金白银投入，真抓实干开展工作。

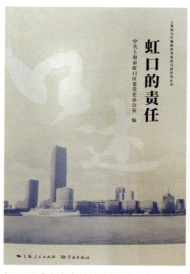

虹口区着重在产业扶贫上"下功夫"，以"特色产业扶贫""文化扶贫""消费扶贫"为抓手，在对口地区注册成立农业发展公司，建立砂糖橘、手工刺绣合作社，实施企业战略合作等产业帮扶项目，帮助带动当地贫困人口实现脱贫。虹口区还特别注重教育扶贫。虹口区组织 28 名云南对口县建档立卡贫困学生到上海免

虹口区委党史办编纂出版的《上海助力打赢脱贫攻坚战口述系列丛书——虹口的责任》

费就读职业学校，毕业后为学生提供跟岗实习，推荐入职等就业保障。虹口选派教师到青海省果洛藏族自治州民族高级中学进行支教，他们将上海先进的教育理念带到果洛，帮助当地老师们不断提高教学质量和管理水平。

20 多年来，虹口区精心选拔派出 11 批 19 名援滇干部、4 批 14 名援青干部、人才长期在文山壮族苗族自治州和果洛藏族自治州参与项目建设，他们视当地为第二故乡，跑项目、走村寨、访农户、筹资金、抓推进，不畏艰苦，真抓实干。在挂职期间，多人荣获全国、上海市和当地的扶贫先进荣誉称号。2020 年虹口对口五县全部脱贫摘帽。

链接三：

在直播里一起打卡文山、果洛好"滋味"

适合寒冷冬季的小黄姜、产地直采的鲜美牦牛奶……2021 年 12 月 16 日下午，在位于四川北路的"珍滋味·百县百品"四川北路直营店里，一

2021 年 12 月 6 日，在位于四川北路 1527 号的"珍滋味·百县百品"四川北路直营店里，举行了"乡村振兴·共同富裕——2021 上海市消费帮扶月"系列视频直播活动

场主题为"乡村振兴·共同富裕——2021 上海市消费帮扶月"的系列视频直播活动正在进行，活动中，市民们跟着主持人一同打卡来自文山、果洛的好"滋味"。

2020 年 7 月，虹口区在全市率先开设消费帮扶产品直营店——百县百品四川北路店，并积极探索消费帮扶的新场景、新模式，既有时髦的"网红店"，如瑞虹新天地太阳宫店，也有接地气如街道慈善超市、街道市民驿站等社区店形式，让市民可以更方便地在家门口就能买到虹口区对口帮扶地区如云南文山、青海果洛的优质农产品。2021 年是巩固拓展脱贫攻坚成果与乡村振兴有效衔接的起始之年，虹口区政府分别与云南省文山壮族苗族自治州西畴县、马关县、丘北县、富宁县四地政府签署《乡村振兴结对协议》。更多文山壮族苗族自治州的绿色农产品进入到上海中心城区的热门商圈和街道社区。

虹口区不断夯实消费帮扶工作，已初见成效，2021 年全年发动社会各界采购销售本市对口帮扶地区农产品近 2 亿元，通过发挥上海企业优势，改造生产链、畅通流通链、提升价值链等方式，越来越多的当地优质农产品进入上海市场。

讲好"人类命运共同体"的故事

党的十八大以来，在党和政府的领导和支持之下，上海犹太难民纪念馆不断发展，从一个袖珍小馆到拥有 4000 多平方米的新馆，展出了自建馆以来征集的近千件文物史料，通过高科技展示技术和精美的复原场景打造的沉浸式展览氛围，讲述了"二战"时期避难上海的犹太难民和中国人民相互交往、患难相助、共克时艰的温馨故事，新馆扩建完成并向公众开放后，社会反响热烈。

建馆以来，纪念馆不断优化工作机制，积极开展史料征集、研究展示工作，提升接待服务水平，积极发挥对外宣传、文化交流和国民教育的职能，打造多样的教育活动品牌，通过努力讲好中国故事，传播好中国声音，塑造可信、可爱、可敬的中国形象，诠释"共同构建人类命运共同体"的核心理念。2020 年扩建后的基本陈列先后入选中宣部"弘扬中华优秀传统文化、培育社会主义核心价值观"主题展览征集推介项目和上海市博物馆陈列展览精品推介项目。从 2014 年到 2018 年，纪念馆连续多年登上美国著名旅游网站猫途鹰（TripAdvisor）"旅行者之选"中国十大博物馆榜单。

一、加快推进场馆改扩建，"沉浸式"述说历史往事

党的十八大以来，纪念馆已经进行了两次改扩建。一次是 2015 年，为纪念世界反法西斯战争胜利 70 周年，根据中共上海市委的部署，纪念馆进行了一次改扩建。一是对基本陈列重新布展，陈列了部分实物史料，制作了小的场景；二是复建了白马咖啡馆，增加了观众体验和休闲场所。2017 年，根据中共上海市委的要求，纪念馆启动了新一轮改扩建工作，历时三年多于 2020 年 12 月完成扩建并正式对外开放。纪念馆建筑面积扩大为原来的 4 倍，达 4000 余平方米，展览面积扩大了 10 倍以上，以全新的面貌迎接八方来客。作为全球唯一以犹太大屠杀为背景、以拯救为主题的

上海犹太难民纪念馆新馆

纪念馆，新馆整个展厅以"沉浸式"的氛围，带领观众以"听故事"的方式，去了解这段历史往事。通过浏览影像资料，观众得以听犹太难民亲口说一说当年经历；通过一件件历史文物，了解犹太难民如何从欧洲逃亡到上海；通过一个个复原场景，知道犹太难民和上海邻居的生活环境及友好相处的故事。展馆序厅部分播放的电影是整个新馆的一个亮点，通过多媒体影像装置实现了类似肉眼 3D 的特殊效果，让观众瞬间融入历史氛围之中。触摸按钮可以"讲故事"的装置、可以和观众实现交互的大型触摸屏等高科技设备分布在新馆的各个角落，纪念馆基于丰富史料推出的展陈内容，以艺术表现和科技支持紧密结合的方式，为观众带来一场历史、科技、艺术和建筑交融的视觉盛宴。

二、持续开展史料征集工作，续写"诺亚方舟"故事

纪念馆与国外原上海犹太难民及其后裔、相关友好人士等保持密切联系，征集到了千余件（组）藏品，其中包括英国原犹太难民科特·威克捐赠的 8000 余本藏书，加拿大犹太社区主席史蒂文·芬克尔曼捐赠的原上海犹太难民阿尔弗雷德·辛格逃亡上海之旅中使用和拍摄的相关证件资料与照片等。纪念馆同时也十分注重收集中国居民珍藏的历史物件。2021 年，以北外滩区域开展成片二级以下旧里征收工作为契机，纪念馆通过实地走

2021 年 6 月 27 日，霍山路小学学生参观"中共百年党史中的著名犹太裔国际友人"特展

访周边居民和在旧改集市现场设摊等方式，从原犹太难民的中国邻居处累计征集到了 25 个家庭捐赠的近百件物件，包括犹太难民从欧洲带至上海，或曾在上海使用过的家具和餐具等物件，以及老照片等文献资料。

三、开启国内外特展项目，传播独具特色的中国故事

十余年来，上海犹太难民纪念馆已形成一套较为完善的"犹太难民与上海"主题巡展项目，分别在德国、以色列、美国、匈牙利、澳大利亚、马耳他、瑞士、意大利、巴西等国的博物馆、政府机构、文化场馆以及当地中国文化中心、孔子学院，和北京、哈尔滨等国内学术机构成功举办。送展出市、送展出国，以增进国内外公众对这段历史的了解，传播铭记历史、珍爱和平的理念。

在中国共产党建党百年之际，纪念馆推出了"中共百年党史中的著名犹太裔国际友人"特展，展现了中国共产党百年征程中，维经斯基、马林、尼克尔斯基等 15 位来自波兰、德国、奥地利、俄罗斯、美国、保加利亚和捷克等国家的犹太裔国际友人，参与建党伟业、投身抗日斗争、助力新中国成立和社会主义建设的重要历程。在深切怀念这些犹太裔国际友人的同时，这个展览所讲述的中国人民和世界人民在进步事业追求的过程中凝结友好情谊的故事，也有助于国内外观众更深入理解中国共产党为什么能、

马克思主义为什么行、中国特色社会主义为什么好的历史逻辑，具有重要的现实意义。

四、接待海内外重要宾客，增进国际间交流合作

上海犹太难民纪念馆已成为体现上海多元、包容、开放特质的城市地标，成为众多海内外游客的必到之地。疫情前，纪念馆每年接待游客中近四分之一来自海外，纪念馆广场上的国旗墙上已插满了超 130 面国旗，展示着纪念馆所享有的国际知名度。包括德国前总统高克、以色列总理内塔尼亚胡等在内的诸多外国政商界名人，以及美国、新加坡、以色列等国驻华大使和多国驻沪总领事等外宾都曾到访纪念馆。

五、成立国际咨询委员会，创新突破犹太难民研究工作

2019 年 10 月，上海犹太难民纪念馆国际咨询委员会成立。截至 2022 年 12 月，纪念馆已和委员会成员进行线上线下的会议、学术研讨会共计五次。纪念馆与国内外相关历史研究的专家学者们就"上海犹太难民的国际研究成果与分享""上海犹太难民历史的国际传播与分享""分享各国资源与理念推动上海犹太难民纪念馆发展""纪念馆核心理念的国际传播""太平洋战争爆发与上海犹太难民"等主题展开讨论，为纪念馆进一步开展来沪犹太难民的史料征集和历史研究工作，以及在国际上进一步讲好这段历史和推介纪念馆，提供了更多的智力支持。

六、打造教育活动品牌，积极发挥宣传教育职能

纪念馆所在的北外滩提篮桥片区，摩西会堂旧址、提篮桥监狱、下海庙以及"二战"时期避难中国的犹太人生活过的住宅、店铺、学校等历史建筑群落，形成了"海上方舟"独特的历史风貌。为了进一步扩大纪念馆的影响力，吸引更多观众来到纪念馆参观，纪念馆策划并推出了一系列文化活动。

入选 2021 年度上海市博物馆青少年教育示范项目的"乐游青少年校外研学项目"，通过强调博物馆学习的趣味性、互动性和体验性，吸引青

少年主动走进纪念馆。以深度挖掘城市建筑历史故事为主题的城市游品牌——"海上方舟·犹太遗迹深度游",则依托虹口区提篮桥历史风貌保护区的区位优势,深挖"海上方舟"的背后故事。

和平与发展是人类的共同事业,也是当今时代的主题,习近平总书记在党的二十大上再次强调的"全人类共同价值",凝练概括全人类的基本价值共识,顺应时代发展潮流、契合各国人民期待。二十大闭幕后,纪念馆将"和平、发展、公平、正义、民主、自由"的全人类共同价值展示在常设展厅的醒目处。今后,纪念馆也将通过进一步讲好这个诚信、友善、互助的中国故事,传播和弘扬全人类共同价值和"共同为构建人类命运共同体而努力"的美好愿望。

链接一:

"犹太难民与上海"巡展走进美国国会山

2014年6月,上海犹太难民纪念馆应邀赴美国华盛顿举办"犹太难民与上海"巡回展览。6月23日,巡展开幕式在美国国会众议院办公大楼二楼金厅内隆重开幕。6月24日,巡展在瓦尔特·华盛顿会议中心正式开展,为期一周。

6位美国国会议员和美国总统的犹太事务顾问出席了开幕式,大厅内座无虚席。不少美国国会议员、白宫官员和美国犹太人社区负责人发言,谴责"二战"时期法西斯暴行,对中国人民接纳大批犹太难民的壮举表示赞叹和感激,并表示要让后人铭记这段历史,感恩中国,感恩上海。

此次巡展由上海犹太难民纪念馆和美国犹太人委员会(AJC)合办,由中国驻美大使馆大力协助。纪念馆将多年来从前上海犹太难民及其后裔处征集来的史料精炼浓缩成一块块展板,以讲故事的方式,以真人、真事彰显真情,以史实来体现和平、友善、包容的主题,同时通过多方搜集来的报刊、资料和照片,用事实说话,向观众讲述独具特色的上海故事。不少犹太难民幸存者还以自身经历,现场讲述了中国人民的救助之恩。

图为巡展现场

　　"犹太难民与上海"巡展在美国华盛顿向公众开放展出后，也在美国民间引起了一定反响。之后，"犹太难民与上海"展览辗转美国多地以及其他国家进行巡回展览。

链接二：

以侨为桥开展合作交流

　　2021 年 8 月 31 日，中国侨联通过官方网站发布通知，确认上海犹太难民纪念馆为第九批中国华侨国际文化交流基地并授牌。

　　纪念馆一直致力于与具有涉侨背景的犹太难民开展良好的合作与交流，欢迎侨界人士参与纪念馆的各项活动，沙拉·伊马斯便是其中的代表，她向纪念馆捐赠了一批纪念物件。纪念馆也专门设计了展示她生平故事的展板和用于展陈捐赠物件的物柜，同时将她的故事编入讲解词中，使其被更多的观众所熟知。

　　在成功申报"中国华侨国际文化交流基地"的基础上，在市区侨联的指导下，纪念馆不断优化管理机制，提升接待服务水平，积极开展史料征

新时代非凡十年的虹口答卷

2021 年 2 月 27 日，"乐游 SHJRM 犹太文化研学营·探秘狂欢普珥节"活动现场

集、研究和成果转化工作，积极发挥涉侨文化交流作用，诠释"共同构建人类命运共同体"的核心理念。2022 年 2 月，举办"从中国新年到犹太新年"公益讲座。6 月，在疫情防控"大上海保卫战"进入决战阶段时，纪念馆完善外宣素材，借用中国侨联"云上基地"在微博、央视频、哔哩哔哩、腾讯视频、优酷、爱奇艺等主流网络媒体巡回展播，为讲好中国故事，推动构建"人类命运共同体"，作出积极贡献。10 月，举办"聚势赋能，相约世界会客厅"媒体见面会。举行华侨画家陆志德抗疫系列作品新书首发式。11 月，举办上海方舟主题亲子活动，邀请沙拉·伊马斯再次作为嘉宾参会并与与会的归侨侨眷进行了专场座谈。

链接三：

助推民间外交，提升对外影响

作为上海重要的对外交流和外宣工作平台，上海犹太难民纪念馆每年举办各类主题活动 10 余次。近年来先后与以色列驻沪总领馆共同举办"We Remember"国际大屠杀纪念日活动，举办《犹太文明与上海》公益讲

政治建设

2021 年 5 月 29 日，"共绘百年上海　同祝世界和平"2021 中外青少年画展开幕式在上海犹太难民纪念馆举行

座、"方舟载友谊，奏曲颂希望"元宵节招待会，众多中外友好人士通过线上、线下的方式参与活动。纪念馆虚拟展厅成功上线芝加哥友城委网站，多位犹太难民后裔线上分享了避难经历和对上海的感激之情。举办中外青少年"共绘百年上海，同祝世界和平"画展开幕式，60 多名中外少年儿童用五彩斑斓的画笔，将心中的申城之美绘在了十米长卷上，共同表达对"开放、创新、包容"的上海的感情和对世界和平的祝愿。应纽约华美人文学会邀请，为在美华人在线讲述"海上方舟——犹太难民在上海的故事"。协办"骑行上海，阅读建筑"在沪外国友人端午节体验活动。

2021 年，上海犹太难民纪念馆官方微信公众号共刊发文章 120 篇，阅读量逾 10 万次，新增粉丝 5566 人次，现有粉丝近 2 万人。官网全年发布文章 30 余篇，点击量 1.6 万余次。抖音官方账号共发布短视频 3 则，播放量 5000 多人次。上述重要活动和会议获新华社、人民网、China Daily 等中央媒体报道 7 次，解放、文汇、东方网、上海电台、Shanghai Daily 等市级媒体报道 40 余次。

"庆祝改革开放 40 周年——虹口区首创案例展"成功举办

为庆祝改革开放 40 周年，展示虹口 40 年在经济、政治、文化、社会和生态文明建设方面取得的成就，彰显虹口的首创精神，坚定虹口干部群众改革开放再出发的信心和决心，2018 年 12 月 17 日至 2019 年 2 月，虹口区举办了"庆祝改革开放 40 周年——虹口区首创案例展"，让改革开放的精神走进千家万户。在为期 2 个月的展程中，参观市民群体数量突破 20000 人，550 余个党组织和社会组织参观，该展览成为全区热门的中心组学习、党建生活和群众活动的重要平台，得到了一致好评和广泛关注。

突出"首创"用展览聆听百姓呼声。虹口区首创案例展着力将"首创"作为本次展览的核心关键字，展示了各部门、各条线的发展成就和首创成果。着重将目光聚焦在当前，特别是十八大以来，虹口干部群众围绕习近平新时代中国特色社会主义思想，把握改革机遇、创新发展、埋头苦干，让老城区焕发崭新活力的生动案例。

展览的六大版块形式各异，增加了不少互动环节。特别是展厅里的一

首创案例展现场

面巨大的百姓心愿墙上，贴满了各种心愿与寄语，既有希望老房动迁、加装电梯、增加文化设施的要求，更有祝福祖国富强、上海繁荣、虹口发展，大家小家平安幸福的心愿。每天，工作人员都会收集观展者对虹口提出的意见建议，同时，展览还与邮局合作，在展厅内建立了"浦西最高邮局——白玉兰邮局"，观众可以给未来的自己寄一封信。

精心运营确保每位观众满意而归。虹口区首创案例展选在"浦西第一高楼"白玉兰广场66楼举行，展览地点特殊，既是展览的一大突出亮点，同时又是展览运行中的一大难点。为了确保展览安全有序进行，确保在不影响白玉兰广场正常办公的情况下，让更多百姓有机会登上浦西第一高楼，区委宣传部聘请专业运营公司合作，制定详细的组织方案和流程，并多次组织相关部门、街道召开协调部署会，确定了团队登记预约的参观方式，在白玉兰广场设置专用电梯和专门通道等多项保障措施。主办方与全区各街道统筹协调，组织安排了一大批志愿者与讲解员，确保每一位观展群众都能得到最好的接待，看到最好的展览。

线上线下互动提升展览传播力。为进一步提升展览的宣传力度，实现展览的最大传播价值，主办方还与东方网合作，开通了网上展览。一方面，制作了虹口区首创案例展观展H5小程序，通过新媒体形式进行推广，将展览的精彩内容从线下进一步延伸到了线上。另一方面，制作虹口区首创案例展专题页面，打破了展览时间、空间的局限，将展览完整地搬上网络，并深挖每个案例背后的故事，让每一位市民都可以随时随地、足不出户地在屏幕前感受虹口改革发展40年的成果，看到虹口改革发展的方向。

链接一：

《春天的故事——邓小平生平业绩图片展》
在曲阳社区文化中心举办

在邓小平同志逝世19周年、视察曲阳新村33周年之际，2016年2月21日，由中共上海市委党史研究室、中共四川省广安市委、中共上海市虹

邓小平视察曲阳社区时的亲历者，原区第 111 粮油店经理郑家良参观图片展

口区委共同举办的"春天的故事——邓小平生平业绩图片展"在上海市虹口区曲阳社区文化活动中心正式开展，以此深切缅怀邓小平同志为党、为祖国、为人民建立的不朽功勋，展示虹口区干部群众牢记小平嘱托，坚持改革开放，共建共享生活家园取得的成就。

此次展览的主题是："心系人民——你们生活得好，我就高兴"，主展"春天的故事——邓小平生平业绩图片展"以邓小平故居陈列馆获得全国十大精品陈列特别奖的《我是中国人民的儿子》为蓝本，增加邓小平在上海等相关内容，包括"走出广安""戎马生涯""艰辛探索""非常岁月""开创伟业" 5 大板块，展期 1 个月，吸引 2 万多人观展。此外，还有副展"改革开放以来的曲阳社区建设图片展"，展示 1983 年 2 月 21 日，邓小平同志视察曲阳新村建设和群众生活，并留下了"你们生活得好，我就高兴"的谆谆嘱托后，曲阳社区坚持改革开放取得的巨大成就，以及建成全国文明单位、获得全国和谐街道等各种荣誉。

链接二：

"一苑九景"焕新升级，居民走上"高兴之路"

20 世纪 80 年代，享誉海内外的中国园林宗师陈从周先生亲自为曲阳

曲苑小区邓小平塑像

新村设计了曲苑,让曾经的河道农田变身为居民家门口的"江南园林"。从蛙鸣稻香到青翠芬芳,昔日小河浜"蝶变"成了社区"生态走廊",承载起一代代曲阳人对美好生活的向往。邓小平、胡锦涛、习近平等党和国家领导人曾先后亲临曲苑。

岁月不居,春秋代序。随着时代的发展,与改革开放同步成长的曲阳新村,也因为居民结构的变化面临新挑战。如何"满足人民日益增长的美好生活需要",在城区更新中实现高品质生活?曲阳路街道始终"把最好的资源留给人民",在与居民群众的共商共议中,将专题展览、共享活动、居民议事等元素融入曲苑更新中,打造了一条更具活力特色的"高兴之路",进一步汇聚社区人气,提升发展活力。2022年以来,曲阳路街道打造曲苑"高兴之路",赋能"一苑九景"新内涵,助力社区治理提质增效,进一步实现曲阳社区的高质量发展、高品质生活、高效能治理,让人民群众在这里生活得更"高兴"、更幸福。

其中,位于曲苑"C位"的畅叙堂,成了居民共建共治共享的新场域。街道让渡出办公场所,扩大活动空间,于此地推出"曲阳建设发展历程展",通过展陈和多媒体呈现,向居民群众更好地展示党和国家领导人的关怀和嘱托、展示改革开放同步发展的伟大成果、展示虹口曲阳发展的美好图景,将畅叙堂打造成为连接曲阳过去、现在和未来的交汇点。

与此同时,"高兴步道""曲苑服务站"等"一苑九景"焕新升级,绿

植花卉全新"靓"相，一
系列高品质、多功能的公
共空间、议事场所、服务
场景、家园美景、思政课
堂贯穿"高兴之路"。在
这里，居民们或漫步，或
闲谈，或议事，一花一草
一屋一亭间，酝酿一天的
好心情。

曲苑"高兴之路"示意图

　　曲阳路街道始终把人民群众对美好生活的向往，作为工作奋斗的目标。
今后，街道将继续以提升群众获得感、幸福感、安全感为考量，聚焦建设
一批让老百姓认可的品牌项目，为实现虹口高质量发展、高品质生活、高
效能治理作出更大贡献。

链接三：

《口述虹口改革开放（1978—2018）》出版

　　党的十一届三中全会拉开了中国改革开放的帷幕。在波澜壮阔的改革
开放进程中，虹口人民在历届区委、区政府的领导下，贯彻落实中央和市
委各项部署，攻坚克难，不懈奋斗，经济社会全面协调发展，城区面貌日
新月异，人民生活水平不断提升。为了纪念改革开放40周年，2018年，
根据市委统一要求和市委党史研究室部署，虹口区成立以区委主要领导牵
头的编委会，历时近一年，组织实施了《上海改革开放40年口述系列丛
书——口述虹口改革开放（1978—2018）》图书的编纂工作，努力全面展
现虹口改革开放40年来的总体脉络和主要成果，特别是党的十八大以来各
项工作的发展成就。

　　全书由38篇文章组成，涉及经济、政治、文化、社会、生态文明和党
的建设六大方面。由虹口区多位老同志、老领导和还在工作的改革开放的

《口述虹口改革开放（1978—2018）》
图书

亲历者以口述形式讲述 40 年来虹口区在改革发展历程中的创新探索、深刻变化和生动故事。为做好口述收集和全书编纂工作，2018 年 1 月起，虹口区档案局、虹口区委党史办还启动了"口述虹口改革开放（1978—2018）"的拍摄工作。亲身经历的讲述，鲜活语言的描述，历史细节的呈现，有别于以往的历史叙事方式，使此书的编纂成为讲好虹口故事、助推虹口品牌、弘扬虹口文化的又一重要举措。

此外，为配合此书的出版，全面梳理改革开放 40 年来的虹口发展脉络，虹口区委党史办还编纂出版了《虹口区改革开放 40 年大事记（1978—2018）》。

"为国旗而歌"

——虹口各界庆祝中华人民共和国成立70周年群众性主题活动

　　党的十八大以来，虹口区不断加强对国旗文化资源的保护开发利用，开展了"跟着国旗看上海"、"国旗下成长"青少年升旗仪式、"同心向党共绣国旗"等一系列主题活动，让更多人知晓国旗文化和国旗背后的故事，使红色基因真正融入城市血脉，根植市民心中。2019年9月26日，"为国旗而歌——虹口各界庆祝中华人民共和国成立70周年群众性主题活动""为国旗而歌——庆祝中华人民共和国成立70周年国旗主题展""海上听潮——为国旗而歌论坛"等系列活动在中共四大纪念馆举行。

　　讲述国旗在虹口诞生的故事。当天上午9点，"为国旗而歌——虹口各界庆祝中华人民共和国成立70周年群众性主题活动"在中共四大纪念馆国旗广场前举行。在铿锵有力的出旗曲中，升旗仪式正式开始。武警战士迈着整齐的步伐走向升旗台，伴随着激昂的《义勇军进行曲》，五星红旗缓缓升起，现场一片肃静。数百名老红军代表、道德模范代表、党员群众、青

国旗主题展现场

年、学生、部队官兵及其他各界代表参加了本次活动。

为了向国旗设计者曾联松表示深切的怀念和崇高的敬意，"为国旗而歌——庆祝中华人民共和国成立 70 周年国旗主题展"也在海派文化中心同步展出。在国旗文献展篇章，以曾联松在上海虹口的生平史料为主线，配合展示其珍贵的实物展品，讲述五星红旗诞生在虹口的生动故事。此外，展览还联合了收藏家学会，展出近 200 件珍贵文献文史资料，相关书报杂志、照片海报、日用实物、邮品火花、纸钞纪念币、票证等实物，展示 70 年来，五星红旗飘扬处，呈现的繁荣景象。在"诗与画"作品展篇，展出了从全国青少年诗与画国旗艺术创作大赛中遴选出的 70 幅优秀作品，抒发新时代中小学生真挚的爱国心、强国愿和报国志。溯源国旗文化的历史，展现未来青年一代的精神，向伟大的祖国致以崇高的敬意。由中共四大纪念馆、上海人民广播电台、海派文化中心主办的"海上听潮——为国旗而歌"主题论坛也在海派文化中心景云厅举办。

国旗元素走进大街小巷。为庆祝中华人民共和国成立 70 周年，虹口区还开展了"五星红旗进万家"主题系列活动，在各大主道路、办公场所、服务窗口、商业街、楼宇、园区、公园、广场、居住小区，以及居民家窗台（阳台）悬挂国旗，组成国旗宣讲团，进行国旗文化宣讲。一万余面五星红旗在虹口街头巷尾飘扬，呈现出浓浓的爱国情和为祖国庆祝生日的氛围。

此次开展的"五星红旗进万家"主题系列活动，虹口区的千余商铺积极响应，虹口龙之梦、北外滩白玉兰广场、瑞虹天地、中信广场等 10 家虹口重点商业广场联手，在商业区内布置国旗。同时，北外滩滨江地区、四川北路商业街、虹口足球场周边、金茂港池等商铺以各类形式悬挂国旗，共同庆祝祖国生日。鲁迅公园、和平公园、曲阳公园等 10 家公园通过公园服务中心，向有需要的市民发放手持国旗，并收集群众为祖

虹口开展了"五星红旗进万家"主题活动，一万余面国旗迎风飘扬在大街小巷

国庆祝生日的只言片语，鼓励公园里的群众文艺团队一同歌唱祖国。虹口区还在全区 25 条重点道路悬挂了五星红旗。国旗广场、上海证券博物馆、上海邮政博物馆等红色场馆，除了悬挂国旗外，还结合革命历史文化，开展国旗文化宣传。虹口区的园区、楼宇、市民驿站、党建服务中心、图书馆等公共服务场所和市民公共空间也纷纷悬挂国旗。500 多个居民社区在出入口采用插旗、串旗等形式，悬挂了 2000 余面国旗。社区丰富多彩的活动让国旗元素走进大街小巷，走进市民生活。

链接一：

《我和我的祖国》快闪唱响虹口北外滩

　　美丽的北外滩，拥有深厚的历史文化积淀，也见证着今天虹口航运、金融与商业的发展。2019 年 6 月，由市委宣传部、市委网信办、市政府新闻办共同主办，上海广播电视台，上海报业集团，东方网，虹口区委、区政府主办的《我和我的祖国》快闪活动在北外滩举行，市民和游客汇聚于白玉兰广场，以歌声祝福祖国。

　　"我最亲爱的祖国，你是大海永不干涸……"伴随着悠扬的丝弦，国家一级演员、上海评弹团团长高博文以独特的戏曲唱腔唱响《我和我的祖国》。随之，悠扬的江南丝弦转为婉转的小提琴，知名主持人曹可凡和志愿者们边走边唱来到广场中央。两位歌者的现身，吸引了现场的众多群众，人们簇拥在他们身边，从志愿者手中接过小国旗，加入合唱队伍。

　　上海市学生艺术团仲盛舞蹈团的学生们带着气球涌入广场，为祖国母亲放飞多彩的祝福。男子花剑世界冠军叶冲和高

快闪活动现场

举国旗的上海绿地申花队球迷们一同加入快闪活动。"感动中国十大人物"易解放、全国劳动模范殷仁俊、犹太难民后裔沙拉·伊马斯等相继现身高歌。大家聚集在白玉兰广场中央，挥舞着手中的国旗，《我和我的祖国》歌声响彻北外滩上空。

在落日余晖的映衬中，浦西第一高楼白玉兰广场主楼的 LED 荧幕上，滚动亮起五星红旗与"祖国我爱你"巨幅字样，与周边群楼亮起的五星红旗画面交相辉映。

这场《我和我的祖国》快闪 MV 于 2019 年 6 月 17 日在东方卫视《东方新闻》首播，《航拍上海·虹口篇》于同年 6 月 18 日在东方卫视《东方新闻》首播。

链接二：

"为国旗而歌——虹口各界庆祝中华人民共和国
成立 70 周年群众歌会活动"举办

为庆祝中华人民共和国成立 70 周年，"为国旗而歌——虹口各界庆祝中华人民共和国成立 70 周年群众歌会活动"于 2019 年 9 月 26 日在虹口区

2019 年 9 月 26 日，"为国旗而歌——虹口各界庆祝中华人民共和国成立 70 周年群众歌会活动"在虹口区工人文体活动中心举行

工人文体活动中心举行。千余名演职人员和观众参与了此次歌会。

本次活动分为歌唱祖国、歌唱人民、歌唱新时代三个篇章，由祖孙两代人情景串联，以群众合唱为主要表现形式，歌颂祖国、歌颂党、歌颂人民、歌颂新时代，展现全区昂扬向上精神风貌，唱响时代强音。全场观众挥舞起手中的五星红旗，齐声欢唱《歌唱祖国》，在澎湃激昂的歌声中活动圆满结束。整场演出精彩纷呈，唤起现场观众的红色记忆，集中展现虹口人的良好精神风貌，歌颂祖国美好盛世，祝福祖国繁荣昌盛，激励一代又一代中华儿女为振兴中华而拼搏奋进。

链接三：

《虹口相册：70 年 70 个瞬间》出版

2019 年是中华人民共和国成立 70 周年，也是上海解放 70 周年。虹口是上海开埠后最早开放的区域之一，同时也是中国共产党诞生地的重要区域之一。1949 年 5 月 27 日，随着上海解放，处于中西文化交汇之地的虹口经历战火洗礼、迎来新生，在历史长河中开启了新的征程。

为庆祝中华人民共和国成立 70 周年，根据中共上海市委党史研究室的部署，中共虹口区委党史办组织专门力量编纂出版了《虹口相册：70 年 70 个瞬间》一书，以历史发展脉络为主线，撷取了虹口区 70 年发展历程中 70 个在全区乃至在全市有影响的创新做法、生动事例和重要瞬间，旨在通过具体生动的影像和文字，以小见大，以图说史，共同回顾缅怀 70 年来虹口在各个领域取得的辉煌成就，从历史中汲取继续前行的动力，共同创造更加美好的未来。此外，虹口区委党史办还全面梳

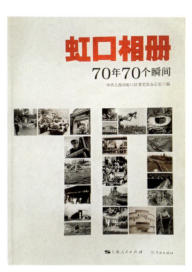

《虹口相册：70 年 70 个瞬间》

理了中华人民共和国成立70年来虹口区的重要事件、重大实践和宝贵经验，编纂出版了《上海市虹口区70年大事记（1949—2019）》。

近年来，中共虹口区委党史办围绕"党的诞生地"发掘宣传工程，"四史"教育，党史学习教育，改革开放40周年，中华人民共和国成立70周年，中国共产党成立100周年等重要节点、重大事件，整合资源，做好虹口党史资料编研出版、宣传研讨和品牌打造工作。

打造全域"大思政课"

习近平总书记指出:"'大思政课'我们要善用之,一定要跟现实结合起来","思政课不仅应该在课堂上讲,也应该在社会生活中来讲"。

2021年6月29日,"初心如磐,为了人民的美好生活"虹口区庆祝中国共产党成立100周年主题党课暨全域"大思政课"启动仪式举行。这场特殊的主题党课在上海虹口App同步直播,吸引10万网友在线观看,一小时收获近18万点赞,虹口全域"大思政课"也自此如火如荼地开展起来。

在中国共产党百年奋斗历程中,虹口曾留下许多红色印迹。陈独秀、瞿秋白、周恩来、陈云、邓小平等都在虹口参加过革命活动。中共四大在虹口召开,"左联"在虹口成立,上海第三次工人武装起义总同盟罢工令在虹口发出,中华人民共和国国旗图案在虹口诞生。改革开放后,党和国家领导人邓小平、江泽民、胡锦涛、习近平先后亲临虹口,给虹口人民以极大的鼓舞和鞭策。这些都是开展全域"大思政课"的宝贵财富。

虹口被习近平总书记称为"海派文化发祥地、先进文化策源地、文化名人聚集地"。打造全域"大思政课",有助于推动虹口"文化三地"建设,有助于进一步挖掘提炼"文化三地"内涵,增强区域吸引力、影响力,提升虹口经济社会发展软实力。同时,打造全域"大思政课",也是虹口接续奋斗新时代新征程的内在需要,对于提升党员干部综合素质、激发干事创业动力活力、抓好各项工作贯彻落实,具有十分重要的意义。

深入学习党的二十大精神,讲好虹口全域大思政课

2021年9月10日，在复兴高级中学举行"不忘立德树人初心，担当为党育人使命"虹口区教育系统庆祝第37个教师节活动暨虹口区中小幼思政一体化建设教学展示活动

启动全域"大思政课"，用好虹口丰富的红色资源，让思政教育在干部群众心中润物无声，使红色基因在奋斗中代代相传，使每一位共产党员都牢记使命担当，不忘来时路，走好新时代长征路，众志成城、狠抓落实，努力推动高质量发展、创造高品质生活、实现高效能治理，以优异成绩谱写新的辉煌篇章。

虹口区全域"大思政课"，主要包括"一十、双线、双百、成千、上万"等项目。打造"初心启航——最美世界会客厅""红色多伦——城市斗争铸丰碑""文艺之旗——红色文艺策源地""鲁迅小道——以笔为枪民族魂""高兴之旅——改革开放话今朝""海上方舟——人类命运共同体""国旗飘飘——五星红旗进万家""创客走廊——机械化到数字化""牢记嘱托——打造高品质生活""时代之变——都市发展新标杆"十条"大思政课"学习体验线路；打造线上线下"虹口思政大讲堂"，搭建"区—街道—社区"三级宣讲网络，推出主题授课菜单；用好"文化三地"资源，梳理全区85处红色革命遗址、旧址及纪念场馆资源，结合全区各单位建设的各类阵地、点位，打造100个"大思政课"场景；培育百名虹口思政传讲人，在结合自身经历和感悟讲好"大思政课"的基础上，认领场景和线路；用讲台课、现场课、文艺课、网络课等形式，讲好千场思政课；通过各类群众性主题活动，将"大思政课"内容融入其中，从而达到万众受教育效果。

虹口区持续深化打造全域"大思政课"，各部门、街道、单位充分用好"家门口"的红色资源，开展各类基层群众性特色主题活动。中共四大纪念馆以布展提升为契机，对周边环境进行升级改造，在国旗广场上打造了"从石库门到天安门"铜牌阵列。选取1921年党的诞生至1949年新中国成立28年间党史上的年度大事件，配以相关建筑图案，展现中国共产党带领中国人民取得新民主主义革命胜利的光辉历程。为打造国旗广场"大思政课"教学场景，推出"大思政课·从石库门到天安门"专栏，持续更新铜牌阵列中的重要党史事件，回顾党的奋斗历程，弘扬伟大建党精神。团区委立足全域大思政课，依托虹口丰富的"文化三地"资源，引领广大青少年持续开展走"虹"路线、聚"虹"阵地、讲"虹"故事活动。引领团员青年、少先队员、青联青企协会员等不同群体，开展红色寻访、知行计划、争章打卡、"红领巾心向党　微行走虹路线"H5线上打卡等活动，引导广大青年在实践感悟中传承红色基因，厚植家国情怀。联合江西省方志敏研究会与中共四大纪念馆共同举办"迎接党的二十大系列活动之：可爱的中国——共和国英烈方志敏特展"，引导广大青少年追寻中国共产党的精神之源，有效发挥"虹"色阵地的聚人育人作用。用"青"言"青"语讲述红色故事、虹口故事、发展故事，在开展宣讲、朋辈教育中实现自我提升。举办"领跑"虹口新青年主题论坛，邀请虹口青年党代会代表带领广大青年深入学习市第十二次党代会精神，以"青年榜样"影响青年、感召青年、激励青年。四川北路街道成立红色文化生态工作室，打造"行走四川路、学思悟党史——川北三线"3条党史学习教育线路，社区工作人员出演社区红色故事，推出红色文化系列MV。欧阳路街道围绕"刘良模与义勇军进行曲的传播"，开展"一展一册"主题宣传活动。嘉兴路街道打造"感悟嘱托——家门口的红色学堂"党史学习教育场景；曲阳路街道打造情景党课，筹办曲阳新村发展史料展；北外滩街道打造"北外滩的尘封记忆""'一江一河'会客世界"等红色研学线路；广中路街道打造"五卅运动"大思政课场景；凉城新村街道举办社区变迁新老图片"凉城红展览"，并在凉城路因地制宜布置百米宣传专栏，推动党史宣传进街区；江湾镇街道围绕地区解放历史，举办"忆往昔、看今朝、望未来"系列活动。

追寻光辉足迹，打造全域红阅读

2021 年，为致敬建党百年，虹口区将党史学习教育、庆祝中国共产党成立 100 周年、全民阅读三大主题相结合，于 4 月 23 日举办"追寻光辉足迹——虹口区'4·23 世界阅读日'"主题活动，着力将红色阅读搬到百姓家门口。

推动红色阅读一公里到"家门口"。虹口从 2018 年开始围绕"四史教育""左联文化"等主题发布红书单。以配书到社区图书馆、配书到读书联盟、配书到家门口的方式，引导广大读者在优秀出版物的阅读中感受中国共产党的发展史，凝聚团结向上的力量，营造奋进新时代、砥砺新征程，永远跟党走的氛围。活动现场启动了虹口区第二季度全民阅读项目——"潮起上海——建投读书会第八季"，发布了 2021 年第二期彩虹书单"潮起上海"篇，开启了这一季红课程。第二期彩虹书单聚焦了 1921 年中国共产党成立前后的上海社会的历史变革和党的主要创始人和早期领导人的思想脉络，选取《火种：寻找中国复兴之路》《1919，一个国家的青春记忆》等 6 本时下热门、受广大市民群众喜爱的红色阅读书籍。这一季的红课程则邀请社科、高校的学者，聚焦上海在时代潮流中经历的思想洗礼和社会变革，讲述上海在成为"党的诞生地"前所积淀的人文思想，带领读者一同感知上海城市的独特魅力，共同探寻中国共产党在上海诞生的伟大意义。

打造"行走中的红色阅读"国际版。活动现场，虹口区第二季度全民阅读项目——"跟着伟人学党史"红色阅读人文行走路的试走路线迎来了第一批体验者。这也是一次拥有国际化底色的红色阅读行走体验

2021 年，"追寻光辉足迹——虹口区'4·23 世界阅读日'主题阅读"活动现场

活动，邀请了具有国际视野的"高参"加入，包括上外高级翻译学院教授，在上海的留学生代表以及有着留学海外经历的白领和党校老师等，跟着宣讲员一起行走在北外滩滨江，听百年前赴法勤工俭学运动的历史。为了能够满足年轻人的需求，此次人文行走以实地探访发生在虹口的重要历史事件和历史场景为基础，特别定制"学习护照"，以历史再现、诗歌朗诵、答题挑战等互动方式，在寓教于乐中找寻伟人们在虹口留下的印记。

链接二：

"总书记来到了市民驿站"情景党课开讲

2018 年 11 月 6 日，习近平总书记考察了虹口区市民驿站嘉兴路街道第一分站，让虹口人民倍感鼓舞，"阿拉市民驿站是总书记来过的地方"，已成为虹口市民自豪的口头语。总书记在市民驿站时的场景，仿佛就在眼前，他说的每一句话、每一个字，广大干部群众都认认真真回味着，踏踏实实践行着。

情景体验式主题党课《总书记来到了市民驿站》

近年来，嘉兴路街道将学习贯彻落实习近平总书记考察上海重要讲话精神和考察虹口市民驿站重要指示精神作为首要政治任务，精心打造"总书记来到了市民驿站"情景党课，编写《总书记来到了市民驿站》学习读本，组织亲历考察的党员群众参与《牢记嘱托、践行使命——我们的市民驿站》情景式宣讲报告会，进企业、进校园、进社区，传递亲切关怀、分享幸福时刻、畅谈心得体会，推动习近平总书记重要指示精神在社区落地生根。广泛组织文化活动团队传唱《我们的市民驿站》。各基层党组织依托市民驿站阵地，广泛开展"三会一课"、主题党日等组织生活，组织党员认真学习习近平新时代中国特色社会主义思想。发挥市民驿站就近就便联系党员群众的优势，将一大批党的创新理论、"澎湃100"示范党课、"虹讲堂"线上学课程等教学资源精准推送到党员群众身边。

目前，嘉兴路街道已整理升级《总书记来到了市民驿站》2.0版，梳理社区实践案例32篇，将这门党课作为基层党组织主题党课、新党员入党、社工辅工入职的必修内容，把总书记的殷殷嘱托传递到社区每个角落。

链接三：

虹口成为上海市首批"大思政课"建设重点试验区

2022年，市教卫党委、市教委启动了首批"大思政课"建设整体试验区、重点试验区（高校）的遴选工作。虹口区发挥区域"文化三地"资源优势，立足"大格局"，搭建"大平台"，以文化人，以德树人，积极建设开放多元的"大课堂"课程体系，着力打造优质的"大先生"师资队伍，全力推进"大思政课"建设，成功申报成为上海市首批"大思政课"建设重点试验区。

近年来，依托"彩虹计划"，以形成具有虹口特色的思政课一体化机制为抓手，以深入推进习近平新时代中国特色社会主义思想进教材进课堂进头脑为主线，以推动思政课内涵式发展为引领，虹口区教育局着力增强思政课的针对性和有效性，全面提升思政课教师师资队伍水平，实现"推出一批好

2021年4月21日，在华东师大一附中举行"传承红色基因 赓续精神血脉"虹口学校依托思政育人体系开展党史学习教育交流展示活动

课、培育一群优师、打造一系列名校、提炼一体化模式，培养时代新人"的思政课建设目标，积极创建上海市大中小学思政课一体化建设示范区。

在大思政课教学实践中，"浇花浇根"及时将党的创新理论融入"全过程"，以时事教育引导"立大志"；"有滋有味"提高思政课堂亲和力、吸引力，讲深讲透讲活"大道理"；打造"六个一百"，即：百位党员话初心、百名劳模进校园、百场科学家大讲坛、百场文化学者大讲堂、百名达人在社区、百校进百馆，加强家校社紧密衔接，集聚全社会育人"大能量"。

2020年以来，虹口区教育局与虹口区文旅局签订了红色资源共享备忘录，充分发挥虹口"文化三地"优势，开展了行走的虹课程、红色戏剧进校园等特色项目。进一步与上海市美术馆、科技馆等场馆建立合作机制，推进"一周一校一馆"，形成系统化的协同育人新机制。

接下来，虹口区将以重点试验区启动为新起点，持续拓宽"大思政"工作格局，通过"虹课优学"六大项目及"虹师润心"七项计划推进育人机制创新，探索"大思政课"教学的多重样态，探索思政"小课堂"和社会"大课堂"的有效结合途径，进一步联动联通基础教育与高校马克思主义学院，让虹口师生"走出去"，把资源"引进来"，携手搭建"大平台"，共育"大先生"，滋养"大课堂"，实现资源共享、优势互补，落实全员、全过程、全方位育人，推动党的二十大精神走深走实、入脑入心。

政治建设

跨前一步探索疫情防控"双路长制"

　　2022 年 7 月，在上海进入新冠疫情常态化防控阶段后，虹口区跨前一步补齐管理漏洞，探索疫情防控"双路长制"。2022 年 7 月 17 日，虹口召开动员部署会，落实疫情防控"双路长制"工作，推动机关干部持续下沉，以更强合力筑牢疫情防控严密防线，切实巩固疫情防控"大上海保卫战"成果。区委要求，要从政治和全局的高度，清醒认识疫情防控面临的严峻形势。要推动落实"双路长制"，以更加坚决有力的行动清零攻坚。要强化问题导向，聚焦"18+2"重点场所，把漏检人员、失管人群、忽视区域找出来，坚持以闭环思维抓实问题整改，补齐管理漏洞。要理顺工作机

发现问题后，及时提醒店铺整改，如遇到不能解决的问题，采用"路长填单、街道派单、执法接单、办结评单"的网格管理机制，将问题上报给相关职能部门落实解决，守牢常态化疫情防控底线

制，各相关部门和街道要真诚协商、共同合作，全体机关干部要积极参与、主动靠前，与基层同志并肩作战，推动"双路长制"落到实处。要强化责任担当，凝聚抗击疫情、动态清零强大合力。各级干部要保持昂扬的精神状态，拿出知重负重、守土有责的担当，以积极向上的能量为防疫工作献智出力。要凝聚齐抓共管、众志成城的合力，加强宣传引导，疏导群众情绪，形成"疫情防控没有旁观者"的良好氛围。要形成举一反三、常态长效的机制，把"双路长制"的经验做法适时与全国文明城区创建等各项工作融合起来，不断提升依法防控、依法治理的能力和水平，达到事半功倍的效果。要加强工作保障，落实好防暑降温措施，切实保障居民基本生活物资和看病用药需求，加大对一线防疫人员关心关爱力度。

"双路长"制，本质上是在疫情防控严峻态势下的一种动员机制，立足于条块结合："路"是物理概念，将街坊、路段进行物理划分，确保全覆盖、地毯式，不遗漏。"长"是责任概念，各部门将干部整建制派出，有利于街道统一进行组织，补充街道对重点工作、应急状态下的力量不足问题，并将相关责任明确到部门、明确到人。"双路长制"最基础最核心的就是部门整建制下沉包干、区街两级联合织密网络。抓关键，抓好关键点位、关键行业。各部门主要领导牢固树立"跟我上"的理念，坚持以上率下、带头带队，系统统筹本职工作与防疫工作，有效开展"传帮带"，在实战中锻炼队伍、提升能力，坚决防止官僚主义、形式主义。坚持"挂图作战"，对问题集中、流动性强的菜场市场、服务中介、美容美发、餐饮堂食等点位要增强敏感性，找准找实漏检人员、失管人群、忽视区域、遗漏盲点，切实补齐漏洞，确保沉到实处。

"双路长制"启动后，虹口各街道、各部门迅速行动起来。针对部分餐饮店铺、沿街商铺存在的扫码不规范、卫生消毒不到位、口罩佩戴不认真等不利防疫的情况，街道将"双路长"制与现有的社区"四长"（"楼长、街长、门长、里长"）工作机制深度融合、交叉任职，打破住宅小区围墙内外的界限，每天在检查中发现问题。由机关各部门、街道干部会同社区"四长"，采取统筹协调、社会动员、力量下沉、现场工作、凝聚民力等方式，共同管好路、看好人、守好门，做到"路长填单、街道派单、执法接

虹口探索疫情防控"双路长制"

单、办结评单"全链条"双路长制"网格管理，形成了"街居吹哨、部门报到、社会响应、控住疫情、促进发展、群众满意"的防疫和社区治理工作新局面。各条线部门坚持"管行业必须管防疫"，开展更有专业性、可操作的具体指导，培训更多懂业务、能干事的"路长"，教育引导市场主体依法依规经营。各街道勇于担当作为，做好统筹调度，因时因地实施"一路一策"，对违规经营和经营违规行为敢于亮剑、严查严管。坚持问题导向，按照"发现、处置、回头看"的闭环要求进行巡查，一般问题现场整改、特殊问题限时整改、所有问题闭环督查复核，做到负责一片区域、扫清一片隐患、巩固一片管理。通过机制健全，不断强化"双路长"和"社区四长"在发现、建言、监督、议事、动员、服务等方面的作用，切实强化疫情防控、基层治理、服务群众中的问题意识，推动了疫情防控和社区治理能力的提升，锻炼了队伍、锤炼了思想、淬炼了意志。在此基础上，联动防疫制，虹口区进一步抓长效，调动各方力量，用好机制平台，结合门责管理、群防群治、安全检查、创文巡访等，联动综合执法力量开展整治与固守。做到边实践边复盘、边复盘边提升，结合实际、举一反三，把"双路长制"的经验做法固化形成可复制、可推广的体制机制，适时推广到文明城区、食品安全城区创建，综合执法等各项工作上来，在加强疫情防控同时，抓好社会面管理，不断提升城区治理能力和水平。

链接一：

《虹口区关于以"双路长制"为抓手，
推进城区治理能力现代化建设的实施意见（试行）》印发

2022年7月31日，中国共产党上海市虹口区第十一届委员会第四次全体会议举行。全会以习近平新时代中国特色社会主义思想为指导，深入贯彻落实习近平总书记在省部级主要领导干部专题研讨班和中央政治局会议上的重要讲话精神，认真贯彻落实市第十二次党代会精神，进一步统一思想、凝聚共识，以实际行动迎接党的二十大胜利召开。全会印发了《虹口区关于以"双路长制"为抓手，推进城区治理能力现代化建设的实施意见（试行）》(以下简称《实施意见（试行）》)。

全会强调，面对世界之变、时代之变、历史之变，要着力在补短板、强弱项、固底板、扬优势上下功夫，研究提出解决问题的新思路、新举措、新机制。当前，要以"双路长制"为抓手，进一步完善机制、强化责任，更好实现"疫情要防住、经济要稳住、发展要安全"目标。要突出问题导

2022年7月31日，中国共产党上海市虹口区第十一届委员会第四次全体会议举行。全会印发了《虹口区关于以"双路长制"为抓手，推进城区治理能力现代化建设的实施意见（试行）》

向，盯着问题走，从根本上解决问题，所有问题要形成闭环。要坚持重心下移，领导干部率先垂范，机关中青年干部积极参与，提升与群众打交道的能力，涵养真切为民情怀。要讲究平战结合，坚持实事求是，根据防疫侧重点，把握频度频次。要夯实基础工作，做实数字底板，实现治理要素一体化、精细化、数字化管理。要注重统筹融合，推进制度融合、工作融合、力量融合，坚持党建引领，动员各方参与，构建人人有责、人人尽责、人人享有的基层治理共同体。

链接二：

严明责任促履职，严防问题再回潮

虹口区城管执法系统将"路长制"管理模式进一步应用到日常管理中，发挥智慧城管 App 信息化作用，对城市街面市容秩序、市政施工、施工工地等执法领域，全覆盖、分层级加强巡查，精细化管理，真正实现了地面、墙面、立面实时管控常态长效有序

2022年疫情防控转入常态化后，为做到沿街商铺疫情防控风险排查全覆盖，虹口城管依托"路长制"巡查力量，根据沿街商铺经营时间合理统筹执法力量，充分应用"上海城管"App 等数字手段，对沿街商铺开展疫情防控专项检查，做好疫情常态化管理。

坚持"清单制、压责任"，严明责任促履职。为全面落实24小时街面巡查制度的要求，虹口城管严格落实"双路长制"分段包干，压实责任制，理清责任链条，提高履责效能，严抓各项防疫措施，全面掌握沿街店铺的底数，制作相应检查清单以备案，坚守疫情防控安全底线、以更强合力筑牢疫情防控严密防线，切实巩固疫情防控"大上海保卫战"成果。

坚持"当场改、回头看"，严防问题再回潮。重点加强沿街商铺和场所的检查，坚持问题导向，对照检查重点加强驻足观察、进门检查，开展面对面询问进行监督检查、重点落实问题整改工作。严格落实限流防疫措施，每日上报《各类场所防疫走访问题清单》，以纸质和电子系统登记相结合的方式，将全部数据及时提交大数据中心录入复工复产系统。抓深抓细抓实常态化疫情防控各项举措，实行全天巡查工作计划，加大对复工复产单位检查力度，指导督促沿街商户严格按照防疫要求，规范经营，切实守牢疫情防控成果。

链接三：

"e龄灵"小程序助老防疫

在疫情防控"大上海保卫战"中，社区老人使用手机不便的问题引起了虹口团区委的关注，依托"鸿鹄计划"暑期大学生实践活动，开展了大学生暑期常态化疫情防控志愿服务项目。与来自上海大学的学生实践团队开展合作，鼓励这批在疫情防控志愿服务中成长起来的大学生，结合自身专业特长，借助科技力量，聚焦"科技助老"等推出与社区需求更贴合的志愿服务项目，设计开发"e龄灵"防疫助老小程序。2022年8月，小程序上线试运行。仅仅上线第一天，小程序的访问量就突破了1300次，上线3天总访问量就超过了6000次。团区委将其推送至各街道，并成功找到了试点社区供团队跟进。

"e龄灵"界面

"e龄灵"是一款帮助老年人使用手机的微信小程序，旨在打造"长辈的手机百宝箱"，通过涵盖手机教程、核酸码、行程码等功能，为广大老年群体提供一个简单实用的手机助手。进入小程序并登录后，用户可发现，首页显示的是防疫生活中最常用的"健康码""行程码""做核酸"等功能，满足疫情常态化管理下日常出行的需求，同时用"动词"＋"名词"的表达，点击"去乘车"后，界面就会自动跳转至乘车码的界面，同理，点击"做核酸"界面会自动跳转至核酸码的界面，这样的表达让老年人更容易理解，也更易于上手。由于面向的对象是老年人群体，在使用小程序的过程中要减少对于视力的要求。因而在界面颜色、字体大小的设置上，"e龄灵"团队尽量选择了强烈、显眼的颜色和大号字体，同时精简页面设计，帮助老人更好地分辨各个功能按键。界面下方还配备了语音输入功能，只要按住说话，就能跳转切换到对应的功能。即使老年人眼睛看不清界面，也可正常使用"e龄灵"小程序。考虑到许多老年人不会使用滑动而更多倾向于点击，在小程序的设计中，能通过点击完成的部分绝不用滑动，在很大程度上降低了操作的复杂性。

文化建设

"文化三地"名片不断擦亮

　　在上海这座"有温度"的城市里，如果要寻找能够最深刻地感受"文化温度"的那块区域，恐怕非虹口区莫属。虹口是上海"党的诞生地"和"初心始发地"重要区域之一，历史上就是国际文化交流的大码头，拥有深厚的历史文化底蕴，被习近平总书记誉为"海派文化的发祥地、先进文化的策源地、文化名人的聚集地"。

　　"文化三地"是历史赋予虹口的宝贵财富。为了用好这笔财富，打响海派文化、红色文化、文化名人品牌，近年来，虹口围绕上海文化品牌建设大局主动作为，从 2018 年开始扎实推进文化强区建设的三年行动计划。三年来，通过老建筑、老街区的焕新，红色遗址的修缮与改扩建，让那些历史的风云再度鲜活地出现在人们面前，虹口"文化三地"名片被不断擦亮，城区文化软实力得到全面增强，也有力地赋能了虹口的经济社会发展。

多伦文化艺术空间

以四川北路为中轴，从南部武进路至北部鲁迅公园，涵盖两侧支马路和旧里弄，有着红色文化遗址旧址 57 处。这片占地近 2 平方千米的区域，被打造成"四川北路红色文化生态示范区"，在这里可以重温一大批早期共产党人艰苦奋斗的历程。2022 年，山阴路历史风貌保护区里的 21 处优秀历史建筑、27 处里弄房屋陆续启动大面积修缮工程，让这些"有故事的老房子"再述那段暗潮汹涌的革命历史。

2021 年，在中国共产党成立 100 周年前夕，2012 年落成于四川北路绿地公园内的中共四大纪念馆完成提升工程，基本展陈面积扩大了一倍，还设置了全市首个国旗教育展示厅。1925 年建成的商务印书馆虹口分店，以"1925 书局"的名字再度与读者见面，为虹口又添一处红色主题文化阅读空间。当年在这里，陈云同志加入了中国共产党，走上了革命道路。这家上海唯一至今持续营业近百年不断的书店，还是鲁迅先生过去常来买书和领取稿费的地方。"左联"会址纪念馆、李白烈士故居等红色场馆也先后完成改扩建，虹口还完成了"留学勤工俭学出发地汇山码头"等革命遗址旧址纪念标识树碑。

虹口还分批次推进了景云里鲁迅等文化名人故居群、公平路聂耳旧居、海伦路沈尹默故居、大陆新村茅盾旧居、溧阳路郭沫若旧居等地的保护性利用和开发。鲁迅先生的最后十年生活在虹口度过。虹口 2019 年推出了"鲁迅小道"，串联起景云里、拉摩斯公寓、大陆新村、"左联"会址纪念馆、内山书店旧址、多伦路文化空间等 6 处与鲁迅先生关联密切的点位场所，让市民群众可以漫步鲁迅小道，走进历史、体味文化、感受鲁迅先生的魅力。2021 年鲁迅先生诞辰 140 周年和逝世 85 周年之际，"鲁迅小道 2.0"升级亮相。鲁迅先生曾举办过木刻讲习会的"木刻讲习所旧址"陈列馆对公众开放；见证了鲁迅与日本友人内山完造友谊的内山书店旧址，也被打造为一个以书为本的小型文化综合

虹口"文化三地"移动课堂示意图

体——"1927·鲁迅与内山纪念书局"。

此外，上海犹太难民纪念馆展陈面积扩大 4 倍后，2021 年重新对外开放，扩建期间成立了上海犹太难民纪念馆国际咨询委员会；2022 年年初，已有 80 余年历史的上海市优秀近代建筑——雷士德工学院旧址启动修缮，将变身为一所具有世界影响力的创新创意设计研究院；位于四川北路武进路的"今潮 8 弄"从 2020 年起开始进行保护修缮，60 幢石库门和独立建筑、8 条百年弄堂被原地修复并赋予其新的商业、文化和艺术功能，如今已成为上海最火热的网红打卡地之一……

近年来，重磅文化活动也不断在虹口北外滩"解锁"。世界城市文化论坛在虹口举行，专家学者云集北外滩，为提升城市软实力献策；上海国际文学周的主论坛落户虹口，北外滩滨江之畔的"上海最美书店"建投书局成为主会场，首开一家书店承办上海国际文学周的先河。通过对历史文化资源的系统梳理和活化，虹口"红色"与海派兼容的文化基因得到了更好的传承，红色血脉得到了赓续。丰富的红色资源和广为流传的红色故事，成为催人奋进的精神动力源泉。

链接一：

电波"永不消逝"

2021 年 5 月 27 日，位于上海市虹口区黄渡路的李白烈士故居完成修缮，重新开放。1985 年，李白烈士故居被列为上海市文物保护单位。1987 年 5 月，故居正式对外开放。2021 年 3 月，李白烈士故居被列入上海市第一批革命文物名录。

此次完成的建筑修缮和展陈内容提升改版工程，是李白烈士故居建馆后规模最大的一次。修缮工程根据"修旧如故"原则，对建筑和楼面进行加固和还原。一楼至二楼为新设陈列区，三楼则"再现"了李白生前开展无线电发报工作的场景。围绕"电波不逝，信念永存"的主题，一批珍贵展品亮相，其中包括李白烈士家谱、往来书信、早期的电台发报设备、李

李白烈士故居

白使用过的日常生活用品等。展览增添的媒体互动装置，特别引入"电波"元素。通过"声、光、电"特效，参观者仿佛"穿越时空"，可与英雄展开"心灵对话"，此外还可观摩电影《永不消逝的电波》以及同名舞剧等经典场景。通过更加丰富的展览陈列，希望呈现一个更立体、更全面的李白烈士形象。

李白，1910年出生于湖南浏阳，1925年加入中国共产党。曾经参加长征并精通无线电发报技术的他，是战斗在敌人"心脏"的我党隐蔽战线英雄。抗日战争至解放战争期间，他接受组织派遣，架起了上海与党中央的电波通信桥梁。1948年年末，李白在位于上海市虹口区黄渡路107弄（原亚细亚里）15号寓所内突遭国民党当局抓捕，在严刑逼供下他与敌斗争，坚贞不屈。1949年5月7日，上海解放前夕，李白被国民党特务秘密杀害。

链接二：

山阴路历史风貌保护区大修

2022年1月，位于虹口区的山阴路历史风貌保护区开启了"时光魔法"，21处优秀历史建筑、27处里弄房屋将陆续启动大面积修缮工程，"有故事的老房子"再现当年风采。山阴路历史文化风貌区位于虹口区东北部，

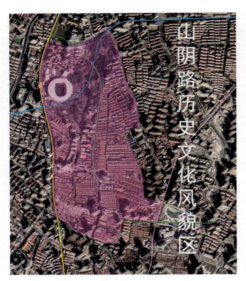

虹口区山阴路历史文化风貌区

包括多伦路、山阴路和甜爱路及周边民居区，风貌区保存有石库门里弄、花园洋房等建筑。历史上，鲁迅、茅盾、瞿秋白等一批文化名人都在此留下了足迹。

曾联松故居周边（山阴路145弄）、永安里周恩来旧居周边（四川北路1953弄）、木刻讲习堂周边（长春公寓）、内山书店周边等一批市民耳熟能详的红色文化、海派文化地标皆在此次大修范围内。平衡好"百姓民生"和"历史风貌"两方面是这次修缮工程的重中之重。为此，区房管局联合多个部门在工程前期排摸现有老建筑的使用状况，聘请设计单位对建筑的历史图纸、历史信息、原始工艺等进行详细考证。在此基础上，编制成设计方案，最大限度保留建筑的历史信息。除了还原建筑的历史风貌外，此次修缮工程还一并提升居民的住房环境，房屋结构排险、公共部位楼梯检修、线路改造、白蚁防治等修缮内容将提高老房子的安全性能。在此次修缮名单中，位于山阴路2弄的千爱里于2022年开启修缮。千爱里是上海市第三批优秀历史建筑，建于20世纪20年代，建筑风格为新式里弄。鲁迅先生友人、内山书店老板——内山完造的家就位于弄内。此次千爱里修缮范围涉及建筑外立面、屋面、正入口天井、室内进厅、楼梯间、公共走道等区域，在提升使用功能的同时，保护建筑结构，完善配套设施，还原历史风貌。

除了对优秀历史建筑保护和修缮外，一批"老弄堂"也被列入大修名单。位于山阴路57弄的四达里建于1912年至1936年，已是一位"百岁老人"，因建造年代久远，四达里不仅内部结构老化，外观也呈现老态。如今，这位"百岁老人"正经历着一场"大手术"，此次修缮分为建筑外部修缮、建筑室内修缮和室外总体改造，涉及建筑外屋面、墙面、雨棚、晾衣架、弄堂口景观等多方面。百年弄堂不仅将恢复往日容颜，而且仍将保留石库门的烟火气。

链接三：

石库门文化有了保护传承基地

2016 年 1 月 25 日，"上海石库门文化保护传承基地揭牌仪式"在位于上海音乐谷的上海石库门文化研究中心举行。上海石库门文化保护传承基地作为上海首个高端平台，将发挥引擎和辐射作用。

虹口是海派文化的发祥地，石库门文化历史积淀深厚。为了推动保护和传承石库门文化，提升城市文化的软实力，基地成立后，将在国家文化部、上海文广局的指导下，与虹口区政府紧密合作，共同推动"国家级上海石库门文化生态保护实验区"申报，同时携手嘉兴社区共建海派文化体验社区，推动城市更新中传统社区的复兴。此外，基地还将与上海工艺美术学院进行战略合作，充分运用和发挥专业院校和科研机构的设计研发能力，推动海派艺术传统工艺的传承发展和推陈出新。同时将构建"石库门海派艺术创意产业孵化平台"，为致力于海派艺术创意人才提供孵化空间和政策支持。揭牌仪式前，由上海石库门文化研究中心策展建成的"石库门生活艺术体验馆"和"海派生活艺术创意设计展"同期开幕，多维度地呈现了海派文化的传承和创新。

多伦路文化名人街

推出"27条"打造文化强区

2018年1月，虹口正式下发《中共虹口区委、虹口区人民政府关于推进文化强区建设的决定》，明确了虹口文化强区建设的主要目标和主要任务等27条内容。虹口将加大海派文化的传承、研究和创新发展力度，建成开放多元的海派文化传承发展区，扎实推进"开天辟地——党的诞生地发掘宣传工程"和红色文化建设，努力实现城市精神凝聚力更强、文化创新创造力更强、公共文化服务力更强、文化产业竞争力更强、国际文化影响力更强。

"27条"中的一大亮点，是全力打造"两轴多圈"，优化虹口文化发展空间布局。其中，"北外滩文化发展轴"包括：加快推进上海犹太难民纪念馆扩建、上实艺术中心、北外滩露天剧场等地标性文化项目；积极引

上海旅游节在虹口北外滩盛大开幕

新时代非凡十年的虹口答卷

白马咖啡馆

入博物馆、美术馆、展览馆、实体书店、画廊以及艺术品拍卖机构等文化设施；定期举办北外滩财富与文化论坛、首席经济学家论坛、绿色技术银行高峰论坛等高层次论坛活动；加快"海上方舟"文博功能区开发和河口文化圈建设，形成综合性高端文化体验区。"四川北路文化发展轴"包括：加快推进"四川北路红色文化生态示范区"建设，重点推进中共四大纪念馆展陈优化、"左联"会址纪念馆修缮、上海文学博物馆、四川北路剧场群以及多伦路、甜爱路特色街区建设等项目；充实提升海派文化中心、多伦现代美术馆、朱屺瞻艺术馆等场馆内容建设，加强场馆联动。继续深化"党的红色文艺之源"发掘利用，繁荣红色文艺创作和展演，开发红色旅游项目，集中展示中国共产党早期城市斗争史和先进文化、革命文化发展史。

"多圈"指的是特色多元的创意文化圈。提升音乐谷地区的音乐产业集聚融合效应，打造全国一流的国家音乐产业基地。围绕环上大地区，推进与上海电影学院的合作，形成以影视创制为特色的创意文化圈。深化广纪路创意片区更新，完善数字出版和创新创业服务平台，加快集装箱创客走廊等项目建设，形成大柏树地区以数字出版为特色的创意文化圈。围绕精

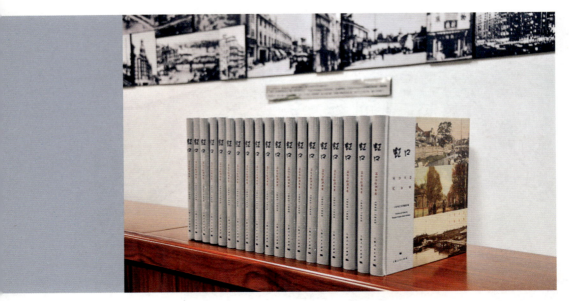

《虹口（1843—1949）》

武体育总会、鲁迅公园、虹口足球场、甜爱路等区域，促进文商旅体融合联动，形成体验式消费为特色的创意时尚文化圈。

此外，对于丰富的历史文化资源，探索建立虹口历史文化遗产数据库，建成"没有围墙的红色博物馆"，实现虹口红色场馆的全媒体阅读；科学保护利用历史建筑资源，高标准推进成片保护和改造试点；完善文物保护管理体制；创新保护利用历史名人资源。重点打造音乐、数字、影视产业高地，支持时尚设计、体育赛事、演艺产业发展，借力"互联网＋"新动能，推动传统文化产业改造升级。

对于市民来说，虹口城区的文化氛围将更加浓郁，公共文化体系建设将更加完善。探索成立公共空间景观与艺术专家委员会、城市雕塑委员会、城市雕塑艺术委员会等，打造浓郁文化氛围的高品质、高品位城区；广泛开展城市微更新，统一规划设计，提升社区标识性和环境人文品质。实现10分钟公共文化服务圈全覆盖，推进"虹口文化云"2.0等，努力实现公共文化服务社会满意度达全市先进水平。与此同时，本区将加强虹口国际文化传播能力建设，提升上海犹太难民纪念馆国际影响力，以上海犹太难民纪念馆扩建为契机，推进申报"世界记忆遗产"，探索成立国家专家委员会和理事会，并逐步建设精武文化发展中心。创设宣传文化事业专项资金，整合优化文化创意产业基金、文化金融合作发展等各类专项资金。虹口区积极制定《文化强区 2018—2020 年三年行动计划》，以项目化方式推动文化强区建设的相关工作。

链接一：

上海文学馆启动建设

2022 年 8 月 16 日，上海文学馆开工活动在虹口区武进路 439 号举行，文学馆将于 2024 年建成并对公众开放，沪上将再添文化新地标。

上海文学馆选址文化资源丰富的虹口——这片区域不仅地理位置极其优越，南邻北横通道，地铁 10 号线四川北路车站，距离外滩 800 米，距离陆家嘴 2 公里，更曾是中国现当代文学群星璀璨之地。在 20 世纪二三十年代，鲁迅、茅盾、郭沫若、巴金、丁玲、柔石、施蛰存等大批知名作家在虹口工作，鲁迅先生的最后十年在此度过，茅盾先生的笔名在此诞生，在这里曾掀起了中国现当代文学创作的热潮，影响了中国现当代文学发展的方向，成为上海的城市文化记忆中的重要篇章。

建成后的上海文学馆地上总建筑面积约 1.4 万平方米，由"宸虹园"等 3 幢优秀历史保护建筑及 1 幢新建建筑组成。主体建筑（新建筑）的设计方案，根据所属风貌保护街坊的特征，更注重新、老建筑之间的呼应和融合，并在外立面中注入红色元素的表达，在体现虹口深厚红色文化底蕴的同时，也让时空与时空交流和互动起来。上海文学馆将以国家一级文学馆为建设目标，以上海文学史料等文物资源研究为基础，突出展示海派文学与中国近现代文学发展历程，实现征集保护、陈列展示、

上海文学馆位置图

学术研究、公共教育、文化交流等功能，将成为汇集全球文学艺术资源，追思前贤、启迪后学、传承文明、服务社会的重要平台。

链接二：

虹口区历史文化风貌区和优秀历史建筑保护委员会成立

2016年6月20日，虹口区历史文化风貌区和优秀历史建筑保护委员会、虹口区历史文化风貌区和优秀历史建筑保护委员会办公室成立暨揭牌仪式在白马咖啡馆举行。区委书记吴信宝，区委副书记、区长曹立强，上海市住房和城乡建设管理委员会副主任杨渝，副区长李国华出席仪式并为虹口区历史文化风貌区和优秀历史建筑保护委员会、保护委员会办公室揭牌。副区长钱元运主持揭牌仪式。市住建委历史建筑保护处、市规土局历

1933 老场坊

史风貌保护处、市文物局文物保护处主要负责人，区相关部门、街道和单位代表出席。仪式结束后，与会领导参观了白马咖啡馆二楼的虹口区历史风貌区、优秀历史建筑展览。

虹口区现有两片半历史文化风貌区，历史风貌街坊22个，不可以移动文物305处，随着上海市第五批优秀历史建筑的公布，虹口区优秀历史建筑总量已达98处。为积极落实中央和市委、市政府强化历史文化遗产保护的有关精神，在市历保委、市住建委、市规土局、市文化局的大力支持下，本区成立历史文化风貌区和优秀历史建筑保护委员会，下设由区房管局、区规土局、区文化局组成的保护委员会办公室，具体负责历史文化保护的各项协调工作。

《关于全力打响文化品牌　推进文化强区建设的三年行动计划（2018—2020 年）》发布

2018 年 5 月 3 日，虹口区召开文化发展大会，会上发布《关于全力打响文化品牌　推进文化强区建设的三年行动计划（2018—2020 年）》（以下简称《计划》）。《计划》围绕海派文化发祥地、先进文化策源地、文化名人聚集地展开，共有六个方面，并分解成 33 项重点工作 60 条工作任务。《虹口区宣传文化事业专项资金管理办法（试行）》同时出台。会上，虹口区政府与上海市作协签署了上海文学博物馆合作协议，博物馆选址虹口四川北路，地上占地面积 12500 平方米，筹划共建以近现代海派文学为主题内容，集收藏、研究、教育、交流为一体的现代化专业博物馆。

虹口区将围绕"先进文化策源地"，打响红色文化品牌；围绕"海派文化发祥地"，打响海派文化品牌；围绕"文化名人聚集地"，打响文化名人品牌；围绕弘扬城市精神，打响城市品质提升和公共文化空间品牌；围绕文化惠民，打造公共文化服务系列品牌；围绕加快文创产业转型升级，打造文创产业品牌等六大品牌，将虹口打造成为上海国际文化大都市建设的核心承载区之一。

深度挖掘红色资源，打响文化品牌。2018 年，启动实施"左联"会址纪念馆修缮和展陈改版，2019 年完成；围绕"左联"文化开展文艺创作，在创排演出"海上初心"多媒体情景朗诵剧的基础上，启动相关校本剧创作，用文艺的形式让党的红色故事走进校园、走进青少年；创作以"左联"为背景的各类大型话剧、歌舞剧等文艺作品，编辑出版先进作家在虹口创作的红色文学经典作品集。同时，虹口做实中共四大研究中心，与市党史学会合作开展"中共四大与支部建设"等课题研究，策划筹建上海红色文化研究会，为推进红色文化的研究和传播、打响红色文化品牌提供智力支持。

编制虹口文化遗址旧址目录和地图。虹口区将分类梳理和研究区域内红色文化、海派文化、名人文化旧址遗址，运用新媒体技术挖掘遗址旧

中共四大纪念馆"小红花"志愿讲解员展演《可爱的中国》

址的故事和特点，编制发布虹口文化遗址旧址目录和地图，并运用二维码"扫一扫"技术实现场馆的全媒体阅读。虹口还将与市有关部门合作策划开发6条"发现之旅"红色主题旅游线路，加强对区内留有红色印痕、海派印象、名人印记的里坊、建筑等的整治修缮，不断充实打造虹口"没有围墙的博物馆"。依托"虹口记忆"工程，虹口将完善文物保护管理机制，建立一幢一册档案，建立健全历史文化遗产资源和优秀历史建筑资源的长效保护机制，鼓励文物使用单位或民间力量，健全文物安全管理网络，按照相关法规保护性开发利用文物资源。

虹口将重塑苏州河河口、提篮桥历史风貌区功能。以星荟中心、苏宁宝丽嘉等项目开业带动苏州河口商旅文联动发展；发挥北外滩区域空间优势，加大对"上海源"文化地标的塑造宣传；打响虹口作为"上海证券、上海航运、上海邮政"三大发祥地品牌，推进中国证券博物馆、上海邮政博物馆、码头文化露天博物馆等文博场馆和空间建设，展现具有浓厚海派文化特色的金融、航运和邮政发展史。

启动扩建上海犹太难民纪念馆。将实施提篮桥历史风貌区的整体保护开发，推进上海犹太难民纪念馆扩馆、提篮桥监狱功能调整、东山电影院功能置换等工程。届时，风貌区将与上实中心音乐剧场、星港国际等大项目形成

《沈尹默文献》

联动，推进打造形成集文博、休闲、商旅功能为一体的"海上方舟"特色文化主题区域。虹口启动上海犹太难民纪念馆扩建工程，讲好犹太难民避难上海等历史，为传播和践行"人类命运共同体"理念发挥积极作用；启动多伦路文化名人街提升计划，逐步恢复电影小舞台、鸿德堂夏至音乐日、文化集市等特色文化活动。同时，虹口将打造四川北路剧场群，建设苏州河北岸文化演艺集聚区。整合国际电影院、嘉兴影剧院、邮电俱乐部剧场等资源，推进胜利影剧院、群众影剧院、解放剧场的改建。着力打造上海音乐谷音乐产业品牌和国家数字出版基地（虹口园区）品牌。2018 年 10 月 19 日鲁迅逝世日，虹口举行全国首个鲁迅文化周活动。除了举行鲁迅纪念日公众祭扫活动，还举办"文化名人与城市精神"文化论坛，邀请绍兴、杭州、南京、北京、厦门、广州、东京、仙台等与鲁迅相关的城市代表参加。同时，举行鲁迅诗文品读会等系列活动。围绕鲁迅、茅盾在虹口的生活工作轨迹，规划设计"鲁迅小道"和"茅盾小道"，配套策划线上线下活动等。

链接一：

中国证券博物馆开馆

2018 年 12 月 22 日，中国证券博物馆开馆。中国证券博物馆位于上海

中国证券博物馆

市虹口区黄浦路 15 号，总建筑面积 16563 平方米，展厅建筑面积 4000 平方米。中国证券博物馆于 2018 年 1 月经中央编办批复成立。1990 年 11 月 26 日，上海证券交易所创办于浦江饭店。同年 12 月 19 日，上海证券交易所正式开业。2017 年 12 月 29 日，上海证券交易所与上海市衡山（集团）公司正式签订长期租赁合同，租用浦江饭店作为中国证券博物馆场馆。

孔雀厅举办展览：中国资本市场改革开放历程展。伴随着我国改革开放逐步深入，资本市场应运而生。在党中央、国务院的坚强领导和亲切关怀下，在有关各方的共同努力下，资本市场从小到大，由弱到强，与全球资本市场的关系愈加紧密，不仅实现了历史性变革和跨越式发展，也为我国金融体制改革和经济社会发展作出了重要贡献。本展览以场景还原、实物展陈以及多媒体展示等形式浓缩了中国资本市场改革开放的不平凡历程。展览分为"应运而生""逐步成长""重要成就""展望""结束语"五个部分。

礼查厅举办展览：世界与"一带一路"交易所文化展。世界与"一带一路"交易所文化展共分两个区域。序厅，主屏幕呈现的是"一带一路"中国倡议主旨，63 面国旗组成的旗林代表所属 78 家世界各国和地区的交易所。主展厅，四角设置的多媒体装置分别介绍主要国际交易所组织和亚洲区、欧非中东区、美洲区的各个交易所的概况；东西两侧展柜对应陈列国际组织及交易所提供的展品；主屏幕展现世界资本市场发展简史；中心区域展柜主要陈列世界各主要交易所及世界 500 强公司的股票。

上实中心项目开工

2017年9月，位于北外滩的上实中心项目举行开工仪式。未来，地标型文化综合体项目、包括超甲级写字楼及文化型商业设施的北外滩上实中心项目将在虹口北外滩地区拔地而起，为上海观众带来百老汇体验的2000座剧院上实中心剧院也将落成，剧院将持续上演百老汇音乐剧。作为虹口区未来文化娱乐综合体的旗舰代表，借由包括音乐剧在内的各类文化、娱乐项目的强大号召力，这里将成为上海新的城市文化地标。

上实中心剧院由美国专业剧院设计事务所WRL韦斯莱设计，设计理念为"会发光的珍珠"：外立面采用通透玻璃幕墙加镂空铝板设计，内部演出厅部分可发出优雅灯光，呈现出一种水晶盒子内放置一颗璀璨明珠的美妙观感。根据规划，剧院观众席分3层，共设2000座。为了配合音乐剧在大型道具、布景方面的要求，剧院后台的辅助空间设置了两个供大型集装箱开车同时卸货的平台，同时保证大型车辆的周转要求，实现货物直接输送至舞台。上实中心剧院将由全球最大的娱乐演出公司之一倪德伦环球娱乐有限公司联手上实集团共同打造。运营方将运用历经104年所积累的

北外滩友邦大剧院（原上实中心剧院）

百老汇剧院管理专长，为上海观众带来原汁原味的百老汇体验，让观众欣赏到优秀的百老汇剧目。上实中心剧院在未来建设过程中将把附近的聂耳旧居移位改造，与剧院通过玻璃体通道紧密结合，并将文化主题咖啡及纪念品、票务销售融为一体，成为虹口区北外滩地区地标型文化设施。

链接三：

首批 40 处历史建筑挂牌

5月18日是国际博物馆日，结合2018年的主题"超级连接的博物馆"，虹口区选择北外滩地区的首批40处历史建筑举办挂牌活动。当天活动现场，主办方以"丁玲旧居"挂牌为示范，现场扫二维码，展示扫描后呈现的内容简介、建筑图片等内容。中共四大纪念馆的讲解员则诵读表演了丁玲的作品《五月》。活动结束后，与会的百余名青年党团员护送"丁玲旧居""景林堂""东吴大学法学院旧址""商务印书馆虹口分店旧址""大桥大楼"的标牌至对应的历史建筑进行挂牌。沿途可探寻北外滩街道的历史建筑、历史名人和历史事件，了解虹口历史。

建筑可阅读

虹口是一个历史人文积淀深厚的区域，各类旧址遗址、名人故居、优秀历史建筑星罗棋布。习近平总书记对虹口文化资源作出了高屋建瓴的定位：海派文化发祥地、先进文化策源地、文化名人集聚地。时任上海市委书记李强强调，历史建筑、历史风貌是一座城市活着的历史，是非常宝贵的财富。要保护好历史文化遗产，讲好城市故事，留住城市记忆。2018年年初，中共虹口区委、虹口区人民政府提出了《关于推进文化强区建设的决定》，指出要"运用新技术、新媒体整合推广优秀历史文化，传播历史文化背后的历史故事"。为了讲好历史建筑背后的故事，虹口区力求通过现代信息技术，将全区120处历史建筑和名人故居串联，构成现实与数字结合的"没有围墙的博物馆"。每处挂牌历史建筑都将增设二维码，只要扫一扫，便能呈现出内容简介、建筑图片等。

打造"四川北路红色文化生态示范区"

　　2017 年 12 月 10 日，虹口区出台《关于加强红色文化建设的意见》（简称《意见》），《意见》提出虹口将着力打造"四川北路红色文化生态示范区"，建造一个没有围墙的"红色文化博物馆"，让红色文化变成身边看得到、感受得到的文化现象。

　　虹口是海派文化的发源地，拥有独特的红色文化资源和深厚的红色文化底蕴，是上海"党的诞生地"的重要区域。虹口的红色文化是先进文化和革命文化的重要组成部分，此次虹口区推出的"四川北路红色文化生态示范区"，面积近 2 平方千米，以四川北路为中轴，从南部武进路至北部鲁迅公园，涵盖两侧支马路和旧里弄，目前有红色文化遗址旧址 57 处，是上海和虹口红色文化遗址旧址最多的区域之一。

中共四大纪念馆序厅

打造"四川北路红色文化生态示范区"，将通过区域内众多红色文化遗址旧址集中展示中国共产党早期城市斗争史和先进文化、革命文化发展史，带动虹口的红色文化建设，激发广大群众参与红色文化建设的热情。"四川北路红色文化生态示范区"的建设，也是虹口区为迎接和庆祝中国共产党诞辰100周年的一个重要项目。

"四川北路红色文化生态示范区"将以中共四大纪念馆创建成为全国爱国主义教育基地为契机，加大对区域内的重要历史事件、文化名人场馆布展策划力度，通过对各个场馆功能定位和布展内容研究，形成示范区内各场馆之间的联动体系。如对"中国左翼作家联盟会址纪念馆"及其相关项目保护性开发，在2020年"左联"成立90周年时完成对纪念馆的修缮及展陈更新；在现有"多伦路街区的红色记忆——白色恐怖下党的城市斗争"现场教学区的基础上，进一步深度开发"四川北路城市斗争史"等红色文化体验项目；研究开展鲁迅的各种纪念活动，进一步弘扬"鲁迅精神"；通过举办红色展览，开发红色旅游项目，实现"红色文化生态示范区"的文、商、旅综合配套整体开发。

《意见》指出，虹口是中国共产党早期传播马克思主义、开展革命斗争的重要阵地，也是中国共产党最早开展革命文化斗争和红色文艺实践的地方。在虹口诞生的"左联"，是中国共产党所领导的最早的有组织、有系统、有影响的文化团体，积淀着最早一批革命文化先驱的创作历程和大量的红色文艺作品。虹口将深化"党的红色文艺之源"的发掘利用，加大对虹口红色文化名人的研究和展示，展现虹口在党的红色文艺发展史上的重要作用。以鲁迅、茅盾、瞿秋白、丁玲、田汉、聂耳等大批文化名

中国左翼作家联盟会址纪念馆

人在虹口的故事和创作的作品为原型，开展形式多样的文艺创作和文艺展演，打造系列红色文艺创作高地。

《意见》还包括了用文艺的形式让党的红色故事走入校园、走进青年、走进楼宇、走进白领的内容。在区域内各大图书馆、实体书店、市民驿站、菜场书屋增加红色书籍数量，在学校推广红色校园读本，从家庭做起，从娃娃抓起，增强市民群众阅读和感悟红色经典的便利性，扩大"红色阅读"引导力和辐射力。同时，

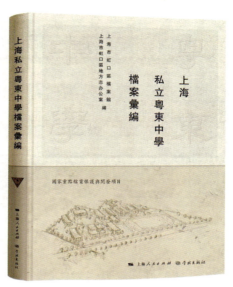

《上海私立粤东中学档案汇编》

虹口区将通过学术研讨、文化交流等方式，加大"海派文化"和"红色文化"关联性研究，鼓励专家学者、民间团体共同参与，进一步把虹口的红色传统发扬好和传承好，不断推进红色文化的大众化实践和现代化意义，把红色文化传承与文明创建工作结合起来，提高市民文化素养。通过对虹口整个区域内的 85 处红色文化遗址旧址分层梳理，运用新媒体技术将遗址旧址的故事和特点挖掘出来，切实做到"有明显标识、可扫码阅读、有内容陈述"，逐步做到能"开门进人"，从而打造一个没有围墙的"红色文化博物馆"。

链接一：

1925 书局重装亮相

2021 年 6 月 26 日，坐落于虹口区四川北路 856 号的 1925 书局重装亮相。坐落在四川北路红色文化生态示范区的 1925 书局，前身是商务印书馆

1925 书局

虹口分店。该书局建成年份为 1925 年，故 1925 作为书局名字的一部分被沿用下来。2021 年升级改造后的书局焕然一新，作为上海唯一一家经营百年的红色主题书店，它既是红色文化图书销售和阅读的空间，又是红色文化内容研讨和活动的基地。

　　走进书局，映入眼帘的便是一座造型独特的"火炬"书架，以"星星之火，可以燎原"为设计理念，寓意革命火种生生不息、红色文化传承不息。一楼大堂还引入了土生土长的上海老品牌"上海咖啡"，为读者还原小时候铝锅煮咖啡的香甜记忆。沿着楼梯拾级而上，便是以老一辈无产阶级革命家陈云奋斗岁月为主题的展览。1925 年至 1927 年，陈云同志是商务印书馆虹口分店店员，他在这里吸收新思想新知识，追随党的脚步，毅然投身革命，加入中国共产党。在此期间，陈云同志参加了五卅运动和上海工人第三次武装起义，领导了商务职工的罢工。透过二楼花式玻璃窗，就能看到一墙之隔的著名女作家丁玲的故居。当年，丁玲时常来此买书。这里还是鲁迅先生常来买书和领取稿费的地方。穿过一片"石库门"后，来到名为"新华里"的沉浸式红色文化阅读空间。这里以"铭党史、砺初心"为主题的党史学习资料非常丰富，能帮助读者深入回顾党的百年历史与辉煌成就。除了红色文化阅读空间，书局还引入了全息展示、AR 互动体验等创新科技，通过沉浸式红色党建项目，使红色文化的传播更加鲜活生动。穿越百年沧桑，书局历久弥新。通过深挖红色历史，讲好红色故事，创新红色文化传播方式，1925 书局吸引更多年轻读者走进这里，让红色基因在书香中不断传承，让红色文化不断焕发新时代光彩。

"左联"会址纪念馆重新开馆

2018年，"左联"会址纪念馆启动了近20年来最大规模的修缮改建和展陈改版工程。2020年5月18日，修缮后的"左联"会址纪念馆重新开馆。新的纪念馆展陈面积由原来的100多平方米扩展到现在的350平方米。馆内陈列了300多张照片、400多册旧版书刊、100多件（套）"左联"盟员使用过的实物和10多个多媒体装置，不仅再现了"左联"的活动历史，而且还从不同的角度反映了剧联、美联、社联及电影小组的活动，较为完整地呈现了左翼文化运动史。

修缮后的纪念馆共有三个展厅楼层，一层由场景复原、序厅、接待室、文创商店、服务中心所组成。二层由"左联"历史展厅、观影厅组成。阁楼层主要展示"左联"的影响和传播。此次修缮的亮点在于外墙面丰富的各类材质，有肌理粗粝的干粘石墙面、表面细腻的水刷石墙面，还有清水

"左联"会址纪念馆内景

红砖墙面。修缮前，不同墙面均受到不同程度的损坏，针对不同材质的损坏程度分别进行处理，使得修缮后的外立面与建筑原貌充分协调，再现了建筑当年的风采。修缮前的阁楼空间内布置局促压抑，储藏室内堆积着左翼联盟当时的手稿原件，没有展示出原有阁楼空间的独特价值。修缮后的阁楼空间，完整展示出原有的木屋架，对建筑所有木材进行了防虫防腐处理，整体形成一个开放的展陈空间，同时也是老电影放映厅。

链接三：

"神舟十二号"搭载国旗入藏国旗教育展示厅

2022年2月，"神舟十二号"飞船搭载的五星红旗入藏位于虹口区四川北路1468号的国旗教育展示厅。

五星红旗和虹口的渊源颇深，曾长期居住于虹口的曾联松先生是五星

国旗广场

红旗的设计者。1949年10月1日，中华人民共和国成立，新中国第一面五星红旗于当天升起，而在这之前，曾联松的样稿从3012份投稿中脱颖而出，经全国政协第一届全体会议通过，成为中华人民共和国国旗。"神舟十二号"飞船搭载的国旗展现了航天人"特别能吃苦、特别能战斗、特别能攻关、特别能奉献"的载人航天精神，更寄托了航天工作者爱党爱国的赤子情怀。将这面光荣的旗帜留给虹口，留给国旗教育展示厅，既为场馆增添光彩，更延续了"神十二"搭载国旗的精神价值。

国旗教育展示厅目前还收藏有中国人民海军保定舰、嘉兴舰、海军某潜艇部队和海军佘山观通站执行任务时所使用的国旗，以及三沙市升旗仪式所使用过的国旗等实物藏品。未来，国旗教育展示厅将继续丰富馆内藏品，并以丰富详实的史料和生动激昂的鲜活事例，进一步讲好国旗故事、中国故事。

鲁迅公园

举办首届"鲁迅文化周"

　　2018 年 10 月 19 日，首届"鲁迅文化周"活动在虹口拉开大幕。虹口作为"海派文化发祥地""先进文化策源地""文化名人聚集地"，曾经居住过大批文化名人。鲁迅先生最后十年生活在虹口，鲁迅先生的众多作品在虹口诞生，虹口也是鲁迅先生最后的安息之地，有多座相关纪念场馆。"鲁迅文化周"由中共虹口区委宣传部与鲁迅文化基金会主办，作为虹口打响"文化品牌"的重要载体，通过延续先进文化血脉，弘扬文化名人精神，让虹口成为先进文化栖息之地和弘扬之城。本次鲁迅文化周以追忆、共读、品味、感知和实践五个单元为主题，通过 9 项活动，纪念鲁迅先生、品读鲁迅作品、弘扬鲁迅文化，让鲁迅精神在当代生动起来、立体起来、鲜活起来。主要内容包括：鲁迅纪念日公众祭扫活动、文化名人与城市精神对话会、《狂人 100》版画精选展、2018 鲁迅校际交流会年会暨"鲁迅教育思想"理论实践基地启动、多伦文艺沙龙、建投书局鲁迅主题月、"鲁迅与虹口"专题展览、鲁迅纪念馆情景剧《我以我血荐轩辕》以及"左联"会址纪念馆创排浸入式话剧《为了忘却的记念》等。

10月19日是鲁迅先生纪念日。上午，由鲁迅文化基金会发起公众祭扫活动，旨在唤起群众对鲁迅应有的尊崇和敬意。来自绍兴、北京、东京等与鲁迅有缘的城市代表，和虹口各界群众将集聚在鲁迅公园，在庄严肃穆的氛围中向鲁迅墓敬献鲜花。下午，"与鲁迅有缘的城市"文化名人与城市精神对话会将在上海海派文化中心举行。会议邀请来自绍兴、南京、杭州、北京、厦门、广州、上海、东京的鲁迅足迹城市代表共话友谊，探讨城际文化交流的前景及途径。10月20日上午，"狂人100"中国版画大展精品展开幕式将在海派文化中心举行。本次展览征集了岳敏君、方力钧、杨锋、张敏杰等著名艺术家、版画家的作品，又着重推出了一批30岁左右青年艺术家的新人新作，展示了当代版画的新的活力。10月20日下午，由鲁迅文化基金会发起的全国鲁迅学校校际交流会举行第十三届交流活动。今年恰逢首届鲁迅文化周举办，赋予此次交流会特殊意义。本次交流会的主题是"鲁迅立人教育思想探讨及实践"，吸引来自北京、上海、杭州、绍兴的18所与鲁迅有关的学校代表。虹口和与鲁迅有关的学校将深入交流鲁迅立德立人的精神，共同探索在"立人思想"的指引下每一位孩子的成长，以作为对鲁迅先生的最好的纪念。10月21日，建投书局以"今夜，让我们一起聊聊鲁迅"在网上发出招募令，吸引"80后""90后"青年，在专业领读人带领下，探索鲁迅文学的精髓，挖掘鲁迅文学的时代意义。虹口区各个图书馆和书店都在鲁迅文化周期间开展相关阅读活动。其中，"网红书店"建投书局的鲁迅作品主题月独树一帜。10月23日，虹口区委宣传部、区文化局与长远文化集团共同在"多伦文化艺术空间"举办《鲁迅与虹口》大型图片展。展出以鲁迅在虹口的三处居住地为主线，用历史图片和史料讲述了90年前，鲁迅与妻儿的温馨甜美，与共产党

"鲁迅文化周"宣传海报

公众祭扫活动

人的肝胆相照，与国际友人的文化交流，对左翼青年的鼎力相助，将鲁迅在虹口的家庭生活、朋友交往、文化活动等进行系统展示。

10月24日，在鲁迅纪念馆演出情景剧《我以我血荐轩辕》。《我以我血荐轩辕》取材于鲁迅冒着生命危险为杨铨送殓这一历史事件。鲁迅送殓时已被敌人列入暗杀名单。他平安归来后，依旧沉浸在悲愤中，写下了《悼杨铨》："岂有豪情似旧时，花开花落两由之。何期泪洒江南雨，又为斯民哭健儿。"鲁迅纪念馆创排的这出情景剧生动展现了鲁迅作为一名革命人的骨血与勇气，以及鲁迅精神中所蕴含的为正义而牺牲的民族精神。10月25日，虹口区委宣传部与上海话艺合作创排的《为了忘却的记念》文学剧将在"左联"会址纪念馆里实景演出，演绎了鲁迅与白莽（殷夫）、柔石在文学事业与生活上的多次交往和感触，特别记叙了他们被捕后的狱中生活以及遇害的情景。演出作为"鲁迅文化周"的闭幕演出举行，来自社会各界的青年将小小的"左联"会址纪念馆围满，让故事在一瞬间穿越到百年前的风云岁月。

链接一：

"鲁迅小道"开设

2019年10月19日至25日第二届鲁迅文化周期间，虹口正式推出

"鲁迅小道"。"鲁迅小道"将6处与鲁迅先生联系密切的场所（包括3处故居所在地、2处文化旧址，和1处文化空间）串联起来，通过展览、宣讲、游览等方式，让市民群众可以漫步"鲁迅小道"，走进历史、体味文化、感悟鲁迅先生以及先生所独有的人格魅力。

"鲁迅小道"示意图

"鲁迅小道"的起点从鲁迅到上海后第一个居住地景云里开始。通过"鲁迅与景云里文化名人"的陈列，讲述鲁迅在景云里居住的两年零七个月中发生的故事，展现他与茅盾、叶圣陶、柔石、冯雪峰、陈望道等一批文化名人的往来，在二楼的实景还原中体会鲁迅在景云里的生活；第二处场所是"中国左翼作家联盟会址纪念馆"，鲁迅先生在这里发表了著名的《对于左翼作家联盟的意见》，与柔石等革命青年建立了深厚的友谊；第三处场所是位于多伦路的多伦文化艺术空间，在这里可以看到《鲁迅的文化生活》专题展览；第四处场所是鲁迅在虹口的第二处住所拉摩斯公寓，在这里可以看到鲁迅与瞿秋白、陈赓、陈云等共产党人密切交往的生动故事；第五处场所是山阴路和四川北路路口的山阴路工商银行（内山书店旧址）内，它展出了"鲁迅与国际友人内山"的交往故事，因为这个展览办在银行里，所以这里也被称为"最有文化的银行"；第六处场所是鲁迅先生最后的居所大陆新村鲁迅故居。"鲁迅小道"串联起的六处场所，全长不过近1000米，有老弄堂、有街市，漫步在这条小道，能感受鲁迅在生命的最后十年的生活轨迹，追思先生往事。

"木刻讲习所旧址" 陈列馆开放

2021年正值鲁迅先生诞辰140周年、逝世85周年，为纪念鲁迅先生，弘扬鲁迅精神，9月25日，位于虹口区长春路319号"木刻讲习所旧址"陈列馆揭牌开放。

1931年8月17日至22日，鲁迅先生在此举办了暑期木刻讲习会。他邀请内山完造胞弟内山嘉吉主讲，并自任翻译。参加讲习会的共有学员13人，时间只有6天，却像一粒火种，燃起了中国新兴木刻运动的熊熊烈火。鲁迅之所以要倡导中国新兴木刻运动，源于"当革命之时，版画之用最广，虽极匆忙，顷刻能办"这句话，那些承载着炽热革命思想的文字虽然无法深入大众的理性认知，却可以依托木刻版画"看图识字"般的实用功能，去感染大众的灵魂，促使社会的变革和进步。木刻讲习所旧址的三楼仍保留住户，过道、楼梯边摆放木刻版画作品。整个展区还特别采用了马来漆等多种手段修旧如旧，还原历史风貌。修缮后的木刻讲习所旧址陈列馆进门处的围栏呈现锈红色的年代感，参加暑期木刻讲习会的13位学员的名字进行了镂空处理，低调也不突兀。走进陈列馆，能感受到虹口将这处红色革命遗址深度开发的心意。在木刻讲习所旧址二楼，一家以"艺术、文化、休闲、服务"为主题的"艺苑朝华"社区会客厅落成，本区把居委会办公场所"搬"入其中，探索居委"沉浸式办公"的新模式，打造共建共享的城市会客厅。设置"一网通办"终端，全岗通服务、沉浸式办公、共享空间的创新型居委会工作模式，落实"为

木刻讲习所旧址

人民"的社区建设理念。居民不需要跑一趟办公大楼或是机关，而是在家门口的红色文化场馆，就能轻松地实现自己的需求。余庆坊社区的居委干部们撤掉传统办公工位和窗口，打破条线界限，在二楼社区会客厅开放式办公，以无"阻隔"、面对面的服务，与社区居民"零距离"沟通交流。

链接三：

内山书店升级亮相

2022 年 11 月 26 日，"1927·鲁迅与内山纪念书局"在上海市虹口区四川北路山阴路历史风貌保护区内揭幕。这栋承载着诸多故事、见证了鲁迅先生晚年许多重要活动，连接着革命者与国际进步人士的场所，经过近一年的规划、设计、修缮后旧貌换新颜，将成为上海全民阅读会客厅和鲁迅文化传播地。为纪念鲁迅与内山书店的不解之缘，上海新华传媒连锁在虹口区政府支持下，联合长远文化集团和工商银行上海虹口支行，将原来仅百余平方米的内山书店旧址，以及前新华书店山阴路店和周围空间贯通后修缮改造扩展为 800 余平方米的"1927·鲁迅与内山纪念书局"。通过做旧的特制石灰墙面、木质框架饱经风霜后才能呈现的细碎裂纹等，让每一个过路人都能感受到来自 1927 年先进思想的萤火之光。

书局共有三层楼。一楼主要包括内山书店原址、"引玉集"、"南腔北调集"三个空间。一楼大厅的"引玉集"借用鲁迅编选的中国第一部苏联版画集《引玉集》之名，取其"抛砖引玉"的寓意，以博物馆式的陈列，深度呈

1927·鲁迅与内山纪念书局

现中日文化交流的图书，并辅以海派文化、主题图书以及书店自主研发的文创产品，为百年老店注入本土、新鲜的血液；"南腔北调集"是"石藤"咖啡与"山内山外"花店的所在之地。石藤咖啡研发的限定特饮"朝花夕拾""社戏"，象征着鲁迅与许广平良缘的咖啡也会以特别的形式参与到品牌方和顾客的互动中。

二楼被划分为"而已集"和"集外集"两大空间。作为书店主要的经营区域，二楼将会为读者提供社会科学、哲学、美术、艺术、文学、影视等门类的精选书籍。"集外集"的长桌是读者阅读的位置，除了摊开放着《北斗》的座位——那是留给"丁玲"的。"而已集"的文创展台上，摆放着《为了忘却的记念》手稿，以及当年左翼美术运动制作的木刻版画主题明信片、信纸，制作木刻版画需要的工具等——鲁迅曾经大力推动木刻艺术在中国的发展，编辑出版了木刻画集。展陈装置上的这些小设计，意图带领读者穿越回到1927年，享受与现代文学青年"共处一室"的沉浸式游览、阅读体验。

在三楼，"华盖集""三闲集"分别坐落于书局两侧楼道的尽头，一大一小，一边严肃一边活泼。"华盖集"也是1927的收藏室，价值贵重的精品图书都计划在此处陈列。在这里，读者可以看到一位多元、立体的"大先生"。

"今潮 8 弄" 全新亮相

　　2021 年 12 月，66 幢弄堂老建筑被海派艺术新生活唤醒，随着四川北路武进路口的一批历史建筑完成改造修缮，虹口区滨港商业中心 "今潮 8 弄" 正式亮相。在 "修旧如旧" 的基础上，百年老建筑被注入文化文艺元素，以全新姿态再立 "潮头"，打造沪上文化艺术新地标。"今潮 8 弄" 是虹口区滨港商业中心的修缮保护街区，面积 1.2 万平方米，包括 8 条里弄、60 幢石库门房子和多幢优秀百年历史建筑。其中，既有历经百年沧桑的精致大宅 "颖川寄庐"，也有见证历史变迁的石库门弄堂社区 "公益坊"，融汇中西的 "宸虹园" 等。

　　虹口区对 "今潮 8 弄" 的改造修缮，在 "留" 的基础上更加注重 "修" 和 "用"，对老建筑修旧如旧、持续利用，将历史风貌保护、城市功能完善和空间环境品质提升有机结合，在以用促保中推动历史文化和现代生活融为一体。如始建于 1907 年的 "颖川寄庐" 就用足了 "绣花功夫"。无论是客堂间的木门、雕花楼梯，还是颇具历史韵味的拼花地砖，都在原料取样的基础上，重新定制部件，对整栋建筑进行全面修缮复原，还原历史风貌。而在 "公益坊" 民宅部分，相关单位也对清水砖墙作了重点修缮，清洗外立面、解决风化和伤病问题，做好墙面灰缝与保护界面剂，提升 "72 家房客" 老宅的防水与保温功能，并在墙体内侧做了加固处理，于建筑外墙设立沉降观测点，通过观测数据掌握房屋架构的变化。

　　"今潮 8 弄" 是虹口为城市更新所做的一次有益探索。近年来，虹口不断提升城区软实力，积极探索推进历史文脉全过程保护开发利用机制，在历史建筑的 "老瓶" 中注入文化创意的 "新酒"，在城区建设的新址中留存市民的乡愁。在今年上海国际电影节期间，虹口就将 "上海国际电影节纪录片" 单元系列活动首次引入 "今潮 8 弄" 社区公共空间，在晚间推出露天电影惠民放映，播放《大上海》《安藤忠雄：寄语下一代》《菊次郎的夏

"今潮 8 弄"

天》等电影佳作，让观众在百年建筑与光影交错间重温夏日露天电影的浪漫。2021 年 9 月，揭牌开放的"木刻讲习所旧址"陈列馆也是一例，虹口对"木刻讲习所旧址"修旧如旧，使历史建筑细节再次重现。

"今潮"注入老街，海派文化"靓"起来。一直以来，虹口大力弘扬城市精神和城市品格，不断促进海派文化的传承与发展，为其创新提供平台。在重塑"今潮 8 弄"风貌的过程中，虹口同时用现代文化、艺术的手段提升街区，将其打造成一个沉浸式演艺场地，诠释和演绎当下的生活潮流，赓续海派文脉。目前，由区委宣传部指导，区文旅局、中国上海国际艺术中心主办的"艺享申城"海派今潮艺术季正在这里举办，活动以"海派今潮"为主题，旨在以当代潮流生活对海派文化精神内核进行重新解读。艺术季将持续五个月，呈现艺术展览、文艺演出、学术交流、社区活动、文创集市等六大板块的文化艺术活动。

"艺享申城"海派今潮开幕演出季带来一系列跨界演出现场，让市民在闲逛、散步中，感受表演艺术与百年建筑历史交融的魅力；"城市奇遇·空间艺术展"集结 27 位艺术家的公共艺术作品，通过 3 个主题篇章——"城市森林、烟花迷宫、折叠未来"，引领市民回望海派文化记忆与市井生活的百态；"早春乐事集之回到虹口"文创集市通过货物分享、主题展览、手作工作坊，让参与者共同探索全球化下的在地生活。在"今潮 8 弄"内，艺

"今潮8弄"内一景

术将与街区完美联动，艺术家与地标交相辉映，舞台艺术的格局与边界不断突破，为市民游客提供丰富多彩的文化体验。

擦亮"文化三地"名片，传承城区历史文脉。"今潮8弄"所在的四川北路区域便位于"四川北路红色文化生态示范区"内，周边有红色文化遗址旧址57处，是上海和虹口红色文化遗址旧址最多的区域之一。"今潮8弄"所在的四川北路区域还曾是上海文化出版业最发达的地区，鲁迅、瞿秋白、丁玲等文学家都曾驻足于此，商务印书馆虹口分店旧址（今陈云"1925书局"）就在相距不远处。1912年，乌始光、刘海粟、汪亚尘等在乍浦路8号创办上海图画美术院（后改名为上海美术专科学校），掀开了中国现代艺术教育史上的第一页。该校几次迁址，1916年前的初创期校址均在"今潮8弄"辐射的区域内。"今潮8弄"所在的四川北路区域也是中国电影业重要的发祥地之一。1908年，西班牙商人安东尼奥·雷玛斯在乍浦路创办中国第一家电影院——虹口活动影戏园。鼎盛时期，虹口的影剧院数量超过半百，是上海重要的文化集聚地，特别是四川北路及其周边地区的影剧院更是成了上海的"半壁江山"。新一处文化地标的亮相，离不开虹口深厚的文化资源和底蕴。近年来，虹口不断擦亮"文化三地"名片，建成中共四大纪念馆5A级景区和全市首个国旗教育展示厅，完成中国左翼作家联盟会址纪念馆、李白烈士故居、"1925书局"等红色场馆改扩建，完成"留法勤工俭学出发地汇山码头"等革命遗址旧址纪念标识树碑，推动先进文化、海派文化、名人文化在交相辉映中激发创造活力。

虹口将以打造"今潮8弄"新兴文化地标为契机，逐步带动四川北路提升发展，并辐射一江一河，让当年"过河看影戏"的场景在虹口乃至北上海区域重现。在这个百年街区上，"今潮"涌动、风尚蔚然，历史文脉的底色将更加鲜亮。

链接一：

春阳里："留、改、拆"样板

2017年年底，全市旧式里弄区域首个"留、改、拆"内部整体更新改造试点项目——春阳里迎来了一期试点回搬的46户居民。

春阳里位于北外滩街道东余杭路211弄，建于1921年至1936年，是典型的上海老式石库门里弄建筑，属历史风貌保护街坊。随着上海城市建设和更新思路的"升级"，在保留保护历史建筑过程中改善居民生活条件的方式方法也在不断演进。2016年，春阳里成为全市旧式里弄区域首个"留、改、拆"内部整体更新改造试点项目。项目由市、区财政共同出资，房屋外部完全保留石库门历史建筑原风貌，内部在确保房屋结构安全的前提下调整功能，厨卫成套独用，让居民彻底告别"拎马桶"的生活。2017年年底，一期试点的46户居民全部回搬；2019年3月，二期试点的176户居民陆续回搬。通过更新改造，严重破旧老化、违法搭建遍布、各类线缆如蜘蛛网般错综复杂的老宅成为过去式。"新家"里，干净整洁的橱柜灶台、白色一体式的独立卫浴等一应俱全，曾经奢望的阳光也照进屋来，老房子又焕发了新的生机。

春阳里一期改造项目完全保留石库门历史建筑的原风貌

"上海音乐谷"获评 3A 国家级旅游景区

2015 年 4 月，国家旅游局批准，全国旅游景区质量等级评定委员会正式发布公告，上海音乐谷景区通过国家 3A 级旅游景区验收，成功被评为 3A 国家级旅游景区，成为上海开放型都市旅游景区。这也是继鲁迅公园、和平公园、上海犹太难民纪念馆之后，虹口区第四个 3A 国家级旅游景区。上海音乐谷景区以海伦路、溧阳路、四平路、周家嘴路的围合区域为主体范围，蜿蜒曲折的虹口港、俞泾浦、沙泾港三条河流交汇于此，串联起 1933 老场坊、老洋行 1913、哈尔滨大楼等 8 处历史建筑，并拥有 10 座古桥，及瑞康里、兰葳里等完整的石库门建筑群，其核心区域面积共 28 万平方米，形成了上海独有的里弄社区"都市水乡"。

2017 年 12 月 22 日，上海唯一的国家音乐产业基地在音乐谷授牌。上海国家音乐产业基地地处虹口区中部功能区内，规划面积 1 平方千米，以海伦路、溧阳路、四平路、梧州路的围合区域为主体核心范围。片区内俞泾浦、虹口港、沙泾港蜿蜒环绕，河道全长 1200 多米，并保留八座具有百年历史的桥梁，是目前上海唯一保存完整水系格局的历史文化风貌地区。区域内至今还遗存有大量独具虹口特色的石库门建筑群，留存至今的建筑都有着很高的历史价值与人文内涵。目前上海音乐谷由新汇娱乐集团音乐制作中心、1933 老场坊、半岛湾时尚文化创意产业园、老洋行 1913、1930 鑫鑫创意园、SNH 星梦剧院、三角地艺术园、纽班音乐培训中心 8 个区域项目构成。未来，国家音乐产业基地（音乐谷）将以"音乐+"创新融合发展模式，依托现有发展资源优势、创新型企业资源，逐渐形成国内外音乐机构集聚、音乐人才集居、音乐活动集中、产业服务集成的音乐文化产业发展承载区。音乐产业及关联产业总产值力争达到 20 亿元—25 亿

德必老洋行 1913

元；各园区项目内的音乐及相关产业集聚度达到 70% 以上，建立 1—2 个具有影响力的音乐品牌文化活动；重点建设 1 个音乐人版权交易平台，成为全国具有影响力的原创音乐人互联网版权交易平台；挖掘推动音乐粉丝经济创新商业模式的发展，形成规模经济。

链接三：

"一张车票"畅游北外滩

2015 年 6 月，都市观光旅游巴士 5 线（虹口线）正式开通，5 线是继 2010 年都市观光旅游巴士 1 线（浦西线）、2 线（浦东线）、3 线（世博专线）和松江旅游观光巴士线路后，观光巴士首次驶过苏州河，成为苏州河北岸地区的第一条观光线路。

"乐游虹口"线路串联起北外滩地区所有著名景点，沿外滩走外白渡桥驶入北外滩，途经上海大厦、上海港国际客运中心、北外滩、滨江绿地、公平路码头、上海犹太难民纪念馆、下海庙、苏州河游船码头、邮政博物馆等景点，最终再经外白渡桥返回外滩。通过此条线路不仅能够解开上海这座城市名字来历之谜，还能充分感受上海人民海纳百川的精神。该线是一条内涵丰富、别具风格的都市旅游线路，更是深度了解"魔都"的便捷之旅！5 线环线运行、全程约 10 公里，每天运营时间 9:30—18:00（外滩发车时间），每班间隔 30 分钟，每圈行驶时间约 60 分钟。市民游客只需一次性购买车票，就可在 48 小时内搭乘所有春秋都市观光旅游巴士线路。除了游览虹口区的景点外，还可前往人民广场、南京路步行街、外滩、城隍庙、陆家嘴及世博园址等景区，以及在公平路码头、金陵东路码头、复兴东路码头及东昌路码头免费乘坐黄浦江轮渡，畅游上海美景。

都市观光旅游巴士 5 线（虹口线）海报

"彩虹计划"打造区域素质教育品牌

　　2017 年，虹口教育公共服务供给侧改革"彩虹计划"（2017—2021）启动。"彩虹计划"涵盖立德树人工程、人文涵养工程、科学素养工程、自主学习工程、健康促进工程、国际交流工程和助学暖心工程等七大工程。实施"彩虹计划"是落实教育供给侧改革，推进素质教育的一项系统工程，满足虹口 6 万余名学生综合发展需求。

　　红色育人——立德树人工程：关注成长，挖掘内涵。坚持把立德树人作为提升虹口教育品质的根本任务，探索形成"一体两翼三联动"的区域德育推进模式，努力构建区域"大德育"工作格局，打造虹口区"德育高地"。"一体"即打造新时代"思政课一体化"建设实践区，上好思政课、育好接班人。"两翼"即守好主渠道，画好课程思政"同心圆"；建强主力

"声"入经典·初心百年——2021 年虹口区中小学生暑期活动启动仪式暨虹口区中小学生"庆祝中国共产党成立 100 周年"影视配音展演活动，在区青少年活动中心剧场举行

2020年9月27日在华东师大一附中举行虹口区思政课一体化"弘扬爱国主义硬核力量"探索交流会主题论坛

军，建好师资队伍"蓄水池"。"三联动"即课程、课堂、教材联动，区域、学校、基地联动，教研、培训、科研联动。

橙色提升——人文涵养工程：国学传承，以文化人。贴近学生需求，精心组织开展校园文化艺术活动，先后推出《东方之舟》《赤子之心》《黎明之前》《鲁迅在上海》等红色大戏，推进文艺特色项目进校园、进课堂，唤醒青少年红色文化基因。其中《东方之舟》《赤子之心》被教育部评为核心价值观教育创新案例。发挥虹口"文化三地"独特资源优势，整合85处革命遗址和纪念馆资源，制成"红色基地菜单"，共创建学生社会实践基地115家，发布岗位1320个，探索形成"体验交融、文化主导、内外联动、多点孵化"的育人模式。

黄色活力——国际交流工程：交流合作，开放共赢。紧密结合国际形势和教育需求，培育建设一批国际交流合作示范学校和特色学校，加强开放合作。鼓励教师教学互访，加强课程共建，支持国际姊妹校建设。有序组织体育、科技、艺术等领域国际赛事，开展泛在可选的国际研学游学活动。上海市复兴高级中学被授牌为"沪港澳青少年交流实习基地"，上海市外国语大学附属外国语学校东校开展与法国、德国、日本等国的外语教学合作，有效促进国际学术交流，展示上海教学和教研模式，全方位体现虹口特色与中华文明。

绿色成长——健康促进工程：多方协同，关爱成长。积极推进政府主导、部门协作、社会参与的体教结合机制，推进"小学体育兴趣化、初中体育多样化、高中体育专项化"的体育课程改革。保证每位学生每天锻炼一小时，做强虹口特色的"人人学游泳"、精武体育等特色项目，提升体教结合工作效能。配备具有职业资格证的心理健康教育和心理辅导专职教师，开展《"学生学习动力指数"区域监测体系建构与校本化实施策略探索》项目，提高虹口学生身心健康水平。

《怡同学少年》演出海报

青色种子——自主学习工程：区校共进，创新实践。探索课程教学与信息资源的有机整合，实施"电子书包""数字教材""创新实验室"等项目，打造人人皆学、处处能学的浓厚氛围。服务学生自主学习需求，培养学生主动学习习惯，建立学生终身学习意识能力。通过《数字化课程环境建设和学习方式变革试验》（电子书包）研究成果实践应用，扩大"上海市中小学数字教材实验"项目区域试点范围。

蓝色梦想——科学素养工程：双线并进，育苗培优。扎实推进提高学生创新能力和科技潜质的创新实践体验平台搭建，以推进中高考改革实施综合素质评价为契机，一手抓"科普育苗"，拓宽学生科学视野，一手抓"科赛培优"，为拔尖学生搭建平台。

紫色关爱——助学暖心工程：社会关爱，温暖同行。实施助学暖心工程，通过"专项扶助""千人助学""青苗助学"等项目，为贫困、困境家庭的孩子播种希望，构建对学生帮扶教育物质（经济）和精神（心理）"双助"体系。

"国家指南针计划专项青少年基地" 落户虹口

2012 年 2 月，中国首个 "国家指南针计划专项青少年基地" 项目落户上海虹口。国家 "指南针计划" 青少年基地（以下简称 "基地"）是由国家文物局和上海市人民政府共建，上海市虹口区人民政府协调虹口区教育局、上海民族民俗民间文化创意推广中心承办，旨在为青少年实践能力和创新素养的培育提供良好的教育平台，提高青少年对学习中国传统文化的兴趣，使古老的华夏文明进一步得到继承和发扬。

基地现共开设 2 个 "主题展览" 馆和 5 个 "体验馆"，分别是："天工开悟" 中国古代创造发明展览、"纸的文明" 展览、中国古代造纸印刷体验馆、中国古代陶瓷体验馆、中国古代染织体验馆、中国古代青铜体验馆、中国古代建筑体验馆。学生在每个展馆和体验馆都可以亲自动手参与相关项目的体验，通过实践，与中华千年的文明进行对话，引发青少年对中华传统文化的兴趣与思考。旨在探索对中国传统文化遗产的传承、研习和体验，为青少年实践能力和创新素养的培养提供良好的教育平台。每周二至周五免费为学校服务，周六、周日以及寒暑假免费向社会开放。

扎染

持续推进义务教育优质均衡发展

近年来，虹口区将学区化集团化办学作为落实教育强区的建设要求、促进区域教育优质均衡发展的重要举措，紧紧围绕"办百姓家门口的好学校""办人民满意的教育"的总体目标，积极探索适合区情、校情的有效方法和路径，进一步提高义务教育优质均衡发展水平，努力让每个学生都能享有公平而有质量的教育。

学区化集团化办学凸显"紧密型特质"。至2021年，区学区化集团化建设经历了从点上探索到面上推广的发展阶段，累计成立了18个学区、集团，义务教育阶段覆盖率达到100%并向高中延伸。通过强校带弱校，让高品质的办学条件、现代化的教育管理理念、优质的师资、先进的教学方法和富有特色的教学成果在校际流动，整体提高学校的"底部"。如：华初教育集团采用总校长制，核心校民办新华初通过全方位的教师流动和管理经验输出，帮助公办华初在办学质量上有了显著的提升，生源流失率明显下降；复兴教育集团通过优质师资和课程共享（京剧特色课程），提升了集团学校的课程丰富性，受到了学生极大的欢迎；虹口外国语第一小学在上外附小的带动下，办学成效显著。在拓展学区化集团化覆盖面的同时，我们在制度建设方面也进行积极探索。制定并实施了《虹口区教育局关于深入推进学区化集团化办学的实施意见》《虹口区学区、集团内教师柔性流动方案》《虹口区学区化集团化办学工作评估考核方案》等配套文件，以优质

复兴高级中学

学校为龙头，集聚学区整体优势，创新办学激励机制，进一步聚焦优质均衡、优化资源布局，聚焦内涵发展、体现办学实效，为进一步推进区域学区化集团化办学提供了保障和支撑。

链接三：

江湾镇街道被评为"全国社区教育示范街道"

2013年，江湾镇街道社区学校被评为了"全国社区教育示范街道"。近年来，江湾镇街道以人为本推进社区终身教育发展，江湾镇街道的社区学校作为从事社区教育的公益性办学机构，致力于推进终身教育体系建设，不断探索社区教育新途径。目前，街道文化中心、图书馆、社区学校等场馆使用率达99%；服务时间每周为98个小时，实现全年无休。

社区学校实行知识教育、技能教育、素质教育、艺术教育相结合，开展多层次、多内容、多形式的学习培训活动，并逐步建立了社区学校总校、居委会分校、条线教育点的三级教育网络，形成了"街道—块区—条线—居委—楼组—家庭"网状结构。目前，学校开设了声乐、舞蹈、书画、书法、英语、沪剧、越剧、摄影、编织、烹饪、钢琴、电子琴、手工艺、经络养生操、儿童趣味学习等40多个公益课程。91名志愿者教师和12名专业授课教师组成的高素质社区教育师资队伍，确保了师资力量。

在满足不同层次群体多样化需求的同时，江湾镇社区学校办出了自己的特色。在婴幼儿早期教育方面，对0—3岁婴幼儿家长进行系统全面的亲子指导，并与世界卫生组织上海健康教育与健康促进合作中心妇幼保健基地合作开展早教活动。目前，街道0—3岁科学育儿指导率达99%。在社区学校的"阳光家园"，特殊儿童可以在这里参加康复训练、文化课程学习和劳动技能培训。在"菜场书屋"，外来务工人员可以趁着闲暇时间去充电。此外，社区学校还在群众团队中培育和扶持了一批学习型团队，打造了特色品牌。如今，20支社区文化艺术团队人员达500多名，145支居民区文体团队的队员达3000多名。各团队自学、自编、自演、自唱、自乐，深

柔力球排练

入社区各个角落，一年四季活动不断。手风琴队已成为上海市群众性手风琴活动的品牌，还评上了上海市优秀老年学习团队。社区学校结合江湾古镇独特的文化历史，打造了自己的精品课程，成为江湾教育文化亮点。《25式关节保健操》被评为上海市社区教育特色课程二等奖和全国社区教育特色课程。《经络养身操》被评为上海市特色课程三等奖和全国特色课程。

演绎一年精彩　丰富市民文化

　　2013 年 3 月至 11 月底，虹口区举办首届上海市民文化节各类活动 5700 多场，参与人次 220.6 万，群文工作色彩斑斓，喜结硕果。2013 年对于"草根艺术"来说，是值得津津乐道的一年。市民文化节各项活动的蓬勃开展，为社区中有才华的文艺团队和个人，提供了展示的舞台。

　　2013 年 3 月 23 日，区举办了首届上海市民文化节虹口活动开幕式暨虹口金光大舞台启用仪式，拉开了"演绎精彩"的帷幕。一年来，成功举办了市民舞蹈、合唱、收藏、戏剧、创意、少儿美术、书法、摄影、家庭音乐会、原创歌曲十项大赛的虹口复赛，承办了戏剧大赛（小品类）的全市决赛及颁奖典礼、南京路"天天演"活动等。南京路的"亮相"，是对虹口区各项文艺活动的一次汇报演出和集中展示，汇聚了虹口各方文化精英和优秀艺术团队，彰显了区域浓厚的文化底蕴和独特内涵。舞蹈《茉莉花》、街舞《Breaking》、男女声二重唱《我的社区我的家》、杂技表演《千手观音》把演出推向一个又一个高潮。这些表演节目，均具有较高的造

2017 上海市民文化节暨江湾镇街道第六届社区文化艺术节开幕式

2015 年上海市民文化节合唱大赛虹口区复赛

诣，在全市同类节目中排名前列。首届上海市民文化节期间，虹口区收获了数不胜数的"百强"称号。7 支舞蹈队获称"上海市百支优秀市民舞团"，5 支合唱团获称"百支优秀市民合唱团"，10 件创意大赛作品的设计者获称百名"优秀市民设计师"，5 件作品入围"百个群文原创作品"……

值得一提的是，入围群文原创"百强"的 5 件作品，皆是近年来虹口区的新作佳品，受到了较高的赞誉。由张伟民作曲、李成福作词的原创歌曲《我的社区我的家》被评为"写给城市的歌"——上海市民原创歌曲演唱终评活动入围 30 首歌曲之一。舞蹈《宿舍素描》《放飞梦想》分别赢得了 2013"上海之春"群文新人新作展评展演"优秀新作奖"和"新作奖"。小品创作的实力有目共睹，2013 年是小品创作的又一个丰收年。小品《拉链夫妻》《那不是真的》2 件作品获得了"优秀新作奖"。特别是《拉链夫妻》还荣获"中国戏剧奖·小戏小品奖"金奖，进入央视小品大赛决赛。

上海虹口小戏小品创作基地创排的小品《回家过年》在央视元宵晚会上登台亮相，并荣获第十届中国艺术节"群星奖"。基地因突出的成绩荣获了 2014 年度上海市群众文化工作先进集体。同时，提篮桥街道创作的音乐朗诵剧《梦回提篮》在市民文化节戏剧大赛（话剧类）决赛中荣获第二名，同时获得优秀团队奖、最佳市民原创剧目奖和最佳女演员奖三项殊荣。

2013 年，虹口区推陈出新，特色文化活动层出不穷。配合上海国际艺术节，成功举办了北外滩3D全息音乐会、影像艺术夜——第十五届中国上海国际艺术节专场活动、虹口区文联风采展示系列活动、第五届虹口女儿节、第七届B.I.S世界霹雳舞大赛、第五届青年创意戏剧节、蛇年虹口民间民俗文化风情展；举办了虹口区纪念中国共产党诞生92周年《峥嵘岁月》红色经典老电影展演月活动、虹口区纪念新中国成立64周年《光辉历程》红色经典老电影展演月、纪念中国共产主义青年团建团91周年团的历次代表大会图片展等一系列活动。

链接一：

"没有围墙的博物馆"上线

2016年5月18日，"没有围墙的博物馆"上线启动仪式在中共四大纪念馆广场举行。启动仪式上，市委宣传部副部长、市文广局局长胡劲军点开"没有围墙的博物馆"二维码，并宣布"没有围墙的博物馆"上线。区委副书记、区长曹立强出席仪式。市文广局副局长褚晓波，区委常委、宣传部部长刘可向市民代表赠送绘本《李白的故事》。副区长李国华致辞。

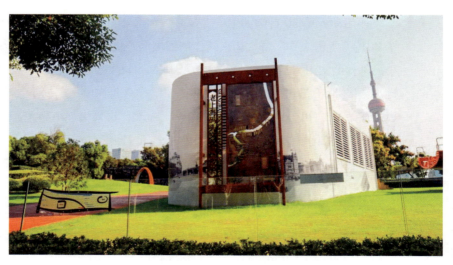

老上海码头文化博物馆

"没有围墙的博物馆"这一网上平台将虹口区现有的文物点及具有历史价值的道路、景点串联在一起构成"博物馆群",为市民游客提供游览服务。多伦路文化名人街、浦江饭店、上海犹太难民纪念馆这些虹口区知名文化景观、场馆一览无余,而每点击进入一家,市民还可以获取相关历史人文背景的图片和文字信息。作为中心城区的虹口,各类旧址遗址、名人故居、优秀历史建筑星罗棋布,大大小小的文化场馆、场所就有300多处,为满足市民个性化需求,进一步挖掘和整合历史人文资源,虹口着力打造可供便捷探寻、网上互动的历史人文资源平台——没有围墙的博物馆,运用信息、互联网技术将传统历史文化融入城市的日常生活,让观众可以随时随地不受限制地访问博物馆。

链接二:

虹口小戏小品创作基地结硕果

2013年6月4日,上海市戏剧家协会虹口小戏小品创作基地揭牌。虹口小戏小品创作基地是中国剧协在华东地区建立的唯一一个小戏小品创作基地。虹口区小戏小品创作基地成立以来,秉承"立足虹口、带动全市"的创作目标,以"讲日常发生的事,演身边熟悉的人,述心中感动的情"为创作宗旨,依托虹口区小戏小品基础扎实的优势,着力在创作、编导、表演上挖掘、引进、培养人才,形成了以俞志清为领军人物的覆盖虹口、辐射上海、涵盖市级专业人才和业余团队创演力量的小品创作三级网络,全力打造小戏小品这一虹口群文品牌,积极推动区域文化建设的创新发展,取得了丰硕的成果。

十年来,虹口小戏小品创作基地创作的《实话实说》《回家过年》《温度》《失联》《牵手》《我的社区我的家》《告别最后的棚户人家》等一系列作品,先后荣获全国、华东地区和市级奖项百余个。其中小品《一句话的事》由牛莉、郭冬临主演登上2010年央视虎年春晚;《回家过年》献演2013央视元宵晚会。2015年7月至今,小品《清白》《失联》《实话实说》《醉了》

《回家过年》剧照

陆续登上央视三套《我爱满堂彩》栏目，小品《温度》登上上海广播电视台都市频道《2020 都市春晚》。

链接三：

打造"书屋"系列品牌

2012 年，虹口区完成 26 家"菜场书屋"后，2013 年，"菜场书屋"品牌进一步延伸，形成了"小巷书屋""环卫书屋""白领书屋"（楼宇书屋）等系列特色服务品牌，有力地提升了公共文化服务水平。

"菜场书屋"。2009 年，江湾镇街道福赐菜场首开先例，在菜场一角辟建"书屋"，为来沪摊贩送文化。书屋的藏书达到 6000 册，摊贩们不卖菜时便读书，令这个以往闹哄哄的地方透出一丝文化气息。2011 年，这一经验在全区推广，16 个菜场建成"菜场书屋"。2012 年，"菜场书屋"覆盖了全区 26 个标准化菜场，成为丰富外来务工人员精神生活、符合群众需求的"文化绿地"。

"小巷书屋"。2013 年，凉城新村街道放弃每年 30 万元的租金，将十

市文广局向"菜场书屋"赠送《上海故事会》

余处外租已久的居委会活动室悉数"物归原主",变回阅览室、健身房等居民活动场所。"小巷书屋",采取统一管理、资源共享、流动配送的方式,在社区里形成传递书香的网络,让居民在家门口就能借书看书,为居民办了一件实事。

"环卫书屋"。东虹保洁公司共有一线环卫职工1300多人,其中六成以上为外来务工人员。为帮助他们学习文化知识,丰富精神生活,2013年建立了"环卫书屋",配备电视和电脑。书屋目前的2500多册藏书,部分由工会出资购买和员工捐赠,部分由区图书馆定期配送。考虑到清道工人的作息特点,公司还将一辆环卫车改装成"流动书屋",将精神食粮送到工作第一线。东虹公司的"环卫书屋"荣获中华全国总工会颁发的"职工书屋"铜牌表彰。

"白领书屋"(楼宇书屋)。2013年4月,提篮桥街道为满足年轻上班族的知识文化需求而精心设计的"白领书屋"(楼宇书屋),首批两座书屋在北外滩耀江国际广场和金岸大厦同时"亮相",不仅为大楼内外的青年"白领"提供了一处别致的阅读空间,也为以航运和金融闻名的北外滩增添了一道独特的文化风景。

文化双拥结硕果

　　虹口区具有深刻的文化积淀，是中共四大的召开地，是以鲁迅为代表的"左联"文化名人聚集地、近代进步文化策源地、海派文化重要发祥地，属上海市名闻遐迩的文化大区之一。在双拥模范创建活动中，虹口坚持以双拥工作促进文化建设，大力弘扬社会主义核心价值体系，以文化建设促进双拥工作。2020年，虹口区又荣获"上海市双拥模范区""全国双拥模范城"的殊荣，连续实现该荣誉的"七连冠""八连冠"，军地共襄文化建设为虹口区的双拥工作又增添了一抹亮色。

　　虹口区一直把加强文化建设作为双拥工作的重要方面来抓。区双拥工作领导小组认真学习《中共中央关于深化文化体制改革推动社会主义文化大发展大繁荣若干重大问题的决定》，充分认识到加强文化建设是加强和巩固军政军民团结的有力杠杆。军政军民团结是我们社会主义国家的特有优

驻区部队协助居民乔迁新居

势，是国家软实力的重要组成部分，是综合国力的重要体现，是打赢新形势下人民战争的坚实基础。做好双拥工作，就是要不断巩固军政军民团结，为社会发展进步提供强大动力，为构建社会主义和谐社会提供牢固基础，为实现国家统一提供坚强后盾，为维护社会稳定提供重要保证。加强文化建设，有利于创造军地之间互敬互谅互让的氛围，保持军政军民关系的纯洁性和稳定性。区双拥工作领导小组明确提出把加强文化建设作为全区双拥工作新的切入点，切实提高军地文化建设的主动性和自觉性。

近年来，虹口区坚持走军民融合式发展之路，着力打造了智力拥军、实事拥军、就业拥军、教育拥军、文化拥军、人才拥军、医疗拥军、法律拥军、优抚拥军、安置拥军十大双拥品牌，其中大部分拥军品牌具有文化因素，对促进部队战斗力的提升和军营文化建设起到了积极推动作用。

一是以"拥军学校"为标志的智力拥军。虹口拥军学校是军地联手在全市首家开办的军民共育人才基地。连续举办部队士兵文化高复班19期，累计投入360万元，先后派出优秀教师90多名，培训预考对象2100人，为部队培养军队高素质后备人才作出了贡献。2012年3月，又成立了虹口区拥军学校培华分校，把海军体工队未完成义务教育阶段学历教育的运动员全部编入虹口区培华学校进行学历教育，这个做法在全市乃至全国还是首家。

二是以"文化快餐车进军营"为标志的文化拥军。区文化局坚持组织"文化快餐车"进军营活动，为驻区部队建立了18个"军营图书馆"，藏书21万册，定期更新书籍，主动上门提供各类文化服务57次。辖区内的中共四大史料陈列馆、"左联"会址纪念馆、李白烈士故居等爱国主义教育基地和部队开展军民共建活动，共享红色资源。

三是以"白衣天使献爱心"为标志的医疗拥军。区卫生系统实行对现役军人和优抚对象"五优先"服务，积极开展"送医送药到军营、白衣天使献爱心"活动，组织医务人员定期到部队为官兵及家属进行义务体检和健康指导。四川北路街道卫生服务中心与武警俄罗斯执勤点警卫分队签订协议，免费为基层官兵治疗感冒、咳嗽等常见病，解决了一线执勤分队官兵们看病难的实际问题。

双拥文艺演出

四是以"法律援助进军营"为标志的法律拥军。区司法局会同区人武部成立了"涉军维权办公室"，开展各项"法律进军营"活动，制作发放了5000张"涉军维权联系卡"，举办了26场法律专题讲座，提供法律咨询17件，接待了168名来访军人和军人家属，提供法律援助20件，涉军维权取得了明显成效。

五是以"三满意两和谐"为标志的安置拥军。虹口区民政局和军干所积极开展"创建和谐军休家园、和谐军休家庭"活动。军干一所、军干二所自2001年起创办了上海市军休系统首家老年学校，已开设书法、绘画、合唱、电脑、老年保健等8个班，参学600多人。两个军干所先后被评为上海市"和谐军休家园"和全国"和谐军休家园"。

驻区部队用军营文化孕育社会新风尚。为大力弘扬军营文化，推进社区精神文明建设，驻区各部队组织开展形式多样的军营文化进社区活动，有效地弘扬了人民军队爱党爱国爱民、艰苦奋斗、团结和谐的精神风貌，为推进社区文化建设作出了积极贡献。

一是突出构建和谐主题，组织文艺巡回演出。区双拥办与原海军上海保障基地正式签约，由基地文艺宣传队定期组织文艺轻骑兵，以"传播军营文化　共建和谐社区"为主旨，月月进入社区为干部群众和优抚对象进行巡回文艺演出，演出现场人头攒动、高潮迭起，一个个展示现代军人风采的军旅文艺精品，以及社区群众的互动节目，博得了在场观众的阵阵掌声和交口称赞。近年来，驻区各部队与地方单位开展各类联谊活动 80 多场次，直接受众人数 5 万多人次，使驻地群众受到了健康向上的军营文化的启迪和熏陶。

二是凭借军民共建载体，广泛开展思想交流。驻区各部队深入开展丰富多彩的军民共建活动，与社区干部群众进行思想文化的多渠道交流，共同参与上海市迎世博文明行动计划和虹口区文明城区创建活动，组织开展"军民携手，共创文明社区""千家万户讲礼仪""文明在我脚下"等活动。部队官兵大力开展以"伸出你的双手、奉献一片爱心"为主题的爱民助民活动，踊跃投身创建精神文明城区工作，形成覆盖基层、辐射全社会的双拥共建网络。

三是投身全民国防教育，精心组织各种活动。驻区各部队积极开展国防教育征文比赛、国防教育图片展、国防教育网上行、国防教育在军营等丰富多彩的教育活动，举办国防知识专题讲座，坚持为大专院校学生军训，每年组织干部群众开展"军营一日"活动。各部队派出 2560 名官兵为 23 所地方大专院校和中小学校军训学生 96000 余人。地方党政领导、干部群众和学生 25836 人到部队参加"军营一日"活动。区人武部紧紧抓住领导干部、青少年学生、民兵预备役人员三个重点，协助地方抓好全民国防教育，设立国防教育公益广告牌 1100 余块。结合兵役登记进行教育，每年组织兵役法规宣传周，巡回播放国防教育宣传片，散发宣传卡片，有效地增强了驻地群众的国防观念和爱国拥军意识。

链接一：

上海市首家"军人驿站"揭牌

为贯彻落实习近平总书记关于双拥工作和退役军人工作系列重要指示，动员社会力量充实拥军优抚功能，努力形成全要素、多领域、高效益的双拥工作发展格局，2022 年 9 月 28 日上午，虹口区退役军人事务局在

"军人驿站"内景

远洋宾馆举行全市首家"军人驿站"揭牌仪式。市退役军人局党组成员、副局长包尔基，虹口区副区长章维，上海远洋实业有限公司党委书记王勇出席。仪式现场，区退役军人局党组书记、局长徐晖与上海远洋宾馆总经理郭启政签署拥军优属战略合作协议。包尔基副局长，章维副区长共同为上海远洋宾馆"军人驿站"揭牌。

远洋宾馆坐落于美丽的黄浦江边，地处虹口新地标北外滩，与浦东陆家嘴隔江相望，地理位置优越，周边历史建筑精品荟萃、类型丰富，具有深厚的海派文化特色。本次签约后自10月1日起，现役军人凭军官证、退役军人及优抚对象凭优待证入住，可直接享受携程等平台提供客房价格的8.1折优惠，同时还将提供部分"拥军优属"主题客房，用军旅元素带给入住军人、退役军人宾至如归的感受，让"军人驿站"真正成为现役军人、退役军人和优抚对象的港湾。

远洋宾馆打造的全市首家"军人驿站"是虹口区探索拥军优属工作的全新尝试，是引导全社会关心国防、支持军队、尊崇军人的具体行动，也是落实退役军人保障法、配合优待证制发的优待项目。虹口区将以此次揭牌仪式为契机，进一步发动社会力量支持双拥建设，全力营造尊崇现役军人、尊重退役军人的社会氛围，形成军地合力、军民同心、共创双拥模范的新局面，让"双拥"名片在虹口更加闪亮。

"全国双拥模范城"八连冠

2020年10月20日，全国双拥模范城（县）命名暨双拥模范单位和个人表彰大会在北京举行。411个全国双拥模范城（县）受表彰，上海虹口区再次榜上有名。至今，虹口区已获得"全国双拥模范城"八连冠殊荣。

虹口作为驻军大区，始终坚持传承拥军优属、拥政爱民的光荣传统，聚焦使命担当，用行动诠释责任，以实绩凝聚力量，同心谱写虹口双拥新篇章。近年来，区退役军人事务局不断创新宣传举措，在借助报刊、电视、网络等新闻媒体宣传双拥工作亮点和先进典型的基础上，进一步打造宣传工作亮点，医院、商场、旅游景点、停车场等窗口单位，"军人优先""军人免费"等字样无不凸显着浓厚的拥军氛围。同时，利用休闲生活广场电子屏幕，不间断地播放双拥宣传标语，各主要道路打造成一条条双拥道旗宣传街，在路口、站头、机关、社区等重要路段的显著位置设置了各类双拥宣传牌，打造一批固定的双拥宣传阵地，形成了多方位、多形式的立体宣传模式，进一步激发全区军民双拥的热情，有力营造了社会各界关心国防、支持双拥、参与双拥的浓厚氛围。当前，虹口区党政军民正在贯彻落实"人民城市人民建，人民城市为人民"的重要理念，勠力同心、接续奋斗、砥砺前行，全面开创新时代虹口高质量发展高品质生活新局面。

退役军人自发组成的"虹鹰消防救援队"

爱心暑托班呵护"军娃"成长

虹口为本区现役军人子女免费开设"爱心暑托班"是从2015年就有的一项"传统"，2019年区退役军人事务局正式成立后，接过"接力棒"，与区拥军优属基金分会一起，继续为现役军人子女传递爱心。

"爱心暑托班"融入"军队文化"因素，在一节以纪录片"厉害了我的国"命名的课程中，老师向小朋友们介绍我国在国防建设方面取得的成就。在一节介绍中国海军的课程上，6岁的王梓沫格外兴奋，原来他的父亲是东海海军舰队的一名海军。他说，父亲很少会和他谈及自己的工作内容，通过课程，他终于知道什么是"军事演习"，对父亲的工作，他感到很骄傲。"我爸爸说他的工作就是打海盗，过去觉得很有趣，现在我觉得我的爸爸是最厉害的。"就读小学二年级的胡逸轩的父亲也是一名海军，热爱绘画的她每次想念父亲时，都会画一条帮助父亲打海盗的美人鱼。不出国门看世界，由于父母忙于工作，军娃们很少有机会能与父母一起出去旅游。为了满足军娃探索世界的好奇心，"21天看世界""德语小课堂""民族舞"等充满异域文化元素的兴趣课也出现在军娃暑托班的课表上。虽然暑托班只有两个月，但是课程安排丝毫不含糊，每一次旅行都是"深度游"。孩子们不仅可以了解世界各国的人文特色，而且还能学习各国的科技知识等。胡逸轩就把在课上学到的"高科技"直接运用到了"乐高"玩具拼搭上，"课上我看到美国早就有'会飞的汽车'，就尝试用乐高把'飞车'的样子搭出来"。她希望自己将来也能创造更多意想不到的"未来世界"。

爱心暑托班

体育之城续辉煌

党的十八大以来，虹口始终把体育作为城市文化和市民生活的组成部分，着力群众体育、竞技体育、体育产业协调发展，全民健身公共服务水平显著提高，竞技体育核心竞争力进一步增强，体育文化软实力不断提升，体育产业对经济贡献度凸显。

全民健身蓬勃开展。公共体育设施供给不断优化，健身组织网络不断健全，全民健身赛事品牌逐步建立，体育健身环境持续优化。截至 2022 年，全区有区属体育场馆 5 个、区级市民体质监测指导中心 1 个，有市民益智健身苑点 402 个、市民健身步道 35 条、市民多功能运动场 19 处、市民健身房 1 个、体医联建站 1 个、智慧健康小屋 8 个、市民健身中心 2 个、长者运动健康之家 3 家、市民健身驿站（职工健身驿站）3 家。区内新增体育场地面积 6.8 万平方米，人均体育场地面积 0.88 平方米（含人均可利用体育场地面积）。虹口区在市、区两级社团局登记的体育社会组织有

凉城新村街道锦一居委市民益智健身苑点

42 家（其中社团类 13 家，民办非企业 29 家），有健身气功站点 101 个、各级健身团队 1792 支（每千人拥有固定健身团队 2.24 支），经常参加体育锻炼的比例达到 46%。全区有社会体育指导员社区指导站 8 个，有市级传统校 13 所；青少年体育俱乐部 11 所。有社会体育指导员 2324 人，其中国家级社会体育指导员 31 人、一级社会体育指导员 65 人、二级社会体育指导员 352 人、三级社会体育指导员 1876 人。创新举办 2019 年虹口区运动会。打造"虹口·谁是联赛王"全民健身赛事活动品牌。科学健身指导服务惠及广大市民。营造"处处可健身、天天想健身、人人会健身"的全民健身城市环境并融入和平公园改造，在市体育局和区绿容局支持下，拓宽体育空间，建成 1500 米智慧跑道。

竞技体育稳中提升。10 年中，虹口区培养和输送运动员在奥运会、世界锦标赛、世界杯赛，亚运会以及全运会、青运会等大赛中均取得了优异成绩，在游泳、射击、排球等多个项目上，共有 26 名运动员先后 70 人次获得 26 枚金牌 23 枚银牌 21 枚铜牌。其中培养输送的运动员在 2016 年里约奥运会花样游泳双人、集体项目上各获得了 1 枚银牌，射击项目上获得了个人第 8 名。在 2017 年天津全运会上有 56 名运动员参加排球、击剑等 18 个项目的角逐，共有 5 人次获金牌、12 人次获银牌、5 人次获铜牌。2019 年第二届全国青年运动会上，有 6 人获 7 枚金牌。青少年竞技体育人才队伍规模不断扩大，2020 年注册奥（全）运项目运动员 1867 人，开展训练项目 31 个。区少体校被国家体育总局评定为 2017—2020 年周期"国家重点高水平体育后备人才基地"。现有区办花剑一线运动队 1 个，区办花剑重点二线运动队 1 个，学校办二线运动队 2 个（复兴高级二线排球队、长青学校二线武术队）。国家级青少年体育俱乐部 11 个，市级体育传统学校 13 所。2021 年，新纳入注册的冰雪、棋牌项目运动员 440 人，有国家重点高水平体育后备人才基地 1 个，即虹口区青少年体育运动学校；区办一线队 2 个，分别是区少体校花剑一线队、街舞（霹雳舞）一线运动队；区办二线运动队 3 个，分别是区少体校花剑二线运动队、复兴高级中学校办排球二线队、长青学校校办武术二线队。

体育产业发展迅速。开展"推动虹口体育产业发展，促进体育消费"课题调研，制定《虹口区推动体育产业发展实施方案》，设立虹口区体育

新时代非凡十年的虹口答卷

caster 街舞

产业专项扶持资金。区体育产业规模持续扩大，2019 年达到 389.20 亿元。区内体育企业注册数量不断增长，从 2015 年 121 家，到 2019 年 693家。截至 2022 年，虹口区先后有 28 家企业进入上海体育企业 500 强，共创建 2 家国家体育产业示范单位，2 家上海市体育产业示范单位，1 个上海市体育产业示范项目。虹口足球场区域被评为上海市体育产业集聚区。虹口足球场、精武体育总会分别被命名为四星级和三星级体育旅游休闲基地。

体育赛事精彩纷呈。聚焦虹口足球场举办足球比赛的专业性，先后承办"英超联赛亚洲杯""国际冠军杯"等国际赛事。挖掘虹口海派文化、航运文化、码头文化的历史积淀，承办"上海杯"诺卡拉帆船赛本土自主赛事。依托"精武体育"在全球武术界的影响力，举办了"一带一路"中国上海拳击精英赛。依托北苏州河虹口赛段水文资源，完成 2022 上海赛艇公开赛保障，展现了"一江一河"人文脉络与治理成就，凸显城市景观赛事魅力。

公共体育建设项目逐项落地。虹口足球场改造（一至三期）项目按期完成。虹口体育馆安全性修缮、训练馆改扩建项目分批建设完工。虹口游泳池、虹口游泳学校游泳馆、虹口少体校射击馆、区体育彩票销售管理办公室修缮改造项目陆续竣工。原邯郸游泳池修缮加固后变身为虹口区市民健身中心向市民开放。北外滩、彩虹湾市民健身中心建设启动并有序推进。多年来，将社区体育设施纳入年度政府实事项目，通过"体绿结合"推进嵌入式体育设施建设，在北外滩滨江贯通过程中同步建设漫步道、跑步道、自行车道等健身设施，市民健身环境不断改善。

链接一：

虹口第一届市民运动会举办

举办市民运动会是上海体育工作创新驱动、转型发展的一项崭新举措和重要实践。按照"全民参与、全民运动、全民健康"的办赛宗旨和"大众化、生活化、社会化"的理念追求，虹口区自2012年2月开始，在虹口区委、区政府的领导和上海市体育局的指导下，围绕贯彻落实《虹口区全民健身实施计划》，本区积极参与上海市第一届市民运动会，组织开展2012年虹口区市民运动会，全面而持久地推动群众性体育活动的蓬勃开展，努力达到"提高市民身体素质、提高体育健身人口数量，提高社会参与程度"的目标。

在"我运动、我健康、我快乐"的氛围中，全区市民广泛参与市民运动会，共同践行民生、民众、民乐的体育文化，唱响全民健身的主旋律。在赛事组织上，层层发动、广泛动员；在工作模式上，政府主导、条块合作、行业推动、市民参与，井然有序。竞赛、展示、擂台、活动、服务五个方面全面开花，进社区、进校园、进场馆、进菜场、进公园、进商场、进楼宇、进工地、进军营、进养老院"十进"活动亮点纷呈，十分精彩！据统计，从2月16日到11月16日，275个日日夜夜，50个大项，全区共举办近千场赛事及展示活动，参与竞赛、展示、培训和体质监测总人数超过25万人次。动起来的虹口市民拥有了一场真正属于自己的运动会。

新的时代呼唤新的风尚。在区委、区政府的领导下，全区人民共同参

2012 年上海市虹口区市民运动会开幕式

与，使 2012 年虹口区市民运动会真正发挥了强市民体质，惠虹口民生，聚万众人心的积极作用。黄发垂髫、伛偻提携，在川流不息的市民运动健身洪流中，开拓创新，一个崭新的虹口正在崛起，走向辉煌！

链接二：

"精武武术"成功入选国家级"非遗"

2013 年，虹口区委书记孙建平在调研上海精武体育总会时指出，虹口是精武体育的发源地，精武体育总会是虹口的核心资源之一，我们有责任传承好、发扬好精武体育精神，进一步加强硬件设施建设，进一步完善运行机制和体制。

2014 年 12 月，虹口区申报的"精武武术"成功入选国家级非物质文化遗产代表性项目名录。该名录由国家文化部确定，获国务院批准。入选第四批国家级非物质文化遗产代表性项目名录的共 153 项，精武武术被列为"传统体育、游艺与杂技"类。

虹口区以精武为品牌，着力打造以精武体育文化为主题的精武体育文化产业街区。2012 年举办首届精武体育高峰论坛，将虹口体育馆正式挂

2015 年 11 月 28 日上海市市民体育大联赛"精武杯"第十三届太极、传统武术比赛在虹口体育馆举行

名精武体育馆，建立精武公园等，围绕精武主题建设"十个一"工程，包括打造一条精武街、一个精武地铁站、一所精武博物院、一座精武学堂等。位于海伦路俞泾浦两岸景观走廊上的粤东桥已翻修一新，并正式更名为"精武桥"。桥后的粤东中学也在翻修中，未来将成为精武学堂，届时，学堂两侧还将同时开出"精武养生馆"和"精武技击馆"，为市民提供养生和搏击等课程教学。在获批成为国家级非物质文化遗产后，精武体育总会将对这些武术套路进行整理归纳，力争推出一套立足精武传统武术，同时又符合市场需求，并能普遍传承的拳法。这套拳将是精武"原创"的一套功夫，将同跆拳道、空手道一样形成"标准化"模式，进行市场化推广，同时也作为武术市场化运作的一次尝试，力争突破武术市场化推广的瓶颈。

链接三：

5G 中超联赛直播首次亮相

2019 年 5 月 17 日，中超联赛上海申花对阵山东鲁能泰山的比赛在虹口足球场开赛，当日恰是世界电信日，中国移动上海公司携手虹口区政府、

虹口足球场

咪咕公司、华为公司奉上的 5G+ 真 4K+VR 中超赛事直播。这是继 2018 真
4K 赛事直播成功应用之后，虹口作为全球双千兆第一区，依托 5G 及 VR
技术全面刷新球迷观赛体验的一次虹口实践。

通过 5G+ 真 4K+VR 技术观看球赛直播，基于真 4K 技术，球迷第一
直观视觉感觉是画质更清晰。真 4K 画质将达到 3840×2160 分辨率，相当
于常见 1080 P 高清画面分辨率的 4 倍，脸上的表情都将纤毫毕现。其次，
真 4K 画面每一帧都保持在 50 帧的高帧率，大大超过当前市面上 25 帧到
30 帧的视频直播帧率，使得每一帧画面之间间隔短至 0.02 秒，让直播观看
更为流畅。此外，真 4K 借助 HDR（高动态范围成像）技术，无限模拟真
实世界，拓宽色域，让画面色彩更饱实、更鲜明，实现更接近裸眼观看效
果的色彩呈现。即使不能亲临现场，球迷也可以通过 5G+ 真 4K 直播镜头
饱览这一场高水准比赛。同时，这场比赛还实现了 VR 全景直播首秀。给
球迷带来了上帝视角、巨星视角等多视角多机位直播。

目前虹口区基本上实现 80% 区域的中国移动 5G 覆盖，成为全球双
千兆第一区，而在虹口足球场进行的 5G+ 真 4K+VR 赛事直播，是本区 5G
融合应用创新示范区建设的重要应用场景，也是虹口成为双千兆区后，创
新应用发展的重要示范。

2019 年虹口区运动会举办

2019 年 9 月 20 日，虹口区运动会在虹口（精武）体育馆正式拉开帷幕。2019 年虹口区运动会是展示虹口体育运动成就、检验全区体育发展水平、展示虹口市民生机勃勃的良好精神风貌的体育盛会，更是"人人参与、人人运动、人人共享"的体育嘉年华。以体育精神激励全区人民凝心聚力、团结奋斗，虹口区运会将为全区体育事业的发展谱写新的篇章，为虹口高水平高品质发展注入新的活力。

2019 年虹口区运动会以"海派文化源虹口，体育之城续辉煌"为主题，从 9 月持续到 11 月，共设置了学生组 19 个项目，成年组 14 个项目，老年组 10 个项目，共吸引了 73 个代表团参加学生组比赛、57 个代表团参加成年组比赛，8 个街道报名参加老年组比赛。是历届区运会中参与面最广、代表团数最多的一届，特别是成年组来自社会层面发动的参赛代表团，

2019 年区运会开幕式

是上届区运会的近 5 倍。持续半年的区运会共有 17736 人参赛，参赛次达47950 次。其中，学生组共有 73 所学校超 6600 人次组团参赛，占全区学校总数的 97% 以上。区运会的规模不断扩大，参与度不断提升，全民参与的氛围更加浓厚。更重要的是，他们顽强拼搏、奋勇争先，取得了比赛成绩和精神文明双丰收，通过区运会涌现出的优秀苗子也将进一步巩固虹口体育人才队伍的梯队建设。此外，此届赛事办赛主体的多样化、办赛场地的多元化、稳妥有序的赛事运营，以及规范专业的保障机制，确保了比赛公平公正、安全有力、顺利进行，让整个区运会集健康、拼搏、娱乐、观赏、教育为一体，获得了市、区领导及上海各界的一致好评。闭幕式上还宣读了获奖名单，共有 31 家代表团获得"体育道德风尚奖"，31 家代表团获得"优秀组织奖"，另外还有 11 家单位获得"贡献奖"。

社会建设

全面推进"一网通办"

"十三五"期间，虹口区委、区政府认真贯彻落实创新、协调、绿色、开放、共享五大发展理念，按照市委、市政府关于全面推进"一网通办"政务服务改革的工作部署，坚持高位统筹、专项推进、重点突破，有速度、更有温度的"虹口快办"服务品牌建设成效显著。

体制机制逐渐完善。"十三五"期间，虹口区委、区政府成立了推进"一网通办""一网统管"工作和政务公开领导小组，明确了区政府办公室作为牵头部门，成立了区数据管理中心，并在区政府办公室设立了电子政务科、审改科，形成了全区从组织领导、统筹协调、贯彻执行到监督考核的工作推进机制。研究制定了《虹口区全面推进"一网通办"加快建设智慧政府工作方案》《上海市虹口区政务资源共享建设工作方案》《虹口区政务数据资源共享管理办法》《虹口区关于加快推进数据治理促进公共数据应用实施计划》《关于深入推进"一网通办"进一步加强本区政务服务中心标准化建设与管理的实施意见（试行）》等文件，健全完善管理机制。

线上服务能力不断提升。"十三五"期间，本区开通线上"一网通办"虹口频道，并不断拓展线上政务服务事项。本区线上接入政务服务事项1438项、情形1901个，做到政务服务应上尽上，100%实现"只跑一次，一次办成"。本区现有公共服务事项911项，涉及32个部门，其中部门特色公共服务事项186项、社区特色公共服务事项63项。全程网办实际发生业务量占比超过60%。"随申办"移动端本地居民新增实名身份认证人数约15万人，平台访问量159万余次。完成与市统一物流平台的对接，开通免费证照邮寄服务；完成本市电子证照库的对接落地，完成本区行政审批事项与接入电子证照库证照的关联，587类证照、上亿条数据实现实时调用。

市民驿站工作人员指导老年人使用"随申办·掌上驿站"一体机

　　线下"一站式便利店"日臻完备。"十三五"期间，全区审批服务进一步向区行政服务中心集成，区级法人审批事项全部入驻区行政服务中心，中心设"开业一窗通"、社会投资项目审批审查中心、税务专区等5个受理区，可办理30个部门共373项审批服务业务。政务服务窗口全面实现以无差别综合窗口为主，分领域综合窗口为辅，"前台综合受理，后台分类办理，统一窗口出件"的政务服务模式。印发虹口区《关于深入推进"一网通办"进一步加强本区政务服务中心标准化建设与管理的实施意见（试行）》，将全面推进管理体系标准化、进驻事项标准化、窗口服务标准化、线上线下服务一体化、政务服务队伍专业化等"五个化"建设作为虹口今后一个时期加强政务服务中心标准化建设与管理的主要任务。明确了打造窗口服务标准化的15项工作制度，进一步加强专业化政务服务队伍建设，完善政务服务监督考核体系。全面开展"好差评"制度建设，全区包括区行政服务中心、8个街道社区事务受理服务中心在内的30个窗口单位全部完成动态"好差评"改造工作，做到所有评价与办事人、办理事项和窗口人员"三对应"。

　　线上线下一体化服务融合推进。"十三五"期间，本区线上开通食品经营等多个领域的主题套餐服务，线下提供在线申报、无人干预智能化审批等自助服务，引导企业群众网上办事，初步实现线上赋能线下，线下反哺

"一网通办"业务培训

线上，线上线下政务服务无差别受理、同标准办理。"十三五"期间，全区先后投入近500万元，用于"一网通办"软硬件开发建设，在区行政服务中心、社区事务受理服务中心增设智能自助工作台、引入税务自助办税终端，设置多功能电子亮证设备，打造"一网通办"自助服务专区，全区政务服务中心智能化服务水平较"十二五"时期有显著提升。

以"高效办成一件事"为核心的流程再造不断深化。"十三五"期间，本区以企业、群众办成一件事的全流程为核心，围绕申请条件、申报方式、受理模式、审核程序、发证方式、管理架构等进行整体性再造，实现一体化办理，积极开展从"一证一次办"拓展到"一事一次办"的探索实践。依托本市"一网通办"总门户、电子证照库，运用大数据、人工智能等技术手段，开展填表智能化、材料无纸化、审批自动化、渠道多样化、服务便利化的智能化审批模式探索，将办事时间、办事地点选择的主动权交给企业群众，努力为企业群众办事提供更优质、高效、便捷的服务。"十三五"期间，本区上线的"高效办成一件事"共27件，无人干预自动审批共7件。结合业务流程再造，持续推动"减环节、减时间、减材料、减跑动"，已实现免于提交材料2816份，涉及28个部门586个事项；全区审批承诺办理时限较法定时限平均减少80%。

数据治理稳步推进。"十三五"期间，本区将政务数据资源汇聚、政务数据资源应用和电子政务建设作为重点工作持续推进，先后出台《上海市虹口区政务资源共享建设工作方案》《虹口区政务数据资源共享管理办法》《虹口区关于加快推进数据治理促进公共数据应用实施计划》等文件，对照"十三五"时期全市"一网通办"整体部署，结合本区实际，提出

"十三五"期间的具体工作目标和任务，并积极有效推进。依托市大数据资源管理平台虹口分平台，完成全区自建自管政务系统数据的全量归集，通过数据库直连和库表落地的方式，完成 43 个部门 7480 张数据资源表的汇聚工作，形成基础资源、主题资源、部门资源的数据资源目录，涉及数据量超过 22 亿条。

电子证照归集应用逐渐深入。"十三五"期间，本区持续加大电子证照归集力度，历史证照归集全部完成，新增的电子证照同步归集。在电子证照的应用方面，一方面逐步加强电子证照在政务服务中的应用，通过电子证照调用、数据核验、告知承诺、行政协助等方式推进"两个免于提交"。另一方面，积极探索拓展电子证照（随申码）社会化应用。总结疫情期间"随申码"应用的经验，积极探索电子证照（随申码）在体育场馆、居民小区、建筑工地等大型场所、居民区的社会化应用，扩大电子证照（随申码）的社会化应用场景。

基础设施支撑能力不断增强。"十三五"期间，本区通过购买服务的方式，构建符合全区统一技术标准的政务云平台，为各部门提供按需分配、动态扩展的基础设施保障，总规模为 2000 核 CPU，8000GB 内存，400TB 存储，至 2020 年底，全区共有 45 个部门的 122 个系统（包括内部管理系统）应用在区政务云上运行。基于政务云，以建设"智脑"为目标，推进高性能、多场景的公共算法平台建设，以"架构弹性扩容，提供算力支持"为标准，实现全区数据和业务增长情况灵活调整集群规模，并提供多种大数据分析组件和开发工具，支撑满足多种业务应用需求的高性能存取与计算。

链接一：

"一网通办"添新渠道

2020 年 6 月 1 日，虹口"一网通办"再添"无人干预自动办理"新渠道，实现 30 秒内许可审核通过。虹口区为持续推动企业减负，积极扩大有效投资，进一步优化营商环境，在全市率先推行酒类商品零售许可变更，

包括法人、公司名称、公司类型、经营项目的变更及注销的无人干预自动办理。

无人干预自动办理上线以来，虹口区已成功为多家企业办理酒类商品零售许可变更业务。"无人干预自动办理"依托"一网通办"，利用大数据、人工智能等技术，精心打造填表智能化、材料无纸化、审批自动化、渠道多样化、服务便利化的审批服务新模式。此次，虹口区在"一网通办"中推出的"无人干预自动办理"方法，通过制定填写规则、预录入常用选项、复用证照字段等方式优化填表模式，变人工手动填表为系统自动生成，申请人只需勾选基本选项即可完成申请表填报，有效解决申请表漏填、错填等问题，确保无人工审核情况下表式信息的准确。同时，对接本市电子证照库，实现已归集证照的"一键调用"。预录入申请材料中的共性内容，申请人只需补填个性化信息即可"一键生成"委托书、情况说明等自备材料。依托法人电子签章实现申请材料"扫码签字""一键盖章"，避免因漏盖章、漏签字等问题导致的来回跑、重复跑。在"一网通办"虹口频道开通线上无人干预自动办理模块，提供24小时全天候办理服务，在线申报成功后30秒即可获得办理结果。在虹口区行政服务中心"一网通办"线下服务专区同步开通自助机办理，审核通过后，企业无须等待，通过免费物流取得许可证，也可现场等候当场取证。

链接二：

"政策一网通"上线运行

2018年10月，虹口区针对今年以来大调研中企业反映的突出问题，解决"政策信息不对称，企业政策获取难"的现象，为提升服务企业的工作水平，发布试行"政策一网通"集成系统的相关举措。

"政策一网通"设置在虹口区门户网站"投资虹口"栏目里。充分利用"互联网＋政府服务"技术体系，深入推动政府与企业间政策信息的"精准对接、无缝衔接"，在企业服务"流程再造、创新服务方式、拓展服务网络、提升服务能力"方面加大力度。重点突出集成系统在企业扶持政策发布方面"全、快、准、优"的特色。"政策一网通"将集中整合、发布各部门涉及企业专项的扶持政策，从而打通各部门企业扶持政策发布的信息孤岛，实现"一网式"政策发布。各类专项扶持政策、文件，以及转发的国家、上海各类扶持政策，1个工作日内由该区企业服务局通过集成系统发布。集成系统中的所有专项扶持政策均有唯一对应的代码，将实现"一口式"政策受理，依托"虹口区投资管理信息系统"派单功能，由系统平台将企业上报的申请材料实施自动推送分派。各部门在对企业申报材料进行初审后，提出修改意见并通过"投资管理信息系统"短信提示功能及时告知企业，从而实现"一键式"审核反馈。同时，该系统还将实现"一站式"精准推送。虹口区各部门在上报专项扶持政策时，根据政策内容、所涉及的企业类型、领域，注明"关键词"。集成系统将按照不同的关键词，将各类专项扶持政策自动推送至相关领域的企业，实现扶持政策"一对一、点球式"推广。

"政策一网通"界面

"随申办"虹口区旗舰店全新改版

2022 年 11 月，"随申办"虹口区旗舰店全新升级改版，新版优化了功能设置，完善了功能布局、凸显了虹口特色。在原有功能版块的基础上，全新推出"推荐服务""服务专区""主题服务"等七大功能版块，以用户为中心，打造一站式虹口"互联网 +"政务（公共）服务移动端平台。

全新升级的"随申办"虹口旗舰店亮点多多。"推荐服务"版块推出用户关心的、使用频繁的各类应用，汇聚了涉及医疗健康、人才服务、文化休闲、生活便民等方面的 12 个热门应用服务。"服务专区"版块聚焦虹口特色，整合服务资源，为市民和企业提供助企纾困、疫情防控、红色文化、便民地图、就业服务、办事咨询、办事预约等方面的 10 个专区。"服务专区"下方滚动条互动区域，可以左右滑动，点击后参与互动。"主题服务"版块以六大主题为服务场景，涉及企业群众各类日常服务，真正做到让群众少跑腿、数据多跑路。移动端政务客服"小虹"以悬浮的形式，在页面一旁"等候"，可为企业用户提供政务办事的在线帮办服务。"小虹"是 24×7 全天候智能客服 +8 小时工作时间段内人工客服。

虹口区委副书记、区长吕鸣在区政府领导班子 2023 年主题教育调研成果交流会上指出，要优化民生服务质效，提升公共就业服务能力，优化公共服务设施布局，积极应对人口老龄化，有效扩大多领域、多层次公共服务供给，让所有在虹口工作和生活的人都能感受到这座城市的温度。下一步，虹口区将进一步聚焦企业群众多层次多样化的服务需求，持续完善服务功能，不断推出更多应用，提升用户体验，努力将"随申办"虹口区旗舰店打造成虹口市民可信赖的城市生活"掌中宝"。

"随申办"虹口区旗舰店宣传推广活动

"全能型"市民驿站打通服务"最后一公里"

　　2016 年，上海发布的《上海市国民经济和社会发展第十三个五年规划》中提出，以社区为载体，打造便捷舒适的生活圈。同年，《关于印发〈上海市 15 分钟社区生活圈规划导则（试行）〉的通知》(沪规土资详〔2016〕636 号)中提出"15 分钟社区生活圈"的概念，即在 15 分钟步行可达范围内，配备生活所需的基本服务功能与公共活动空间，形成安全、友好、舒适的社会基本生活平台。虹口区把贯彻市的精神与虹口实际相结合，针对人口密度大，老龄化程度高的区情，让社区居民在 15 分钟内就能享受到优质便捷的社区公共服务，着力推进网格化综合管理服务片区建设，后提质发展为市民驿站，成为群众家门口的服务站。

　　试点先行，探索实践。2016 年，虹口区按照市委 1+6 文件的要求，在全区布局"网格化综合管理服务片区"（市民驿站前身）。明确定位，功能升级。2017 年 5 月，虹口区将网格化综合管理服务片区正式更名为市民

市民驿站嘉兴路街道第一分站

驿站，并围绕"党建引领更具内涵、组织架构更加清晰、服务项目更加丰富、管理机制更具共治特色、服务时间更贴近群众需求"抓提升、抓升级。对接需求，完善功能。2018 年，虹口区明确将市民驿站建成"15 分钟社区党建活力圈、生活服务圈、网格管理圈"的发展目标，构建市民驿站"6+X"服务功能。牢记嘱托，深化功能。2018 年 11 月 6 日，习近平总书记亲临虹口区市民驿站嘉兴路街道第一分站考察。虹口区以此为新的起点，2019 年通过出台并落实"提升社区治理能力的行动计划（2019—2021 年）""深化市民驿站功能建设的实施意见""市民驿站高标准建设导则"，推进市民驿站再出发。广泛宣传，擦亮名片。2020 年下半年，虹口区"市民驿站让群众更有获得感"项目获首届上海社会建设和基层社会治理"十佳创新展示项目"。制定规范，明确标准。2021 年，虹口区通过打造"百事通"服务窗口模式，制定发布《虹口区市民驿站评价规范》，推动市民驿站服务和评价标准化。线上线下，数字转型。2022 年，线上深化"随申办·掌上驿站"建设，线下打造市民驿站智能化应用场景，推动市民驿站数字化转型。

"四个一批"破解市民驿站建设瓶颈。为了破解虹口土地资源紧张的瓶颈，虹口在充分调查研究的基础上采取"四个一批"的政策，即公建配套落实一批，剥离街道招商引资职能划转一批，"五违四必"整治腾出一批，撬动社会资源共享一批。经过努力，全区市民驿站于 2018 年底相继建成，平均每个市民驿站面积 1285 平方米，覆盖 0.67 平方千米，服务 2.3 万人。"6+X"服务凸显市民驿站服务宗旨。为了切实满足群众对"家门口"服务需求，努力构建涵盖"党建群建、生活服务、就业服务、事务办理、心灵港湾、网格化管理"+特色服务的"6+X"功能，实现 15 分钟社区生活服务圈、网格管理圈、党建活力圈在驿站优势互补、同向发力、融合发展。延伸点建设延伸市民驿站服务空间。为了突破市民驿站场地资源有限、承载能力有限的瓶颈，将社区内具有一定规模、符合延伸点建设条件的公益服务站点及其服务项目统一纳入市民驿站服务版图，实行统一冠名、统一标识、统筹管理。因需制宜拓展市民驿站服务功能。为了更好满足群众"家门口"的服务需求，在新增助餐、助老、助医点、物业管理等方面

市民驿站党群服务站

深挖潜力，截至 2022 年全区市民驿站实现了"养老顾问点""物管家"全覆盖，建成老年人助餐服务场所 105 家，建成助医点 45 个。全年无休拓展市民驿站服务人群。为了让广大虹口市民都能充分享受到市民驿站温馨服务，通过引入志愿者服务机制、错时制、轮休制，实现各市民驿站全年无休。数字平台创新市民驿站服务载体。为了顺应社区数字化转型的新趋势，线上依托"市民云"平台，通过数字赋能将 363 项社区服务上线"随申办·掌上驿站"，为群众提供"零距离"便捷服务；线下依托 5G、物联网等现代信息技术，打造智慧康养、智慧文化、智慧便民、智慧运动、智慧食堂等多样化的智能化应用场景，为群众提供数字生活新体验。

链接一：

财政资源重点保障民生

2012 年以来，随着虹口区十年间经济水平的不断增长，区域财政保障实力得到稳步提升。一般公共预算支出从 2012 年的 98.63 亿元增长到 2022 年的 221.23 亿元，年均增长 8.41%，为全区经济社会事业发展提供了坚强

市民驿站智慧健康小屋

的财力支撑。与此同时，虹口在财政安排上大力压减一般性支出，牢固树立过紧日子思想，通过制定公用经费定额标准，完成党政机关和企事业单位公务用车改革，努力降低行政运行成本。积极盘活存量资金资产，及时收回结余和两年未用完的结转资金，采取多种形式盘活长期低效运转、闲置以及超标准配置的行政事业单位国有资产，统筹财政资源重点保障就业、教育、医疗、卫生、住房保障等民生事业支出。

十年间，区财政用于民生支出逐年增加，从 2012 年 39.25 亿元增长到 2022 年 120.29 亿元，占地方财政一般公共预算支出的 50% 以上，年均增长 11.85%。一是支持就业和社会保障。从 2012 年的 9.13 亿元到 2022 年的 20.94 亿元，年均增长 8.66%。二是支持教育事业加快发展。从 2012 年全区教育投入 19.72 亿元到 2022 年的 35.52 亿元，年均增长 6.06%。三是支持医疗卫生事业发展。从 2012 年全区医疗卫生支出 6.29 亿元到 2022 年的 30.08 亿元，年均增长 16.94%。四是加大住房保障力度。从 2012 年全区住房保障支出 4.11 亿元到 2022 年的 23.49 亿元，年均增长 19.04%，有力支持了"美丽家园"和保障性安居工程建设。

链接二：

百姓"家门口"的服务站建立

　　2017 年，虹口区在各街道全面推开"家门口"服务站（后改为市民驿站）建设。虹口区是一个老龄化程度较高的城区，群众对提供高质量的社区公共服务需求有较高呼声。为解决居民"一老一小"看病、取药、助幼、就餐、社区养老等群众"家门口"服务需求，虹口区创新社会治理方式，不断探索"家门口"服务站运行模式。在曲阳路街道建设"市民驿站"经验的基础上，2016 年 12 月至 2017 年 1 月，区委、区政府分别在凉城新村、嘉兴路街道试点建立"家门口"服务站，2017 年 3 月，"家门口"服务站统一定名为"市民驿站"。

　　至 2018 年 8 月，虹口区共设置覆盖全区的市民驿站 35 个，各街道至少拥有一个 800 平方米以上，涵盖 6 大类 167 项 +X 类特色服务功能的综合型驿站和若干专业型驿站。平均每个驿站覆盖 0.67 平方千米，服务 2.3 万人。由此，"15 分钟社区生活服务圈"更趋完善，居民在步行 15 分钟内

家庭时光

能享受到优质社区服务。市民驿站建设作为服务群众的一项举措、城市基层治理的一种探索、城市基层党建的一种创新，已初见成效。

2018年11月6日上午，习近平总书记来到虹口区市民驿站嘉兴路街道第一分站考察，充分肯定了虹口区以市民驿站为载体，推进城市治理"最后一公里"的做法及成效。嘉兴路街道市民驿站第一分站于2017年2月建成，共有两层，面积约700平方米，设有老人日托所、社区活动室、社区卫生服务站、社区食堂等多项设施，为社区居民提供全方位的服务。

链接三：

社区综合为老服务中心实现全覆盖

2021年5月，随着香烟桥路87号嘉兴路街道综合为老服务中心（分中心）对外开放。全区已建成15家社区综合为老服务中心，实现了8个街道全覆盖。嘉兴路街道综合为老服务中心（分中心）融合了助餐、文化娱

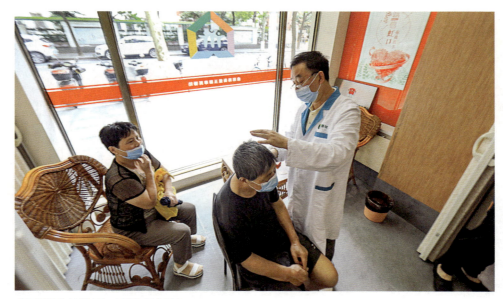

市民驿站为社区老年人提供理发服务

乐、医疗保健、体育健身、精神慰藉、法律援助等服务项目，成为周边老年人的"好去处"。

香烟桥路87号原先是嘉兴路街道社区文化活动中心，功能调整后，社区文化活动中心迁移至别处，这里便空置了下来。2021年年初，区民政局与嘉兴路街道经过走访调研、倾听居民需求，决定结合市民驿站建设，将这里打造为集医养、康养、体养、文养（文化娱乐）、智养（智慧养老）等功能为一体的社区养老服务综合体，作为社区嵌入式养老服务的枢纽和平台。同时，社区养老服务综合体还成了社区事务办理的延伸点，几十项事务在这里就能办理完成，为老人的日常生活提供了极大的便利。

社区养老服务综合体的建设是市、区政府的"民心工程"。通过"民心工程"推进机制，重点在社区打造一批与老年人社区居养生活密切相关的服务设施，来切实提升广大老年人的获得感、幸福感、安全感。下一步，虹口将在这类设施的功能拓展上再下功夫，以社区综合为老服务中心为平台，以功能性养老服务设施为支撑，以家门口服务站点为延伸，强化社区托养、智慧养老、医养结合、康养结合、体养结合、文养结合，努力打造社区养老服务联合体。

深入贯彻上海社区工作会议精神，全面实行"全岗通"

政府"全岗通"换来百姓"人心通"

　　基层治理是国家治理的基石，社区是党和政府联系、服务居民群众的"最后一公里"。多年来，虹口立足实际，加强党建引领基层治理，把更多资源、服务、管理放到社区，更好为居民提供精准化、精细化服务，提升基层的综合服务水平和品质服务能力，基层治理体系建设和治理能力现代化水平得到进一步提升，基层社会治理创新不断深化。

　　基层治理水平不断加强。2016年以来，以推进居委会干部减负增能为目标，逐步推进"全岗通"1.0—3.0版工作机制，通过"技能通""服务通""治理通"工作机制，提升居委会干部综合能力，打造"一专多能、全岗都通，一人在岗、事项通办""全科医生"式的干部队伍。推广"日日清"居委会约请机制，构建问题解决"直通快办"机制，推动条线部门围着基层转、帮助居委会排忧解难，提升社区自治共治能力。建立居委会减负增能联席会议制度，构建涵盖"工作目录、电子台账、政策汇编、自治经验、把关机制、监测机制、评估机制"居委会"一点通"，落实居委会减负增能工作。夯实楼组自治根基，以"六个一"载体为抓手，开展创建自治示范楼组、自治楼组活动，持续提升居民自治示范楼组的覆盖范围和建设质量。推进"一门式"标准化建设，实现大部分事项全市通办，提升服务能级，方便群众办事。打造"区块链＋社区生活服务"工作模式，让居民生活服务订单可追溯、服务数据可记录、服务需求可匹配，解决生活服务需求。

基层队伍建设不断加强。建立社区工作者队伍体系，出台"1+4"配套文件，明确和规范社区工作者的队伍管理制度、薪酬标准、招录办法与档案管理制度。完善培养体系，推进社区工作者成长"五大"计划，实现多元赋能、减负增效。开展社工赋能工作坊项目，以个案实践互动教学提升业务创新和项目管理能力。完成第十、第十一、第十二次居委会换届选举工作，进一步优化"老中青"相结合的队伍机构。

市民驿站建设不断深入。构建涵盖"党建群建、生活服务、就业服务、事务办理、心灵港湾、网格化管理"＋特色服务等"6+X"功能的市民驿站，打造15分钟社区生活服务圈、网格管理圈、党建活力圈。延伸拓展服务空间，全区市民驿站实现"养老顾问点"全覆盖，助餐服务场所105个（含

"全岗通"擂台赛

延伸点），助医点有 45 个（含延伸点），实现全年无休。建设驿站社区代表履职点，拓展自治载体；推广"百事通"，推动服务规范化；编制"评价规范"，推动驿站服务标准化。深化"随申办·掌上驿站"服务再完善、功能再升级、机制再优化，打造"零距离"数字服务站，为居民提供远程便民服务。建设智慧环境管理、智慧健康场景、智慧社区食堂等市民驿站智能化应用场景，打造社区智慧生活服务的标杆，为居民提供社区数字生活新体验。探索建立"物管家"，推动市民驿站管理服务向围墙内的小区延伸。

虹馨工程建设不断强化。推进"虹馨工程"建设，聚焦规划类、治理类、数字化转型类、试点示范类主题，树立创新社区治理特色品牌；结合城市更新、空间重构，打造曲苑、河滨大楼、天虹等高品质"会客厅系列"；推进居委会"沉浸式办公"和规范化建设，打造社区多功能空间多元化服务。

引导社会组织参与社会治理。党的十八大以来，社会组织的功能日益突出，在助力疫情防控、基层治理体系和治理能力现代化等方面发挥了积极作用。目前，全区共有社会组织 521 家。坚持党建引领把方向。成立登记阶段，党组织应建必建；年度检查阶段，将党建工作纳入年检（年报）内容；规范化评估阶段，对参评 4A 以上社会组织党建应建未建的"一票否决"。通过"三同步"机制，推进社会组织扩大党的组织覆盖和工作覆盖。坚持培育扶持促发展。注重分类实施，不断拓展服务渠道、服务对象、服务内容，促进社会组织培育成长，充分发挥社会组织的专业优势，推动社会组织参与基层治理。新冠疫情暴发以来，社会组织积极参与疫情防控：投身情况排查、核酸检测、环境消杀、防疫宣传等疫情防控工作；为独居孤寡老人、困境儿童、重病残疾人等各类特殊人群提供个性化服务，协助覆盖防疫工作盲区；搭建资源调配、供需对接、心理疏导等平台，助力基层疫情防控这一系统工程，彰显了社会组织的公益初心和专业力量。坚持放管并重激活力。依托市民政局社会组织网上登记办事平台，按照全区"一网通办"及"审批制度改革"相关工作要求，通过完善办事指南、优化流程、即办件审核及缩短时限，提升审批服务质效。加强联动，强化事中事后监管，执行年度检查、信用监督、信息公开、抽查监督等监督措施，推进社会组织预警网络建设，开展社会组织规范化评估工作。

链接一:

"全岗通" 1.0 版到 4.0 版的蝶变

2015 年,曲阳路街道率先在辖区内居委会探索"全岗通"工作机制,倡导居委会工作人员"一专多能、全岗都通",既精通本岗位业务,又熟悉其他岗位基本业务。2016 年 8 月开始在全区推广,随后不断迭代。从 1.0 版到 4.0 版,"全岗通"这三个字的内涵不断延伸,成为"及时感知社区居民的操心事、烦心事、揪心事",并"一件一件加以解决"的一系列创新举措的集合。

2016 年 8 月,"全岗通"工作机制在中共上海市委创新推出社区工作者职业化体系的背景下诞生。最先"出炉"的就是"技能通"——打造"全科"居委干部。2017 年,虹口区居委会全面实施"技能通"——"一专多能、全岗都通""一人在岗,事项通办",基层治理效率显著提升。这一举措在全市进行了推广。2018 年,虹口区"全岗通"又实现了升级。"全岗通 2.0"——服务通,在对全区 37 万居民办事、服务事项进行梳理、分析

曲阳路街道林云居委会推进全岗通,打造沉浸式办公

的基础上，发布了"不见面办事""零距离服务"两份清单，并依托"市民云"建立全区统一的居民网上办事服务平台，居民可通过移动终端在线查询、办理事项，实现办事居民"一次上门"或"零上门"。2019 年，区民政局在曲阳路街道"周周转"基础上推出"全岗通 3.0"——治理通。全区居民区探索条线部门围着社区转、帮助居委会解决难点问题的一系列新机制。通过"全岗通"的层层蝶变，居委工作效率提升了。居委干部能集中精力"沉浸"到居民家中去，主动对接居民的各项急难事。特别"全岗通3.0"实施以来，基层治理工作得到了新机制的"加持"——在街道层面建立"全岗通"联席会，在居委会层面建立"全岗通"议事会，在楼组层面建立"全岗通"邻里会，"三会"联动，推动条线部门围绕基层转，为基层开展协商共治提供保障。

2022 年，"全岗通"以"易表通"为基础，通过数字技术进一步为居委减负、为服务居民增能，提升基层治理效率，实现了"全岗通4.0"，迈入数字通时代。"易表通"是曲阳路街道开发的一种旨在解决社区繁杂排摸任务，以社区治理数字化转型为理念，推动传统居委工作模式大变革，完成从手写笔记时代—数据表格时代—易表通信息时代的迭代更新的软件。

链接二：

"周周转"转出新气象

2018 年，虹口区曲阳路街道党工委针对"如何让老小区焕发新活力"这一课题，街道党工委结合区开展的大调研工作，以"精细管理、普惠居民"为目标，推行党建引领下的"周周转"工作新模式，聚焦住宅小区人居环境和物业管理短板，攻克社区治理的难点、痛点和堵点，取得小区环境净化、绿化、美化、人文化的积极效果。

曲阳社区是 20 世纪 80 年代初上海改革开放后建设的大型居住区之一，售后老公房面积达 210 万平方米，常住人口达 10 万余人。随着城市建设的不断发展，曲阳地区居民区老旧情况凸显，基础设施老化等问题突出，难以满足居民需求。街道在开展"大调研"活动中，问需于民，问计于民。通过到玉四居民区实地调研，发现环境卫生、违章搭建、绿化布局等"欠账"有五十余处之多，其中70%以上属于物业管理问题，同时居民对宜居小区的呼声强烈。街道党工委立足小区治理"短板"问

通过"周周转"密云居民区改造后新增的停车位

题，站位如何解决居民群众的"急、盼、愁"，突破社区治理工作中的难点、堵点、痛点问题，让老小区焕发新活力成为街道党工委创新社区治理方式的重点思考问题。

街道党工委在充分调研认证的基础上，形成了"周周转"工作模式，即（周周有发现，周周有行动，周周有效果），以社区综合治理为原点，解决"陈年痼疾"，提升社区品质、居民获得感和幸福感。党工委成立"周周转"工作领导小组，整合政策资源，制定街道"周周转"三年行动方案，注重"常态化运行、可复制推广"，采取"点上突破，面上带动"的方法，取得了良好的效果。

链接三：

"三驾马车"合署办公

2018年，文苑一居民区党总支在凉城新村街道党工委的领导下，开始试点将居委会、业委会、物业放在一间办公室里办公。在全市首创"三委联动"合署办公运作模式，探索形成具有凉城特色的治理模式和工作机制，先后解决了一大批老百姓的"急难愁"问题，截至2020年年底已累计解决实事291件，居民满意率达98%。

"整合资源　加强联动　共助旧改"书记分享会

　　文苑一居民区有 7 个小区、5 个物业、2160 户居民，房屋大部分是售后房，是典型的老小区，物业管理是社区中涉及面最广、群众需求最强、问题短板最多的领域。如何缓解业主与物业之间的矛盾，让老百姓的"急难愁"问题得到解决？结合居委会"两室"改造，党总支将"三委"办公室嵌入于居委会办公空间，在"三委"办公室设置监控中枢，实现对 7 个小区 24 小时无间断监控。同时，制定培训指导制、值日坐班制、一口受理制、任务清单制、例会协商制、评议激励制等制度，明确各方责任分工。居民区党总支成立"三委"联动巡查小组，实行走出去、引进来、再出去三步工作法。比如，由居民区党总支牵头，每月组织召开至少一次"三委联动"联席会议，重点解决物业管理服务、业委会规范化建设、小区环境微更新、垃圾分类、加装电梯等小区治理重点和难点问题。同时，建立议题解决机制。坚持以问题和需求为导向，规范社区治理工作流程，由居民代表民主提议、民主协商、民主决策，自下而上形成小区公共议题，通过"三委联动"平台制定"一议题一方案"，以项目化运作的方式，推动小区公共议题落到实处。

"城市大脑"支撑城市运行精细化治理

2019 年，时任上海市委书记李强、上海市市长应勇先后作出重要批示，要求逐步建成城市运行管理和应急处置的"城市大脑"，按照"一屏观天下，一网管全城"要求，明确推动上海市"城市大脑"和指挥大屏建设。虹口区 2019 年启动"城市大脑"整体方案设计，并于 2020 年通过项目采购实施系统性内容建设。

虹口区"城市大脑"，以"一源、一数、一脑、一智、一屏"总体架构，打通各类数据、接入各类系统，实施融合计算，建设会思考、能迭代的数字化基础设施体系。其中"一源"即感知层，是区"城市大脑"神经末梢，与各业务系统、物联平台、视频平台对接，实现数据源头统一获取和管理。"一数"即数据层，是全区数据资源的中台，实现政务数据的汇聚、治理、共享和应用。"一脑"即模型层，为各部门提供通用算法库和知识库（法规库、案例库），实现跨部门共性模型和知识共享。"一智"即应用层，将日常运行、应急指挥、综合治理等区级城运系统进行开发集成、统一管理，实现"一网统管"平台化应用。"一屏"即门户层，将区内部门各自建设的"展示屏"、门户和 App 进行整合统一，实现全区一张屏、一门户、一终端。

"城市大脑"虹口大屏

数说虹口

　　虹口区"城市大脑"于 2021 年年底完成"五个一"的基础建设，并持续投入实战应用。主要成效有：一是建成了虹口区数据基础底座，实现了全区 49 个部门 8069 张数据资源表汇聚，涉及数据近 80 亿条；形成市、区联动的"数据共享交换"基础平台，建立国家、市、区、街道、居委五级数据目录体系，实现全区有效目录资源编制 1406 个，支撑全区服务共享调用约 1 万次／日均。建立"实有人口""实有法人""地理信息""物联感知"等基础库，"一网通办""一网统管""应急指挥"等主题库，"助力企业发展""救助帮扶""宏观经济"等专题库。二是为全区各部门提供多场景的算法应用平台支撑，针对不同技术能力的人群提供的"基础分析""深度分析""探索挖掘"等分析模型，建设政策法规库、典型案例库（12345 热线案例及网格案例）、业务知识库和事项库等为部门业务系统提供有效支撑。三是建设全区统一应用的数据标签管理赋能平台，围绕"人""房""企"三个维度，打造全链条知识图谱，实现全面画像，后续对接市级数据标签试点，逐步推进建立市、区两级统一数据标签体系。四是在城市运行管理方面，对上与市城运系统对接，做到市、区、街道、居委四级平台"进一网"，对下打通区各相关部门业务处置系统，做到部门和街道条块协同"能统管"，并通过大数据分析辅助决策，建立实现"三个统一"（统一发现、统一派单、统一监管）的"一网统管"业务中台，并在全市率先实现市区 12345 热线数据的一体化正常流转。在应急指挥处置方面，基于区城运指挥大厅职能，围绕日常管理、预警监测、指挥调度等需求，建设区应急管理指挥系统，以该系统作为突发应急联动上下、衔接左右的应用枢纽、指挥体系和赋能载体，在防汛防台、疫情防控等期间，城

新时代非凡十年的虹口答卷

运指挥大厅作为区指挥中心，为区领导和应急部门提供"三个实时"（实时发现、实时指挥、实时处置）能力支持。五是围绕市、区重点工作内容，持续建成一批可视化应用，基于区城运指挥大厅，实现"一屏"展示，建立如"数说虹口""数治虹口"系列场景，共涉及全区 28 个部门，实现 32 个综合场景和 43 个业务分析展示；探索创新试点应用，推进"数联、物联、智联"全面感知体系的建设，形成市、区数字体征体系两级应用，基于北外滩云舫小区"数字孪生"试点应用，通过镜像叠加、虚实融合技术，借助无人机、无人车、智能物联、智能视频、大数据、云计算等，率先实现数联、物联、智联"三合一"应用，创新探索数字孪生赋能城市精细化治理。

链接一：

"12345"市民服务热线试开通

2012 年 8 月，上海市"12345"市民服务热线电话开通试运行，虹口同步上线开通。

虹口区从深化城市管理体制改革、加强城市运行安全管理的角度出发，积极做好上海市"12345"市民服务热线电话开通对接相关工作，按照"整合资源、协同管理"的原则，整合现有的区城市管理监督受理中心和城市管理指挥处置中心，组建"虹口区城市运行管理服务中心"，以加强全区城市运行管理。新组建的虹口区城市运行管理服务中心，接收并办理与本区相关的市民

"12345"市民服务热线在疫情中，为市民在封闭期间提供生活、医疗保障等服务

服务热线来电事项；及时向市民回应办理结果，并向市市民服务热线管理办公室反馈；维护、更新市民服务热线虹口区知识库信息；加强社情民意研判，对市民来电反映和关注的信息进行综合研判，汇总市民关注的热点、焦点问题，掌握城市管理的弱点、难点环节，为加强城市运行安全管理提供信息支撑，为领导决策提供科学依据；定期分析全区市民服务热线工作情况，解决工作中遇到的难点问题；继续履行由原区网格化管理中心承担的全区网格化管理职责等。城市运行管理服务中心形成了一套行之有效的工作流程和工作制度，建立相应的考核监察制度，利用市"12345"市民服务热线服务管理应用系统，对本区各承办单位办理市民服务热线来电情况进行流程监控、实时监督。同时，为建立长效机制，虹口区还把城市运行管理服务中心工作列为部门年度目标考核公共指标和年度行政效能监察项目。

上海市"12345"市民服务热线开通后履行三项主要职能，即：政策和信息咨询，对市民就政策法规、行政事务办理、便民服务信息等提出的咨询，进行查询并解答；具体事项办理，对市民提出的涉及生产生活的非紧急类求助事项、涉及政府公共管理和公共服务事项的投诉，由责任单位办理解决；社情民意收集，对市民就经济社会发展提出的意见、建议，进行梳理分析，为科学决策提供依据。上海市"12345"市民服务热线电话开通试运行期间，工作时间为上午8时到晚上8时。待热线稳定成熟后，将实行"7×24小时"全时服务，并逐步开通传真、电子邮件、短信、视频等服务方式。上海市民服务热线实行"一号对外、集中受理、分类处置、统一协调、各方联动、限时办理"的工作机制。市民拨打热线电话后，电话首先由呼叫中心热线受理员接听。受理员对能直接解答的咨询类问题，依据知识库信息直接解答；不能直接解答的咨询类问题及求助、投诉和建议，及时转交相关区县、部门办理。相关区县、部门及时妥善办理来电事项并回复市民，同时将办理结果反馈市民服务热线。今后，市民遇到涉及政府公共管理、公共服务方面的咨询、求助、投诉和建议，拨打一个号码就能搞定。230多条政府热线归并成一条，上海实现了公共服务热线的"一号通"。同时，上海市"12345"市民服务热线是非紧急类政务服务热线。涉及人身财产安全的紧急求助，市民仍应直接拨打110、120等应急电话。

链接二：

"全球双千兆第一区"建立

  2019 年 3 月 30 日，"全球双千兆第一区"开通仪式在虹口区举行。上海市副市长吴清拨通了首个 5G 手机通话，中国移动集团副总裁简勤与上海市政府副秘书长陈鸣波共同宣布了上海成为全国首个中国移动 5G 试用城市。市经济信息化委主任吴金城、市通信管理局局长陈皆重、虹口区委书记吴信宝、上海移动总经理陈力共同启动了"5G 全球创新港"建设。市经济信息化委副主任张建明、虹口区副区长袁泉、上海移动副总经理梁志强出席并分别介绍了上海市、虹口区、上海移动的 5G 建设和应用推进情况。在仪式上拨通的全球首个不换卡不换号、基于中国移动 5G 网络的手机间通话，首次实现了基于现网升级的 5G 核心网、业务系统和 5G 手机的电话互通，完成了 5G 终端与无线网的优化适配。2019 年，作为我国 5G 建设的主力军之一，中国移动在上海加快推进新一代信息基础设施建设，打造"建网快、品质优、应用丰富"的"双千兆城市"。同时，加大 5G 垂直领域合作，推进 5G 创新应用示范建设，包括打通首个跨省 5G 视频通话、完成上海"两会"首次 5G 直播连线、启动建设首个 5G 火车站、完成首个智能电网测试等，形成了示范效应。

  目前虹口区已建成 5G 基站 228 个，实现了千兆固定宽带网络和 5G 网络全区覆盖，成为全球首个固定宽带和移动通信网络双双实现千兆覆盖的地区。在 5G 应用场景方面，虹口将聚焦智慧医疗、智慧教育、智慧楼宇、虹口足球场、智慧社区、无人机巡航、城市安全、城市管理、金融服务、文创体育十大领域加大探索创新。结合即将启动的上海

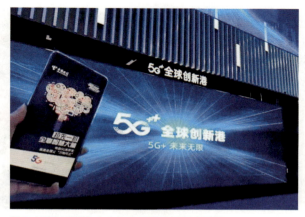

"5G 全球创新港"在上海北外滩滨江正式开港

5G创新应用大赛，发挥行业的需求引领作用，发掘企业和个人的创新设计，孵化一批5G特色应用，为上海5G商用奠定基础。

链接三：

"三级循环"提升基层治理能力

虹口区"一网统管"工作，注重强化问题导向，着力推动城市管理手段、模式、理念创新，充分利用"一网统管"平台，做实城市管理居委片区"小循环"、街道"中循环"、区级"大循环"，实现城市运行、社区管理问题早发现、早处置、早研究、早预判，不断提升基层治理能力。

近年来，虹口区强化运用法治化、智能化、标准化和社会化手段，充分应用"一网统管"工作平台，深化"综合执法＋城区大脑＋流程再造"模式内涵，增强基层综合巡查统筹协调效能，提高社会治理体系和城市治理能力的现代化水平。在部分街道开展关于城市管理、生产安全、市场监督、创建文明城区等内容的综合巡查，将街道的城管中队、市容所、市场所、第三方力量等巡查、执法力量进行整合，形成片区的综合巡查队、综合执法队，人员下沉片区工作站，加强社区治理的力量。一是一巡多查，提升巡查效率。通过充实综合巡查力量，整合环境保护、消防安全、市容管理、市政设施、市场监管、规划建设等各专业部门职能，开展"一巡多查"，把问题发现从被动的"守"转变到主动的"巡"。二是综合执法，提高处置效率。通过探索管执联动，推动"工作有量化、管理有痕迹、巡查有效率、执法有根据"的数字化案件流转，一改以往"管理脱节""取证困难""数据滞后"的治理窘境，实现了问题发现和上门执法的"点对点"无缝衔接。

"一网通办""一网统管"工作推进大会

虹口"智慧城管"成为全市城管系统标杆

　　2019 年，虹口借 5G"全球双千兆第一区"的东风，在全市城管系统中率先利用 5G 网络技术结合"智慧城管"应用场景，实现车载音视频实时回传和远程操作，首次将 5G 技术与城管执法工作相互融合，使得城管"非现场"执法模式得到实际应用。虹口"智慧城管"信息化系统自建设以来，始终处在全市城管系统领先水平，通过四期的不断建设完善，现已建成"网上勤务、网上办案、网上督察、网上诉处、网上考核、基础数据库、信息处理分析系统"7 大板块和 33 个小项模块，实现执法勤务、任务处理、法制办案、社区工作、诉件处置等城市管理项目 24 小时全天候痕迹化管理。虹口"智慧城管"系统通过建设，由"五个网上"及 GIS 地图指挥平台、数据信息智能处理七大模块组成，为执法精细化插上了科技的翅膀，真正做到实战中管用、基层队员爱用、群众感到受用。

　　"网上勤务"实现工作流程模块化管理。"智慧城管"系统将日常执法工

2021 年 4 月，中组部公务员局专题调研智慧城管网上考核项目

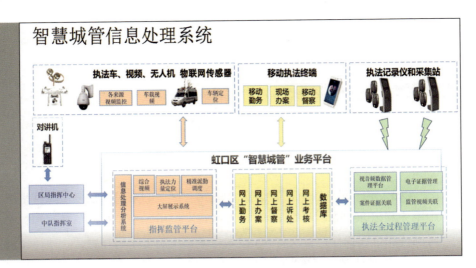

系统架构图

作中所需的法律法规、内容程序、纪律规章等分别融合到各个模块中，按照统一的考核内容、项目设置、操作流程等标准，实现人员安排、任务派发、结果反馈、监督考核等一系列动作均在网上完成，有效防止执法过程中容易出现的片面性、随意化，通过信息技术有效堵塞各种执法漏洞。同时，系统设计开发充分考虑基层实际情况，贴近执法一线，贴近队员，贴近社区，化繁为简，最大程度提升操作体验，从而实现队员管"效能"（行为管理）、中队管"效率"（分析管理）、区局管"效果"（督察管理）的"三效"目标。

"GIS 指挥平台"有效提升综合治理效能。勤务调度更加精准。通过"智慧城管"信息化 GIS 地图指挥平台实时显示当前时段全区在岗城管执法队员数量及位置，并通过执法终端 App 将市民诉件、整治任务、突发应急事件等精准下发至相应责任岗位队员，进入处置流程，从而实现"第一时间发现，第一时间处置"，同时实行执法全过程记录，将以往的多级化模式转变为扁平化指挥模式，切实提高指令精确度和快速反应能力。

上下协同更加简便。"指挥监管"模块开发建设的"任务发布"功能，对各类热线诉件、巡查发现等各渠道来源反映的问题，区城运中心或局勤务指挥中心，均可通过这个功能模块直接给街道综合执法队（城管中队）发布指令，各街道城管中队指挥分中心接收指令后，立即组织综合执法力量协同处置，处置过程及结果全程记录，并在区城运中心大屏或局指挥中心实时反映，实现了"高效处置一件事"要求。

考核监督更加公正。系统预设"积分制"模块，每名一线执法队员完成各项任务情况后，后台自动打分。通过对"执法办案、勤务管事、信访投诉、队伍建设、奖优罚劣"五个方面进行细化量化，实现了日常考核的相对公平公正公开，有效鼓舞了队员工作士气、营造了比学赶超氛围。

近年来，虹口"智慧城管"持续探索，受到各方肯定并被广泛推介。2019年，虹口区城管执法局被住建部授牌全国首家"智慧城管精细化执法现场教学基地"，全国市长研修学院（住房和城乡建设部干部学院）厅局级及地市级城管局长培训班连续三年在虹口举办，同年12月，虹口"智慧城管"项目获评"2019中国智慧政务创新成果奖"。2021年4月，虹口区城管执法局被列入中央组织部公务员平时考核联系点。2021年10月，虹口区城管执法局申报的"推进智慧城管系统建设，助推城管执法精细高效"案例，获第二届"上海城市治理最佳实践案例"评选"最佳案例奖"。同年10月，虹口区城管执法局与全国市长研修学院（住房和城乡建设部干部学院）共同编写的《新时代城市管理精细化执法——上海虹口模式》一书正式出版，将作为全国市长研修学院（住房和城乡建设部干部学院）"新时期城市管理执法人员培训教材"使用。

链接一：

虹口城管率先使用"5G+智慧城管"

虹口区作为"全球双千兆第一区"，至2022年，虹口区域内已累计建成5G基站415个，辖区内单位平方千米基站数8.87个，覆盖半径180米，在全市各区三大运营商基站建设中密度排名第一，峰值移动下载速率可达1.6 Gmb/s以上。

区城管执法局在区科委的协调以及海康威视、上海移动公司的支持配合下，完成了"5G+城市管理—巡逻视频回传"场景应用的建设，成为全市首家将5G应用场景顺利投入实际试运用的城管执法部门，以更短的延时、更快的网速、更高清的视频，为城管执法工作带来更为顺畅的应用体验。通过执法巡逻车辆上安装的5G车载视频设备以及接入的5G超高速网

街道网格化中心

络，城管队员可将执法巡逻高清实时画面同步传输至局指挥平台，配合科学的勤务巡查制度，实现了对辖区内道路、小区、商圈的城市管理情况全掌握，优化了对辖区突发情况的应急以及执法资源调度能力，加强了执法数据信息在收集、交互过程中的时效性以及准确性。

虹口城管将继续以"5G+智慧城管"为目标，探索如 5G 现场执法记录仪、5G 智能违章感应预警监控设备、自动化勤务热点分析研判系统等场景在实际执法工作中的应用可能，不断提升城管智能化、科学化、精细化的工作水平，推动 5G 应用场景在城管执法工作中深度覆盖。

链接二：

"推进智慧城管系统建设，助推城管执法精细高效"
被评选为十大"最佳案例"

2021 年 11 月 1 日，2021 全球城市论坛在上海举行。论坛上，第二届"上海城市治理最佳实践案例"发布，虹口区城管执法局"推进智慧城管系统建设，助推城管执法精细高效"被评选为十大"最佳案例"之一。

"上海城市治理最佳实践案例"评选活动是在上海市城市数字化转型工作领导小组办公室、上海市精神文明建设委员会办公室、上海市城市管理精细化

2017年住建部城管监督局在虹口调研

工作推进领导小组办公室、上海市人民政府发展研究中心的指导下，由上海交通大学中国城市治理研究院、国际与公共事务学院和人民网上海频道联合主办。评选旨在总结和推广上海超大城市治理的实践经验，推动"人民城市"理念深化研究和落地生根，为城市治理体系与治理能力现代化提供更多可复制可推广的理论创新和实践范例。案例申报工作从 2021 年 9 月启动以来，经过申报、实地考察、专家评审、终审答辩等层层环节，《推进智慧城管系统建设，助推城管执法精细高效》从 100 余项参评案例中脱颖而出，终获殊荣。

虹口"智慧城管"系统以"科技+制度"提升城管执法精细化水平，运用"智慧城管"信息化手段把握数字化转型发展，探索超大城市治理之道。系统涵盖网上勤务、网上办案、网上督察、网上诉处、网上考核"五个网上"及 GIS 地图指挥平台、数据信息智能处理七大功能模块，融合市、区"一网统管"平台，支撑城管"八类区域"精细化执法，实现全面感知、精准执法、协同联动、智慧决策、应用场景创新，显著提升城市治理能效。

链接三：

"一网统管"助力疫情防控

2020 年至 2022 年新冠疫情期间，虹口区充分应用"一网统管"成效经验，强化社会面管控，推进疫情防控工作，为打赢大上海疫情保卫战作出了贡献。

一是坚持底座思维导向，数据赋能重点人群分析管控。区城运中心通过市、区联动的"数据共享交换"平台，深度融合跨部门数据底座，做好重点人群的分析管控。通过阳性人员管理库，掌握全区核酸检测阳性人员的状态信息，关联核酸异常数据及方舱数据，实时掌握该人员的当前状态。此轮疫情中通过数据平台共分析管控阳性人员信息3万多条。推进每日每小时混管追阳工作和"追黄码"工作，落实核酸检测"应检尽检"，通过系统排查确定本轮核酸检测中黄码人员清单，配合街道开展追踪和补检工作，累计排查应检未检人员5万余人。二是确保场景开发优先，应用赋能重点工作落实到位。开发全区疫情智能防控系统，对全区涉疫相关数据进行汇聚、融合、治理及应用的一体化、多账号、分权限数据赋能平台。主要功能模块有"核酸异常推送""阳性人员管理""核酸记录查询""应检未检人员下发""密接人员管理""场所码监管""居家监测隔离证明""疫苗接种查询"等。三是实现常态监测指挥，平台赋能重点区域安全有序。此轮疫情中，区城运指挥大厅深挖平台潜力，重点保障核酸检测点、养老院、护理院、居家隔离点、保供场所、区级方舱现场等点位的实时视频监控，视频巡防发现并处置问题900余次。发挥此轮疫情前部署完成的单兵系统功能，启用单兵设备200部，实现区、街道主管部门对各防控重点区域的远程监控和人员力量调配。落实视频巡查工作，城运中心指挥长保持24小时在位，及时核实突发事件的现场情况与处置结果，应对处置舆情80余起。

数治虹口

打出全面停偿"组合拳"

　　2017年8月，虹口完成全部648个项目停止有偿服务任务，交出一份部队和群众点赞的合格"答卷"。部队全面停偿工作开展以来，虹口区坚决贯彻市委决策部署，咬住目标压实责任，抓住关键合力推进，打出"组合拳"，打赢"主动仗"。

　　137次例会逐个项目"过筛"。虹口区域内有偿服务项目涉及30家驻沪部队、总量位居全市第二，投资大、面积大的复杂敏感项目占比超过20%……这是全面停偿工作伊始虹口面临的"考题"。面对困难重重的现状，虹口区委、区政府牢固树立"四个意识"，将部队停偿工作作为一项政治任务来抓，提出了"走在全市前列、能快则快、不能出事"的目标，全区上下切实把思想和行动统一到中央精神和市委要求上来。虹口区第一

广粤路绿道

时间成立由区主要领导牵头、分管领导具体负责、相关职能部门共同参与的协调领导小组，在区人武部设立停偿办公室，抽调骨干力量组建专项工作组，两位区委常委、区人武部主官靠前指挥、现场办公，坚持具体问题具体分析，把工作精准落实到每个点位。在摸清底数的基础上，虹口区注重综合施策、综合治理，不断细化实施方案，打出全面停偿工作"组合拳"：对合同已经到期的项目，采取军地联动、携手合作，依法强制收回房产；对涉及"五违"整治的项目，由部队出具委托书，加大力度及时拆除违章建筑，对无证照经营、违反消防规定等违法经营行为采取联合执法取缔……

虹口区建立健全了区军地协调领导小组日常联合办公、周报告、周例会、领导小组会及月督查等各类制度，及时研判工作难点，明确工作措施，重在解决问题，为基层工作提供有力指导和支撑。137次领导小组例会坚持逐个项目"过筛"，真正做到了"一户一策""一项一案"，形成攻坚克难的强大合力，确保了停偿工作全力推进。

35天平稳关停市重点督办项目。虹口区广粤路上，原先有两个热闹的建材、花鸟市场，涉及180个租赁户、700余经营人口，是市委明确的重点督办项目。经过军地35天的共同努力，两个市场已成功关停，创造了无集访闹访、无矛盾激化、无安全事故、无行政诉讼的奇迹。

广粤路49—91号的建材、花鸟市场关停任务，是一块停偿攻坚的"硬骨头"。接到任务后，凉城新村街道和部队成立联合工作组，把指挥部设在两个市场边上，坚持集中办公、集体会商。

工作组选取关键点位和区域悬挂200多条宣传横幅，逐户上门告知、耐心宣传解答清退解约政策，确保不漏一户、不漏一人。按照"一户一档"的要求，他们通过现场踏勘、查阅资料等方式，对两个市

新闻报道

场内项目进行全面细致地分析梳理。在此基础上，精准制定清退策略，综合采取减免租金、经济补偿、行政执法、法律援助等多种手段，为停偿工作提供有力支撑。

某业主刚接手经营时间不长，前期投入较大，得知市场即将关停的消息后情绪激动，扬言要做"钉子户"，对工作人员极不配合。街道领导一方面向他讲解有关处罚政策，增强法律威慑力，打消其侥幸和观望心理，另一方面坚持人性化操作，缓解其对立情绪，最终成功说服该业主解约。工作中，停偿办还聘请 4 名职业律师，全程免费为小业主提供法律咨询服务，清退政策的制定、通告的发布、解除协议的草拟等都请专业律师严把法律关。耐心倾听业主心声、倾心服务每个业主是他们自始至终关注的重点，帮助解决了广大业主的不少"急难愁盼"问题。有部分业主提出搬离后因要续缴社保，希望执照能延期注销，市监所马上协调，给予解决。精准施策、合力攻坚、倾心服务，换来了广大承租户的理解和支持，两个市场的关停任务仅用 35 天就完成了。

36 个复杂项目高效推进。某餐饮公司老板承租项目面积大、装修经费多，因损失较大情绪激动，对部队提出巨额赔偿要求。街道工作人员多次上门宣讲政策，劝导其放弃不合理的非理性诉求，通过法律途径解决问题。法院受理后，一方面做好承租户的安抚工作，动之以情、晓以利弊，一方面迅速开辟绿色通道，本着利益平衡、平稳解决纠纷、化解矛盾的原则，分头做部队和承租户工作，最终在部队顺利收回房产、承租户损失得到一定弥补的情况下顺利结案。停偿工作中，虹口法院受理的 36 个案件全都是合同期长、预期补偿金高的复杂项目。在市级法院的支持下，17 个进入司法程序的案件全部由专人专项合议庭审理，通过加强庭前沟通、开通绿色通道、搭建类案专项处理平台等方式加快审结步伐；19 个调解项目全部进行了司法确认，维护了部队和承租户的合法权益。

虹口还积极倡导"热度＋温度"的融合做法，各级在敢于担当的同时，更加注重及时帮助解决小业主的实际困难，让停偿工作更具温度，受到广泛赞誉。有的商户由于门面较大，短期内无法找到适合经营的新商铺，有的商户子女在商铺附近上学，转学事宜困难重重。工作人员都尽力帮他们解决。搞清楚广大业主在想什么，最害怕失去什么，然后通过阳光的、公平的政策，保护他们的利益，把损失减到最小。贴心之举，让许多小业主深受感动，一位承租户感动地说："他们一次次做我们的工作，帮助我们解决了很多问题，反过来说，我们也愿意配合他们开展工作。"停偿工作中，很多承租户不但积极搬迁，还主动做起其他业主的思想工作。

链接一：

市级"四违一乱"整治区块率先"交卷"

2016年6月，作为上海第二批环境重点整治地块，四川北路街道的"四违一乱"整治区，是虹口区唯一一个入选的市级地块。该整治区达430亩，东至四川北路、西至河南北路、南至天潼路、北至武进路。面对地块多种多样的问题，全区各部门各单位和四川北路街道共同努力，提前完成了整治目标，该区域成为今年全市中心城区中首个通过验收的市级地块。

该"四违一乱"市级地块，涵盖了旧改征收地块、七浦路服饰市场和中信广场，区域里城区老化、人口老龄、经营混乱等情况较为明显。四川北路街道根据该区域特点和整治问题分布情况，将整治区域划分为"三类九块八区"实施整治。其中，"三类"即"征收改造区、市场聚集区、建成提升区"三大类型区域；"九块八区"则是"17、18、信虹、中信广场、七浦市场、崇明路、天潼路、南拓和东拓"九个地块及整个区域所涉的八个居委。随着"三类九块八区"划分方案出炉，四川北路街道在整治时有了精准目标，做到对症下药。在17、18、信虹地块等征收改造区，整治结合旧改征收工作进度，有序关停违法经营、拆除各类违法搭建，并沿地块周边设置文化墙美化市容环境；七浦路服饰市场等市场聚集区，重点整治非机动车乱停放、跨门经营、占路打包，整改消防隐患、设置警务站、强化治安秩序等；在中信广场等建成提升区，街道将整治目标着重放在加强道

整改后七浦路市场内景

路交通疏导、规范车辆停放和环境保洁等方面。

2016年3月整治行动开展以来，短短3个月的时间，川北街道"四违一乱"市级地块共整治违法建筑1376处40331平方米、违法经营211家、小区违法租赁3处、生产安全隐患7处、消防安全隐患2处，危化品经营使用单位1家，100%完成了市级地块整治目标，成为当年全市中心城区首个"交卷"并通过验收的市级地块。

链接二：

市级"五违四必"重点整治地块通过验收

虹口区北外滩商务区域，东至新建路、南至黄浦江、西至溧阳路、北至周家嘴路，共有840亩区域被列为"五违四必"市级重点地块，整治面积大、问题遗留久，还涉及历史风貌保护街区，整治难度很大。2017年年初启动"五违四必"整治以来，该区域共拆除违法建筑604处，近25000平方米，取缔违法经营93户，成为中心城区第一个通过验收的市级标杆地块。

白墙黑瓦，木质大门，梧州路上的这座街心"口袋"公园，现在已经

成为周边居民散步健身的好地方。梧州路变电站周边是"虹口老街"的重要组成部分,有着深厚的历史底蕴。百余年前,这里极为繁荣,还有弄堂直通虹口港,但随着时代变迁,各种违法搭建将其"包围",居民们苦不堪言。住在里面的人吃喝拉撒都在里面,没有任何的卫生设备,环境很差。居民窗门都不敢开,一开都是臭气。在这次市级目标区块生态环境综合治理行动中,提篮桥街道将梧州路划为重点整治点位,拆除了存在 40 多年的违法建筑。整治以后,居民普遍反映环境好了,采光好了,空气也好了。

虹口全区也将在推进"1+7+X"重点区块整治基础上,通过开展专项整治,提升各整治地块的环境品质。

链接三:

百处拔点磨出"曲阳经验"

2017 年 5 月,随着玉田路上最后一家餐饮店店招的拆除,占地 568 亩的区级整治地块——玉田西南地块生态环境综合治理完成攻坚任务。至此,曲阳路街道"四违一乱"年度整治任务提前半年交出成绩单:整改和拆除违法建筑 230 处,完成计划的 158%;取缔违法经营 213 处,完成计划的 216%,由此百处拔点磨出"曲阳经验"。

拆违是项大工程,如何调动每一个"细胞",自上而下群策群力?在"四违一乱"整治伊始,曲阳路街道就成立了领导小组,由街道党工委书记、办事处主任亲自"挂帅",并调动街道各职能办公室、城管中队、派出所、房管办、市场监管所等 10 余个部门共同参与,在区级部门的指导和协助下，各部门发挥各自职能，让拆违犹如"过筛子"，不留丝毫余地。针对"四违一乱"工作，街道已摸索形成了一套"曲阳经验"，即：事前宣传、排摸、谈话、制定一户一方案；事中执行，提高敏锐度，防止突发事件的发生；事后监管，防止回潮，维护整治成果。可以说，这

违法建筑整改

套方法是在几百处违建"拔点"过程中慢慢总结出来的，能够最大化减小整治过程中的风险，具有很强的可操作性。

"美丽家园＋"品牌建设先行者

虹口区是全市"美丽家园＋"品牌建设的先行者，是成片规模化加装电梯的倡导者。虹口践行以人民为中心的发展思想，在全市率先开展"美丽家园＋"系列工程，率先形成"整小区、整居委"加装电梯模式，以城市更新硬实力，提升虹口宜居建设软实力。2012年至2022年，是虹口区全方位改善居住条件，努力实现"住有宜居"的十年。有房子住还要有好房子住，"住有所居"向"住有宜居"迈进。

贯彻发展理念，践行民心四得，全力加梯改善居住条件。深入贯彻以人民为中心的发展思想，以"民心工程得民心"为理念，全力推进加梯工作，至2022年，全区累计完成签约689台，完工338台，惠及居民8808户。

一是着眼细节，以"绣花之功"精耕民心工程。绘制加梯地图，呈现加装条件。出台办事指南，梳理加装流程。细化加梯方案，突破技术限制，实现全市离地铁最近、吊装跨度最大、单栋户数最多等加梯项目。二是着

街道工程例会

改造后的新车库

小区主通道内公示美丽家园实施方案

眼过程，以"民主协商"推进民心工程。成立加梯会客厅，践行全过程人民民主理念。依托会客厅平台，提供接待咨询、矛盾调解、监督评议等功能，定期召开加梯听证会，建立居民代表、两委委员意见反馈机制，形成共商共议共建的加梯氛围。完善维保制度，实现全生命周期管理。出台建后管理指导意见，压实物业接管职责，明确价格参考标准和激励措施，让居民使用电梯更安心、更放心。三是着眼合作，以"跨前之举"助推民心工程。市、区、街道三级联动成立加梯工作专班，建立"临时党支部"，集中审批、联合巡查、分段验收，形成加梯合力。四是着眼实惠，以"利民之实"浇灌民心工程。统筹资源，减轻出资负担。将整小区加装电梯与高标准"美丽家园"统筹实施，居民加梯成本平均降低约10%。引入低息免抵押公益性"加梯贷"，减轻居民一次性出资压力。创新思路，降低资金风险。探索引入国有银行对公监管账户，规范资金管理和使用，减轻居民资金风险。

树立三新理念，建设美丽家园，加快修缮提升居住品质。以"住有宜居"为目标，全面打响旧住房修缮攻坚战。"十二五"期间，完成平改坡综合改造223万平方米，里弄房屋修缮140万平方米，二次供水改造430万平方米，完成成套改造项目约2万平方米。2016年以来，共完成各类旧住房修缮约1508万平方米。

一是综合改造，打响"美丽家园+"新品牌。逐步扩大改造范围、提升改造标准，从1.0版跨越发展到目前的3.0版本，通过美丽家园"+加装电梯""+民防设施改造""+适老性改造"等一系列内容叠加，做好加法、做好整合、做好调配，实现精细化管理，高质量推进"美丽家园+"品牌建设，因地制宜地推进房屋单体修缮、室外环境提升、附属设施改造等工程，使老旧小区"旧貌换新颜"。二是里弄、历保修缮，打造虹口新地标。延续里弄房屋、历史建筑、规划保留建筑历史文脉，打造虹口新地标。例如，恒丰里的红色元素，内山书店、木刻讲习所的历史记忆，河滨大楼对"一江一河"的融入，将历史建筑打造成为"网红打卡新地标"，进一步提升虹口文化软实力。对永安里、山阴路2弄等里弄、历保建筑开展修缮工程，让历史建筑在新时代焕发出了崭新活力。三是成套改造，打造厨卫独用新空间。遵循"可改、愿改，能改、尽改"的原则，会同区规资局、街道、产权单位等，研究成套改造实施路径。通过拆除重建、贴扩建、结构性大修等多种方式，完成广灵一村二期扩建加层、推动实施西宝兴路949弄一期拆除重建改造等成套改造项目，在"螺蛳壳里做道场"，合理用好每一平方米，解决居民生活难题，打造厨卫独用新空间。

此外，2012年至2022年新建住宅项目20个，141.33万平方米，约1.8万户。完成新建住宅市政配套道路建设10条，进一步完善新建住宅市政配套设施建设，不断优化城市路网。

链接一：

沽源小区整小区加装电梯

沽源小区位于虹口区江湾镇街道，始建于20世纪80年代，共有居民690户，60岁以上的老年人口占比近37%，小区居民解决垂直交通困难的需求较为迫切。2022年，沽源小区启动"美丽家园+整小区加梯"综合改造项目，通过结合"美丽家园"改造，一并改造公共部位、迁移管线，实现资源叠加，提升综合品质，在硬件上打好基础，推动加装电梯跑出"加速度"。至2022年年底，沽源小区30个单元楼已完成签约29台，其中在建10台、竣工19台。

新时代非凡十年的虹口答卷

党建引领，破解意愿征询难题。江湾镇街道迅速启动征询工作，在沽源小区成立整小区加装电梯临时党支部，由居民区党总支部书记担任书记，同时在每个单元楼成立了加装电梯自治管理小组，由热心社区工作的党员骨干担任组长，通过"分块包干、责任到人"的征询方式，开展意愿征询，形成"每个门洞至少一场沟通会＋每户业主点对点解释沟通"的工作模式，确保每一户居民均能了解政策、放心签约，截至2022年年底签约率为93%。

部门联动，畅通审批流程。市修缮质检中心组织专家组进行提前预审，并进行了现场集中评审。面对小区无原始图纸需重新测绘、加梯情况复杂、居民诉求

加梯后外观

不同等诸多困难，沽源从2021年4月中旬对全小区进行统一地勘、房检和设计，5月底完成全套设计图纸，6月初完成全小区方案评审，地勘、房检和设计全过程仅耗时约40天。

资源叠加，提升综合品质。一方面，"美丽家园＋"实现难加变可加。应业主委员会申请，通过结合"美丽家园"改造，将非机动车车棚、台阶拆除，从而创造条件，让原本不适合加装电梯的2个门洞满足加装条件。另一方面，"美丽家园＋"实现后加变同加。绑定"美丽家园"统筹规划，统一电梯外观与楼房外立面、电梯连廊与楼道铺地等在材质、风格、颜色，统一风格、统一标准，提升居民区整体风貌。

链接二：

逸仙小区美丽家园改造

逸仙小区位于场中路4弄，建于20世纪80年代，建筑面积8.3万平方米，由11幢多层住宅、5幢高层组成，居民1363户，小区常住人口2300多人，60岁以上老年人口比例近40%，老龄化程度较为严重。2020年被列为虹口区美丽家园改造项目。2021年，逸仙小区成为上海首个实现加装电梯全覆盖的售后公房居民区，并且实现了加装电梯覆盖全小区，小区更新改造、加装电梯一次性完成。

逸仙小区作为全市首个全小区加装电梯项目，同时也是首个美丽家园结合整小区加装电梯实施项目，逸仙小区美丽家园项目将加梯工作和美丽家园同步推进，缩短了工期、提高了改造标准、同步减少了改造期间居民的"阵痛期"。逸仙小区美丽家园修缮工程主要做了以下惠民工作：一是改善居民居住环境。根据小区实际需求，项目针对建筑外立面、屋面、室内公共部位等建筑单体，小区室外环境以及非机动车棚、照明设施等附属设施开展了综合改造。尤其是在小区环境整治中，整体考虑小区绿化方案，对加梯中涉及的绿化减少，通过美丽家园改造予以调整，确保小区绿化面积和绿化品质，居民满意度显著提升。二是承担加装电梯工程地上、地下管线迁移工作。美丽家园将电梯范围内的雨污水管、通信管线、自来水管、燃气管线进行管线综合协调，统一移位。避免小区路面反复开挖，加快电梯工程的实施速度，使居民加梯费用更多地集中用于电梯的本体设施。三是倾听居民诉求，助推电梯加装工作顺利实施。美丽家园在居委的协助下，深入了解居民，特别是一楼居民，日常居住中遇到的"难点""堵点"，对居民合理范围内的诉求针对性解决，切实解决了群众最关心、最现实的问题。

2023年，逸仙小区迎来"整小区""整居委"规模化加梯

最后一块"出让毛地"征收达标生效

2020 年 8 月 13 日下午，虹口区最后一块"出让毛地"的 116 街坊共有 787 证 851 户居民签约，签约率达到 98.62%，成功生效，800 余户居民将告别蜗居住新房。

116 街坊地处北外滩核心区域，房屋征收范围为东至保定路、南至昆明路、西至安国路、北至唐山路，共涉及居民 798 证 863 户。在旧改推进过程中，有一类地块十分特殊，它们被称为毛地出让地块，116 街坊的性质就是如此。2003 年，虹口区通过公开招标由开发商取得 116 街坊的土地使用权，但由于种种原因，房屋征收工作在十七年间"两起两落"，居民们眼见着希望出现又破灭，都十分着急和难过。

为加快解决民生，破解"毛地出让"的历史遗留问题，上半年，借着北外滩新一轮开发建设的东风，虹口区收回了 116 街坊的土地使用权，并结合该地块自身实际情况，探索差异化的制定房屋征收实施方案，重新启动了 116 街坊房屋征收工作，做到"一地块一方案"。同时，在上海银行等主动跨前服务、积极配合下，进一步加快旧改步伐，回应居民改善生活条件的强烈诉求。由于地块内人户分离情况普遍，在资料收集和意愿征询阶段，区第一征收事务所工作人员面临的一大难题是不少家庭无联络方式、无个人信息。针对这一情况，北外滩街道探索建立与征收事务所"捆绑式"结对工作模式、与各档经办人"搭档式"协同工作方式，通过多种渠道和方式寻找到"失联人员"，确保征收政策每户居民知晓，顺利开展意愿征询工作。同时，依托居民区党总支，摸清地块内老、弱、病、残和优抚对象等特殊困难家庭，在促进签约、矛盾化解、帮困解难等方面发挥积极作用，以点带面加快推进地块整体签约进度。

116 街坊地处北外滩核心区域，房屋征收范围为东至保定路、南至昆明路、西至安国路、北至唐山路，共涉及居民 798 证 863 户

小小区合并破解物业治理之困

2017 年，虹口区欧阳路街道在全市率先开展小小区合并。虹口区委、区政府不断总结经验，在全区扎实推进此项创新举措，为全市社区治理提供了经验。"小小区合并"是指针对规模小、户数少、管理难度较高的小区治理瓶颈问题，鼓励相邻小小区合并，整合为同一物业管理区域、同一业委会，提升物业服务效能。

虹口区欧阳路街道辖区原有的 106 个小区中，300 户以下的小小区占三分之二。小小区的物业管理问题一度是个老大难问题，对于物业公司来说，收费标准低，管理难度大，运营比较复杂；对于居民来说，小区的服务设施缺失，物业企业、业委会等各方在管理事务上有心无力，相邻小区间容易发生摩擦，影响社区氛围。欧阳路街道于 2017 年开始在全市率先开展小小区合并，针对每个小区的不同情况分类施策，探索出了多种具有上海中心城区特色、契合老小旧居住型社区特征的小小区合并模式，提高社区治理精细化规范化水平，让社区居民安心、舒心、暖心，夯实基层治理体系和治理能力现代化的基石。

江湾镇街道万安路沿线三个小区合并后，统一进行"美丽家园"设计改造，打造成万安路沿线别有韵味的新中式风格建筑群

谁来主导？党建引领。街道党工委充分发挥党的政治优势和组织优势，多级党组织主动跨前，协同联动，打通各相关方"思想堵点"，打通群众"隔阂心墙"。如在虹仪、祥三、虹铁三个小小区合并为新虹仪小区的过程中，街道

党工委与市物业管理行业协会虹口工作委员会、区房管局党组等开展党建联建，对合并方案和程序反复研究共同推进；虹仪居民区党总支按网格党建责任块逐一开展宣讲，积极争取居民支持配合；在业委会成立党的工作小组，号召党员业主作表率。小区合并后，原先的三个业

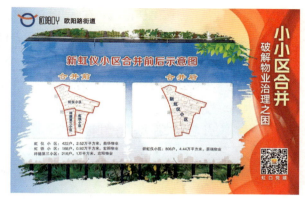

欧阳路街道新虹仪小区合并前后示意图

委会变成一个业委会，由一家物业公司提供全包干服务，原来无人愿意管的公共道路纳入有序管理，车位资源也得到统筹分配，虹铁、祥三两个小区物业管理费统一调整到虹仪小区的标准，实现了物业管理服务"质价双提升"。

谁来管理？多方共治。四平路421弄谭家桥地区是一个混合型社区，开放式弄堂、商品房小区、私房旧里和老旧公房混杂、背街小巷等，是开放式无物业管理区域。由于区域内有道路和河道红线，不具备小小区合并的条件。在街道党工委的统筹和指导下，祥德居民区党总支牵头成立了"421弄弄管会"。弄管会成立后，盘点资源、核算收支，群策群力、提出解决方案，针对性解决了"三大类难题"，即停车管理难，物管"四保难"（保洁、保安、保绿、保修），居民生活"每日四需难"（非机动车充电、晾晒衣物、扔垃圾、收快递）；在此基础上，建立起"三联机制"，即每月一次"两套马车"联动（一套为居委会、业委会、物业公司，一套为房办、片警、城管中队），双月一次联盟（党建办自治办管理办牵头，沿线红色物业联盟碰头会），三个月一次联议（居民区总支牵头召集沿线小区志愿者和居民意见领袖碰头会），引导相关资源力量向问题矛盾聚焦，促成解决老百姓"急难愁盼"问题的闭环。

谁来参与？居民自治。小小区合并坚持以人民为中心的发展理念，争取把多数居民动员、组织起来，为小小区合并等社区工作发展贡献智慧力

量，加速工作推进。在合并过程中，得到很多热心居民的倾力支持，奠定了项目推进的民意基础；小小区合并后，越来越多的居民感受到社区变化，小区面貌更新了，人情味更浓了，街道党工委适时提出"深化欧阳社区志愿服务文化"。2020年疫情最吃紧的时候，街道党工委和各居民区党总支振臂一呼，辖区内党员积极响应，短短两天，以党员为主体的2000多名志愿者走上"做每天一小时防疫志愿者"的岗位。2021年，更名为"社区服务一小时志愿者"项目，在疫苗接种工作中，党小组长带领党员群众共同做好疫苗接种的"宣传员""勤务员""服务员"，全方位开展排摸、宣传以及服务保障工作，助力建立免疫屏障。在创全国文明城区工作中，结合网格点位，创文志愿者参与人次达5000余人，发现并整治问题17000余个。

2017年至2022年，欧阳路街道共有36个小小区实现合并，占街道小小区总量的51.4%。让一盘沙化作一盘棋，小小区的合并并非简单的物理区域的合并，更是党组织引领下各方力量资源的统筹谋划，让人人参与治理过程，人人享有治理成果，人人享受品质生活。

链接一：

打通治理"隔墙"

欧阳路街道大西小区原来分为大西第一、第二两个小区，由同一家物业公司管理，但有各自的业委会。以前，同一件事需要分头召开"三驾马车"会议、业主大会会议等，效率较低。2018年，欧阳路街道大力推进"小小区"合并一体化建设工作，大西居民区成立了"小小区"合并工作室，充分发动业委会、楼组长、党员等各方力量，积极宣传和倡导将两个小区合并。经过多方努力，两个小区的居民意见征询和业主大会顺利通过小小区合并决定。合并后，新大西小区成立一个业主大会，组建一个业主委员会，原物业公司继续沿用，"三驾马车"同轴共转，一墙之隔的两个小区成为"一家人"。特别是遇到两小区公共区域整治、费用承担等问题，合并前，物业公司要征询和协调两个业委会的意见，流程烦琐且容易扯皮。小区合并后，业委会运作更加规范，物业管理更加高效便捷。

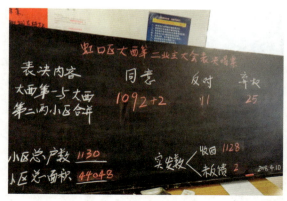
业主大会投票表决

小区合并后更"美"更宜居，为提升小区精细化管理水平奠定了基础。大西小区是建于20世纪60至80年代的售后房老式小区，房屋老化，道路拥挤，基础设施陈旧。2020年5月，区房管局与街道携手配合，合并后的"三驾马车"同向发力，推动新大西小区的"美丽家园"改造。美丽家园改造时，隔墙被拆，不仅释放出更多停车位空间，还为居民辟出一块健身休闲场所。小区内还增设智能车棚，解决了电动车乱停乱放和"飞线"充电问题。小区公共空间的重新规划利用也为加装电梯创造了可能性。2021年7月，新大西小区首台加装电梯——天宝西路241弄20号电梯正式竣工并投入使用。

大西小区的"小小区"合并是欧阳路街道坚持探索和成功实践党建引领下"小小区"合并的缩影，街道在近期第二届"上海城市治理最佳实践案例"评选活动中获评优秀案例。目前，区房管局已会同全区各街道成功将46个小小区合并成20个小区。虹口以"小小区"合并为抓手，坚持共建共治共享，努力破解早期建设的住宅小区"多、小、散、杂"、基础条件薄弱、物业管理难度高、规划布局不合理等治理"堵点"，推动虹口高质量发展高品质生活高效能治理。

链接二：

首个公租房小区加梯项目竣工

2022年8月，虹口区首个公租房小区，"华虹苑"小区的6、7、9号楼多层住宅加装电梯工程正式竣工并投入使用。"华虹苑"小区是区体量最

加装电梯后的公租房

大的公租房项目，由2幢高层和5幢多层构成，住户的人口结构主要以家庭型为主。安装电梯前，居民只能通过走楼梯进出单元楼，多层建筑的100多户人家不单是老年人，许多年轻人也非常需要电梯。

2021年前，虹口区加装电梯多集中在商品房小区和售后公房小区，公租房小区加装电梯是个新尝试。2021年区房管局和公租房公司在走访和听取住户意见后，决定在小区多层住宅楼开展加装电梯试点工作，居民们都非常高兴。这也是虹口区加大对公租房小区加装电梯的试点，其间克服了疫情等对施工的影响，在确保安全和质量的前提下，稳步推进公租房小区的加装电梯工作，使"华虹苑"公租房小区加装电梯项目顺利完工。加装电梯工程，既是百姓生活中的"关键小事"，更是关系群众福祉的"民生大事"。虹口区将以提升居住品质为抓手，继续做好公租房的运营管理工作，积极推动本区公租房的高质量发展，为集聚更多优秀人才来虹口发展提供支撑。

链接三：

"掐"着厘米算出幸福来

2018年8月，欧阳路街道四平路幸福村270弄1—6号公房成套改造项目顺利完工交房，144户幸福村居民拿到了新家的钥匙。困扰居民们多年的房屋改造问题，终于得到了圆满解决。

幸福村始建于20世纪五六十年代，配有厨卫合用的房型在当时属中上水平。随着时代变迁，居民幸福感逐渐下降，20世纪90年代起，因居住空间狭窄、日常生活不便等原因，更新改造的呼声愈发强烈。

摆在老房改造面前的最大挑战是三个百分百：即区成套的公房改造须达到居民意愿征询率百分百、改造签约率百分百、居民百分百搬离，协议方能生效。为有效解决这一问题，从 2012 年起，在区房管局、虹房集团、欧阳路街道等单位支持下，在居民自发组建的"改建工作小组"不断努力下，公房改造征询工作不断推进。2016 年，幸福村内两幢 20 世纪 70 年代的 4 层楼公房率

升级改造前后对比图

先完成改造，每家配备独立卫生间。同年，最后三幢厨卫合用的公房，纳入改造计划。为保障居民得益最大化，幸福村项目改造，可谓是"掐"着厘米算出来的。项目组委派专人进驻幸福村，由专业设计师根据每家每户的不同情况，在政策范围内，通过重新布局、加层等方式，最终实现房屋面积的"整合再分配"。据测算，幸福村 270 弄 1—6 号的公房平均每户增加面积约 10 平方米。许多居民在入住新房后感叹道，这才是"幸福"该有的样子。

"住有所居"有保障

　　2012 年至 2022 年，是虹口区多渠道增加住房供给，充分保障"住有所居"的十年。党的十八大以来，虹口区把"房住不炒、租购并举"基调同区域实际结合，积极推进住房供给侧改革，逐步构筑起"多主体供给、多渠道保障、租购并举"的住房体系，更好地满足不同层次、不同职业、不同年龄段人员的多样化住房需求。

　　服务区域经济发展，房地产市场稳中有进。坚持"房子是用来住的、不是用来炒的"定位，贯彻落实各项调控措施，深化"三个为主"，持续稳地价、稳房价、稳预期，推动住宅楼盘逐批上市，扩大有效供给和中高端供应，缓解居民住房市场的供需矛盾，促进住房市场平稳发展。加快商业办公楼盘上市，为推动区域经济转型、实现高质量发展打下坚实基础。2012 年至 2022 年，新建住宅上市供应面积 211.15 万平方米，商业上市供应面积 164.14 万平方米，办公上市供应面积 114.83 万平方米。新建交易面积 331.47 万平方米，其中，新建商品住宅交易面积 128.92 万平方米，新建商办类（含车位）交易面积 202.55 万平方米。存量交易面积 631.9 万平方米，其中，存量商品住宅交易面积 558.14 万平方米，存量商办类（含车位）交易面积 73.76 万平方米。此外，完成商业办公项目集中清理整顿阶段性工作，为市场的健康发展夯实基础。

　　服务招才聚才引才，"租购并举"取得新成效。建立和完善"1+1+7"的租赁住房转化工作机制。采取（用地性质、房屋类型、主体建筑）"三个不变"的工作举措，守住（房屋安全、消防安全、治安安全）"三个安全"的工作底线，率先探索实施"二级会审"和"联合验收"制度，力求多渠道、多方面、多层次筹措房源。2018 年以来，累计筹措租赁住房 7060 套，2022 年筹措保障性租赁住房 2207 套，供应保障性租赁住房 1243 套，服务引才、聚才、留才战略，取得了初步成效。

虹口区 17 街坊居民乔迁　　　　　　　　　　　　梦想成真

　　服务住房民生保障，住房困难得到有效缓解。从"单一保障低收入群体"，到"分层次、多渠道，不断扩大政策保障受益面"，缓解本市户籍中、低收入群体租房困难和刚需购房需求。一是廉租住房"应保尽保"，守住住房民生保障底线。2012 年至 2022 年，廉租住房累计受理申请 4820 户，累计发放廉租租金补贴 6.47 亿元，截至 2022 年 12 月底仍享受保障的廉租住房家庭共计 2590 户。二是共有产权保障住房"滚动实施"，缓解刚需购房需求。2012 年至 2022 年底，共计受理 8 批次本市户籍申请及 5 批次非本市户籍申请，共计受理申请 9949 件，共有 7698 户家庭通过选购共有产权保障住房，实现购房心愿，改善住房困难。三是公共租赁住房"先行先试"，破解阶段性租房难题。2011 年，虹口区作为本市首批成立区内保障机构的区域，先行开展公共租赁住房工作。通过收购、改建、商品房配建等方式，累计筹措区内房源 2001 套，打造味美思公寓、华虹苑公租房小区、恒大华庭配建公租房等优质项目，支持优化营商环境，服务符合准入标准的区内企事业在职人员及公益服务行业一线务工人员。

链接一：

首批区筹公租房供应启动

　　2014 年 7 月，首批区筹公租房"中湾公寓"和"祥德路 274 弄"两个项目正式启动供应，有效缓解区域内青年职工和引进人才等"夹心层"群体的住房困难。

公租房"中湾公寓"入住申请

公共租赁住房是一种有效缓解城市"夹心层"阶段性居住困难的保障性住房。近年来，虹口区通过新建、改建、收购和租赁等多元化的方式，积极拓展房源筹措渠道。本次推出的公租房房源共计132套，其中，"中湾公寓"项目122套，"祥德路274弄"项目10套。房屋租赁价格遵循"市场评估"和"略低于周边市场租金水平"的原则，根据房源所在的具体楼层、朝向等因素，实行"一房一价"。"中湾公寓"公租房项目位于中山北一路，原为一家经济型酒店，在政府的支持下，公租房公司将其整体包租后，用作公租房使用。项目二至六层为酒店式公寓，共计132套，户型均为一室户，每户建筑面积约17—50平方米，租金价格从1000多元到3000多元不等。在充分利用房屋原有设施设备的基础上，房屋内部还进行了局部装饰装修，并配置了部分家具。此外，项目底层还配建了小型健身房、洗衣房等，住户可以充值刷卡享受这些服务，实现生活上的便利。"祥德路274弄"项目则由公租房公司依托区内资源优势，租赁该小区内的10套房屋改建而成，房型分为两居室和三居室，每户面积约60到90平方米，月租价格在4000元左右，更适合三口或四口之家居住。

虹口区委副书记、区长吕鸣在做客《2023夏令热线：区长访谈》栏目时表示，截至目前，虹口已经筹措到千余间房源，并统筹配置了公共配套设施，努力推动从"住有所居"向"住有宜居"迈进。

链接二：

上海中心城区最大保障房基地基本建成

2020年6月23日，彩虹湾四期墨翠里小区首批入住的居民开始有序地领取房屋钥匙。

虹口区彩虹湾大居基地项目建设，由相对独立的4个小区蔷薇里、金枫里、红馥里和墨翠里组成，总建筑面积105万平方米。一期、二期、三期已先期建成，居民已入住。四期是该大居最后一块建设的基地，随着四期的建成，居民开始入住，

彩虹湾，上海中心城区最大的保障房基地

标志着经过多年的建设，上海中心城区最大的保障房基地已基本建成。此次建成的彩虹湾大居四期墨翠里小区始建于2016年9月1日，它北起安汾路，南至虹湾路，东至凉城路，西到江杨南路，总建筑面积达365691平方米。经过施工人员三年多的建设，目前由15层、25层、35层多层错落组成的14栋高层住宅、配套商业、功能用房等共同组成，其中7栋高层住宅为装配式建筑，是上海市最高的装配式住宅。整个四期住宅可以容纳3607户居民入住，停车位2635个。经过市、区有关部门多年来的共同努力，彩虹湾大居出行条件和各项公共配套设施都取得了明显的改善，目前，公交151、108、160、887路已经通行，彩虹湾老年福利院、长者照护之家、市民驿站、社区食堂、大型商业体麦德龙超市、上海市第五中学、复兴实验小学等已投入使用。上海市第四人民医院、三角地彩虹湾菜场、小型足球场等也将在年底前建成投入使用，届时彩虹湾居民生活将更为便利。

链接三：

成片二级旧里以下旧区改造全面完成

2022年6月30日上午，虹口区185街坊、212街坊，以及234、247街坊房屋征收签约率分别达到97.05%、99.66%和100%，高比例生效。这

虹口区成片二级旧里以下房屋改造任务全面完成

也意味着虹口区成片二级旧里以下房屋改造全面完成。

虹口曾是上海危棚简屋最集中、旧改任务最重的老城区之一。虹口区高度重视旧改工作，将其列为虹口最大的民生、最大的发展和盘活城区资源最大的着力点。十八大以来，虹口累计作出征收决定93个，帮助7.5万余户居民搬离旧居。在举全区之力持续推进旧区改造和城市有机更新的过程中，虹口区坚持党建引领，创新工作方法，实行"市区联手、政企合作、以区为主"模式，创新"组团打包"模式，坚持做到"三库三计划"，坚持开局就是决战、起步就是冲刺，不断刷新旧改新纪录，努力让"倒马桶"的老小区尽快旧貌换新颜，让旧改阳光普照到每个旧里地块。

最大的民生孕育着最大的发展，加快老旧小区等改造，打造现代、宜居、安全的生产生活空间，扎实做好旧区改造"后半篇文章"。未来，虹口区将坚持党建引领，加快推进零星旧改地块，真正提升百姓的满意度、获得感和幸福感。

链接四：

不管困难多大，一定要把旧改工作做好

2013年6月3日，虹口区委书记孙建平会见了来访的香港瑞安集团董事局主席罗康瑞一行，双方就加快推进虹镇老街旧区改造项目深入交换了意见。

瑞虹新城全貌

　　孙建平表示，在罗康瑞先生的主持下，瑞安集团长期以来积极参与上海的旧区改造，与虹口区委、区政府密切合作，共同推进虹镇老街旧改项目，有效地改善了群众的居住条件，改变了城市的环境面貌，充分体现了企业的社会责任，对此深表感谢。虹镇老街的居民强烈盼望加快旧区改造、改善居住条件，这是政企合作推动城市旧改项目的重要社会基础。同时，市委、市政府和社会各方在政策、房源、资金等方面对虹镇老街旧改项目给予大力支持。尤为重要的是，在十多年合作改造虹镇老街、建设瑞虹新城的过程中，虹口和瑞安你中有我，我中有你，建立了相互信任、相互支持的良好合作关系。今后，区委、区政府将一以贯之、一如既往地坚定支持瑞安集团参与虹口旧改项目。

　　当前，地方政府在旧改征收工作中始终坚持依法行政、规范操作，由于旧改成本不断上升，少数群众期望值过高，一些地块交付时间延后，企业资金回笼受到一定影响。面对困难，我们更要团结一心，坚定信心，攻坚克难，协同推进。目前，全区上下正全力以赴推进旧改，努力加快部分地块的"拔点"扫尾，力争实现年内主要节点目标，帮助企业加快资金流转、减轻资金压力。希望通过双方共同努力，使虹镇老街旧改项目早日取得决定性成果。

罗康瑞表示，不同于普通地产项目，旷日持久的旧改项目让瑞安的资金链承受了严峻考验。瑞安与虹口合作推进虹镇老街旧改项目16年来，做得很辛苦，但从来没有想过要退出，瑞安参与上海旧改的决心没有动摇过。不管困难多大，只要目标一致、坚持到底，就一定能把工作做好。瑞安一定会信守承诺，尽一切努力完成既定的旧城改造项目，配合区委、区政府推进旧区改造工作。同时，瑞安也有信心，在虹口区委、区政府的支持下，把瑞虹新城做出亮点，做出特色，更好地服务上海国际金融中心建设。

市区联动推进"创建全国质量强市示范城市"

2016 年 4 月，虹口区与市质监局、市质检院、计量院、质标院、特检院分别签订合作协议，多方合作推进区域质量提升。此举标志着从质量兴区到质量强区，再到创建全国质量强市示范城市，虹口质量工作已全面进入 3.0 时代。

近年来，虹口实施以质取胜、品牌发展和标准引领三大战略，促进虹口区经济社会发展迈上新台阶，提高虹口区发展的整体水平。上海市质监局在与虹口区政府签订合作协议后，将为推进虹口区"5+X"产业提质增效，加快建设南中北三大功能区，加大宏观质量管理指导、支持行政审批和管理创新试点、加强质量技术基础支撑、加大质量人才培养、加大对区标准化工作的支持力度、加强特种设备安全监管工作指导、加强计量工作业务指导、加大质量技术监督行政执法工作指导和支持力度八个方面，全面支持虹口经济社会发展。双方在企业设立、变更"一口受理"等成功合作先例的基础上，市质监局将让更多创新制度在本区先行先试、复制推广，

2021 年 8 月 30 日，上海市"质量月"启动仪式暨上海市政府质量奖二十年宣传活动在虹口区北外滩举行

并将推进"行政权力标准化管理"在本区开展试点；发挥市级质量技监技术机构的专业服务和技术资源优势，为区域质量提升提供全方位的技术支撑；支持符合虹口发展需求的国家级质检中心、检测认证机构等质量技术基础项目落户虹口，协助本区引进质量技术机构服务区域内的支柱产业发展，全方位提升虹口质量工作能级。

从质量兴区到质量强区，虹口质量工作实现跨越式发展。目前虹口区已有74家企业、80件商标品牌被认定为"中国驰名商标""上海市著名商标""上海名牌"；1家企业获批成为国家级标准化试点项目、5家单位获批市级项目；上海日用—友捷汽车电气有限公司、上海普利特复合材料股份有限公司等一批企业分获"上海市质量金奖""上海市重点产品质量攻关成果奖"等质量奖项。坚持以质量引领发展，以质量促进转型的"质量强区"战略成效显现。自2014年2月虹口区获批"创建全国质量强市示范城市"以来，虹口围绕"大质量"发展理念，全方位、多角度开展质量强区工作，区域整体质量水平亦提升明显。在产品质量方面，2015年，虹口以《"违法经营"整治工作实施方案》为基础，全年整治无照经营户2253户，无照整治率达56.6%；服务质量方面，多伦路文化名人街、1933老场坊等获"2015上海购物节'人气商业街（区）'奖"，上海灯具城被认定为全市33个功能区的众创空间总站；环境质量方面，区域降尘量、改善率名列中心城区首位。处置网格化案件28104件，处置率、及时率均为100%。此外，2015年虹口区将非标准化菜市场纳入监管体系，实现"统配秤"全覆盖。717台"统配秤"取代商户"私家秤"，从源头遏制作弊电子秤短斤缺两的问题，真正将"质量服务民生"落到实处。

虹口区近年来坚定不移加快推动高质量发展，质量强区建设取得实效，全力争创"全国质量强市示范城市"。2017年荣获"全国质量

虹口区行政服务中心"办不成事"服务窗口

"3·15"国际消费者权益日宣传活动

魅力城市"。2021年以来，虹口区经济发展全面回升向好，1至7月一般公共预算收入同比增长34.3%，完成全年进度的93.7%，增幅和完成进度分别位居中心城区第二和第一。金融、航运两大主导产业增势强劲，全国碳交易市场在北外滩落地运行，全年旧改不少于1万户的目标任务也已提前完成。全区服务质量、产品质量、工程质量、人居环境质量不断迈上新的台阶。

链接一：

荣登全国"十大质量魅力城市"榜单

2017年12月，2017"质量之光"年度质量盛典在北京人民大会堂举行。经过40万张大众选票的投选，包括"年度质量魅力城市"在内的多个榜单出炉。虹口区代表上海市参选，并成功荣登全国"十大质量魅力城市"榜单。

近年来，虹口区以创建"全国质量强市示范城市"为抓手，不断弘扬"品质虹口、创享未来"的城市质量精神，致力于打造立足创新、以人为本的品质城区。活动开展以来，在产品质量、工程质量、服务质量和人居环境质量方面抓提升、抓创新、抓突破，亮点凸显。加快政府职能转变步伐，对接上海自贸区改革经验，使企业经营环境不断优化，发展活力日益提升。如运用大数据等技术手段，完成网上政务大厅的建设并试运行，"审

"品牌与城市能级提升"专家圆桌论坛

批事项"栏目完成梳理上线共计34个部门、440项行政审批类事项，完成梳理的行政审批类事项已实现100%入库。同时，深入实施商事制度改革，积极落实"先照后证""多证合一""一址多照"等登记制度改革举措，实施"单一窗口"服务机制，企业办理各类登记手续，平均审批时限缩短为4天，为企业真正"减负"，使区域营商环境更优质，企业落户数和注册资本均同比增长。在打造宽松营商环境的同时，通过持续实施品牌战略，推进区长质量奖评审等举措，培育了一大批卓越企业和优质园区。截至目前，已累计有64家企业67个品牌荣获"上海名牌"、3家企业荣获"上海市质量金奖"、9家企业和个人荣获区长质量奖；5个科创园区获批创建上海市知名品牌示范园区，1家园区已通过上海市知名品牌示范园区验收，并正在申报国家级知名品牌示范园区；3家组织和1位个人申报2017年度"上海市质量金奖"；全区拥有中国驰名商标5件、上海市著名商标32件。

链接二：

试点"一证多址"

2021年1月1日起，上海市启动医疗器械经营企业"一证多址"试点工作。虹口作为实施该试点工作唯一的中心城区，区市场监管局根据前期

虹口区颁出全市首张"一证多址"医疗器械经营企业许可证

排摸，积极联系和调研企业跨区开展业务的需求，推进该项试点工作在区域内稳步有序开展。同月，虹口区颁出全市首张"一证多址"医疗器械经营企业许可证。

一直以来，医疗器械经营企业根据营业执照仅可在一个行政区设立一个经营场所，无法同时跨区设立。企业若是想跨区设立第二经营场所，必须再办理企业分支机构登记，无形中增加了企业的运行成本。

注册在虹口区的上海雅旭医疗器械有限公司是一家"种植牙数码闭环解决方案"供应商，专业从事包括口腔种植牙相关的种植系统、生物材料、牙科器械销售以及技术咨询培训等业务。为了方便业务拓展，企业想在松江设立第二经营场所，但根据相关规定，需要首先在松江设立分支机构，才能后续办理经营许可证申请等业务。为了办理相关业务，公司代表事先专门咨询过，整体流程复杂且时间较长，前前后后大约需要半个月左右。随着"一证多址"在虹口试点实施，摆在企业面前的各种烦琐流程一下子得到了简化。"一证多址"试点使医疗器械批发企业可以跨区在许可证或备案凭证上标注两处及以上的经营地址。试点后，虹口的医疗器械经营企业只需要向登记机关提出"一证多址"的申请，符合条件后，就可直接在企业的医疗器械经营许可（备案）凭证上添加多个经营场所。整个流程大概2到3天就能完成，大大减少了企业的运行成本。

同济·虹口绿色科技产业园揭牌

2015 年 7 月 13 日，虹口区政府与同济大学合作协议签约暨同济·虹口绿色科技产业园揭牌仪式在区政府举行。此次签约揭牌预示着虹口区政府与同济大学在推进"大柏树科技创新中心""环同济知识圈"及教育、科技综合改革等方面的建设中，又跨出了坚实的一步。

同济大学党委书记杨贤金，区委书记吴清共同为同济·虹口绿色科技产业园揭牌。区委副书记、区长曹立强主持揭牌仪式。同济大学副校长吴志强，副区长李国华代表双方签署了合作协议。签约仪式上，同济大学原副校长、教授赵建夫代表同济·虹口绿色科技产业园运营方，分别与有意向入驻园区的企业代表签订入驻意向协议。

合作协议涵盖科技、教育、载体建设等内容，并达成两项共识：一是

同济·虹口绿色科技产业园

共同推进"大柏树科技创新中心建设",成立同济·虹口绿色科技产业园区,加快使"城市污染控制国家工程研究中心"等产学研平台落户虹口,使"环同济知识经济圈"虹口段成为上海科技创新中心的新亮点;二是合作推进教育综合改革及国际教育产业发展,打造融合国际教育、考试、评估、咨询、培训等于一体的综合性国际教育平台。而揭牌亮相的同济·虹口绿色科技产业园旨在通过科技研发、国际合作、产业集聚与孵化、科技金融融合四大平台的建设,在三年内建设成一个人才、科技、金融、产业紧密结合,大中小微企业生态化配置,绿色科技产业特色鲜明的高科技创新创业平台。

"十五分钟就业服务圈"基本形成

　　2010 年开始，虹口区率先在全市试点建立社区就业服务工作站，并取得初步经验和成绩。2015 年以来，虹口区紧紧围绕上海市委"1+6"文件的贯彻落实，坚持需求导向、问题导向和效果导向，在强化街道社区事务受理服务中心提供就业服务的基础上，结合市民驿站建设，布局建设社区就业服务工作站，推动就业服务重心下移、力量下沉，打造"十五分钟就业服务圈"，打通公共就业服务"最后一公里"，让更多优质就业服务资源惠及居民群众。2022 年，虹口区成为全市首个所有街道全数创成特色创业型社区的区域。

　　科学布局就业服务设施。综合服务半径、服务人口和居民就业服务需求，制定《关于推进本区各街道社区就业服务工作站规范化建设的实施意见》，在区就业促进中心、8 个街道社区事务受理服务中心基础上，指导各街道结合职能调整、原有就业服务设施等情况，按照"腾出一块、置换一块、整合一块"的思路，科学布局就业工作站，就近为社区居民和用工

2018 创业大赛

单位提供"一站式"服务，形成"1+8+30"的"15分钟就业服务圈"。同时，优化22个创业孵化基地和3个高校创业指导站建设，完善"社区、园区、校区"就业创业服务网络体系。

规范建设就业服务站点。统一工作站建设标准，在各工作站设咨询区、职业指导区、综合活动区和信息查询区等"三区一台"，实施"一站式"服务。结合国家出台的公共服务设施等服务规范，完善就业工作站规范化建设，制定工作站的服务清单、工作人员的任务清单，以及示范性工作站评估标准和评审办法，形成完善的社区就业服务工作站标准体系。先后选树出欧阳邮电、曲阳上农等18家示范性就业服务工作站，以此引领全区各街道就业工作站的标准化建设。

精心打造专业服务队伍。结合推进社区工作者队伍建设，制定《关于推进街道聘用人员规范管理的实施意见》，明确将社区优秀就业服务人员纳入社工编制，落实职业保障。加强专业服务队伍建设，建立区首席职业指导师、就业创业指导专家、社区就业服务工作者"三阶"服务架构，实施"虹雁培训计划"提升就业服务能力，实行社区就业服务人员培训制度化，定期组织开展岗前培训、业务培训、专项培训。定期开展优秀社区就业服务工作者评选，选竖标杆。目前，全区各工作站共配备专职工作人员160人，其中社工编制108人，大专以上学历达80%以上。

精准实施就业创业服务。八个街道结合工作站"一站一品"建设，形成创业梦想屋、乐业欧阳等社区就业创业服务品牌，提升社区就业服务效果和居民满意率。深化就业创业服务一体化建设，聚焦多样化服务需求，提供"定制化"就业创业服务。丰富"云上"服务资源供给，保障社区重点群体、外来从业人员就业。统一核心业务流程及规范，

《创业扶持政策服务手册》

整合窗口服务资源，提供"一站式""一柜式"服务。依托"一网通办"推行"不见面"服务，推出"就困人员灵活就业补贴一件事"实践。坚持业务协同、信息共享，在充分就业社区平台建设基础上，依托曲阳路街道"乐业虹口"智慧就业服务平台，试点优化数字化服务，开展劳动力资源调查，提供岗位匹配，为服务区域全覆盖、服务对象全覆盖、精准服务全过程提供支撑。

经过不懈努力，全区各街道的就业服务工作站建设得到长足发展，社区一线就业服务力量和基础得到强化，"十五分钟就业服务圈"基本形成；近三年社区总体就业率保持 96.5% 以上，全区八个街道连续五年全部通过市级充分就业社区评估认定，曲阳街道、欧阳街道、凉城新村街道先后被认定为国家级充分就业社区；江湾镇街道、四川北路街道、北外滩街道被认定为市星级充分就业社区，我区扶持方诗魂、吴俊晓、王群龙、张自豪等创业者，先后荣获"中国创翼"创业创新大赛市级、全国优秀奖，全国互联网＋创新创业大赛金奖等奖项。

链接一：

就业规模持续扩大

2012 年以来，虹口的创业就业工作稳步推进。虹口人社坚持创业带动就业的工作方针，坚持"产业、创业、就业"三业结合和"社区、校区、园区、街区"四区联动机制，创业就业工作稳步推进。调整推出创业办公工位补贴、创业孵化服务补贴等一系列具有虹口区特点的就业创业扶持政策，开展创业新秀、优秀创业项目评选，升级"创 IN 虹口"创业品牌，指导上外、南湖等高校建立高校创业指导站，发展虹口创业峰会、曲阳梦想屋、乐业欧阳、北外滩金融港等一批结合街道特色的创业活动子品牌，营造全区创业的浓厚氛围，依托 5 家市级、17 家区级创业孵化基地，为创业者提供 16 万平方米的场地支持。十年间，全区累计投入就业专项资金 5.37 亿元，帮助成功创业 10181 人，8 个街道全部通过市级特色创业型社区创

2021 年虹口区社区就业服务能力提升训练营专项能力培训班

建评估。

　　2012 年以来，虹口就业服务体系更加完善。实施积极的就业政策，实现公共就业服务由被动服务向主动服务转化，就业服务体系更加完善。十年间，继续加强"充分就业社区"建设工作，8 个街道全部通过市级充分就业社区评估，其中欧阳、凉城街道先后被评为国家级充分就业社区；创新打造"十五分钟就业服务圈"项目，形成"社区网格化就业服务机制"，实现了公共就业服务的社区全覆盖，该项目被评为全国首届创业就业服务展示交流优秀项目奖。十年间，全区累计帮助长期失业青年就业 4720 人，累计认定就业困难人员 16239 人，并实现规定时间内 100% 安置，全区失业和无业人员从 2015 年年底 5.7 万人降低至 4.25 万人，城镇登记失业人数始终控制在市政府下达目标以内。

　　2012 年以来，虹口职业技能培训再上台阶。构筑了多层次、多形式的技能培训体系，探索开展校企合作、企业学徒制度等新型培训方式，面向在校学生、企业员工和外来从业人员不同服务人群提供个性化服务，在十年间内累计开展职业技能培训 47.6 万人次，其中农民工等级工培训达到96730 人次，中高层次技能人才培训达到 111495 人次，本区连续三年获得"中国技能大赛——上海市职业技能大赛"优秀组织奖，我区集训基地培养的选手在第 44 届世界技能大赛中获得餐厅服务项目优胜奖。

链接二：

劳动关系和谐发展

2012 年以来，虹口加大劳动监察执法监管力度，坚持"源头治理、动态管理、应急处置"相结合的工作方针，不断加大监察监管执法力度。深入开展根治拖欠农民工工资工作，加强对农民工劳动维权的全面保障。2021 年度，虹口区代表上海市迎接国务院保障农民工工资支付工作实地督查，取得全国第二名的优异成绩。坚持预防为主的工作理念，加强区内信息整合共享，加强重点企业排摸监控，不断改进完善劳资矛盾预警机制，注重早发现、早介入、早解决；加大欠薪案件监管查处力度，切实推行"欠薪入罪"司法衔接工作，建立劳动保障监察执法和刑事司法衔接机制，有力打击恶意欠薪行为。在十年间累计组织劳动监察专项检查 48 次，受理举报投诉 7449 件，累计为 24232 名劳动者追讨工资 15112.38 万元，处置突发事件 121 起。

2012 年以来，虹口妥善处理劳动人事争议，进一步落实先行调解工作机制，制定先行调解工作规则和考核评估制度，落实 8 个街道先行调解硬件保障与人员保障，实现街道劳动关系调解组织 100% 覆盖，调解员 100%

专家志愿团

新时代非凡十年的虹口答卷

持证调解。十年间，累计受理劳动人事争议仲裁案件 29758 件（包括调解组织 11972 件和仲裁机构 17786 件），综合调解率达 75.5%。加大对街道基层调解组织的培育选树，自 2019 年起在白玉兰广场成立"北外滩和谐劳动家园工作站"，实现基层调解进楼宇。四川北路街道劳动人事争议调解中心被评为市示范街道调解组织，北外滩街道劳动人事争议调解中心和嘉兴路街道先后被评为上海市金牌调解组织，其中北外滩街道劳动人事争议调解中心还被评为全国 2021 年度工作突出基层劳动人事争议调解组织。

2012 年以来，虹口和谐劳动关系得到有效维护，依托一网通办等信息化载体，特殊工时审批、劳务派遣许可等行政审批工作不断提速增效，行政效能不断提高。深入开展和谐劳动关系创建活动，加强劳动关系治理体系建设。目前，我区累计已有 350 家企业成功创建本市和谐劳动关系示范企业，其中 3 家企业成功创建全国和谐劳动关系示范企业。加强劳动关系三方协调机制建设，促进企业和劳动者共建共商共享共赢。依法依规做好欠薪保障金垫付工作，发挥欠薪保障金对化解劳资矛盾尤其是重点行业领域、群体性纠纷的积极作用。十年来，累计垫付欠薪 2917 万元，惠及 2082 名劳动者。

链接三：

街道全数创建成功特色创业型社区

2022 年 7 月，第三批上海市特色创业型社区名单揭晓，虹口区江湾镇街道、嘉兴路街道在市级特色创业型社区创建评估中达标。至此，经过三轮评估，全区 8 个街道全数创建成功。2018 年以来，虹口区根据鼓励创业带动就业专项行动计划工作部署和创建创业型社区工作要求，围绕区级创业型社区建设"四化 28 条"，优化"五位一体"创业服务体系，积极打造"创 in 虹口"品牌，巩固拓展创建创业型城区创建成果，推动社区打造"一街一品""一站一品"，深化社区创业服务内涵，形成各具特色的社区服务品牌，并梯度有序组织街道参与市级特色创业型社区创建。在各街道的

欧阳路街道祥德片区就业服务工作站

共同努力下，经过三轮创建，最终实现了全部成功创建的目标。

江湾镇街道依托中图蓝桥创业孵化基地打造"梦创江湾"社区就业创业服务品牌，结合虹口北部功能区建设，整合服务工作站、培训机构、创业见习基地、金融机构及创业导师团队等资源，形成创业服务联盟，为创业者提供全方位服务。与南湖职业技术学院合作共建创业见习平台，提供创业帮扶各类讲座和培训，帮助青年大学生把职业技能转化为创业成果。街道自创建工作开展以来，超额完成帮创、新苗结对等考核指标，通过承办第七届上海市创业新秀评选活动虹口赛复赛，邀请创业导师为入围项目做赛前辅导，帮助创业组织更好地发展，优化江湾镇街道的营商环境。嘉兴路街道结合区位优势、产业发展等特点，依托园区党建、楼宇党建，以"共建、共治、共享"为原则，借助创业园区、创意园区、商务楼的紧密合作，合理整合服务资源，做到创业服务与园区、楼宇优势互补。与半岛湾创意园、金融街中心的党建服务站联动，让创业者和企业享受不出园区、楼宇的"零距离"创业服务。积极打造社区创业服务品牌"创星嘉园"，强化社区创业扶持服务，整合社区服务资源，搭建社区创业服务平台，为创业者和企业提供就业、创业、培训、劳动维权等全方位创业服务。

《虹口区留学回国人员过渡期内租住人才驿站的专项支持政策》出台

2021 年 4 月，虹口区在全市首推《虹口区留学回国人员过渡期内租住人才驿站的专项支持政策》，为留学回国人员提供最长 6 个月、最高 15000 元的租金补贴，缓解留学回国人员过渡期内的居住困难。这一探索，以开放的姿态招才引才，政策申请面向 2 年内毕业的留学回国人员，不将在虹口就业作为前提，不将区域贡献等因素作为标准，以"海纳百川"的胸怀"聚才引智"。政策一经发布，备受各方关注。当年 5 月正式受理申请，当月就受理网上申请 323 人次，审核通过 193 人，并启动第一批摇号选房。之后，通过不断优化审核流程，有序平稳地推进政策落地。截至 2022 年，

温馨的人才驿站

共受理网上申报 1763 人次，审核通过 1030 人，申请人覆盖世界排名前 100 名学校中的 85 所海外高校。

虹口区通过建章立制、协同联动，确保受理审核顺利开展，并为海归人才搭建全方位服务体系，提供一站式全生命周期人才服务。一是以宣传推广延揽人才。加大与市人力资源和社会保障局、市欧美同学会等部门单位对接力度，在海外高校校友会、高校联盟推介与"留学生""毕业生"紧密相关的人才政策，重点针对即将毕业回国留学生，提高政策宣传的精准度。秉持"以产业带动人才集聚，以人才助推产业发展"的引才理念，召开外资总部经济发展新政宣讲会，向跨国公司地区总部、外资研发中心以及外资重点企业重点推介人才驿站政策。二是以精细服务提升感受。创新"海归服务海归"工作模式，开辟海归人才服务专窗，安排有留学背景的工作人员，提供专属咨询、发展规划和"绿色通道"，并为办理不便的留学生远程帮办。制作政策"口袋书"、专题宣传视频，在"虹口人才"微信公众号开设"虹才在线"栏目，实现全天候实时线上回复。将海归人才驿站纳入"不见面办理"事项，可在"随申办"虹口旗舰店完成申请，并免交书面材料，做到"网上办、掌上办、一次办"。建立"人才服务日"回访机制，通过电话回访、座谈调研、上门倾听等，近 9 成入住留学生对人才驿站申办流程表示非常满意。三是以品牌项目招才引智。依托"大展虹图"人才服务品牌，为留学生提供"入住虹口 + 入职虹口 + 留在虹口"的全链条一站式人才服务，为入住的海归人才建立专属化的求职档案，优先匹配区内具有国际影响力的企业，通过定向推荐帮助人才对接区内需求企业。2022 年共组织 15 场招聘活动，发布超 1600 家企业约 24000 个岗位，吸引逾 35 万人参与。

缓解海归人才的租住痛点。来自新加坡国立大学的

优秀毕业生拎包入住人才驿站

熊同学 2021 年 1 月刚硕士毕业回国到上海，工作还没有敲定。对于自己的情况是否能申请，他十分疑惑。因为原先了解到的人才公寓政策大都必须先有工作单位，由单位申请且与企业税收等因素挂钩。虹口海归人才驿站不限工作区域，甚至无业状态也能申请，这让小熊有点激动。他表示在回国初期是最困难的阶段，有这样政策让他感受到了家的温馨，缓解初入职场的经济压力，可以慢慢找寻一份自己心仪的工作。已入住人才驿站的他，选择了位于虹口的上海燃气市北公司作为回国的第一份工作。

打造海归人才发展生态圈。区人社局以人才驿站为依托，将留学生落户政策点对点对接，搭建海归人才招聘平台等，探索出既个性化又一揽子的人才服务。英国海归硕士符同学 2022 年 3 月申请海归人才驿站并顺利入住，报名参加北外滩金融企业云招聘专场，在线与企业人事连线并线上面试，成功入职位于北外滩的重点金融企业。刚从美国杜克大学硕士毕业的金同学拎包入住后，第一份工作也基本确定。由于毕业证书还在邮寄中，她不由担心起落户的问题。区人社局第一时间在人才驿站的公共客厅组织座谈会，向有同样需求的留学生介绍上海最新居留落户政策，并一对一指导申报，让海归人才更安心在上海生活和工作。

呈现人才磁场溢出效应。"口碑营销"让海外人才驿站在留学生朋友圈有一定的知名度，让一批海归人才选择来上海、来虹口。远在大洋彼岸的张同学就读于纽约大学。在选择回国城市的时候，纽大学长转给他一个电子版的虹口区海归人才驿站政策和申报指南。通俗易懂的政策介绍、方便易行的申报途径，让他一下子就对上海充满期待，对虹口有了归属感。"于是我计划好回国时间，就打开随申办 App 虹口旗舰店，在手机上就申请好了。回国后，直接签约入住人才驿站，让我在上海能平稳过渡，整个过程都非常顺畅。"政策运行至今，已入住驿站 301 名海归人才中，257 名海归人才在上海缴纳社保、占比 85.4%，其中在虹口区有 39 名、占比 15.2%。他们入职就业企业涵盖上海多区各大知名企业，如材料研究所、三峡集团勘测设计院、小红书、普华永道、哔哩哔哩、各类金融机构等。

链接一：

博士后创新实践基地助力高精尖人才培养

2022年12月30日，虹口区博士后创新实践基地正式授牌。博士后创新实践基地作为人才培养、科技创新和成果转化的重要平台，将助力虹口培养高精尖人才。

近年来，上海紧紧围绕国家赋予的各项重大战略任务，把培养高层次创新型青年人才作为目标，建立起以博士后科研流动站、博士后科研工作站和博士后创新实践基地为基础的"两站一基地"工作管理体系。2022年9月起，区人社局重点推进博士后创新实践基地的建设，加大对高层次青年专业技术人才引育力度。同时围绕"全生命周期的人才服务"，通过"虹才i课堂"掌上直播间、"北外滩人才服务会客厅"等渠道，向博士后等各类人才搭建起"零距离"的政策咨询平台。随着虹口区博士后创新实践基地正式授牌，未来虹口区将从合作创新、服务联动、资源对接等三方面着手，联合招收博士后研究人员，进一步推进发挥博士后人才的各类技术优势，为他们开展技术创新实践，加速科技成果转化提供各方面的支持，从而促进产学研用结合，提高技术创新能力，助力虹口重点产业布局。依托虹口以金融、航运为主导的现代产业体系，未来将以博士后创新实践基地为载体，将入站的博士后纳入区人才安居工程和"菁英100"青年人才培养计划，在就业、生活、安居等方面为高端顶尖人才搭建"量身定制、一人一策"的个性化、差异化的服务平台，努力营造人才近悦远来的服务软环境。

链接二：

"大展虹图"这朵"云"很实在

2022年年末，虹口区人才服务中心开展"2022人才服务进社区——大展虹图云直播"活动，详细介绍上海市居住证及居住证转常住户口方面的相关政策，为各类人才在虹口就业、生活提供便利与帮助。近年来，虹口

"大展虹图云直播"活动

区人社局积极搭建"e键求职"平台，着力打造"大展虹图"品牌。疫情期间，通过"云招聘""云走访""云面试""云指导""云宣讲"等方式持续开展招才引智工作，为虹口发展招揽人才。2022年共组织人才招聘活动15场，遴选优质名企共1611家，发布岗位23622个，吸引逾35万人在线观看直播，收到简历投递近11万份。区内百丽鞋业、识装信息、高顿教育等一大批企业代表走进"北外滩人才会客厅"直播间，通过"直播带岗"的方式，与线上观众实时互动，并就求职者关心的话题随时交流，在"云端"与求职者相见，通过"直播"助力招聘，打破传统招聘中的距离感和隔阂感，助力企业"突破地域，云上揽才"。区人社局还全力打造全生命周期人才服务，积极完善"15分钟人才服务圈"，上线"海内外人才一站式服务平台"，提供24小时不间断的线上"云服务"，不断增强与企业、人才的双向互动。虹口区"大展虹图2.0"即将启动，将利用大数据为人才和岗位需求精准"画像"，促进招才引智服务提质增效，为海内外人才和企业搭建起沟通的桥梁，营造虹口引聚人才的浓厚氛围，帮助更多的优秀人才在虹口扎根。

曲阳社区获评"国家级充分就业示范社区"

　　2012 年，曲阳社区获评"国家级充分就业示范社区"荣誉称号，作为一个典型生活居住区，曲阳社区现拥有居住人口 11.2 万人，就业年龄段内 3.3 万人，近年来，曲阳路街道在区委、区政府的领导下，在市、区人力资源和社会保障部门的指导下，紧紧围绕"花园、乐园、家园"建设，深入开展创建充分就业社区活动，有效实现了社区失业人员的充分就业。自 2006 年以来，曲阳路街道连续六年荣获上海市充分就业社区称号。

　　搭建社区就业平台健全就业服务网络。为了更好地推动充分就业社区创建工作，曲阳路街道建立了以街道主要领导为组长的创建领导小组。街道结合社区实际，建立了"1+3+4"社区就业服务平台，通过实行就业服务窗口"一口受理"、区"一站二室"工作品牌引进社区、建立四个社区就业服务工作站，提供职业服务，让专家与居民面对面进行就业指导，做活就业服务工作。三年来，"一站二室"已成功推荐 580 人上岗、帮助 16 人创业成功。"1+3+4"就业服务平台共召开了 42 场招聘会，30 场专家讲座，成功推

曲阳社区

荐 3726 人上岗。为应对就业形势新挑战，街道整合人员和场地资源，将 24 个居委划分为四个网格，对应建立社区就业服务工作站，配备专职职业指导员，就近提供劳动保障政策宣传与咨询、招聘信息、技能培训、职业指导、职业见习等更具规范化和专业化的援助服务。目前，运光、上农、玉田、赤峰工作站共组织各类就业活动 60 余场，接待居民 8000 多人次。

真情实施就业援助，用心提供就业服务。多年的就业工作中，曲阳路街道特别注重对就业困难人员和零就业家庭的排摸，对就业困难人员，零就业家庭进行定期跟踪回访。46 岁的刑满释放人员岑某家是零就业家庭，街道工作人员为他户口在外区的爱人解决了就业问题，又为岑某先后介绍了 6 家用人单位，凭着就业援助员的执着和真情，岑某的小家庭终于实现了 100% 就业。曲阳路街道还以政府购买服务成果的方式建立了四个就业托底帮困基地，每年投入相关补贴 50 余万元，对就业困难人员开展岗前定点培训，对录用曲阳地区就业困难人员、并缴纳社会保险费满 1 年以上的用人单位，给予相应的社会保险费补贴。为提升就业工作实效，街道首先整合内部资源，通过招聘录用"小巷总理"、社区活动中心工作人员、社区工作者，安置了 250 名处于就业年龄段的人员。其次，街道与团区委、区开业指导专家团、专职社工等联合推动社区就业服务，举办青年专场招聘会、创业大讲堂系列讲座，并成立"新联动、新援助"工作室，加大对 35 岁以下特殊群体的职业指导能力。前不久，社区内一位染上毒瘾的女青年戒毒归来，就业援助员联合禁毒社工和青少年社工共同上门，鼓励她融入社会，帮助她在一家服装公司找到了工作。

就业指导

切实优化业务流程，重点做好队伍建设。为了使社区就业工作规范高效，街道制定了相关的社区就业创业工作制度和工作规范，建立

2021 年 10 月第三届全国创业就业服务展示交流活动

推行"全天候接待、全方位受理、全过程负责"为主要内容的"三全工作法"，公开各项就业服务事项、办事流程、办结时限等。同时，街道在劳动保障事务所和四个就业服务工作站积极推进工作创新。在就业服务站开展"你我同行，快乐求职"活动，邀请失业青年与父母共同参与，帮助青年人树立正确的择业观。目前，曲阳社区从事劳动就业服务的专职工作人员共有 45 名，街道结合实际工作需要，采取集中培训和现场指导的方式，分期对工作人员培训。建立每周业务学习会，每季案例交流会等制度，定期开展政策学习，进一步提高工作人员的专业化水平。

近三年来，曲阳路街道在充分就业社区建设方面投入资金 300 余万元，社区内有劳动能力和就业愿望的劳动者就业率达到 96.5% 以上，登记失业人员就业率达到 95% 以上，就业困难人员就业率达到 100%。

链接一：

建成上海市创业型城区并被认定为"创建优秀城区"

2015 年，虹口建成上海市创业型城区并被认定为"创建优秀城区"。

第三届全国创业就业服务展示交流活动在吉林省长春市开幕，虹口区作为上海市特色创业服务示范区之一，参加了城市创业展示活动

虹口区自 2012 年启动创业型城区创建工作，按照政府推动、政策支持、服务助推、典型引领的工作思路，不断完善扶持政策，优化创业环境，共帮助 1914 人成功创业，累计带动就业 16687 人。

细化创业服务，聚集创业人气。为了让创业者安心创业，整合区人社、商务委、科委等部门的创业服务资源，推进创业服务平台延伸进社区、园区，构建区、街道、社区、园区的四级创业服务平台，为创业者提供"一站式"创业服务。三年来，区人社局提供开业指导 2.15 万人次，开展专项活动 350 场。在统筹全区创业园区、创意园区和科技园区资源，引导建立创业孵化基地的基础上，区人社局引入专业服务机构入驻创业孵化基地，提供项目筛选、孵化催生等专业服务，并建立 31 家创业见习基地和 20 家创业实训基地，组织区相关部门联合开展"门诊式""一对一"等现场指导、政策咨询服务，有效解决创业者的创业难题。2012 年创建工作启动后，聚焦应届毕业生和青年创业群体，调整出台了创业场地扶持、社保补贴和创业带动就业等一系列扶持政策，吸引了不少创业者来到虹口。同时，对于一些新鲜出炉的创业政策和服务信息，区人社局借助微博、微信等新媒体，第一时间推送至创业者手中，为他们提供"即时式"服务。

注重品牌引领，营造创业氛围。在第二届上海虹口创业峰会上，数百名创业者济济一堂开展头脑风暴。主题为《创新业、汇彩虹——"孵化创投"》的创业峰会，正是区人社局整合成员单位资源举办的创新创业品牌活动之一。此外，创业新秀评选、大学生数字创意创业大赛等具有一定影响力的活动也在虹口开展得如火如荼，形成了浓厚的创业氛围，"孵化"出"小马创业村"这样的创新创业品牌项目和不少优秀的创业者。其中，创业者陈春虹荣获国务院"就业创业先进个人"荣誉称号；创业者姜静、俞亮分别荣获 2012 年首届和 2014 年第二届上海创业计划大赛冠军……

三年来，虹口区共组织 2576 人参加创业培训，经过创业培训后，有 1887 人成功创业，创业成功率达 73.25%；帮助 1914 人成功创业，累计带动就业 16687 人，其中 2014 年带动就业率 1∶9.52，较 2011 年年底的 1∶7.65 有了显著提高；城镇登记失业人数较 2011 年年底下降了 7.1%。全区实有个体工商户、私营企业、民办非企业等较 2011 年年底净增 30.98%。全区扶持创业的创业环境、创业氛围、创业质量和创业活力有显著提升，"创业在虹口"品牌影响力持续扩大。

链接二：

"小马创业村"里跃出"千里马"

2015 年 4 月 22 日，在虹口"土生土长"的小微金融创业项目——"手机贷"，近日传出一则利好消息。开发运营"手机贷"的"前隆金融"在区北外滩召开媒体通气会，正式宣布其已先后完成清科创投天使轮、红杉资本 A 轮和蓝湖资本 A+ 轮风险投资，融资总金额超过 1000 万美元，市场估值近 1 亿美元，一跃成为本区乃至上海互联网金融领域的"创业先锋"。

从提篮桥"地下室"走出的 CEO。回顾该公司的创业史，创始人俞亮这样告诉记者，"2012 年，在提篮桥地区的一个地下室，我和合伙人王秋瑞深聊了很久，他负责 IT，我负责金融，合起来是'互联网金融'，我们一拍即合，就在地下室里组建起创业团队"。他感慨道，那时候公司很小很困难，但区相关部门却"不拘一格降人才"，在搭建平台、资源引荐、社保补贴等方面给予了帮助扶持。更重要的是，还将处于萌芽阶段的"手机贷"纳入本区"小马创业村"的孵化项目，这对于刚刚起步的创业团队而言，无疑是雪中送炭。2014 年，在"小马创业村"的助创服务下，该项

小马创业村

目在"上海市创业计划大赛"等各类创业大赛中一路过关斩将，在参赛的4000多个早期创业项目中脱颖而出，国内首款自动化小额现金贷"手机贷"App也由此诞生，"小马驹"渐渐显露出"千里马"的潜质。不到一年时间，'前隆金融'从虹口区创业新秀的十强之首，成长为上海市创业计划大赛的第一名；从起步时办公的地下室，到现在入驻北外滩中心；员工也从30名，发展到现在的100多人……如今获得A+轮千万美元投资。

链接三：

院校创业指导站助力大学生创新创业

2021年，虹口区在区级新政中首次增加院校创业指导站运作经费补贴，在市级政策的基础上给予一定比例叠加，对大学生创新创业予以重点关注和扶持；对政策中与大学生创业相关的创业见习等相关政策做进一步优化；将社区、园区力量融入校区创业服务，先后引进瑞幸咖啡、艾漫动漫、同济科技园等三家各具特色的创业见习基地，分别涵盖大学生感兴趣的互联网新消费、动漫文创、创业孵化三大方面。

虹口区在现有院校创业指导站、市区两级孵化基地和创业见习基地的基础上，2021年推动全市首家区属公办"五年一贯制"高职院校——南湖

"趣 YOUNG" 青年创新创业训练营

职业技术学院成功申请建立上海市院校创业指导站，重点关注技能人才的创新创业，联动江湾镇街道与大柏树创业园区提供集约式服务，力争从创业培训、创业认同、创业激励等方面对技能类创新创业予以全方位、多层次、立体化的服务。大学生是大众创业、万众创新的生力军，是深入实施创新驱动发展战略的重要支撑，支持大学生创新创业意义深远。目前虹口区内共拥有 3 家院校创业指导站，2021 年度在虹口区就业促进中心的支持及"三区"的通力合作下，上海财经大学获评 A 级院校创业指导站，上海外国语大学贤达经济人文学院实现突破，获评为 B 级院校创业指导站，南湖职业技术学院成功认定为上海市院校创业指导站。

2021 年，虹口区就业促进中心围绕大学生创新创业共开展创业政策宣讲进校区活动 10 余次，交流分享活动 20 余次，其中大型活动 4 场，由中心承办的"虹口区趣 YOUNG 青年创新创业训练营""2021 第十六届上海青年创业夏令营"等活动更是吸引到全市 63 所中职院校和高等院校近 172 名学生参加活动。2021 年区域内院校创业指导站积极参加上海市大学生"互联网+"创新创业大赛，获得 6 金 1 银的佳绩；同时在"汇创青春""第四届中国（上海）国际发明创新科创大赛""第七届中国国际互联网+大学生创新创业大赛"等创业大赛中屡获殊荣。

"社区救助顾问"为受困居民"雪中送炭"

　　2023 年年初，虹口区民政局收到一封来自北外滩街道左先生的感谢信。信中对虹口区民政局和北外滩街道救助顾问把"政策找人"落到了实处，积极响应政策、推动政策找人，细致排摸、分类处置的工作做法给予高度评价，并向党和政府对他的关心和帮助表达衷心的感谢。

　　原来，市民左先生因患结肠癌，每年的医疗费用支出十几万元，而每月退休工资约 3400 元，因医疗费用支出较大造成因病致贫。北外滩街道救助顾问评估其符合民政因病支出型救助政策，于 2021 年 7 月首次为左先生办理因病支出型贫困救助，给予他基本生活保障金。之后根据左先生医药费支出陆续帮助他办理因病支出型贫困救助。2022 年 12 月，救助顾问发现，左先生医疗费用支出已多达 79000 余元，其中 73000 余元为自费药物，不符合医疗救助条件，除基本生活保障金外，无法再办理后续政

为老服务　社区事务办理

安信怀心理服务中心在疫情期间开展志愿者在线援助，用心陪护求助者

策性医疗救助。为此，救助顾问根据左先生医疗费用实际支出情况，为他链接了区慈善基金会的"百户急难救援"项目，经街道社区评议和区慈善评审会逐级评议，为他申请一次性慈善帮困资金30000元。接下来，北外滩街道救助顾问将继续关注左先生的生活状况，根据他后续治疗费用支出情况及时进行帮困救助，并将链接更多社会化帮扶资源，缓解其生活困难。

短短一封感谢信，折射出的是虹口区民政局和北外滩街道救助顾问多年来用心用情服务因病致贫困难群众的温情和举措。

深化社区救助顾问制度。自2020年10月，上海市民政局推行"社区救助顾问"制度以来，虹口区在各街道社区事务受理服务中心设立救助顾问服务站，在各居委会设立社区救助顾问服务点，形成覆盖全区的救助顾问服务网络，上岗服务救助顾问200余人，年人均服务困难对象约270人次，为困难群众建立陪伴式、长效式、全程式精准救助帮扶机制。其中，北外滩街道更是打造线下救助顾问实体空间"解忧工作室"，整合街道各条线帮困政策和资源，为辖区低保、低收入、残障孤寡等各类社会弱势群体提供专业的救助咨询和便捷的综合式帮扶服务。

建立健全"政策找人"工作机制。开展低收入人口动态监测,强化困难群众主动发现机制。加强社区救助顾问线下走访发现,通过入户调查、电话、微信等多种方式,及时了解困难家庭的生活状况,及时发现救助需求,跟进实施救助帮扶。线上依托大数据排摸发现困难家庭已享受及未享受的救助政策,对未享受救助的对象进行政策匹配,结合救助顾问上门走访调查,给予主动救助,做到早发现、早介入、早救助。

加强救助供需精准对接。区民政局优化分层分类社会救助服务,整合政府和社区救助资源,梳理基本生活救助、医疗、教育、住房、就业等专项救助 103 项相关政策,归集爱心企业、社会组织和志愿者等各类社会力量帮困资源和项目 182 项,形成救助政策库、资源库和项目库。以服务类救助项目为主,积极推进"物质+服务"多元救助,发挥社会工作专业作用,整合社区内外资源,为困难家庭提供针对性心理和救助服务,构建社区支持系统,帮助困难家庭走出困境,改善生活,已实施心理救助 180 人次、个案服务 70 人次、小组和社区服务 70 人次。

有效整合各类救助政策资源。虹口紧紧围绕上海市"9+1"社会救助体系,坚持"托底线、救急难、可持续"的原则,不断完善救助政策体系、协调机制和工作制度,推进社会力量参与社会救助,积极对接社会化帮扶力量,发挥主动性、针对性和灵活性,解决困难对象实际问题,形成弱有众扶、社会多元帮扶的工作格局。

链接一:

共享经济社会发展成果

2012 年以来,虹口区完善以低保救助为基础、专项救助为支撑、临时救助、慈善帮困和综合帮扶等为补充的社会救助体系。建立区社会救助联席会议,初步形成政府领导、民政牵头、部门尽责、社会参与、街道实施

排查重点困难人群

的社会救助工作协调机制，共同做好兜底保障。2012年至2022年，共发放各类救助金23.7亿元，帮困资金年均增长率为7.1%。有效保障了困难群体的工作生活需要，共享经济社会发展的成果。

虹口区为确保社会救助工作落到实处，一是完善低保和低收入困难家庭的定期定量补助标准，其中低保标准从2012年的570元逐步调整至2022年的1420元，调整幅度达到149%。二是实施因病支出型贫困家庭生活救助制度，积极引入社会力量参与，优化社区市民综合帮扶运行机制，投入帮扶资金2541万元。三是推行"社区救助顾问"制度，设立"社区救助顾问"服务点，以"整合政策＋链接资源＋陪伴帮扶"为服务核心，解决困难群众救助帮扶供需对接"最后一公里"。2021年在北外滩街道试点建立"解忧工作室"，深化个案服务理念，为困难群众提供现状分析、问题诊断、资源链接等服务，提升救助服务差别化、精细化、个性化。四是建立民政资金内控监管平台，救助资金实行区级统发，实现救助资金的精准发放。五是有序开展流浪乞讨救助管理工作，建立公安、城管、民政三合一联动街面巡查机制，健全群防群助工作网络，发挥社区救助咨询服务站的作用，完善区救助站的救助热线与区社区生活服务管理中心"96220"生活服务网络的对接。

链接二：

创建"全国残疾预防试验区"

2016年10月，虹口区被确定为上海市唯一的创建全国残疾预防综合试验区，至2020年完成创建。"全国残疾预防试验区"创建工作是"十三五"期间，由中国残联、国家卫生计生委、公安部、国家安全监管总局、全国妇联联合开展，旨在探索和创新残疾预防工作模式，减少残疾发生，减轻残疾程度。虹口区通过创建工作，使区域内残疾预防和康复服务能力进一步提升，帮助众多残疾者实现了走出家庭、融入社会、体现人生价值的途径，使虹口残疾预防工作更上一层台阶。

"全国残疾预防试验区"创建工作五年来，虹口区始终把残疾预防综合试验区创建工作作为加快推进残疾人小康进程的重要内容，全面加大残疾预防体系建设和残疾源头防控工作力度，加强三级预防，推进重点预防和全面干预，形成了政府主导、部门协作、社会参与的工作格局。一是加强区域内康复服务机构专项督导，推进康复服务机构规范化建设。二是加强与民办孤独症康复机构合作，构建康复活动新平台。三是加强对"阳光之家""阳光心园"的规范化管理，努力将"三阳"机构打造成为残联组织植根社区的重要服务平台。四是规范辅具服务。创建工作期间为1.52万人提供基础性的"送康复服务上门"服务；为7735名残疾人提供健康

"推进残疾预防　建设健康中国"大型宣传活动

体检；为残疾人配发辅助器具 5.72 万件；为 1150 名疑似残障儿童（阳光宝宝卡）补贴康复训练费 1635 万元；安装假肢、矫形器 1965 件；为 120 人发放关节修补和置换手术补贴；为有需求和符合条件的残疾人发放人工耳蜗植入手术补贴；完成 104 名困难视力残疾人智能助盲辅具的实事项目。

链接三：

创建"全国社会组织建设创新示范区"

2014 年，虹口区荣获首批"全国社会组织建设创新示范区"称号，共有涵盖教育、社保、民政、司法、文化等范围社会组织 492 家（社会团体 160 家，民办非企业单位 332 家），备案社区群众活动团队 1015 支，注册社区志愿者 67000 人，为社区提供上千种社区服务及活动项目。

加强政策引导，全面保障社会组织健康发展。建立区领导为召集人的社会组织发展与管理工作联席会议制度，健全机制，形成合力。同时，出台《关于进一步加强本区社会组织建设的实施意见》，并明确将促进社会组织积极健康发展纳入本区国民经济和社会发展第十二个五年规划中。加大政府购买服务力度，自 2011 年 4 月起，启动社会组织发展、社区建设人才两个 1000 万专项资金，分别用于社会组织发展和社会建设人才培养。创新培育方式，枢纽式孵化社会组织。通过搭建社会组织枢纽管理平台——虹口区社会组织孵化实践基地，着重培育发展公益服务类社会组织。区现有三个社会组织孵化实践基地，各有侧重，水电路孵化实践基地主要侧重为老服务公益社会组织的孵化培育，青年家园孵化实践基地主要服务对象为青年群体公益性创投项目，凉城路孵化实践基地主要为综合型项目。在重点民生类公益服务项目方面，坚持政社合作、社社合作和社企合作方式，整合各类资源优势，以社会组织服务社会，实现谋发展促和谐的目的。

2014 年虹口坚持分类发展、分类指导、分类管理，突出建设重点，加

第十一届上海市公益伙伴月虹口分会场

　　强社会组织建设。全面启动社会组织规范化建设评估工作，通过评估，使社会组织及时发现自身薄弱环节，达到以评促建、以评促改。同时，逐步收集、整理、录入本区各社会组织诚信档案信息，2014年年底，初步建成本区各社会组织诚信档案。

优质中医资源下沉社区

　　长期以来，优质中医资源绝大部分集中在三甲医院，社区卫生服务中心作为基层医疗机构，中医资源相当匮乏，然而随着物质生活水平的不断提高，社区居民对于中医药服务的需求日益增大，基层中医药服务能力与之存在明显脱节。为此，根据上海市医改要求，同时结合区域实际，虹口区分别自 2018 年和 2022 年实施第一轮和第二轮"国医强优"三年行动计划，全面实施优质中医资源下沉社区工程，充分发挥区域中医药资源优势，以中西医结合为特色，强优固基，筑牢"网底"建设，充分发挥中医药名家、名医、名术的作用，提升基层中医药服务能力，让社区居民切实享受到医改举措惠果。

　　为打造好专业人才队伍，开展市、区两级名（老）中医传承工作室（站）建设，在全区 8 个社区卫生服务中心建立包括岳阳、六院的市、区级名中医专家作为导师的名（老）中医工作室（站），两轮三年计划合计包括 15 位名（老）中医导师、34 位导师团队骨干和 48 名社区中医继承人，同时也将区属医疗机构中医专家引进社区，建立了 13 个相关工作站、传习基地等。

　　此外，推动形成有特色的"一社区一品牌"。各社区通过名中医工作室（站）的建设，以各自发展需求为导向，建立中医特色专科专病门诊，例如曲阳社区建立"陆氏针灸"温针联合功法治疗压力性尿失禁中医特色品牌，北外滩社区建立中医肿瘤特色门诊，川北社区建立吐酸病（胃食管反流病）中医特色门诊，等等。同时，凉城社区开设虹口区首家社区独立儿科门诊，引进"全国名老中医王霞芳传承工作室"、成员"董氏儿科"第六代传人——吴岚莹主任医师，充分发挥中西医结合的诊疗特色治疗小儿呼吸道、胃肠道诸多疾病，同时推进儿童中医药保健知识宣教，防治结合；嘉兴路

"陆氏针灸"流派高年资专家在曲阳社区进行技术带教

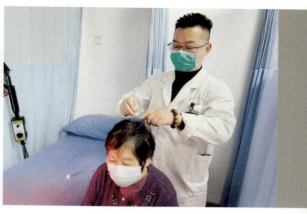

曲阳路街道社区卫生服务中心成立"陆瘦燕针灸传承研究中心虹口分中心"和"吴耀持虹口区名中医工作室",为社区居民提供"陆氏针灸"特色诊疗服务

街道社区卫生服务中心成为岳阳中西医结合医院中医示范基地以及开设其市级房颤中心的联合门诊,由多名中高级职称医师组成专家团队定期下社区,通过工作室(站)、联合病房等形式,打造基层中医药服务的特色品牌和名片。

为加大中医药健康文化推广宣传力度,2019年,区联合市中医文献馆、区教育局等相关单位,在我区8家学校开展"中医药文化进校园"活动,通过趣味中医课堂的互动形式寓教于乐,共计2500余名学生接受传统医学熏陶,深受社区家长的好评。此外,已经入选上海市非物质文化遗产名录的"盛氏六脉"针灸疗法在我区4个社区建立第一批传习基地,扩大在社区的知晓度和传承面。

在开展社区名(老)中医工作室(站)和"一社区一品牌"建设的过程中,区卫生健康委制定并出台相关项目管理办法文件,建立激励机制,充分体现名(老)中医优势资源的工作价值,各社区卫生服务中心按照国家及市级标准,提升中医药服务区域硬件条件,优化中医专家带教场地、添置设施设备等;各社区针对不同名(老)中医导师的专业所长,遴选优质社区中医骨干,确定团队负责人及成员,开展专门拜师仪式并签订协议,加强社区配套支持力度。此外,明确名(老)中医导师与社区继承人之间的任务职责。采用以导师及其团队人员下社区为主,社区继承人赴导师所在上级医院学习为辅的工作模式,明确每个月名(老)中医导师及其团队工作量，以带教门诊、小讲座、交流会等多种形式相结合开展教学，拓展社区人员工作思路，提升服务能力。为了保证名（老）中医导师能够完成自身医院的工作的同时，很好地衔接上社区预约病人，社区尝试采取倒预约机制的门诊预约方式，即从当日门诊最后时间段开始预约，逐次倒推。

通过推进优质中医资源下沉社区，各社区中医门诊量、中草药使用量、中医处方数、中医适宜技术治疗人数等均呈现明显增长。双向转诊模式运转进一步流畅，在分担了部分三级医院负担的同时，更进一步满足了社区居民的中医药服务需求。另一方面，通过业务学习和交流，社区中医药人员的服务能力尤其是独立接诊能力和对于病例思考的广度深度方面得到强化。学员深入总结整理导师临床经验，打造出皮肤、推拿、针灸、康复等有一定影响力的中医特色专科专病门诊。通过国医讲堂、科普论坛、宣传资料以及相关新媒体手段，营造出中医药文化宣传氛围，简便验廉的中医药适宜技术项目在社区得到大力的推广和应用，使居民在社区就能享受到三级医院的优质中医服务，受到一致好评。

链接一：

推动"一南一北"区域医疗中心建设

近年来，虹口区布局"一南一北"区域医疗中心的建设，通过整合区域精神卫生、康复、公共卫生、社区卫生等资源，形成集聚区域医疗中心、配套康复护理等资源的规划布局。其中，北部区域医疗中心由上海市第四人民医院承担，南部区域医疗中心由上海市中西医结合医院承担。作为首批上海市区域医疗中心，上海市第四人民医院积极建设胸痛中心、卒中中心、产科中心、儿科中心和创伤中心，2021年6月正式成为同济大学附属医院，是北部中心城区最大的综合性医院之一，现有高级职称144人，占29.94%，硕士及以上学历占62.79%。近4年，引进及招聘各类人员944

社区义诊

名，其中学科带头人及青年专技骨干108人，引进院士团队设立工作站2个、973首席科学家2名、长江学者2名、国家杰青3名、国家优青6人、国家海外高层次青年人才9人，享受国务院政府特殊津贴专家5人。药剂科和麻醉科分别以第一名顺利通过市药学和医学重点专科验收，麻醉科在上海市区级医院科研竞争力排名中名列第一。搬至新院后，门急诊服务量达302.42万人次、出院人次7.51万人次、住院手术量4.41万人次、三四级手术量7.64万人次。开通免费医疗便民班车，切实解决百姓就医"最后一公里"难题，连接医院周边58个公交线路、居委会、社区及6个市民驿站，切实缓解上海北部区域居民就医交通不便。

上海市中西医结合医院作为上海市第二批区域医疗中心，地处北外滩地区，占地15亩，核定床位630张，实际开放床位697张。为进一步做强中西医结合特色，打造具有特色的南部区域医疗中心，医院在建设脉管病等中西医结合专科诊疗中心的基础上，在建设国家中医重点专科"脉管病专科""风湿病专科"项目的基础上，继续推进国家临床重点专科"外科"和上海市脉管病临床基地建设相关工作。2019年上海市中西医结合医院牵头建立含全国33个合作单位在内的长三角脉管病联盟，曹烨民主任被评为第五届上海市名中医，同时曹烨民全国基层名老中医药专家传承工作室获得立项建设；医院的"盛氏六脉"针灸疗法入选市级"非遗"称号，"三部正骨法"等 4 项入选区级"非遗"项目。

链接二：

推进家庭医生"1+1+1"签约服务

近年来，虹口区通过加强社区卫生服务体系建设，有效落实社区公共卫生安全保障，在深入推进家庭医生签约，方便群众在家门口就近享受到优质高效的医疗卫生服务，提高公众健康获得感等方面取得显著成效。

不断优化社区医疗卫生资源配置，精准对接居民健康需求，持续推进家庭医生"1+1+1"组合签约，做实做优签约服务，促进"医防协同、医防融合"。区现有 8 家社区卫生服务中心，3 家分中心，30 家标准化家庭医生诊所，全面实行家庭医生"1+1+1"签约服务，提供"全人口、全过程、全健康"的连续、综合、协调的基本医疗和公共卫生服务。2017 年，凉城、曲阳、广中 3 家社区卫生服务中心成功创建上海市优质服务示范社区卫生

家庭护士，健康守护天使

服务中心，其中凉城社区卫生服务中心获评全国百强社区卫生服务中心。2019 年至 2021 年，区 8 家社区卫生服务中心连续 3 年全部达到"优质服务基层行"国家推荐标准，获得国家卫生健康委办公厅通报表扬。2021 年和 2022 年欧阳、嘉兴社区卫生服务中心分别完成上海市示范性社区康复中心建设。十年来，系统内共 7 位医生荣获上海市十佳家庭医生（含提名奖）。

链接三：

老年居民基本医疗保障水平提高

近年来，虹口老年健康服务质量不断提升，区域社区卫生服务中心—综合性医疗机构—公共卫生专业机构"三位一体"的脑血管病、糖尿病等老年慢性病综合防控体系建设得到推进，脑卒中、糖尿病等慢性病分级诊疗和全程健康管理进一步完善。65 岁以上老年人健康管理率达到 79.42%。

提篮桥社区卫生服务中心护士给患者喂饭

稳步提高老年居民基本医疗保障水平，区属医疗机构均为高龄、计生特殊家庭老年人提供了就医绿色通道，其中二级以上医疗机构均开设了老年医学科。全区33家医疗机构成功创建上海市老年友善医疗机构，上海市第四人民医院、曲阳路街道社区卫生服务中心获评上海市老年友善医疗机构优秀服务品牌。积极推动医疗卫生资源进入养老机构、社区和家庭，促进医养结合，社区卫生服务中心与养老服务机构签约全覆盖，以老年人作为重点对象的"365"家庭医生签约服务工作法，本区60岁及以上老年人签约率达71.72%。支持养老机构备案设置医务室等内设医疗机构13家，满足住养老人的基本医疗卫生服务需求。创新医养结合服务供给，已在8家市民驿站和10家养老机构邻近设置标准化家庭医生诊所，为健康养老提供医疗服务支撑。

"保驾护航"虹口居民健康

虹口区"十三五"期间，基本建成面向全区居民、覆盖全生命周期的健康管理体系；基本建成布局合理、特色鲜明的卫生健康服务体系；基本建成符合区域卫生事业发展的学科发展和人才培养体系；基本建成按政策生育的计生服务和管理体系；基本建成与虹口科技创新中心建设目标相匹配的医学科技和健康服务体系。

社区有了健康"守门人"。"十三五"期间，虹口区签约家庭医生服务的居民，可通过家庭医生自愿选择一家社区卫生服务中心、一家区级医疗机构、一家市级医疗机构签约。只要选择家庭医生就诊或通过家庭医生就诊，就享有上级医院慢性病长处方、延伸处方、住院转诊可走绿色通道等便利。为做好家庭医生制服务工作，更好推进 1+1+1 签约，突破实际工作中的瓶颈问题，虹口区探索建立与实施了"365 家庭医生签约服务工作法"，有效提升了家庭医生签约率、提高了签约居民满意度与获得感，引导

虹口区江湾医院

上海市第一人民医院分院在鲁迅公园义务医疗咨询

签约服务从数量走向品质。截至 2020 年 11 月 30 日，"1+1+1" 医疗机构组合签约人数已超 25.84 万，其中 60 岁及以上老年人 17.71 万，已签约居民中 71.11% 在签约医疗机构组合内就诊，在签约社区卫生服务中心就诊率达到 48.78%。

区域健康服务"优质化"。对于虹口居民而言，在社区有家庭医生守护自己的健康，而走出社区，看病也不难。特别是虹口北部的居民，随着新建北部区域性医疗中心上海市第四人民医院的投入使用，就医问题得到了有效缓解。近年来，区卫健委不断优化和完善区域医疗卫生设施布局，持续推进"一南一北"区域医疗中心建设。南部区域性医疗中心由上海市中西医结合医院承担，2017 年医院的中医特色大楼竣工并投入使用，2020年启动医院专科诊疗研究中心建设施工。新建北部区域性医疗中心上海市第四人民医院，设置床位 900 张，2020 年竣工并投入使用，被列入上海市首批区域医疗中心。原江湾医院地块整体改建为北部公共卫生中心，2020年启动施工，原地块功能主要体现精神卫生、医疗康复、安宁疗护等功能，从而全面提升区域专科医疗服务及公共卫生服务水平，满足市民康复、护理、精神卫生等公共卫生方面的需求。随着院址的改变、体量的增加，四院的医疗辐射范围也从虹口扩大到静安、宝山，每日门诊人数从原先的1000 多人跃升至 4000 多人，逐步显现出区域医疗中心的成效。在区域医疗卫生设施布局中，社区也是重点。区卫健委对各社区卫生服务中心的标准化建设也紧锣密鼓地推进着，完成了嘉兴路街道社区卫生服务中心新建和曲阳路街道社区卫生服务中心整体改建；围绕优化社区健康服务设施供给，完成 31 个标准化家庭医生诊所和 10 个智慧健康驿站建设；完成医疗急救分站（广中地区）布点新建。

如果说，就医设施和环境的改变是"硬件"的提升，那么，通过组建"虹口—市一医联体"和"虹口—岳阳（中医）医联体"，构建以属地三甲医院为引领，两个区域性医疗中心为主体的"3+2+1"区域医联体模式，区域医疗中心落实与社区卫生服务中心转诊对接，完善双向转诊流程，实现 CT、MRI 等大型检查的远程预约和优先检查的功能等，则是让居民享受到了健康服务"软件"上的提升。

链接一：

同济大学附属上海市第四人民医院揭牌

2021 年 9 月 17 日，同济大学附属上海市第四人民医院举行建院 100 周年庆典暨附属医院揭牌仪式。同济大学校长、中国工程院院士陈杰，区委书记郭芳，同济大学常务副书记冯身洪，同济大学副校长、中国科学院院士陈义汉，市卫生健康委员会副主任胡鸿毅，市药品监督管理局局长闻大翔，中国医疗器械行业协会常务副会长姜峰出席。副区长张雷主持会议。

郭芳首先代表虹口区委、区政府致欢迎词，对长期以来关心支持虹口医疗卫生事业发展的各界人士和相关单位表示感谢。郭芳说，近年来，虹口区不断加大医疗卫生投入，优化布局、强化供给，建成了"南北守望"的医疗卫生中心，努力推动群众的健康指数、幸福指数提升。今年，在建院百年之际，同济大学附属第四人民医院掀开了崭新的篇章，希望医院继续坚持以守护人民健康为己任，努力建设成为国内外知名、学科特色鲜明的研究型大学附属医院，为虹口医疗和公共卫生实现高质量发展提供坚实保障。

上海市第四人民医院

　　同济大学附属上海市第四人民医院始建于 1921 年，原名福民医院，是当时上海滩现代医学领先的医院，曾为上海乃至国内医学事业发展作出较大的贡献。2018 年 2 月 2 日，虹口区委、区政府与同济大学签约共建同济大学附属上海市第四人民医院。2020 年 9 月，医院从四川北路整体搬迁至三门路，新院总建筑面积 14 万平方米，床位数达 1000 张，承担周边区域内人群的医疗卫生保障工作。医院作为上海市北部中心城区最大的综合性医院之一，综合实力与日俱增，先后获批"首批上海市区域性医疗中心""上海市首批老年友善医疗机构"。国家自然科学基金实现"零"的突破，共获批 15 项（包括 1 项重点基金）。目前，医院已逐渐形成以老年病人手术麻醉与围术期管理、泛血管病微创诊疗医院特色，学科人才建设彰显成效，学科发展态势良好。

链接二：

上海市中西医结合医院新大楼启用

　　2017 年 8 月，作为区重点工程项目，历经 3 年建设的上海市中西医结合医院新大楼正式启用。新大楼启用后，医院病床总数增至600余张，就医环境及患者的就医体验同时得到提升，也将进一步助力虹口"南部区域医疗中心"建设。

新大楼位于医院门诊后侧，共12个楼层。目前已有泌尿外科、内分泌科、脑病科、神经外科、普外科、耳鼻咽喉科及眼科等科室先期

中西医院，温馨的护患交流

搬入并投入运行。此外，新大楼内还配设有综合ICU、手术室等临床科室。为了方便手术开展，麻醉科及输血科两个与手术息息相关的科室也分别被设置在了紧邻手术室的楼层。上海市中西医结合医院手术用房紧张一直是困扰医院的一个问题。现在新增了手术室后，不但缓解了手术用房紧张，医院对手术病人的接纳能力也得到了增强。不久，因规划调整暂时关闭的感染性疾病科也会在新大楼一楼重新开放，医院优势专科——脉管病研究所也将搬入新大楼，从科研方面提升医院综合实力的同时，也为虹口区南部区域医疗中心建设助力。

上海市中西医结合医院始建于1932年，前身为"上海公共租界工部局巡捕医院"，在先后经历了市公安局公安医院、提篮桥区中心医院和区中心医院的变革后，于1994年正式更名为"上海市中西医结合医院"。建院84年来，医院在学科建设、人才队伍建设等方面取得了丰硕的成果。2012年，该院被成功评定为三级甲等医院，再一次实现了飞跃。

老人乐享幸福晚年

　　2018 年 11 月 6 日，习近平总书记来到虹口区市民驿站嘉兴路街道第一分站考察，看望了在驿站内活动的老人，并指出："我国已经进入老龄社会，让老年人老有所养、生活幸福、健康长寿是我们的共同愿望。党中央高度重视养老服务工作，要把政策落实到位，惠及更多老年人。"截至 2021 年年底，虹口全区 60 岁及以上老年户籍人口 28.66 万人占全区总人口的 43.20%，老龄化程度居全市首位。虹口居民期望寿命 84.93 岁，较上年提高 0.37 岁，处于较好健康水平。虹口区牢记嘱托，从优化养老服务供给、完善老年健康服务体系、推进"智慧养老"服务等方面着手，不断加强养老服务体系建设，让老人乐享幸福晚年。

　　养老服务设施建设不断加强。截至 2022 年，全区共有老年人助餐服务场所 118 个，其中社区长者食堂 17 个，老年助餐点 101 个（2012 年老年人助餐服务场所 9 个），2022 年送餐数达 55.3 万单。标准化老年活动室

社区食堂就餐

关注老人心理健康

197 个，老年人日间服务机构 32 家。全区共有养老机构 44 家，床位 7268 张（2013 年年底，全区养老机构共 35 家，床位 4526 张），较 2012 年同比增长 60.5%；建立公办养老机构和保基本床位的入住评估制度，确保政府投资举办的保基本床位优先保障失能、高龄老年人以及经济困难的无子女老年人的基本养老服务需求。引导非营利性养老机构重点增强养护功能，全区养老机构已设置认知症床位 440 张，设置护理型床位 4360 张，提高为失能（失智）老人提供基本养老服务的能力。

养老服务供给不断完善。多年来，虹口深化医养体养结合，实现养老机构与属地社区卫生服务中心签约服务全覆盖；推广"养老院 + 互联网医院"模式，提供远程医疗及"一站式"运动康养服务。完善社区嵌入式养老服务体系，依托市民驿站因地制宜加强为老服务功能配置，发展具有"微日托""微助餐""微健康"等功能的家门口养老服务站（点）。加快发展家庭照护床位，优化升级个性化定制，逐步形成陪医、陪夜、帮办、助餐四大特色服务。积极推进"适老化改造"免申即享项目，实现社区居家养老政策和服务精准找人。

为老服务质量不断提升。实施为失能老年人家庭照料者提供技能培训的"老吾老计划"，做好"老伙伴计划""为老送餐""养老顾问（管家）""为老助洁"等为老服务工作。推进养老服务数字化转型，推进虹口乐龄养老专屏建设，将养老机构"明厨亮灶"项目接入，实现用餐服务线上"云监管"，快速高效处置违规行为；深化"一键通"产品智慧养老服务，为孤老、低保和80岁以上高龄困难独居老人提供紧急援助、信息咨询、生活服务和主动关爱等为老服务。推行管家式养老服务，深化"养老顾问点"成为社区居民身边最专业、便捷、体贴的养老咨询服务点；开展一对一的社区"管家式"养老服务，为社区老人提供了政策咨询、生活指导、送餐、配药等各项服务；制定"养老顾问管家式服务清单"，开展养老管家（顾问）的培训和星级管家评定，目前全区已有472名"养老管家"，其中金牌管家101名，银牌管家202名。深化养老服务"时间银行"项目，上线"随申办"虹口旗舰店，推动互助性养老服务机制常态化开展。推进养老服务长三角一体化项目，推进"虹口—苏州"长三角养老服务一体化高质量发展，深化推动"一区两市"养老优势特色项目融合发展，畅通信息互通机制，推动长三角养老服务供需资源有效对接。

链接一：

打造"网上敬老院"

2010年9月，虹口区在欧阳路街道先行试点，率先在全市建立了一座"没有围墙、不受场地资源所限、依托社区服务网、链接社区百姓的虚拟网上敬老院"，为社区居家老人提供统一规范的个性化、信息化、专业化、亲情化、全方位养老服务。经过几年探索，2012年10月，这一全新的居家养老模式在全区范围推广。虽然在形式上，"网上敬老院"是一个虚拟的服务平台，但运作上，则完全遵循实体化运作模式，通过生活服务中心、长者服务中心、科技助老中心、社会组织为老服务中心、志愿者服务中心等"五个中心"组成的支撑体系，为老年人提供实体化服务，住家老人足不出户就能享受到专业贴心的生活服务。网上敬老院目前可提供生活照料、医疗保健、应急援助、精神慰藉四大类共计60余项服务。只要注册成为会员，轻点鼠标，就能享受所需的服务。2012年年底，网站共有特服会员

21498 名。

四大类 60 余个项目，网络背后的实体服务靠什么支撑？2010 年，作为政府实事项目，虹口社区生活服务中心落地水电路，中心下设 8 个街道分中心和 230 个居委服务点，形成"1+8+230"三级联动的生活服务体系，各居民区形成了"15分钟"生活服务圈。

虹口智能健康屋

政府、企业、社会组织等服务主体提供的所有服务资源都集合在这个平台上，可为社区居民提供 12 大类 746 项公共服务和 11 大类 445 项市场服务。一个电话服务到家。2011 年，虹口区组建长者服务中心，开通 36129000 为老服务热线，为本区老人提供居家养老、主动关爱、紧急援助和其他个性化服务。自去年 8 月 23 日试运行以来，长者服务中心已通过电话主动关爱 81521 人次，提供需求服务 1227 人次。引进社会组织，服务专而精，网上敬老院的另一个实体支撑源自社会组织为老服务中心。目前，已有晚霞心苑社工师事务所等 17 家社会组织入驻其中。社会组织参与养老服务有很多优势和资源，发挥着政府不可替代的工作效能。

链接二：

彩虹湾老年福利院正式完工

2018 年 5 月，虹口区体量最大的公办养老床位建设项目——彩虹湾老年福利院正式完工，计划今年下半年投入运营。

彩虹湾老年福利院总建筑面积 30136.5 平方米，共将新增养老床位 860 张，床均建筑面积约 30 平方米。该项目位于凉城路 2196 号，东侧至货运铁路线，南侧毗邻新建中的彩虹湾公共服务中心，西侧至凉城路，北侧至规划学校用地。项目地面绿化面积 3188.2 平方米，屋顶绿化面积 918 平方

彩虹湾老年福利院

米，绿化率高达 35%，绿化设计遵循以人为本的原则，结合与建筑总体布局和风格相互融合的绿化环境，使区域内常年都能见绿见花，创建"生活在大自然"的美好意境。同时，其室外开放空间为各建筑组合形成的室外半围合庭院，可供住养老人长时间驻足和休闲娱乐。截至 2017 年年底，虹口区总户籍人口 744198人。其中，60 岁及以上老年户籍人口 282273人，比上年增加 12266 人，约占全区总人口的37.93%，位居全市首位。新建的彩虹湾老年福利院不仅能有效缓解本区的养老床位建设压力，而且随着彩虹湾周边医疗卫生、文化娱乐、食宿休闲等设施的不断完善，居民在此养老之余，也将能享受到更加多元化的生活服务。

链接三：

社会保障网络织细织密

2012 年以来，虹口区精准实施社会保险扶贫政策，围绕兜底线、织密网、建机制，推进社会保障全覆盖、保基本、多层次、可持续发展，不断扩大本区社会保障覆盖面，稳步提高城乡居民基本养老保险水平，精准实施贫困人员社会保险扶贫政策，加快推动城乡居保贫困人员应保尽保。十年间，累计对辖区内 42779 名无账户人员进行入户调查摸底，实现未参保贫困人员一对一上门宣传率 100%，城乡居保覆盖率提升至 98.33%。

征地养老人员待遇稳步提高。继续做好征地养老人员管理工作，稳步提高征地养老人员待遇水平，十年间，出台《虹口区关于贯彻上海市被征收农民集体所有土地农业人员就业和社会保障办法的通知》和《虹口区人民政府关于贯彻落实修订后的〈上海市被征收农民集体所有土地农业人员就业和社会保障办法〉的通知》，明确保障征地养老人员生活费、医疗待遇，切实提高全区征地养老人员的待遇水平，人均生活费标准由 2013 年的 1360 元 / 月提高至 2022 年的 3000 元 / 月左右。

工伤认定、劳动鉴定工作扎实开展。面对近年来工伤认定疑难案件大幅度增长的趋势，本区组建工伤认定疑难案件处理组，确保认定合法合规，十年间全区

志愿者为失独、伤残独生子女家庭送去清凉

累计受理工伤申请 8988 件，认定准确率达到 100%，劳动能力鉴定工作同步推进，十年间共受理劳动能力鉴定申请 6871 件，鉴定结论准确率达到 99% 以上。

生态文明建设

绿水青山就是金山银山

习近平总书记指出：绿水青山就是金山银山，改善生态环境就是发展生产力。良好生态本身蕴含着无穷的经济价值，能够源源不断创造综合效益，实现经济社会可持续发展。党的十八大以来，以习近平同志为核心的党中央以前所未有的力度抓生态文明建设。上海坚决贯彻落实习近平生态文明思想，将新发展理念始终贯穿于城市总体发展战略，坚定不移走生态优先、绿色发展之路，坚持"抓环保、促发展、惠民生"工作主线，积极探索"两山"与"两城"重要理论的深度融合与实践，通过持续努力、久久为功，实现了从补短板到提品质、从重点治理到综合整治、从重末端到全过程防控的转变，生态环境质量明显改善，人民群众的满意度、获得感明显增强。虹口区正用实际行动书写绿色发展新篇章。

虹口因水得名，"一江一河"汇聚处有"最美河畔会客厅"的一线美景，虹口港、俞泾浦、沙泾港等支流宛若一条条丝带临江飘逸，又有甜爱湖、曲阳湖、和平湖等如溅起的水花洒落其间。目前，全区所有河湖水体消除劣 V 类，在全部 12 个河道监测断面中，Ⅲ类水质断面 8 个，Ⅳ类水质断面 4 个，市考断面水环境目标达标率 100%。水清岸绿、鱼翔浅底的景象越来越多。Ⅳ类水标准就意味着达到了城市景观水标准，这体现了近年来虹口的水体治理成效。

"一江一河一港"的贯通，为市民提供了宜游宜居宜业的亲水空间

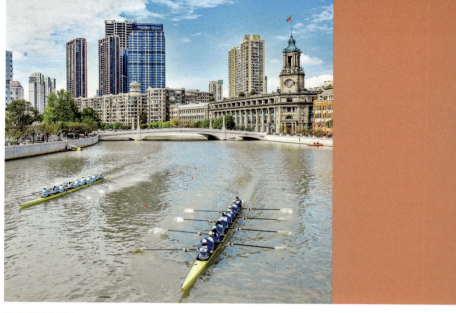

举办赛艇公开赛

　　自 2017 年开始，虹口区全面推行河湖长制，通过"巡、盯、管、督"组合拳，紧紧围绕保护水资源、保障水安全、防治水污染、改善水环境、修复水生态等方面开展工作，各级河湖长以水质论英雄。"绿水青山"人人共享，环境保护人人有责。虹口区积极探索"河长＋"模式：联合区检察院，构建检察机关在河长制工作中的司法介入和助推机制，促进行政执法与检察机关法律监督有效衔接；增设企业河长，充分发挥市政泵站排水口、规模以上排口企业"河湖卫士"作用；广泛发动护河志愿者，推动实现辖区开门治水的良好格局。凉城新村街道还借助河长制，通过多部门综合施策、联合执法，成功拔除俞泾浦河道附近的一处违建"钉子户"，并对沿河绿化及相邻墙面进行修复美化，让河道水岸环境焕然一新。

　　党的十八大以来，虹口区紧紧围绕绿化建设体现城市精细化管理要求和区委、区政府"高标准、高水平、高品质"要求的工作理念，推进各项重点工程建设，提高区域绿化养护水平，不断提升虹口绿化景观面貌。建成并对外开放了通州路绿地、株洲路道路拓宽配套绿地、江杨南路（安汾路—三门路）道路绿地、平凉路绿地等多处公共绿地，为周边居民提供了方便的户外休闲场所，在还绿于民的同时，让百姓尽享绿色家园中的惬意生活。同时，完成株洲路、凉城路、北宝兴路株洲路转角、通州路（海拉尔路—胡家木桥路）新种行道树等项目，填补了部分道路路段无行道树的空白，提高了绿化覆盖率。建成了 5G 全球创新港屋顶绿化、四平路吴淞路墙面绿化、虹口水闸泵站墙面绿化等多种形式的立体绿化项目，提高了沿街道路的绿视率，有效改善了城区环境面貌。

链接一：

水清河畅好风光，一起漫步虹口港

近年来，随着河湖治理成效日益显现，河湖水质持续向好，河湖颜值不断提升，上海的美丽河湖成为靓丽的风景线、亲水行的好去处。

虹口港位于虹口区南部，起端为虹口港泵闸，迄端为嘉兴路桥，呈南北走向，长为 1.5 公里，与沙泾港、俞泾浦交汇。2015 年和 2021 年，虹口区分别实施了虹口港（四平路—汉阳路）防汛墙景观人行步道工程、虹口港（汉阳路—东大名路）防汛墙综合改造工程。改造后的虹口港防汛墙两侧设置了花箱，提升景观效果；亲水平台用不锈钢栏杆做扶栏，柳桉防腐木条做地板，经久耐用，安全且便于后期维护；景观步道采用花岗石和青

虹口港

砖相间的设计，富有古色古香的韵味，与周边建筑相得益彰，交相辉映；两岸配上各种埋灯、景观灯，灯火璀璨，赏心悦目。如今，市民休闲漫步于虹口港，品味水清岸绿的美好风光，既能亲近自然、亲近水，又能体会虹口河道水文化，收获满满的幸福感和获得感。

从虹口港北端出发，游客可以打卡网红点——1933老场坊，感受到独特的建筑魅力和深厚的历史底蕴；沿着景观步道一路向南，可以抵达黄浦江、苏州河，这里有着超多景观地标——北外滩滨江、世界会客厅、外白渡桥、河滨大楼、邮政博物馆等。

链接二：

落实河长制，推动河长治

虹口区滨水资源丰富，共有7条段内河贯穿区域全境，沿河多为居民区，居民对河道环境十分关注。2017年，虹口区根据市相关要求，建立区、街道及小微水体河长组织体系，编制印发《虹口区河长制实施方案》，确定三级河长，实现河长全覆盖；充分利用河长制工作平台，建立全过程立体监督机制，三级河长联动督查，总河长每季度现场督查河道整治进展，河长办每月跟踪、通报工作进度，并成立专项督查小组，实地核验整治成果，严格落实对账销号，切实推进治河措施。

沙泾港从四平路到大连西路流经虹口区欧阳路街道。尽管1325米的河道并不长，但两岸居住点密集、构筑物复杂，还有大量的违法

"河长"带队巡查河道

建筑和防汛墙乱堆物，不仅污染河水，还影响防汛安全。2018年上海打响了新一轮的"碧水保卫战"，欧阳路街道在街道办事处主任、河长许勤的带领下，及时行动起来，确定了"治河先治岸"的工作方略，搭建了跨部门的联动平台，探索建立了长效管理机制。2017年3月，街道完成了沿河全部19处违法建筑的拆除，清除了垃圾堆物25吨，提前实现了河道岸清畅通的目标任务。在拆违后留白区域，街道规划好河道沿岸建设内容，补好社区治理中的短板，进行了绿化补种，设置了休闲步道、休闲椅，沿河一线环境显著改善，切实提升了社区居民群众对水环境的获得感和满意度。

链接三：

绿意在虹口"立"了起来

立体绿化是城市绿化的重要组成部分，具有丰富城市空间绿化景观、改善生态环境的功能。虹口区努力践行人民城市重要理念，持续挖掘竖向空间上的"绿色"资源，不断提高立体绿化建设水平、拓展立体绿化发展载体，提高城市绿视率，提升全区市容景观环境品质。在区林长办的指导推动下，在立体绿化建设点位排摸、现场沟通、推进项目落地过程中，区教育局、各街道、区建管委、区旧改指挥部等部门、单位及相关企业给予了大力支持。仅2022年，全区就发展建设立体绿化超过25000平方米。

广纪路高架桥的八根中环桥柱，被装扮上Y字形布局的绿植，分叉处

瑞虹天地太阳宫沿口绿化

安装有市花白玉兰造型的景观灯。夜晚华灯初上，绿化和灯光相映成趣，给路过的市民带来不一样的清新雅致。瑞虹天地太阳宫内的沿口绿化进一步拓展立体绿化载体，在商场内部每层楼面沿口处，选用红背竹芋、龟背竹、散尾葵、鹤望兰、春羽等适合室内栽培的绿植，用覆土方式提升绿化种植效果，把户外植物错落有致的自然风光搬到室内，营造商场里的"都市绿洲"，让市民享受更加舒适的游览和购物体验。第五中学的组合式屋顶绿化考虑到安全需要及各年级学生的不同活动需求，通过合理的空间布局，以黄杨、女贞、毛鹃等矮灌木，点缀石楠球、茶梅球、红花檵木球等球形灌木，配上桂花、紫薇、红枫等观花观叶小乔木，打造叶色多样、层次分明、四季有景的观景空间，以及兼具舒适性、开放性、灵动性、趣味性等功能特色的教学活动场所。上海继光高级中学历史悠久，校内图书馆等建筑上爬满了爬山虎，像是穿上了一层"绿衣"，夏季青翠、秋季斑斓，遮阴隔热又美观，为校园增添浓浓的历史韵味。

打赢蓝天保卫战

2 天严重污染、4 天重度污染、3 天中度污染，PM2.5 最大小时浓度超过 600 微克 / 立方米……2013 年 12 月，上海连续 9 天空气污染——那呼吸一口新鲜空气都变得奢侈的日子，你还记得吗?

2022 年，虹口 AQI 优良率达 86.6%，较 2015 年提升了约 15 个百分点，主要污染物细颗粒物（PM2.5）年均浓度为 24 微克 / 立方米，较 2015 年下降 29 微克 / 立方米，全年未现重污染天气——越来越频繁地出现的"水晶天"，是否让你有别样的获得感?

空气质量 10 年巨变的背后是区职能部门作出重大决策的及时、果断。实施能源绿色低碳转型。大力发展非化石能源，虹口区研究制定《虹口区可再生能源建设实施方案》，明确党政机关、学校、医院、园区、楼宇等载

蓝天白云映衬下的北外滩滨江绿地

体加大可再生能源建设力度。同时在《虹口区节能减排（应对气候变化）专项资金管理办法》中，继续支持市场主体投建可再生能源，对纳入本区分布式光伏发电规模管理，完成并网验收并运行的光伏发电项目给予一定的补贴。强化能耗强度总量双控，持续实施能源消费强度和总量双控制度，做好产业布局、结构调整、节能审查与能耗双控的衔接，持续深化工业、建筑、交通运输、公共机构等重点领域节能，提升数据中心、新型通信等信息化基础设施能效水平。深化锅炉改造提标，2019 年，区内现存燃油锅炉全部完成"油改气""油改电"改造，并建立了常态长效监管机制。提升机动车绿色清洁水平。虹口区加大新能源汽车推广应用规模，提升机关事业单位、国有企业更新公务用车、环卫等行业新增车辆新能源比例，加快充电桩等配套基础设施建设。加强对柴油货车路检执法，公交车、环卫车、渣土车等各类移动源尾气专项检查。加强对非法加油点、企业自备加油点的排查，严厉打击未取得成品油零售许可从事成品油零售违法行为。加强本区非道路移动机械的环境监管，加快国二及以下老旧机械深度治理和淘汰更新，鼓励机械"油改电"。自 2019 年起，对相关企业积极做好宣传告知工作，有序推进非道路移动机械登记申报。强化工业源全流程精细化管理。2019 年以来，虹口区开展涉挥发性有机物（VOCs）排放企业的专项执法行动，主要以重点行业企业和信访矛盾集中排放企业等为对象开展执法监察和监督性监测。2020 年起，开展重点行业挥发性有机物（VOCs）深度治理工作，要求纳入 VOCs2.0 治理的企业编制"一厂一策"、明确治理任务和时间节点，并按要求逐步推进落实。2022 年起，对相关企业开展了减排量核算核查，所有企业均完成了治理方案制定的减排任务和减排量。同时，完成全区 4 家印刷企业低含量 VOCs 油墨源头替代和 10 家汽修行业低含量 VOCs 水性漆替代工作。在流通消费环节推广使用低 VOCs 含量原辅料，优先将低 VOCs 含量产品纳入招投标文件，并在市政工程中率先推广使用。区内新建和改扩建等工程严格按照市住建委公布的《上海市禁止或者限制生产和使用的用于建设工程的材料目录》执行，除特殊性能要求外，逐步淘汰溶剂型建筑涂料和胶黏剂使用。强化扬尘源头精准管控。严格执行文明施工标准和拆除作业规范，规模以上建筑工地 100% 安装扬

深入工地检查，严防空气污染

尘污染在线监控系统；安装工地喷雾降尘治理措施；督促工地落实出入口路面硬化、清洁，渣土车离开工地冲洗率100%，平盖装载率达到100%。督促拆房工地全面落实洒水降尘或者喷淋湿式作业。渣土运输车实行网上申报管理，保证软盖密闭运输，杜绝偷倒渣土、抛冒滴漏等违规行为；加强对本区105条（段）道路的清扫力度，道路冲洗率达90%以上；建立多部门联动机制，通过扬尘在线App数据分析，寻找扬尘污染成因，依托微信工作平台，建立快速发现、处置、反馈的工作机制，确保扬尘污染防治工作落到实处。实施社会面源深度治理。持续做好餐饮企业集约化管理工作，完善"第三方服务、政府指导监管"的油烟监管模式，充分发挥第三方运维远程监控技术，提升餐饮业的环保意识，加强自治自律，完善政府监管手段，实现集中餐饮业油烟达标排放。建立健全虹口区油烟在线监测监管体系，将油烟在线监测系统列入虹口区节能减排（应对气候变化）专项资金支持对象，鼓励大型商业综合体自主安装在线监测设备，并将数据接入区一网统管平台。区内全部16家加油站均已完成油气在线监测系统安装工作。结合现场检查和油气在线监测系统等手段，加强对加油站油气回收装置的日常监管。

接下来，虹口区将切实把思想和行动统一到党的二十大精神上来，坚持以人民为中心的发展思想，坚持稳中求进工作总基调，以实现减污降碳协同增效为总抓手，以精准治污、科学治污、依法治污为工作方针，以改善空气质量为核心，强化细颗粒物和臭氧污染协同治理，深入打好蓝天保卫战标志性战役，为描绘人与自然和谐共生的现代化美丽虹口继续奋斗。

链接一：

狠抓柴油车尾气监测，当好蓝天白云守护者

"请靠边停车，进行检查。"

每周在逸仙路场中路路口，虹口区生态环境局会同区交警支队，对途经的柴油车进行尾气监测。交警拦截车辆后，监测人员随即使用不透光烟度计对车辆进行尾气监测。不透光烟度计专门用于测量柴油车尾气冒黑烟的情况，测量结果会实时传输到手机 App，现场打印出相应数据，作为交警执法依据。区生态环境局与各相关部门加强沟通衔接，持续强化移动污染源管控执法。每周在柴油车通行的重点路段、重要通道设立执法卡点。采取目测柴油车冒黑烟情况、拦截柴油车进行不透光烟度监测等，严查在用柴油车尾气超标排放行为。现场交警配合做好车辆拦截，维护现场道路

区环境监测站工作人员进行尾气监测

交通秩序，并对监测结果超标的车辆现场作出处罚，敦促驾驶员及时整改。

与此同时，区生态环境局积极协调区建设管理委、区市场监督局、区绿化市容局等部门，梳理出本区公交车、环卫车、渣土车等柴油车集中使用、停放的单位，并开展柴油车入户专项检查，进行柴油车尾气监测。下一步，相关部门将继续加强协作配合，切实做好柴油车路检路查和入户抽测的执法监测，依法查处超标车辆，督促超标车车主开展车辆维护保养，遏制超标排放现象，着力提升辖区环境空气质量，全力守护蓝天白云。

链接二：

多措并举强化扬尘污染防治

为进一步改善我区空气质量，有效控制扬尘污染，不断提升文明施工管理水平，虹口区生态文明建设领导小组办公室制定了《虹口区文明施工管理工作指南（试行）》，形成主体责任明确，防治措施精细化，管理指标

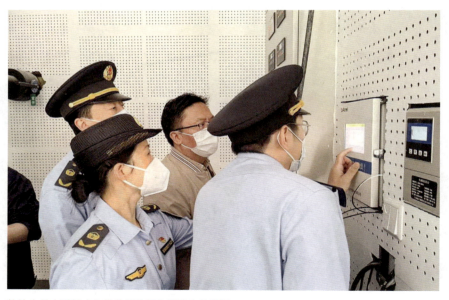

执法人员查看扬尘在线监测数据和道路走航数据

清晰明了、可执行可量化的联防联动机制。

依托"扬尘在线数据业务整合平台"，及时了解扬尘在线监测数据和道路走航数据，快速通报并解决问题。加强部门协同，区生态环境局、区建设管理委、区城管执法局、区旧改指挥部和区绿化市容局，定期开展建设工地、拆房工地、旧改地块施工扬尘与非道路移动机械使用专项联合执法行动。同时根据区生态环境局提供的道路扬尘走航监测数据，由区建设管理委加强数据偏高道路周边工地管理，区城管执法局加大扬尘污染执法力度，区城发公司加强数据偏高道路的清扫频次。同时，区生态环境局邀请市环境科学院大气所专家团队研究分析大气污染特征成因初步分析以及给予科技支撑。

虹口区通过各部门之间联动，借力使力，共同做好扬尘污染防治工作，同时借助"外脑"给予科技支撑，确保扬尘污染防治工作常态化、长效化，进一步改善大气环境质量。

链接三：

创新餐饮油烟监管模式

餐饮油烟气污染治理是中心城区大气污染监管的重要任务之一，从2016年起，虹口区推进餐饮业油烟气在线监控系统安装，进一步深化油烟气污染监管。采取"第三方服务、政府指导监管"的监管模式，推进区内油烟在线监控系统安装和管理工作。目前将油烟在线监控延伸到企事业单位食堂，对辖区内200多家企事业单位食堂油烟气净化设施实施监督，对关乎孩子健康环境的学校食堂加装油烟在线监控，2019年以来，推进完成学校食堂油烟在线监管一、二期项目，涉及全区148所学校，学校、教育主管部门以及生态环境部门三方齐管，保障学校学生有优质的学习生活环境。2020年起，通过向大型餐饮行业发放《告知书》等方式，进一步明确油烟监管要求，鼓励其安装油烟在线监控。2021年起推广大型商业体集中式餐饮企业集约化管理工作，截至2023年，已在瑞虹新天地商业广场月亮

执法人员检查餐饮企业

湾、北外滩白玉兰广场、凯德来福士、凯德龙之梦等高端楼宇推动油烟在线监测设备的安装和联网。

区生态环境局充分发挥油烟在线监控的"前哨"作用，通过第三方运维远程监控技术，实时掌握企业油烟净化设施的运行状态，及时发现问题，及时落实整改，有效提升油烟问题处置效率，进一步改善空气质量。

上海环境能源交易所的 14 年

　　2013 年 11 月 26 日，位于虹口区花园坊的上海环境能源交易所内，上海市碳排放交易启动仪式在此举行。上海即时碳排放交易系统亮相，标志着上海市建立了碳排放配额总量控制和管理制度，对企业碳排放配额的分配、清缴、交易以及碳排放监测、报告、核查等规范管理工作逐步展开。所谓碳交易，简言之，就是将二氧化碳的排放当作商品一样进行交易。这其中，政府对碳排放实施配额管理，向参与碳交易的企业分配年度碳排放配额，同时，排放单位可通过市场购入或售出实际排放不足或多余的配额。

　　时间回到 2008 年 8 月 5 日，国内首个环境能源领域各类权益交易平台——上海环境能源交易所在虹口区花园坊挂牌，首批 55 个项目同时挂牌上市。作为全国第一家为节能减排、环境保护和能源领域的各类权益交易提供市场化运作平台的环境能源交易所，上海环境能源交易所的设立运行，标志着中国节能减排和环境保护事业从单一的行政配置向市场化配置的重大转型。通过引入市场化运行方式，有利于完善能源资源节约和环境保护奖惩机制，有利于完成节能减排的约束性目标，并在更大范围、更深层次、更广领域实现环境资源的优化配置。

上海环境能源交易所交易大厅内，大屏实时显示碳排放配额交易行情　　　　2022 年，上海环境能源交易所迁址苏州河畔

2022 年，上海环境能源交易所已走过 14 年，并迁址苏州河畔黄浦江边北外滩。回顾上海环交所在虹口深耕发展的 14 年，始终以构建服务生态文明建设的重要平台为己任，努力探索建设碳市场机制，积极推进碳金融和绿色金融创新，主动参与国际应对气候变化市场合作。下一步，上海环交所将积极配合主管部门深化全国碳交易市场建设，大力发展碳金融和气候投融资业务，继续做好上海碳市场建设，推进长三角生态绿色一体化发展。

2022 年 11 月 23 日，上海市委书记陈吉宁在虹口调研时来到上海环境能源交易所，详细了解碳排放交易以及碳交易市场建设情况。作为全国首家环境能源类交易平台，上海环境能源交易所正积极推进碳交易、碳金融和其他环境权益交易等工作。陈吉宁说，实现碳达峰碳中和是一场广泛而深刻的经济社会系统性变革，党的二十大作出明确部署。要准确领会把握，抓住战略机遇，把基础工作做扎实，把标准体系完善好，把专业服务机构培育好，更好服务碳达峰碳中和战略目标稳步实现。

未来，虹口区也将进一步紧紧围绕国家"碳达峰、碳中和"重大战略，支持上海环交所建设全国碳市场，以全国碳交易市场在北外滩上线启动为契机，不断壮大碳市场生态圈，以持续提升的"软实力"构建引领未来产业高质量发展的集聚地。

链接一：

全国碳市场上线交易启动仪式

2021 年 7 月 16 日上午 9 时，生态环境部宣布正式启动全国碳市场上线交易仪式。国务院副总理韩正宣布全国碳市场上线交易启动。本次启动仪式分为北京、上海和湖北三个会场，三地连线共同启动。生态环境部党组书记孙金龙主持启动仪式。

上午 9 时 30 分，全国碳市场正式启动首日交易，上海环境能源交易所（以下简称"上海环交所"）是全国碳市场的交易运营和维护单位。首日

全国碳市场上线交易启动仪式现场

成交量 410.40 万吨，成交额 21023.01 万元，成交均价 51.23 元 / 吨。开盘价 48.00 元 / 吨，最高价 52.80 元 / 吨，最低价 48.00 元 / 吨。中石油、中石化、华能集团、大唐集团、华电集团、国电投、国家能源、申能集团、浙能集团、华润电力等企业参与了全国碳市场首日交易。

上海会场活动在上海环交所位于虹口北外滩核心区域的新址交易大厅举办，共分为三个部分，第一部分是视频参加全国碳市场上线交易启动仪式北京主会场活动；第二部分是上海会场活动仪式；第三部分是中国碳交易市场论坛活动。

上海会场活动仪式上播放了来自桑德尔博士（芝加哥气候交易所创始人、碳交易之父）、伦敦证券交易所（LSE）、中欧国际交易所（CEINEX）、香港交易所（HKEX）等国际交易所代表的祝贺视频。举办碳中和行动联盟成立仪式随后开启，上海环交所董事长赖晓明宣读《碳中和行动联盟纲领》：主动开展碳核算及碳披露；设立企业碳中和目标及实施路线图；积极参与自愿碳市场建设；推动产业上下游联动，促进低碳技术的应用，构建碳中和生态圈；通过自身行动和影响力倡导公众低碳生活方式。农业银行、中国银行、交通银行、邮储银行、三峡集团、中国宝武、国泰君安、中国平安、腾讯公司、中金公司、远景智能、上海环交所共同启动联盟。

全国碳市场启动之际，由上海环交所承担全国碳排放权交易系统账户开立和运行维护等具体工作。交易方式上，碳排放配额（CEA）交易应当通过交易系统进行，可以采取协议转让、单向竞价或者其他符合规定的方式，协议转让包括挂牌协议交易和大宗协议交易。其中，挂牌协议交易单笔买卖最大申报数量应当小于 10 万吨二氧化碳当量。挂牌协议交易的成交价格在上一个交易日收盘价的 ±10% 之间确定。大宗协议交易单笔买卖最小申报数量应当不小于 10 万吨二氧化碳当量。大宗协议交易的成交价格在上一个交易日收盘价的 ±30% 之间确定。

链接二：

首张上海低碳地铁纪念卡（珍藏版）发行

2016 年，全国低碳日上海地铁低碳纪念卡发行启动仪式暨中国狮子联会"低碳创新狮享生活"大型公益活动在上海环境能源交易大厅举行。

中国狮子联会成员现场认购纪念卡一万张，也有普通市民前来认购。每张卡含价值 20 元的中国核证自愿减排量（CCER），用于抵消家庭日常产生的碳排放。

我们的日常生活一直都在排放二氧化碳，而如何通过有节制的生活，例如少用空调和暖气、少开车、少坐飞机等，以及如何通过节能减污的技术来减少工厂和企业的碳排放量，成为近年来公众的关注热点。

国际狮子会以"我们服务"为宗旨，是全球性的公益慈善服务组织。中国狮子联会于 2005 年 6 月在北京成立。

本次活动是由上海环境能源交易所、中国狮子联会浙江三分区共同承办，包括区内上海润栩节能科技有限公司在内的多家企业、公益组织共同发起，旨在通过积极倡导

上海低碳地铁纪念卡在环交所发布

"低碳环保，绿色出行，从我做起"的环保理念，为共同减少二氧化碳排放，应对气候变化，展现上海负责任的国际大都市形象，贡献每一位市民的力量。

链接三：

品味低碳生活，畅享生态凉城

　　凉城新村街道位于虹口区西北部，南至广中路，北临走马塘，东至水电路，西临俞泾浦，面积 3.24 平方千米。街道一直以来是上海社区建设及城市管理领域的先进单位，多次获得上海市及国家级荣誉称号，市容环境满意度测评长期位于全市前列。近年来凉城新村街道以建设"乐龄、清新、礼乐、平安、和谐"社区为目标，以低碳社区建设作为重要抓手，不断提升社区居民的幸福感、获得感，在这里，绣花针的精神落实在每一处"小而美"的低碳改造过程中，"一平米"微型花园在公共绿化带里开辟、雨水收集箱用来给扔完湿垃圾的居民洗手、小区绿化修剪下来的树枝制作木质摆件、废旧塑料用来制作草坪凳子……低碳氛围浓烈，居民参与广泛。2017 年，凉城新村街道被评为上海市第一批低碳示范社区。

　　废弃木料、雨水收集再利用，是近年低碳社区建设中的重要内容，通过不断尝试更多废旧物品再利用的低碳活动，增加社区微景观的数量并赋予人文内涵，促进小区整体环境提升。同时，发挥志愿者骨干率先垂范的力量，为社区志愿者们提供互动交流的平台，共同号召社区居民们积极响应"低碳生活"模式，共同保护小区环境，爱护生活的家园。

小区垃圾厢房上的雨水收集箱

"垃圾分类就是新时尚"

2018 年 11 月 6 日上午，习近平总书记来到上海市虹口区市民驿站嘉兴路街道第一分站，同几位正在交流社区推广垃圾分类做法的年轻人亲切交谈。一位小伙子向总书记介绍，参加公益活动对年轻人来说已经成为新时尚。习近平总书记强调，垃圾分类工作就是新时尚！垃圾综合处理需要全民参与，上海要把这项工作抓紧抓实办好。

四年多来，虹口的青年志愿者们始终不忘总书记的嘱托，在社区积极推广垃圾分类。"推广垃圾分类就像播撒一颗颗环保的'种子'，需要深耕好群众'土壤'。"作为青年志愿者团队的一员，虹口区嘉兴路街道瑞一居民区党总支书记华磊由衷感慨。志愿者们从培养理念、习惯和行为入手，积极开展形式多样的宣传推广活动。他们自己动手设计海报、宣传册，开展"瓶子菜园""变废为宝"等创意环保主题活动，吸引越来越多的人参与到垃圾分类志愿服务中，让垃圾分类意识能够落地生根，再生根发芽。

宇泰景苑垃圾厢房

爱家豪庭小区绿精灵活动

　　随着垃圾分类知识的普及，居民区的环保创意也如雨后春笋般涌现。在嘉兴路街道爱家豪庭小区有一个"环保小屋"，居民用废旧衣物铺在土壤下作为"织物层"，一旁还有可以把湿垃圾转化成肥料的"堆肥桶"。

　　2019 年 7 月 1 日，《上海市生活垃圾管理条例》正式施行，申城的垃圾分类迈入"硬约束"时代。当天，嘉兴路街道宇泰景苑小区率先试行"撤桶并点、定时定点"分类投放垃圾，原本每天值守在垃圾桶旁边的志愿者们统一"下岗"，生活垃圾分类投放成功实现由"随手扔"到"随手分"。现在，垃圾分类在嘉兴路街道、在虹口区、在全上海都已经蔚然成风，真正从"新时尚"变成了好习惯。

　　习近平总书记十分关注垃圾分类和资源化利用，多次作出重要指示。近年来，我国垃圾分类工作持续深入推进，297 个地级以上城市已全面实施生活垃圾分类，居民小区平均覆盖率达到 82.5%。2023 年 5 月 21 日，习近平总书记给上海市虹口区嘉兴路街道垃圾分类志愿者回信，对推进垃圾分类工作提出殷切期望。

　　习近平总书记在回信中说，看到来信，我想起五年前同大家交流垃圾分类工作的情景，你们热心公益、服务群众的劲头让我印象深刻。得知经过这几年的宣传推动，垃圾分类在你们那里取得新的成效，居民文明程度提高了，社区环境更美了，我很欣慰。

　　习近平总书记强调，垃圾分类和资源化利用是个系统工程，需要各方协同发力、精准施策、久久为功，需要广大城乡居民积极参与、主动作为。希望你们继续发挥志愿者在基层治理中的独特作用，用心用情做好宣传引导工作，带动更多居民养成分类投放的好习惯，推动垃圾分类成为低碳生活新时尚，为推进生态文明建设、提高全社会文明程度积极贡献力量。

链接一：

垃圾分类科普馆，人人参与人人共享

明黄、亮蓝、暖橙、青绿……1700个色彩缤纷的废弃瓶盖，上墙拼合出一幅虹口区地图，点缀有地标建筑和"我爱虹口"字样。这些瓶盖来自虹口区各个生活垃圾"可回收物"服务点，也成为虹口区垃圾分类工作的一道缩影。生活垃圾分类科普馆内，数治元素满满：干、湿垃圾、可回收物、有害垃圾，四分类垃圾每日的收运量、户均详情在一张大屏前一目了然。实时更新、跳动的数字让参观者惊叹不已。实际上，这张大屏也同步接入到区城运中心，记录生活垃圾之旅。

在全国城市生活垃圾分类宣传周系列活动中，虹口区生活垃圾分类科普馆馆长张麒峰正引导小朋友答题闯关。"挑战垃圾分类游戏王"等活动也吸引了附近居民和学生的参与。回溯至2018年，彼时，他还在基层从事垃圾分类工作，5年过去，他所在的"课堂"更大了，居民在科普中更直观了解垃圾分类、循环再生的成果，不少青少年成了"回头客"。

垃圾分类科普馆活动

2019年7月1日，上海正式施行《上海市生活垃圾管理条例》，虹口区也率先实现生活垃圾可回收物的全市"两个第一"——全市第一个制定了《关于印发虹口区低附加值生活垃圾可回收物补贴实施细则的通知》；全市第一个落实低价值可回收物企业运收补贴审核发放，这一过程中虹口区也逐步建立可回收物收运体系。

新时代非凡十年的虹口答卷

虹口首个智能垃圾厢房亮相蒋家桥小区

"阿姨，你好。这些垃圾不能混在一起倒，药片纸盒要倒进纸张桶，剩菜剩饭要倒进湿垃圾桶，最后把垃圾袋放进干垃圾桶。谢谢您的配合！"在蒋家桥小区新建的智能垃圾厢房前，一名志愿者正在帮助前来倒垃圾的居民"正确分类"。这个绿植环绕，需要刷卡才能使用的高颜值垃圾箱，是虹口区新建的首个智能垃圾厢房。

2018年3月，上海市进一步明确了"干垃圾、湿垃圾、可回收物、有害垃圾"四大垃圾分类标准，并且研究通过了"定时定点"投放、严格分类收运流程和"绿色账户"激励机制等举措，提升源头分类质量。蒋家桥小区的智能垃圾厢房，就是根据这些新要求"量身定制"的。当年，小区引进社会企业，试点"两网融合"运营新机制，即把再生资源和生活垃圾网络进行有机结合，探索中心城区垃圾箱精细化管理的新路径。

居民在使用智能垃圾厢房前，需要到居委会进行实名登记、领取卡片，同时绑定居住地址、手机号码等信息。在上午7点至9点、下午6点至8点的投放时间段中，居民可以刷卡倒垃圾，此次引进的智能垃圾桶的底部都配有自动称重系统，与运营企业的后台数据服务系统相连。居民刷卡投放垃圾后，后台数据系统能清楚地知道哪户居民在什么时间点进行了垃圾投放，并且投放了多少重量，然后换算出积分反馈到智能垃圾分类居民卡上。累积到一定分值后，居民便可去居委会门口的智能垃圾分类礼品兑换机兑换纸巾、肥皂等不同分值的礼品。与以往简单的干湿分类略有不同，居民们在倒湿垃圾时，需要把垃圾袋另外放进干垃圾的桶中，此外，还需根据投放要求，对纸张、塑料、金属、玻璃进行再次分类。不少居民表示，"垃圾分类更精细了""一开始会不习惯，操作几次就

蒋家桥小区的智能垃圾厢房

好了""这里弄得很干净,也不觉得麻烦""为了子孙后代幸福,我们应该要做好垃圾分类"。

链接三:

网红歌曲诞生记

"垃圾分类要做好,是我们举手之劳,大家一起来学习,嘉兴明天更美好!废纸玻璃和塑料,还有金属和布料,适宜回收的垃圾,可回收物内丢掉……",一首朗朗上口的《垃圾分类在嘉兴》在嘉兴社区居民的朋友圈里流传开来。大家不由好奇,是谁创作和演唱了这首网红歌曲?

原来,这首歌的主创者是嘉兴路街道社区党员胡凯。胡凯曾是一名国有企业的职工,辞职后,由于新单位没有党组织,党员关系就迟迟没有着落,2019年他辗转来到了市民驿站党建服务站,咨询党员组织关系转接事宜。在工作人员的帮助下,他将组织关系转到了嘉兴路街道。"失去的归属感又回来了,我又找到'组织'了!"胡凯在一次组织生活会上这样分享了自己的感受。

《垃圾分类在嘉兴》乐谱

找到了组织的胡凯满怀感激之情,总想着能为组织、为社区做点什么。在一次偶然的交流中,胡凯与党建服务站的工作人员谈到,他所在的上海萨恩音乐培训中心有限公司正在申办《办学许可证》。中心工作人员出于"职业习惯"马上指导他:"不具备建立党组织条件的'两新'组织都要落实一名党建联络员,力求通过联络员将党建工作延伸到所有'两新'组织,实现党的组织全覆盖。"工作人员还向胡凯提出请求,希望由他来担任他所在公司的联络员,胡凯欣然应允。

过了几天,胡凯兴奋地来到市民驿站向工作

人员报喜：在他的努力下，公司十分乐意接受党建工作指导，希望在街道党组织的引领下，更好地承担起企业的社会责任。公司负责人还提出："作为音乐人，我们可以发挥专长，为社区尽些自己的绵薄之力，街道需要我们做什么就尽管说！"

于是，街道社区党建服务中心工作人员与市民驿站党建服务站站长共同上门与萨恩音乐的负责人和音乐创作总监进行了沟通，双方就如何做好社区垃圾分类工作展开了一场"头脑风暴"。灵感突如其来，总书记在嘉兴路街道市民驿站考察时指出"垃圾分类就是新时尚"，垃圾分类工作也正在嘉兴社区如火如茶地开展，是不是可以发挥公司所长，用音乐创作的形式，更好地宣传垃圾分类工作。

想出这个"金点子"后，大家都很激动，在街道党工委的支持下，几个年轻人说干就干，仅用了短短一周的时间，就完成了歌曲《垃圾分类在嘉兴》的创作和录音，歌曲一经发布就很快传遍了整个嘉兴社区。

如今，这首歌词朗朗上口、旋律简单欢快的《垃圾分类在嘉兴》原创歌曲屡屡被基层党组织和居民社区邀请去展演，受到了党员群众的广泛好评。嘉兴路街道以通俗生动的歌曲方式倡导"新时尚"，听过的人都会竖起大拇指说"嗲"！在党组织的引领下，社区的音乐人正用他们的才华助力垃圾分类新时尚。

和平公园俯瞰图

打造老百姓家门口的美景

"烟雾缭绕"的生态岛，"器械比健身房还智能"的健身区域，寓教于乐的自然教育中心……虹口区的和平公园在经过 16 个月的改造后"闪亮登场"，由原来的限时开放调整为 24 小时对外开放，并新增了自然教育、生态科普、园艺市集、智慧健身、萌宠乐园等多项功能，打造全天候休闲游憩的综合性城市公园。

在和平公园三号门，除了保留原来刻有"和平公园"4 个字的门牌以外，还全新布置了层层叠叠、错落有致的景墙，质朴而厚重，非常具有年代感。这也是此次改造一个最大的亮点，打开了大连路、天宝路、新港路的围墙，取而代之的是现在的绿地广场，还有口袋公园，将公园景观释放到街区当中，与城市街景融为一体。

公园悉心打造了茗厢扶柳、和鸢宛风、花坊悦音等新"八景"，为游客营造四季有景、步步皆景的景观环境。不仅如此，这"八景"之内还各有

"玄机"。来到天宝路畅心园路处的"八景"之一"畅心涟湾",这里不仅有光影草坪、涟漪水湾打造的莫奈式花园,还有新江南建筑风格的综合服务中心。长廊白墙、叠石瀑布、树影婆娑、缤纷水岸,在公园的中心位置,大家最为关注的"动物岛"化身"生态岛"。

公园内设置了满足全年龄段健身需求的活动场所和健身器械。除了有标准的羽毛球场和篮球场,还有专为8—14岁孩子设置的非标篮球架、攀爬架等设施。不少高科技元素也融入园内的健身设施。公园引进全国首套智能室外健身器械,市民可通过人脸识别免费获取体测报告和运动处方。而跑步爱好者不仅可以在新铺的1.5公里塑胶跑步道上尽情奔跑,还能借助"智慧跑道系统"在园内互动大屏端上查看运动排行榜和相关运动数据。原天宝路畅心园路处的儿童乐园也脱胎换骨,成了一个占地约8700平方米的沉浸式"儿童友好型"乐园,内有传声筒、秋千、滑梯、沙坑等各种好玩又好看的互动娱乐设施,相信"神兽"们一定能乐在其中。

除了以上这些独具匠心的功能优化提升,公园还依托"公园+"理念,增设了萌宠狗乐园、自然教育中心、园艺市集等功能区域,实现了城市高

和平公园的沉浸式"儿童友好型"乐园

品质公共空间开发开放。最大程度上满足各类市民群众游园需求，打造综合性社区公园新典范。

和平公园的改造提升是虹口区近年来打造综合性社区公园新典范的一个缩影。党的十八大以来，虹口还完成了江湾公园景观改造，在保留原有公园特色和主题基础上，对公园的功能分区、交通组织、绿化种植、服务设施等诸多方面进行梳理、调整、充实及提高。完成昆山公园改扩建，见证历史演变过程，留下历史文化印记，打造英式温馨花园。完成中共四大纪念馆室外广场改建，营造优美宜人的公园景观。完成鲁迅公园水体生态治理，通过底泥清淤、活水扩容、水生植物景观营造等，水生态系统趋于平衡，提升景观面貌。完成鲁迅公园一期改造，将"公园+"的理念、复合化的服务功能、特色化的生态空间、主题化的景观内容融入公园环境。

链接一：

"丰"的金秋景观，"镇"的民居风情

江湾古镇，虬江蟠曲，历史风物，古韵犹响。《宋史》记载抗金名将韩世忠曾驻于此，江湾镇因此而兴。江湾公园原名丰镇公园，占地面积约1.1公顷。公园原址为市物利汽车拆旧站旧车接收处，1995年12月进行动工兴建，1996年9月建成开放。公园以"丰"的金秋景观与"镇"的民居风情为特色，绿化布局着重突出植被季相，表现金秋气息。围绕"枫韵江湾"的主题，公园内植物以八仙花、石蒜和枫树为主，春夏有花，秋有叶。入口文化区运用丰富的地被植物营造花境花带，结合桂花形成舞动的花园。疏林观赏区则通过水杉、榉树、樱花等乔木打造林荫与氧吧。休闲观赏区突出季相色彩，用红枫、黄金菊等缤纷靓丽的植物打造枫韵芳草地。

江湾公园历经两次改造，第一次改造在2009年秋，恰逢"迎世博600天计划"展开之际，江湾镇街道出资重修公园。在重修过程中，深入挖掘江湾镇悠久历史和文化底蕴。《宋史》记载抗金名将韩世忠曾屯兵于江湾，江湾镇也因此而兴。公园重修便以其为主题，改园名丰镇公园为江湾公园。

公园入口广场上的韩世忠雕像与假山城门

随着城市发展，公园景观效果与观赏性不再能满足现代化城市公园的标准，遂于2018年再次对江湾公园进行更新改造，呈现出江湾镇悠久历史和文化底蕴，保留了公园主题与功能配置，融入文化、交流、互动、社区休闲等功能，力争成为上海最具特色的公园之一。

链接二：

鲁迅公园水体生态治理项目获国际大奖

2023年新年伊始，鲁迅公园水体生态治理项目获2022年度IDA美国国际设计奖（景观类项目）。美国国际设计大奖（International Design Awards，IDA）由筹办多项国际大奖的法玛尼集团于2007年创立，关注思维与文化底蕴，鼓励透过创新的设计语言解决生活问题。

鲁迅公园是上海重要的历史文化纪念性公园，园内有国家级文物保护单位鲁迅墓、上海鲁迅纪念馆及尹奉吉义举纪念地梅园。园内有山有水有园林，其中水域面积3.6公顷，占公园总面积的15.7%。

为提升景观品质，虹口区绿化管理部门对公园的水体生态开展了一系

鲁迅公园水体生态治理项目获 2022 年度美国国际设计奖（景观类项目）

列治理。水体生态治理项目以改善水质、更新公园景观、改善人居环境、恢复生态平衡为目标，研究并构建了水陆共生的生态系统，打造自循环的生态微环境，达到可长期保持项目的水质净化效果，实现低成本维护、高效率运营，是城市空间下公园生态环境微改造的再实践典范。

本次设计融合了中国传统园林的山水构图手法与现代混凝土工艺，结合水生态修复新技术，令公园焕然一新。改造项目改善提升了周边区域的生态环境及人居环境，创造了"水清、水秀、水灵、水亲"的绿色生态环境。2022 年 9 月底，虹口区绿化管理部门"破墙拓绿"，将鲁迅公园的围墙"打开"，将绿地和山林气息延伸至城市街区，让市民共享水体生态治理的成果。

链接三：

"口袋公园"见缝"插绿"

近年来，申城新增了不少口袋公园，其中虹口有 6 座跻身《2021 年新纳入口袋公园名录》。这些口袋公园拥有庭院风、江南风等多种风格，颇具特色。

百草园

　　下海庙花园位于昆明路唐山路路口，面积为2030平方米。地面铺设的弹石波浪纹样铺装和新增的花灌木带，使得此处街心花园更具禅意、更符合周边环境气质。花园丰富绿地色彩、种植观赏宿根花卉，并增设禅意雕塑，增加了绿地的可游性和可赏性。

　　距离鲁迅公园不远处，一个主题为"百草园"的口袋公园文化味十足。街心花园通过还原作家鲁迅回忆性散文《从百草园到三味书屋》中的叙事场景，营造了集读书、活动于一体的场所，同时结合昆虫及草药知识的科普，使其成为寓教于乐的口袋公园。"百草园"口袋公园共分为四大主题片区，分别为童趣乐章、昆虫园、药草园和三味书屋。植物种植在最大程度保留现有乔木的基础上，配植《从百草园到三味书屋》中提到的植物来契合设计主题，并配植日本早樱、红梅、红枫等植物，一年四季均有景可观。

　　口袋公园不仅在改善城市生态环境方面发挥了重要作用，更是要努力让市民过上推窗见绿、出门进公园的幸福生活。这些"家门口"的小型绿色公共空间，有效提升了城市公园绿地布局的均衡性，是公众生态获得感最直接的源泉之一，也是共建共治共享的沃土。

"美丽家园 + 加装电梯"，一键直达新生活

　　虹口区是老旧住宅相对集中的城区，近年来数据显示，辖区 60 岁以上的老年人口占比较高，实有人口中，60 岁以上老年人口 29 万余人，占全区人口总数的 42.45%，辖区内无电梯既有多层住宅涉及 400 余个小区，共计 8157 个门栋，80% 以上的房屋房龄超过二十年，老人们"不离旧宅、加装电梯"诉求意愿强烈。既有多层住宅加装电梯工作是伴随经济社会发展和老龄化进程的加快而出现的社会关注热点，并连续三年列入市委民心工程，写进市政府工作报告，更成为近年来区委、区政府重要的实事项目和民生工作。而在虹口区，加梯这项民心工程，正缓缓展开令人满意的答卷。

　　为了积极响应人民群众"不离旧宅，加装电梯"的诉求，虹口区通过党建引领，规范顶层设计，强化条块联动，引入专业力量，积极破解各类难题，逐步探索出一套"党建引领、居民自治、社区协同"的加装电梯虹口模式。从第一台电梯成功加装到"整小区""整居委"规模化加快推进，虹口区实现了从"单体破冰"的加装电梯 1.0 时代进入"点片结合"的 2.0 时代，直至"连片推进"的 3.0 时代。并在全市范围内，率先实现街道全覆盖，率先编制加装电梯地图，率先探索"整小区""整居委"规模化加装电梯模式，率先试点建后运维管理机制，并逐步形成了"美丽家园 + 加装电梯"的虹口特色品牌。

　　"美丽家园 +"项目是虹口自 2020 年以来对辖区内居民区进行美丽家园改造的升级和试验，主要通过 + 设施完善、+ 功能调整、+ 环境优化等方式，从居民的实际情况和需求出发，促进整小区功能完善。以 2021 年为例，虹口区推进实施的美丽家园各类旧住房修缮共计 355.36 万平方米。"美丽家园 +"是在细微处见功夫，不断丰富、优化、完善修缮方案，始终把全过程人民民主贯穿在修缮项目的各环节中。涉及改造的小区各处都添

改造后的灵新小区广场

上了一份"绿"，组成了"美丽家园"的一处景。小区结合绿化种植原则和品种，增添了色彩丰富的植物，增强视觉效果。同时还建设、改造了休憩凉亭、健身步道等景观，赋予老旧小区新的功能，使生态景观和绿色空间为百姓所共享，谱写了"城市，让生活更美好"的新篇章。此外，"美丽家园+"通过聚焦于+加装电梯、+架空线入地、+店招店牌整治等，更好地为城区建设管理把脉、会诊、施治，在更新环境、消除隐患中为人民群众创造宜居的生活空间，扎实推进创文工作的稳步进行，营造人人知晓、人人支持、人人参与的浓厚氛围。

链接一：

"一小区一方案"，老旧小区展新颜

幽静的健身步道，宽敞的社区道路，淡黄色的群楼成为一道美丽街景……位于凉城新村街道的凉东小区迎来"美丽家园+"改造工程，按照"一小区一方案"的思路，从楼道、道路、停车位到"老楼加梯"等，实施全过程管理，让这个老旧小区全方位展露新颜，居民们迎来美好生活新篇章。

凉东小区由车站南路406弄、460弄组成，小区东侧为凉城购物中心，来往居民众多，地理位置优渥，小区由一幢高层、七幢多层住宅楼组成，共有户数616户，建筑面积为34333 m²。在虹口区房管局、凉城新村街道的指导下，居民区"三驾马车"和建设方充分听取民情，对外墙修补、灯

凉五小区破墙打造居民休憩空间

光提亮、楼道面貌提升、停车位增加等方面展开重点改造。

"原来小区出入口没灯，到了晚上总是很暗，改造完成后加了夜灯，不仅视觉亮堂了，设计也大气！"原来，小区出入口除了缺少功能性照明，人行护栏也较为简易。此次改造不仅用黑色沥青对小区出入口地面进行重新铺设，还对小区铭牌及门卫室进行设计，同时增加了照明灯光，对出入口进行"提亮"。

建设美丽家园，关乎视觉感受，更关乎民生品质。位于车站南路406弄出入口附近的围墙存在已久，不仅割裂了原本完整的空间，周边零散的绿地也影响了小区内部场地的规划，让面积本就不大的居民区损失了一处空间。为了让此处空间活化利用，这次改造将围墙和门卫室拆除，在释放空间的基础上对绿化、布局进行规划，增添了一处社区宣传阵地，同时增添了机动车停车位。据悉，通过整合和规划，整个小区共增添了近40个停车位。

而在居民们每日进出的楼道内，这里也和从前大不一样了。门牌号、信报箱、扶手、窗户焕然一新，白墙粉刷洁净，增添了污水管供居民排放生活污水；同时考虑到社区老年居民较多，信报箱上的单元号码进行了放大设计，增强辨识度；更新了楼道内的扶手，让行动不便的居民在通行时能够搀扶。

凉东小区还是虹口整小区推进加梯工作的小区之一，小区内 4 号楼的电梯加装于 2019 年，不仅是小区加装的第一台电梯，也是整个街道加装的第一台。自那以后，小区居民对于加装电梯意愿强烈。终于，在 2023 年年初，小区迎来了加梯高峰，13 台电梯同时开工。加上之前陆续加装完工、投入使用的电梯，凉东小区成功实现"整小区"加装，居民们享受到了"一键直达"的便捷生活。

链接二：

助力创文，共建"美丽家园＋"

　　建于 20 世纪 90 年代的四川北路街道和平坊小区，房屋性质为售后房，共有居民 411 户。和平坊原是单位职工宿舍，由于居住面积较小，为扩大面积，居民陆续搭建起了"世外厨房"，久而久之，"你占三分，我揽一寸"的心理让私搭违建、乱堆杂物等乱象成为常态。

　　为创建良好的宜居环境，展现城市的文明风采，和平坊小区通过"美

和平坊小区通过"党群议事会"推进"美丽家园"建设

丽家园+"项目，不仅成功消除了小区占压燃气管道的隐患，同时改造了小区的屋面、外立面、路面、非机动车停车棚，还做好管线入地、绿化补种等工作，进一步打造和谐、文明的人居环境。

四川北路街道在开展美丽家园项目之初，坚持"党建引领、共建共治、系统提升、管理赋能、安全至上"的工作理念，成立了由居民区、业委会、房管局、街道、公安、物业等各条线党员组成的和平坊小区美丽家园修缮项目临时党支部，会同居民区党总支、居委会引导社区中的党员、群众，通过党群议事会、项目解答会等自治共治载体，共同出谋划策。随后，和平坊小区美丽家园临时党支部通过张贴告示、情况排摸、上门劝说等方式，从执法条款出发，动之以情晓之以理地对居民宣传教育，并从居民实际情况考虑，完善修缮方案，最终历时四个月，42处违建被全部拆除。

链接三：

"美丽家园+社区营造"，打造老小区的"青山绿水"

祥德新苑小区建于20世纪70年代，共有1400多户居民，老年人口占比近60%。小区虽老，地理环境却得天独厚，它东临沙泾港，距离鲁迅公园不到500米。

近年来，欧四居民区党总支积极探索如何利用雨污分流工程、"小小区"合并等重大工作动员组织社区居民，把良好的社区公共空间和居民紧密联系起来，实现人与人、人与自然之间的和谐共生。2022年开始，小区实施"美丽家园"综合整治工程，欧四居民区党总支深入践行全过程人民民主，利用居民区联席会议、居民区代表会议、邻里会、业主代表等自治平台，最大程度组织居民议事讨论、书面征询，汇聚民智民意。在施工过程中，挖掘精通建筑项目工程建设的居民，组建义务巡查监督小组，每日巡查，每周整理，每月总结，保证项目质量和施工进度。随着改造工程的推进，小区外貌焕然一新，路面平整干净，门卫室干净整洁大气、服务功能大幅度提升。临沙泾港区域更是适宜小区居民休憩休闲的地方。

修缮后的欧阳路街道祥德新苑小区大门

  面对居民对美好生活的更高期待，居委没有停下脚步，在走访居民的过程中，挖掘到有丰富环保实践经验的"环保达人"，成立了由居委、业委会、物业和热心居民组成的"生态融合推进小组"，专门负责推动社区生态提升项目的设计和实施。工作组成员各显神通，邀请专家和设计团队现场选点、商讨设计方案，还经常利用晚上空余时间召开视频会议讨论修改方案，分批分层次分群体组织居民进行讨论商量，对小区内凉亭、车棚等处的公共绿化进行优化提升，营造人和生物和谐共生的景观环境，设置水鸟主题的科普景观小品和科普彩绘墙，开展老少皆宜的环保生态主题讲座活动。同时，增设休闲座椅等老年友好设施，进一步提升滨河空间的休闲游憩功能，让绿色行动深入人心，提升生活福祉。

苏州河沿线（虹口段）夜景

华光虹口，美丽街区

2023 年 2 月，具有近千年历史的江湾镇街道迎来了"青春年华"。经过数月的改造建设，辖区内的新市北路美丽街区建设正式竣工亮相，这也是虹口区 2023 年首个竣工亮相的美丽街区建设项目。

虹口区江湾镇街道以虬江屈曲入境而得名，素有"虬江十八湾，弯弯到江湾"之称，是一座历史悠久、文化底蕴深厚的街区。此次美丽街区建设，以"古镇文韵，宜居江湾"为主题，范围为新市南（北）路及万安路两条道路，以及三门路及安汾路的两段店招店牌设计。其中新市南（北）路，全长 2 公里，万安路（水电路至逸仙路）全长 950 米。

新市北路（万安路至场中路段）建设以"宜居江湾"为主题，着力营造宜居生活空间；新市南路（车站北路至万安路段）以及万安路段的建设以"文化江湾"为主题，融入江湾人文元素，打造人文休闲场所；新南北路（万安路至汶水路段）的建设以"活力江湾"为主题，结合创意产业街区，畅享科普活力科创景观。

江湾镇街道新市北路美丽街区建设采取"分段打造，重点控制"的

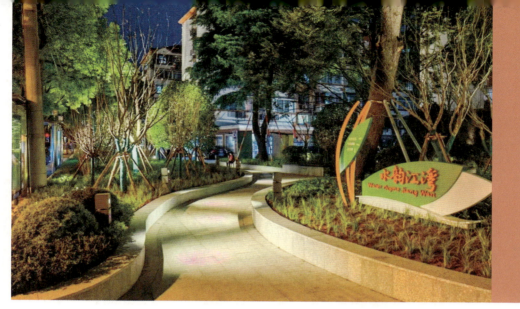

经过美丽街区改造建设的新市北路街景

原则，突出核心节点，打造集中展示区。汶水东路新市路入口滨水段：通过打开滨水绿地，形成江湾入口南门户；同时改造人行道现状，将人行空间放在绿化中间，既增加了绿化空间，又提升了人行空间的景观性。滨水段紧邻沙泾港，在建设过程中，融合江滩形态的街道空间，滨水沿线改造成弧形花坛，延续江湾自然文化脉络，拓展了步行空间，提升了慢行舒适度。"市民驿站段"通过打开市民驿站处绿化，将整个街角联合形成景观节点；遵循"疏""透"原则，地被采用低矮花卉增强观赏性及层次感；融入江湾特色元素，增加公共艺术小品，强化新市南路与车站北路交叉路口视觉景观。"水韵江湾段"对原为不可进入的绿化空间进行提升改造，紧扣江湾"水"的特征，与绿化进行结合，体现"蓝绿交织、水韵江湾"的特色。利用长条形现状布局，以流线型步道为串联，打通整个口袋公园的南北空间，串联店铺门前空间与活动区域，将整个空间融为一体。同时，遵循"疏""透"原则，保留大乔木，增加开花地被及彩叶植物，形成多层次、四季有景的植物效果，添加花香植物如蜡梅、桂花、栀子花等，达到"既见其色，也闻其香"的效果，让市民充分感受绿色城市的魅力。被列为"江湾十景"之一的江湾源，是江湾居民日常活动的重要节点。提升改造时，增加了灯光效果，融入千年古镇的文化内涵，通过灯光营造"湾延古今，光影传承"的景观效果。在江湾源月亮门处，投影江湾的传统历史、人文故事以及水流效果，增强江湾十景的特色。

虹口区自党的十八大以来，致力于提升全区城区环境品质，重点在北外滩区域不断加大建设力度，"一江一河"景观照明水平大幅度提升。根据市级规划，完成了虹口黄浦江沿岸景观照明提升工程的建设任务。2018—2020年期间，虹口段"一江一河"以"华光虹口　炫彩滨江"为主题，为北外滩、苏州河区域楼宇和公共空间增添景观照明设施，基本实现北外滩滨江3.2公里、苏州河沿线第一、第二层面景观照明全覆盖，使得北外滩区域夜景天际线不断丰富，全方位、多角度、立体化呈现虹口北外滩的发展成果。通过景观照明集控系统，多次完成浦江光影秀保障任务，在庆祝中华人民共和国成立70周年、庆祝中国共产党成立100周年、历届进博会、北外滩论坛等重大活动中表现突出，受到认可，并屡获国内外奖项。

链接一：

美丽街区改造注重有温度服务和精细化管理

街区，是城市的核心要素，展示着城市形象与品质。一流的城市要有一流管理，像绣花一样精细的城市管理是践行以人民为中心发展理念的重要举措。

市政道路优化。曲阳路街道在区绿化和市容管理局的牵头下，协调推进了巴林路、辉河路、松花江路、运光路、腾克路、伊敏河路、中山北二路、密云路等8条市政道路及沿街面的环境精细化提升改造，以百姓之心为心，以百姓需要为出发点，传递"金色曲阳"温度。中山北二路绿道作为"漫步虹口"的重要组成部分，是虹口区的第一条绿道，自打造好之后，为步行者营造出了一个安全、舒适、宜人的休闲场所。通过美丽街区行动将靠近辉河路一侧进行了修缮和提升，不仅让整个绿道更加顺畅，同时也解决了从绿地到绿道的升级，实现了城市"灰色空间"改造为"绿色空间"的飞跃，让老百姓在家门口就能遇见不一样的风景，更成为老百姓"15分钟生活圈"的一部分。改造前，这里本是一处杂草丛生、垃圾遍地，甚至还会有污秽物的边角地。改造充分考虑周边环境和居民需求，从小处下

中山北二路步道

功夫，结合辉河路上浓厚的教育学习氛围，打造出一个书的装置，将读书文化引入景观小品，同时种上绿植，将城市"边角余料"改造为"金角银边"，让居民转角遇到惊喜。店招店牌改造。店招店牌虽小，却彰显着城市文化，本次改造既注重整体性、协调性，也彰显多样性、个性化，避免街道风貌的"千篇一律"，根据业态特点及曲阳辖区风貌，科学规划设计，精心施工组织，通过"微定制"，为城市增添了一道别样风景。人行道翻新。为了提升人行道的通行品质，为市民打造一条条安全通畅的道路，美丽街区对人行道进行了翻新改造。原来已存在变形的地砖被拆卸，换成了新砖，凹凸不平的道路重新变得平坦，为行人腾出了更多道路空间。改造完成后，人行道焕然一新，变身成了兼具通行与休闲功能的高颜值街区道路。

曲阳路街道正按照打造可感知、可欣赏、可参与的生活空间，逐步进行美丽街区改造，一幅"宜居曲阳"的画卷在这里徐徐展开……

链接二：

"荡"马路新去处，虹口美丽街区夜景再上新

生机盎然的绿色城市林带披上了一件深蓝色的外衣，漫步在广中街道北宝兴路美丽街区的绿色生活圈里，随着生态林带一路穿行，映入眼帘的

店牌店招为夜晚增添了一抹亮色

是一条蜿蜒曲折的光之绿道。

在阳光下浑然一体的绿色通廊，仿佛在一瞬间涌出了不计其数的光之精灵，在城市林带内舞动穿行。这些灵动的小精灵正是穿插在绿地内的各色灯具，它们或高或低、或隐或现，与林带相得益彰，为夜晚的广中街道增光添彩。

这些灯光为人们默默地照亮着脚下的每一米道路，是人们回家路上忠实的守护者，雅致、安全，却决不干扰到你，恰到好处地存在于绿地里，配合主景树木和绿化组团，让夜晚的林带更加生动。

店牌店招的灯光效果主要依托于发光字体和立面灯光，给自然生态绿色生活圈里增添了一缕烟火气，给相对平稳统一的灯光环境增添一抹视觉亮色，所有的店招和立面灯光都以见光不见灯作为设计原则，力求浑然一体的展现效果。

此外，结合绿化及休闲场地的家具小品在灯光的映衬下，也为各个绿化空间节点增色不少，在整幅夜间灯光长卷中起到了画龙点睛的作用。

链接三：

北外滩滨江沿线景观灯光璀璨"升级"

作为北外滩景观灯光（二期）的核心组成部分，白玉兰广场、港务大

北外滩滨江沿线景观灯光

厦、远洋大厦、国客中心等楼宇和滨江沿线公共空间绿化实现"建筑群＋绿化灯光特效联动"，绿化灯光配合建筑灯光进行颜色的变化、跑动等，形成一幅有特色、有层次、有格调、有风韵的炫彩画卷。

同时，优化调整白玉兰广场建筑顶部照明设施，将气温温度转化为光信号进行呈现，顶部的灯光颜色随着当天气温而变化，形成可视化的城市晴雨表，让人与自然互动，感受城市生活的美好。

在北外滩景观灯光提升（一期）基础上，二期的夜景天际线沿江向东延续至国航段，彰显虹口"华光炫彩"的律动活力；向西延伸至北苏州路，苏州河口建筑以暖白光投光为主，与外滩自然衔接，体现虹口"经典雅致"的文化底蕴。而在景观纵深度上，向内延伸至东长治路、周家嘴路等重点楼宇，提升滨江的第二层次夜景效果，使北外滩整体夜景层次更加丰富。

此外，虹口区在大名路和东大名路沿线选取 8 处节点区域设置景观灯光，点亮沿街两侧 320 棵行道树、17 处花坛，通过趣味性、标志性灯光设计体现水文化特色，与一期的水韵滨江夜景相衔接。进入滨江的节点处树木照明选用 RGBW 灯具，可根据不同季节及时调整应景的灯光颜色，凸显四季变换的光影，吸引更多市民游客来到北外滩滨江游玩。

创建国家卫生区

2014 年，虹口区立足于为区域内群众创造一个安居乐业的生活环境，坚持以建设美丽虹口家园为主旨，以"党政主导、部门联动、社会支持、全民参与"为保障，对照国家卫生区标准，凝聚全区人民建设美丽虹口的信心与决心，着重城区市容环境面貌改造、改观和改变，推进"提升虹口形象、改善人居环境"的十项专项整治行动，处理解决舆情及群众投诉（含答复）率 100%、群众满意率 95%，出色完成创建国家卫生区（简称创卫）九大任务 76 项指标。通过全国爱卫办专家组初审、暗访、技术评估和综合评审，以 923.2 分、全国第一名的成绩获"国家卫生区"称号。

虹口区委、区政府高度重视创建国家卫生区组织工作，将创卫作为工作重点，纳入相关部门和街道的年终绩效考核，举全区之力、引全民参与。构建区、部门（街道）和居民区三级工作体系。成立由区长、分管区长领衔，33 个部门（街道）主要负责人参加的创卫领导小组，统筹全区创卫工作；8 位区领导分别联系 8 个街道，加强对口指导。与创卫相关的 17 个部门、8 个街道全部成立领导小组，处级干部分片包干，任务分解到科室、每位干部，确保人员到位、责任到位。在居民区层面，都建立创卫工作组织，落实相关任务。创卫工作启动以来，区四套班子领导直接主持和参与的各类创卫会议达 40 多次，召开的区创卫

虹口创建国家卫生城区

领导小组办公室扩大会议达 30 次，创卫中的各类问题得到有效研究协调解决。

开展社会宣传动员专项行动。构建"五位一体"的宣传网络，围绕"清洁家园，美丽虹口"创卫主题，营造浓厚宣传氛围，传播健康生活理念，提高居民群众的知晓率、支持率和参与率。全区共布展以创卫为主题的大型户外公益广告 33 处，制作有虹口特色的创卫宣传海报 1500 套、6000 张；建立创卫宣传阵地 3456 个、健康教育专栏 1035 个。向社区、学校、单位、家庭投放《告市民书》40 万份、社区报 18 万份。《虹口报》、虹口有线新闻、"上海虹口"门户网站、官方微博和微信发布创卫新闻报道近 500 篇（条）。1896 个控烟场所全部张贴禁烟标识。在内部刊发《创卫工作简报》49 期、《创卫工作专报》18 期、《创卫巡查专报》15 期。开展创卫文化宣传活动，组织丰富多彩的社区创卫文化创作和演出，编印创卫典型案例集、画册，拍摄创卫专题片，举办创卫成果展。建立创卫微信发布机制，约 30 个群、千余人成为一线宣传员。

开展"清洁家园"专项行动。对全区 826 个住宅小区实行分级分类管理，对 402 万平方米的老旧住宅小区实施硬件改造，老小区的环境改善、功能升级，居民生活更加舒适、便利。

开展"五小"行业专项整治行动。对区域内的"五小"（小餐饮店、小浴室、小网吧、小歌舞厅、小旅馆）行业和近 4000 家餐饮单位全面摸底，坚持管理与服务相结合，通过整治进一步规范经营秩序，改善了消费服务环境。重拳出击打击非法行医，取缔非法行医 60 户次，保障了群众的就医安全。

开展居住区环境卫生专项整治行动。结合实际，采取喷涂创意彩绘、"清洁人家"评比、第三方参与建筑垃圾清理等方法，有效美化小区的环境面貌，95% 以上的居住区达到卫生整洁的要求。

全国爱国卫生运动委员会对虹口区创卫工作的肯定

开展病媒生物防制专项整治行动。坚持防灭并举、专群结合，建立 5043 家病媒生物重点防制单位为主的除害网络。创新推出"灭害地图"，加强季节灭害，控制孳生源头。委托专业机构排摸、灭杀虫害，监管重点单位，提高灭害防病能力。

开展屋顶平台、户外广告专项整治行动。清理屋顶、门楼屋檐的垃圾杂物 3269 处，清除空中卫生死角，拆除违规指示牌、擅设临时对旗等数百处，环境面貌明显改观。

开展环卫设施专项整治行动。新建、改建小型生活垃圾压缩站 46 座，维修公厕 87 座，改建、维修小区垃圾厢房 1714 处。环卫作业车辆做到外观整洁、车况良好，主要道路每天机械化清扫和冲洗长达 18 小时。

开展中小道路、河道环境整治行动。整治中小道路、背街小巷，取缔了影响市民生活的马路菜场、弄堂集市，提升市场周边 50 余条路段管控标准，全区跨门营业总量减少 95%。拆除违法建筑 11.68 万平方米，取缔废品回收站 34 家，查处机动车违法停放 5 万余起，市容乱象得到治理。以截污纳管为手段，清淤、调水双管齐下。有效地改善了道路交通和区域内的水体质量，美化了河道环境。

开展菜市场、农贸市场专项整治行动。对全区 43 家菜市场、4 家花鸟市场分类整治，完成 30 家菜场二次标准化改造，2 家彻底关闭，11 家调整业态；花鸟市场 1 家取缔，3 家整治达标，提升了市民生活品质。

开展建筑工地、拆迁基地专项整治行动。对全区 41 个在建工地、11 个待建工地、25 个在拆地块加强管理，每月对建筑工地进行达标测评，接受市民和社会监督。加强旧改地区环境卫生管理，及时清运垃圾，砌建围墙，提升综合管理水平。

2014 年，创卫工作取得明显成效。一是通过创卫资料评审、暗访、技术评估和综合评审，城区市容环境面貌明显改观，一些长期困扰城区管理的顽症得到有效治理，市民文明行为明显增多，虹口发展形象明显提升，广大市民群众赞叹"虹口环境整洁了，城区面貌更加美丽了"。二是通过开展创建国家卫生区工作，树立全区一盘棋大局意识，各条块部门协同作战，全区广大干部群众自觉参与意识得到增强。三是通过创卫迎检历程，凝聚条块结合力，形成锲而不舍、攻坚克难、团结协作、真抓实干的创卫精神。四是在深入推进创卫工作进程中，创新思路，积极探索，建立健全联勤联动的工作机制、随时跟进的督查机制、攻克顽症的协调机制和依托各方的保障机制等，特别是在迎检过程中的临场指挥，更是集聚各部门、街道的工作智慧和统筹组织能力，体现条块部门资源共享的创建合力。五是通过创卫工作平台和迎检历练，提高基层干部解决难点顽症的工作能力，提升政府各部门管理城区的综合水平，丰富完善群众路线教育实践活动的内涵。

链接一：

打通医废收运最后一公里

　　新冠疫情暴发以来，加强定点收治与隔离观察医疗机构产生的疫情医疗废物分类收集、安全暂存、及时运输和无害处置，是保障疫情防控效果的另一个重要战场，也是生态环境污染防治工作的重中之重。为此，虹口区认真贯彻落实习近平生态文明思想，深入打好污染防治攻坚战，从严从紧抓好疫情防控各项工作，牢牢守住疫情防控最后一道防线，统一思想、加强领导、夯实责任、精心组织，按照"平战结合、收集豁免、定时定点、全程可控"的原则，破解小型医疗机构医疗废物收集困局，采取政府购买服务的方式，委托专业第三方机构定时定点收集小型医疗机构医疗废物，确保医疗废物处置及时、规范、高效、无害化。全面提升规范化管理水平，为区域环境安全提供保障。全区 104 家小型医疗机构、34 个社区卫生中心下设站点，最高近 40 个集中隔离场所的医废均落实医疗废物 48 小时内须依法依规处置的要求，收运小型医疗机构医废、集中隔离点医废共计 2535.41 吨，全区

医废收运规范有序

未发生医疗废物积压或在收运处置过程中出现突发环境事故，环境安全平稳有序。疫情期间，小型医疗机构收运团队作为全区涉疫医废收运主力军和先锋队，全力出战，确保全区定点医院、发热门诊、方舱医院、中转点、集中隔离点、常态化核酸采样点等涉疫重点单位医废每日动态清零，消除污染风险。

2022年，全年共安全处置涉疫垃圾和医疗废物约7902吨。

链接二：

扎实推进"厕所革命"

党的十八大以来，虹口区每年扎实稳步推进改造提升一批公厕，做实"民生工程"。在公厕全面普及无障碍设施的基础上，对有条件的公厕增设第三卫生间，安装儿童坐便器、安全抓杆等设施，照顾特殊人群。部分公

虹口区扎实推进"厕所革命"

厕内还有高低洗手台，提供热水、智能烘干、便民服务箱等有温度的服务。对公厕进行智慧升级，公厕内的智慧屏上显示着剩余蹲位、温度、湿度等监测数据，切实提高市民如厕便利度、舒适度。同时，部分公厕实行24小时开放，方便夜归的市民。近年来，天镇路公厕、舟山路公厕、昆山花园路公厕等被评为"最美公厕"。三门路719弄33号公厕，由于位于四区（虹口、杨浦、宝山、静安）交界处，平时人流量较大。改造前相关部门对公厕进行了调研，听取了附近居民和如厕市民的意见建议，制定了具有区域特点的提升改造方案。该厕所原先的门厅空间过大，改造后将无障碍卫生间升级为第三卫生间，设置了折叠式婴儿护理台设施，优化男女厕位比，在提高空间利用率的基础上完善公厕服务功能。此外，在门厅空间布局调整的同时，预留了一块休息空间，计划后续作为周边环卫工人休息点，也可方便公厕使用者。

位于虹口区宝山路桥的公厕为一独栋式公厕，周边绿树环绕，在本次提升改造中"内外兼修"，通过增设室外墙面立体绿化，"隐藏"在绿树丛中，远看是风景，近看是公厕。同时，针对这座公厕外卖小哥使用者比较多的特点，公厕还为外卖小哥提供手机充电服务，成为外卖小哥歇脚休息的地方。

链接三：

推行车洗管理"一件事"

以前，机动车清洗场站有一张营业执照，一张洗车备案证，就可以开门营业洗车了。随着2020年《上海市排水与污水处理条例》施行，洗车废水纳入需要办理排水许可证的许可范围。即除了营业执照和洗车备案证，机动车清洗场站还需要办理排水许可证后，才能从事汽车清洗活动。撇开营业执照不说，因为洗车备案证由各区绿化市容局办理，排水许可证由市水务局办理，申请人为办理这两张许可证，需要准备两份材料、两头跑。

根据《上海市人民政府办公厅关于以企业和群众高效办成"一件事"

虹口区一家汽车快修店成为本市首家成功办理汽车清洗"一件事"的企业

为目标全面推进业务流程革命性再造的指导意见》(沪府办〔2020〕6号),上海市积极探索将汽车清洗企业办理"城镇污水排入排水管网许可"和"机动车清洗企业设立备案"两个事项整合为汽车清洗"一件事"。

2021年,上海市水务局在虹口开展车洗管理"一件事"试点工作,探索业务流程革命性再造,实现了一表申请、一口受理、一网办理,达到了更深层次的"减环节、减时间、减材料、减跑动"的目的。2021年11月19日,虹口一家洗车企业有幸成为全市第一家通过汽车清洗"一件事"申请企业,通过市水务局、虹口区绿化市容局工作人员现场协助指导,企业办事人员足不出户,坐在店里电脑前,只花了20分钟,就把所有相关材料上传到了"上海一网通办",实现了"洗车备案证+排水许可证"办理,"一件事一次办",全程"零跑动"。该汽车快修店的负责人陈先生在现场对此感受颇深:"没想到这么快就拿到了两张证,真是方便!"汽车清洗"一件事"的顺利推出实施,背后凝聚着的是包括区车洗管理所工作人员一直以来不断的追求和探索,不懈的进步和努力。现在汽车清洗"一件事"由虹口区推广到整个上海市,为本市洗车企业申请、办理相关资质证照提供便利,优化营商环境,更好地服务企业和市民群众。

全面从严治党

"面对面"服务群众、服务基层活动常态化

2014 年，在党的群众路线教育实践活动中，中共虹口区委启动"面对面"服务群众、服务基层活动，并自此形成常态长效机制持续至今。这是中共虹口区委根据实际，结合教育实践活动所作的一次制度性安排。全区四套班子领导，区机关各部门、各街道处级领导干部以居委会为联系点，深入居民群众了解社情民意，倾听群众诉求，掌握社区动态，着力帮助群众解决"急难愁"问题，使虹口的基层和百姓共享改革开放和城区发展的成果。

根据区委、区政府部署，全区处级以上领导干部深入社区开展"面对面"服务群众、服务基层活动，每人联系一个居委会，每季度上门面对面听取意见建议，更好地为群众解决"急难愁"问题，切实提高服务群众的意识和能力。27 名区领导率先示范，分别深入到各自联系的社区居委会开展"面对面"服务群众、服务基层活动，通过开展与社区居委干部和居民代表座谈、实地走访等形式，听取基层干部群众对党的群众路线教育实践活动的意见建议以及在小区建设管理、居民自治工作中存在的困难和问

虹口区党的群众路线教育实践活动动员大会

通过"面对面服务群众、服务基层"活动了解的情况，虹口区实施小区"亮化工程"给晚归居民添温暖

题，并对群众反映强烈的问题做了认真解答，进行现场办公，切实帮助居民群众解决合理诉求。据统计，共召开 35 场座谈会，访谈 300 余名基层群众，收集意见建议 130 余条。在区领导的示范引领下，全区 197 名处级领导干部也分别到对口服务的居委会，与居民"零距离"接触、面对面沟通，倾听群众意见。区委还专门制定《虹口区领导干部深入社区"面对面"服务群众、服务基层的实施意见（试行）》，明确指导思想、基本原则、服务任务和保障措施等内容；落实专项帮扶资金，专款用于解决群众"急难愁"问题和对民生实事项目的资金补充；建立季度联席会议制度，统筹协调和推进各类问题的解决；加强检查督促，把"面对面"服务群众、服务基层情况纳入对领导干部作风建设的考核内容和领导干部民主生活会述职内容。

针对走访联系中群众反映的意见建议，区委要求建立"三个清单"，着力解决"四风"问题和群众反映强烈的突出问题，并一抓到底。一是建立"问题清单"。在前期初步梳理"四风"问题的基础上，进一步了解群众所思所盼、所忧所虑的利益诉求，分析根源，形成作风建设的"问题清单"，要求各部门、街道和单位解决作风问题要快、准、狠，能改的马上改，做得到的马上做，切实让群众看得见、摸得着、感受得到。二是建立"工作清单"。对群众反映的切实利益问题进行认真分析梳理，明确责任主体，分类分批次予以解决。如，对大树扰民、垃圾桶污染、缺乏经费聘用安保人员等问题，及时予以协调解决；对建筑垃圾乱倒、业委会改选难、综合整治物业维修基金缺乏等问题，明确责任部门，抓紧制定解决方案。三是建立"服务清单"。对已经解决的问题举一反三，对从中反映出的做法和体制机制等问题，采取相应措施予以整改落实。如，将居委会146项办理事项减少到27项、100余本台账减少到9本的同时，探索建立"居委会工作一点通"电子台账系统，帮助基层干部切实减轻工作负担。

领导干部深入社区开展"面对面"服务群众、服务基层活动，有利于增强基层干部做好工作的信心和决心，有利于学习基层干部的好的思想、作风和精神，有利于掌握机关职能部门的履职情况，有利于了解社情民意、掌握社情动态。既为基层群众解决问题，又让领导干部更加接地气，了解工作不足，提高服务群众的能力。通过领导推一把，解决了一批基层难以解决的"急难愁"问题。增进了群众对党和政府工作的信任，加强了与群众的互相沟通与理解。进一步改进了工作作风，通过与群众多接触，进一步查漏补漏、查找工作中存在的疏漏与不足。建立健全了各项机制，进一步提升了服务群众的效率、效能。

在虹口区各级党组织和广大党员群众的共同努力下，"面对面"服务群众、服务基层活动形成了机制，教育实践活动取得了重要成果，表现在六个方面：一是党员干部普遍受到一次深刻的马克思主义群众观和党的群众路线再教育，思想受到深刻洗礼，党性得到进一步锻炼加强。二是"四风"问题得到了有效遏制，干部作风明显转变，党风、政风有了新变化。三是制度建设得到了加强，制度执行力明显提高，推动了作风建设常态化长效化。四是以整风精神开展批评与自我批评，党内生活更加严格，增强了领导班子发现问题、解决问题的能力。五是解决了一批群众反映强烈的突出问题，进一步密切了党群关系。六是作风建设有力促进了经济社会发展，为全面推进虹口改革发展提供了有力保障。

链接一：

虹口区委常委会党的群众路线教育实践活动
整改方案公示

按照中央和市委关于党的群众路线教育
实践活动的部署安排，2014 年 6 月 22 日上
午、23 日全天，虹口区委常委会召开了专题
民主生活会，按照"照镜子、正衣冠、洗洗
澡、治治病"的总要求，以为民务实清廉为主
题，开展批评与自我批评，深入查摆了区委常
委会在遵守政治纪律、组织纪律，贯彻落实中
央八项规定精神等方面存在的不足，以及"四
风"方面存在的突出问题，并提出了整改方向
和具体措施。在此基础上，由区委主要领导同
志主持，研究提出了整改方案，经集体讨论审
议，并经市委督导组审核同意，予以公示，欢
迎社会各界和广大群众监督。

虹口区委常委会党的群众路线教
育实践活动整改方案在《虹口
报》公示

链接二：

"党的群众路线"档案展在虹口区举行

2014 年 5 月至 7 月 4 日，由中央档案馆、国家档案局及上海市档案
局、档案馆主办，由中共虹口区委党的群众路线教育实践活动领导小组办
公室、虹口区档案馆、中共四大纪念馆承办的"为民务实清廉——党的群
众路线"档案展在中共四大纪念馆举办，向社会免费开放。

展览通过近 300 件珍贵历史档案文献和图片，再现了中国共产党的群
众路线提出、形成和发展完善的历史进程，展示了群众路线是我党的生命
线和根本工作路线。展品包括：中共二大通过的最早提到中国共产党与群

市民参观"为民务实清廉——党的群众路线"档案展

众关系问题的《关于共产党的组织章程决议案》、1943年中共中央政治局通过的《中共中央关于领导方法的决定》。经国家档案局批准，由中央档案馆等提供的毛泽东主席、周恩来总理的珍贵手迹及平时难得一见的众多珍贵历史档案文献近距离与观众"面对面"。

链接三：

"党的群众路线百年历程图片史料展"

为迎接建党百年，总结百年来党的群众路线的经验与成就，更好地指导当下群众路线教育实践，深入开展"四史"学习教育，2020年8月20日，由中共四大纪念馆联合复旦大学党建研究院等单位举办的"中国共产党百年群众路线：理论与实践"学术研讨会和"根基血脉·力量之源——党的群众路线百年历程图片史料展"在中共四大纪念馆开幕。开幕式上还举行了力量之源红色100小视频启动仪式。

本次展览由中共上海市委宣传部、中共上海市委党史研究室、中共上海市委党校、中共虹口区委等单位指导，以中国共产党群众路线的历史沿

2020 年 8 月 20 日，"根基血脉·力量之源——党的群众路线百年历程图片史料展"在中共四大纪念馆开幕

革为线索，分为"新民主主义革命时期党的群众路线""社会主义革命和建设时期党的群众路线""改革开放新时期党的群众路线""党的十八大以来贯彻群众路线的新举措"四个部分，图文并茂地呈现了中国共产党近百年的群众路线发展历程。

现场还陈列了不少老物件，例如，1950 年版的《中国共产党章程》《人民政协文件》等。这些富有年代感的展品让不少参观者颇为感慨。主办方希望参观者能通过本次展览，更好地从历史中汲取精神力量、经验智慧和坚守人民立场的定力，并在新形势下不断将其发扬光大。

虹口区庆祝中国共产党成立 100 周年主题展览开展

"革命先辈们冲锋陷阵，抛洒热血，为崭新的中国带来滚烫的希望和光明的未来。虹口也进入了和平年代建设发展的新航程……"随着一场沉浸式展演进入尾声，投影幕布在大家眼前缓缓拉开，北外滩滨江的明亮景象映入眼帘。光影的明暗转换，寓意着自中国共产党成立以来，凭着无数革命先辈们的奉献和牺牲，中国共产党带领中国人民，经过漫长的艰苦斗争，终于冲破黑暗，迎来胜利之曙光。现场观众们的情绪，也在这场光影演出的氛围中被推向高潮。2021 年 6 月至 8 月，这样的一幕幕在北外滩每日反复上演。为庆祝中国共产党成立 100 周年，全面展示虹口百年党史历程，虹口区委宣传部主办的"潮涌百年——虹口区庆祝中国共产党成立 100 周年主题展览"在北外滩来福士广场西塔 55 楼亮相。主题展览运用创新手段，通过沉浸式体验、实物展溯源、"人人都是宣讲员"群众口述故事等方式，打造成为虹口区党史学习教育的一处靓丽打卡点。

沉浸式空间，感悟建党激荡历史。序厅中，一声启航的汽笛声带领观众们穿越时空，回到百年前的虹口汇山码头，目送有志青年登上"因幡丸"邮轮，奔赴留法勤工俭学的征途，他们中很多人最终成为中国共产党人。随后，观众们穿过广吉里的石库门，来到中共四大的会场场景中，在工作人员和旁白的引导下，观众们全情投入展览体验当中，共同完成了一段穿越时空的特别旅程。

本次展览开篇部分采用

展览伊始，两位演员带领观众们穿越回 1919 年的虹口汇山码头，在这里，首批赴法留学生满怀理想和信念，出发踏上寻求真理的征程

市民踊跃参观"潮涌百年——虹口区庆祝中国共产党成立100周年主题展览"

沉浸式演出，结合实景搭建、声光特效、群众演员参与等形式，打造出一套还原了留法勤工俭学、中共四大会议、中国左翼作家联盟、李白烈士等虹口革命历史的沉浸式展览空间，带领观众重走虹口革命之路。

群众性参与，重温虹口发展历程。"大家好，我是虹口区'文化三地'志愿讲解员，今天是我首次做展览讲解……这张大图，就是1956年虹口区第一次党代会会场内的景象。"开展首日，正在为现场观众们做展览讲解的，是一位居住在虹口的青年白领。这种群众志愿讲解的形式，在整个展览期间成为常态。

展览第二部分精选近百条1949—2018年间的虹口重要历史案例，通过图文展示和实物展出的形式，带领观众重温新中国成立以来虹口的建设发展历程。整个展览期间，展览讲解员全部由虹口居民群众志愿担当，为展览注入勃勃生机和亲和力。除现场讲解外，展览第二部分中的所有案例，邀请虹口区各行各业近百名群众参与其中，为案例录制线上讲解音频，在全区营造"人人都是宣讲员"的热烈氛围。现场观众只需拿出手机，扫描案例图片旁的二维码，就可以听到虹口市民群众的声音。

互动式体验，展望虹口未来新征程。2018年11月，习近平总书记考察了市民驿站嘉兴路街道第一分站，让虹口干部群众备受鼓舞。展览现场通过布景还原市民驿站景象，让当时的场景历历在目。本次展览第三版块，展示了自2018年年底以来虹口区建设发展的新成就和新方向，以及对虹口未来的美好展望。

作为展览的结尾部分，这一版块充分运用各种科技手段，为观众带来丰富的互动式体验。触摸电子大屏，观众可以根据自己的兴趣，了解5G技术的广泛运用；AR视频应用，让观众一览北外滩开发建设、抗击疫情、中共四大纪念馆重新开馆的生动瞬间；VR虚拟体验，让人重温虹口区首创案例的盛况；电梯造型互动装置，让观众感受加装电梯的居民幸福感。

展览中还打造了一座庄重的宣誓舞台，现场观众可以走上宣誓舞台，跟着视频中讲解人员的引导和领誓，重温入党誓词。宣誓环节还运用区块链技术，用视频的形式，永久保留每一位宣誓党员的赤诚之心。

链接一：

"红色巴士"发车啦！

2021年6月29日，为庆祝中国共产党成立100周年，配合"潮涌百年——虹口区庆祝中国共产党成立100周年主题展览"，虹口区专门打造的"潮涌百年　红色印迹——虹口红色专线巴士"在江湾镇街道彩虹湾首发。东航"凌燕"青年讲师团领队、上海市"青年五四奖章"获得者李尹为乘车的党员群众开展了首次党史学习教育宣讲。

巴士设有专线和环线。专线从区内各指定地点出发，首先开往北外滩来福士广场西塔。市民们可以前往55楼参观"潮涌百年——虹口区庆祝中国共产党成立100周年主题展览"。随后，巴士将绕行虹口多处红色地标，通过打造移动的党史教育场景沉浸式体验，带领广大干部群众更深入地了解虹口的红色文化历史资源。为方便基层党员群众体验党史学习教育场景，在北外滩来福士设有红色巴士环线，途经上海犹太难民纪念馆、中共四大纪念馆、中国左翼作家联盟会址纪念馆及李白烈士故居等红色景点，最后抵达鲁迅公园（虹口足球场）。乘客可以选择在站点下车参观场馆，也可以选择一路乘坐红色巴士，途经虹口区各大红色景点。

"潮涌百年　红色印迹——虹口红色专线巴士"首趟巴士正式发车，旨在打造移动式、沉浸式的党史学习教育场景

除贴有红色的五角星和"潮涌百年　红色印迹"的标识外，巴士每排座位的背后还有一张虹口红色记忆的手绘图和二维码，拿出手机扫一扫二维码就可以得到不同的红色小故事。车内定期播报"红色印迹"小故事，并特邀虹口区"人人都是宣讲员"主题活动中的红主播登上车辆，通过宣讲互动，为乘客带去更真切生动的游览体验。

链接二：

"虹口的红色印记"党史学习影视包

在 2021 年开展的党史学习教育中，虹口区依托区域红色文化资源，联合多部门开发该区"虹"文化党史学习行走课程，对党员群众和青少年学生进行党史学习教育。上海市历史学科德育与资源开发研究实训基地和虹口区语言文字委员会办公室从 73000 多部影视资源库中精选影像资料，推出了《虹口的红色印记》党史学习教育系列影视资料包，助力"虹"文化党史学习行走课程的开展。

"虹"文化党史学习行走课程应用分为自主行走形式，融合社会实践、四史教育、亲子互动、学科拓展、探究学习等相关元素，通过名人老街、星火大道、启航之路、校史幽径 4 条"虹"文化经典线路的实地走访、考察与调查，增进党员群众和青少年学生对虹口区历史文化、革命英雄人物事迹的了解，引导他们亲近身边的红色文化，树立爱虹口、爱祖国的情感

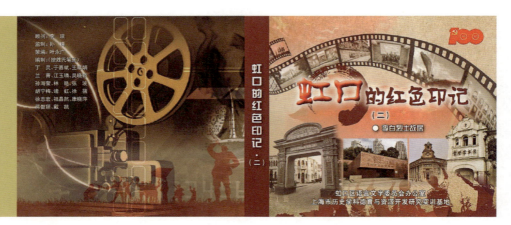

《虹口的红色印记》党史学习影视包

和建设祖国的美好愿望，培养具有红色性格和气质的党员群众和青少年学生。此次推出的《虹口的红色印记》党史学习教育系列影视资料包全组5套，内容包含"中共四大纪念馆""李白烈士故居""鲁迅故居""多伦路文化街""百年邮政""百年校史"6个方面，生动再现具有代表性的虹口革命遗址和英雄人物，折射鲜明的虹口风貌和红色文化底蕴。

链接三：

"人人都是宣讲员"红主播宣讲大赛

作为党史学习教育的重要内容之一，2021年3月17日，虹口区推出了"人人都是宣讲员"红主播宣讲大赛，并为之精心打造了一个"一平方米"朗读亭。

大赛为期3个月，通过线上线下两种形式向全体市民开放，分为专业组和民星组，并邀请沪上著名主持人参与互动，线上的报名H5主打轻传播的方式，用视频方式创作，征集一批讲述历史故事、抒发爱国情怀的优秀红色宣讲作品。线下配套推出了"红色朗读亭"互动装置，在全区开展巡展，运用数字技术为市民打造一个沉浸式体验空间，让市民可围绕虹口党史、红色故事、个人亲历等主题，录制短视频宣讲作品，投稿参加比赛。

随着"人人都是宣讲员"虹口区红主播宣讲大赛的正式启动，朗读亭出现在虹口足球场、中共四大纪念馆广场、北外滩滨江等虹口的多处地标，

"人人都是宣讲员"红主播宣讲大赛

　　吸引了众多市民群众前来，成为申城又一个网红打卡地。在朗读亭中，市民群众可诵读经典，也可高歌一曲。朗读亭中专门准备了《虹口党史中的百个瞬间》宣讲素材。自大赛启动，1200余人次在朗读亭中以朗诵、讲述、歌曲、沪语 RAP 等多种形式自拍自录自播，启动两轮市民投票，30余万人次参与投票。"人人都是宣讲员"成为虹口纪念建党百年"永远跟党走"群众性主题教育活动的重头戏。

打造"虹讲堂"党员教育品牌体系

近年来，虹口区以习近平新时代中国特色社会主义思想为指导，以开展"四史"学习教育、党史学习教育为契机，明确学习目标、聚焦学习内容、做实学习载体、用好学习方法、体现学习效果，高质量打造"虹讲堂"党员教育品牌，引导广大党员坚定理想信念，汲取开拓前行的强大力量。

虹口是中共四大召开地，作为"海派文化的发祥地、先进文化的策源地、文化名人的聚集地"，区内遍布鲁迅故居、五卅烈士墓、"左联"会址纪念馆等 85 处红色文化遗址和纪念场馆，具有深厚的红色基因。用好红色资源、讲好红色故事，既是历史赋予虹口的职责任务，更是践行初心使命的生动实践。虹口区培树"虹讲堂"党员教育品牌，不断丰富其内涵外延，为广大党员培根铸魂、滋养初心提供源头活水。

明确目标任务，精心组织实施。做好系统谋划。区委下发《2020—2022 年虹口区推进新时代基层党建高质量发展三年行动计划》，开展党员教育管理服务强化工程，要求研究、用活用好红色资源，形成红色教学点、

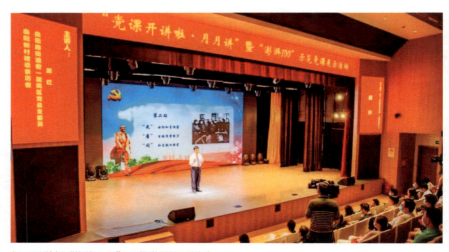

虹口区举行"澎湃 100"示范党课展示活动

党员培训师资、党员教育课程"三张清单"，并在三年内实现对党员全覆盖轮训的目标。完善工作机制。围绕"虹讲堂"课程开发，由区委组织部牵头抓总，区党建服务中心、区委党校、各街道社区党校加强联动，形成了党课质量评估、党课师资培训选拔、社区党校能级提升"三项机制"，不断提升党课质量和学习效果。强化阵地支撑。以35个市民驿站为示范，进一步做实做亮全区三级党群服务体系，突出政治功能，将党群服务阵地作为讲好全域"大思政课"的重要支撑；将新时代上海党群服务阵地创新实践基地作为"虹讲堂"主阵地，把一大批红色经典故事、基层治理案例等"虹讲堂"课程精准推送到党员身边，让党员就近就便接受教育。

聚焦学习内容，做实学习载体。用好红色资源，打磨精品课程。开发"多伦路街区的红色记忆"等党课，把课堂搬到弄堂里、小区中、马路边，引导党员回看走过的路、远眺前行的路。开展党课比武，讲好支部故事。在全区各级党组织、区域化党建成员单位中开展"澎湃100"党课大比武，遴选了100堂主题鲜明、贴近实际、内涵丰富、能引起思想共鸣的示范党课。在各基层党支部中全覆盖开展"一个支部一个故事"主题活动，挖掘、展示了一大批具有影响力的感人故事。依托各类平台，打造线上课堂。"小切口"解读红色历史，升级改版15分钟"虹讲堂"线上学课程，推出"鲁迅与瞿秋白的深厚友谊"等9堂微党课；打造"虹讲堂"月月讲平台，推出《初心如磐，为了人民的美好生活》等10堂直播党课，共吸引14.5万余人次在线观看；创设"虹讲堂"抖音号，推出"邮说党史"等系列短视频。

用好学习方法，增强学习实效。注重分类指导。围绕加强党的组织覆盖和工作覆盖，创新开展"两新"党建指导员培训班。结合深化"家园党建"工作，在全市率先举办居民区党小组长培训班，重点开展基层治理等内容

中共四大纪念馆王力在"澎湃100"精品党课月月讲——"回首红色起点 探寻力量之源"暨"虹讲堂"线上学直播党课宣讲

培训，让看得到问题的人能解决问题，贴近群众的人服务群众。用好信息平台。抓常抓细"三会一课"、主题党日和经常性讲专题党课等党员日常学习教育，在全区党支部及党员中全覆盖应用"支部 i 生活"小程序，实现学习要求第一时间传达、学习资料第一时间上传、学习信息第一时间推送，在减负增能中提升党员教育成效。践行初心使命。全区各级党组织和广大党员把疫情防控、北外滩开发建设、旧区改造等重大任务一线作为实践课堂，结合落实"我为群众办实事"实践活动各项要求，努力把学习成效体现在为民服务解难题、推进经济社会各项事业的发展上。

链接一：

"行走的党课"开讲

张家禾是上海市虹口记忆传讲工作室首席传讲人、虹口区"文化三地"志愿宣讲团领衔人，他开发了"多伦路街区的红色记忆"教学项目和红色文化线路，在上海首创"行走的党课"党性教育现场教学模式。截至 2022 年 3 月，已累计开展志愿宣讲 782 场，行走 2000 余公里，3 万余人次现场听讲，近 40 万人次线上听讲。

张家禾是在虹口区的红色文化熏陶下长大的，曾是虹口区委党校的一名教师。在日常教学工作中，他意识到红色资源在党员干部党性教育中具有不可替代的价值，于是提出要深度挖掘红色资源，创新党性教育方式，开创"行走的党课"，传播好虹口的红色文化，讲好虹口的红色故事。在他的理念中，所谓创新，就是要用脚步丈量虹口！为了更加深入地挖掘虹口区的红色文化故事，为社会提供宣讲志愿服务，张家禾在 2016 年退休后成立了张家禾虹口记忆传讲工作室，无论严寒还是酷暑，只要有人预约讲解，他就会一丝不苟地讲授。张家禾的志愿宣讲细节丰富、故事生动、情感充沛，有的听众当场流下眼泪，还有的听众特意带着孩子再来听讲，让孩子也接受红色文化的熏陶。用行动赓续文脉是张家禾的初心，他无怨无悔地行走在红色文化传播之路上，为的就是让这片土地所留下的红色精神能够

张家禾开讲"行走的党课"

代代相传。张家禾开发的现场教学线路被上海市委组织部、市委党校认定为上海市示范现场教学教育基地，年过花甲的张家禾不仅亲自讲授，还带动了一大批宣讲员共同讲授，使"行走的党课"宣讲志愿服务后继有人。

张家禾的事迹感动了许多人，多家媒体对他的事迹进行了报道，在"上海市社会主义精神文明十佳好人好事"评选中，他摘得殊荣。此外，他还获得了"感动上海"年度人物提名奖、上海市基层理论宣讲先进个人、上海市优秀志愿者等荣誉。在由中央宣传部、中央文明办等部门和单位共同组织开展的2021年度全国学雷锋志愿服务"四个100"先进典型宣传推选活动中，由虹口区推荐的张家禾入选最美志愿者！

链接二：

"澎湃100"党课大比武

为贯彻落实市委、区委关于开展"党史、新中国史、改革开放史、社会主义发展史"学习教育总体要求，巩固扩展"不忘初心、牢记使命"主题教育成果，不断丰富党员教育内容体系，提高教育针对性和实效性。2020年5月起，由区委组织部牵头，虹口区启动"澎湃100"党课大比武。全区各级党组织和区域化党建成员单位聚焦用活红色资源、讲活红色故事，

虹口区"澎湃100"党课大比武

广泛发动、积极推选了近200堂优质党课。

身边案例融入党课。以贴近基层实际为主旨，大比武启动前，区"四史"领导小组办公室深入全区56个部门开展专项调研，广泛听取意见建议，确保党课大比武符合党员、干部学习需求。区内各单位则广泛发动、积极推选，立足虹口丰富的红色资源，聚焦讲好"四史"、讲活红色故事，产生了近200堂优质党课。这些优质党课有的围绕党史、新中国史、改革开放史、社会主义发展史，以贯彻习近平新时代中国特色社会主义思想和党的十九大精神为主线，结合虹口丰富的红色资源优势，围绕革命遗址遗迹和红色场馆背后的史实，讲述伟大建党精神和共产党人初心使命；有的结合工作实际，围绕新时代党建引领社会治理创新，打造"一个街道一面旗帜"工作品牌等，结合解决居民群众的"急难愁盼"畅谈感悟体会；有的结合个人经历，围绕新中国成立以来党和国家在改革开放等各项事业发展中取得的卓越成就抒发情怀；还有的通过讲述身边先进典型、英雄人物事迹，引导广大党员永葆坚定信念、奋斗精神、为民情怀和担当本色。产生的优质党课内容可谓涵盖面广泛，而参赛选手也是来自各行各业。他们中既有年逾八旬的全国劳模，也有正局级党员领导干部，既有居民区党组织书记，也有社区普通党员，既有企业党员负责人，也有一线教师和医务工作者，让党员在听课、备课、讲课中自觉接受党性教育。

深入基层开展宣讲。自当年6月12日起，前期由基层推选出的近200

堂优质党课，通过 8 场初赛的角逐，在党员、群众现场打分下，遴选出一批精品党课进入决赛。6 月 18 日，区委组织部又组织专业师资力量，对入围决赛的课程开展现场"集中评选"。从决赛中脱颖而出的党课，与区委组织部牵头区委党校等部门着力打造的《多伦路街区的红色记忆》《初心如磐，为了人民的美好生活》等一批示范党课，最终形成全区示范党课清单。6 月 29 日，包含 35 堂课的示范党课清单正式发布。7 月 1 日，在"虹口记忆"传讲工作室首席传讲人张家禾的娓娓讲述中，虹口区"党课开讲啦·月月讲"暨"澎湃 100"示范党课展示活动拉开帷幕。当天，区委"四史"学习教育领导小组办公室成员单位领导，全区各大口、街道、有关部门分管领导、组织科长、党建办主任，区域化党建成员单位代表在现场听课。运用现代化的网络直播，全区机关、企事业单位、居民区、"两新"组织及驻区单位党员干部群众对此次党课进行了线上观看和学习。为进一步发挥示范党课带动效应，着力打造 100 堂精品党课、200 堂优质党课，虹口区还组成包含 200 名成员的"虹讲堂"讲师团，深入到市民驿站等 550 个党群服务站、204 个居民区，以及各类企业、学校、基层党支部进行宣讲，让党员、干部、群众、青少年等从不同角度了解革命史、奋斗史、发展史和社会治理创新的生动案例，推动全区"四史"学习教育真正入脑入心、有声有色，做到从历史中汲取精神力量、汲取经验智慧、汲取坚守人民立场的定力。

"党课大比武"是虹口区落实"四史"学习教育"铸魂、活学、做实"要求的具体实践，进一步发挥了各级党组织的主体作用，增强了党员的主体意识，激发了更多党员群众参与学习的热情。全区各级党组织以此为契机，进一步发挥虹口作为上海"党的诞生地"和"初心始发地"重要区域的历史资源优势，利用好全区 85 处革命遗址遗迹和纪念场馆等红色文化资源，开发更多贴近实际、内涵丰富、载体创新，能触及党员灵魂、引起思想共鸣的党课；用好现有党课资源，将讲党课、上党课与落实党组织书记讲党课、"三会一课"、主题党日等党的组织生活制度结合起来，推动党员、干部、群众、青少年等从"四史"学习教育中汲取智慧和力量，切实将学习成果转化为攻坚克难、真抓实干、善作善成的实际效果，奋力开创新时代虹口高质量发展高品质生活新局面。

"一个支部一个故事"活动

党支部是党的全部工作和战斗力的基础。虹口是中共四大的召开地，而中共四大第一次将支部明确为党的基本组织。抓好支部建设、建强战斗堡垒，是历史赋予虹口的职责任务，更是践行初心使命的重要途径。近年来，中共虹口区委以推进党史学习教育为契机，指导全区各级党组织充分利用辖区丰富红色资源，通过开展并不断深化"一个支部一个故事"主题活动，传承支部历史、弘扬支部传统，展示了一大批主题鲜明、内容鲜活、具有影响力的支部故事，激发各级党组织和广大党员主体意识，引导党员、干部叩问初心，致敬历史，传承使命，砥砺前行，全力投身虹口经济社会各项事业发展新征程。

层层发动，各领域支部全面参与。在全区 2534 个党支部中全覆盖开展"一个支部一个故事"主题活动。各大口、街道党（工）委自上而下广泛动员，组织遴选并举办近 20 场集中讲演，形成了本系统、本地区的一批精品支部故事。各党支部立足单位特点、行业特色，聚焦支部的过去、现在与未来，积极挖掘故事，有的围绕所在支部曾获得的荣誉、取得的成绩，讲述集体传承光荣传统、扎实工作、团结奋进、攻坚克难的先进事迹；有的围绕所在支部的典型人物，讲述党员立足本职、甘于奉献，践行初心使命的感人故事；有的围绕重点工作，讲述党员冲锋在前、勇挑重担、发挥先锋模范作用的信心和决心；还有的围绕个人成长经历，讲述在支部工作中的体会与收获等，全区广大基层党支部在讲述支部故事中加深了对新思想的感悟。

创新载体，线上线下推动走深走实。加强线上线下联动，营造重视支部、抓好支部的浓厚宣传氛围。在各类宣传阵地开设"一个支部一个故事"专栏，做到"虹口党建"微信号

"一个支部一个故事"集中展示活动

每天刊发，"上海虹口"微信号定期推送，《虹口报》每期刊载，当年全区面上共集中推送近 250 篇支部故事。自 2020 年 11 月起，每月由一个大口或街道承办"一个支部一个故事"集中展示活动，每场讲演 10 个精品支部故事，既有个人讲述、又有情景剧演绎，并发动区域化共建单位一同参与，多维度展现全区各行各业支部风采。同时，组织党员群众或现场观摩或观看线上直播，现场评出"印象最深刻"的支部故事，线上投票评出"最受欢迎"的支部故事，充分调动了各类群体参与的积极性，取得良好的社会反响。

汲取经验，全方位凸显支部力量。充分发挥支部故事示范效应，引导各级党组织和广大党员在讲述故事、聆听故事、感悟故事中增强党的意识、党员意识，汲取坚守人民立场的定力，推动事业发展、更好惠及民生，努力把党的政治优势、组织优势和群众工作优势转化为基层治理优势。如：江湾镇街道党工委总结梳理全市首个大型居民区整小区加装电梯的工作经验，精心打磨《逸仙小区老公房变电梯房》支部故事，在社区广泛宣讲，激发党员、干部将加装电梯作为践行初心使命的重要路径，增强投身加梯工作的使命感、光荣感和认同感，探索形成了党建引领加装电梯的"江湾模式"。

通过"一个支部一个故事"主题活动，体现了广大党员自觉践行新思想的新作为。支部故事集中体现了习近平总书记重要讲话精神在虹口落地生根的生动实践。如，北外滩街道大二居民区第二党支部报送的《山寿里就要动迁了》，展现了虹口基层党组织始终把旧改作为最大的民生，发扬千方百计、千辛万苦、千言万语的"三千精神"，依托家园党建组织保障，把旧改工作做深、做细、做实，让更多居民圆梦新居。提升了基层党支部的组织力。机关、事业单位、国有企业、"两新"组织、居民区等基层党支部在挖掘故事、撰写故事、讲好故事的过程中，提高了抓好支部工作、推动支部建设的本领，支部教育、管理、监督党员和组织、宣传、凝聚、服务群众作用进一步显现。丰富了党员学习教育形式。通过线上线下开展支部故事主题活动，为基层党组织创新开展学习教育提供了源源不断的素材，广大党员通过学习身边人身边事，加深了对初心使命的理解和感悟，党员学习教育成效显著提升。

居民区来了"第一书记"

党的二十大报告指出，要"增强党组织政治功能和组织功能，坚持大抓基层的鲜明导向，把基层党组织建设成为有效实现党的领导的坚强战斗堡垒"。"要加强干部斗争精神和斗争本领养成，激励干部敢于担当，积极作为。"

为了深入贯彻落实党的二十大精神，将学习成果转化为党建引领基层治理的生动实践，进一步夯实基层工作力量，激活基层治理的"神经末梢"，助推上海基层治理体系和治理能力现代化建设，2022年10月，虹口区在全区范围内选派了32名机关、企事业干部到居民区担任党组织书记、第一书记。

自2022年9月初选派工作启动开始，虹口区委面向全区部门、街道、企事业单位公开遴选，坚持好中选优、优中选强的原则，将综合素质好、工作责任心强、有群众工作热情作为门槛条件，选派合适的干部到居民区任职。通过各级党组织的广泛宣传和发动，共有65名干部作为推荐人选，最终择优确定了32名人选作为第一批选派到居民区担任党组织（第一）书记，其中机关部门14名、企事业单位7名、街道11名。这次选派的干部中，平均年龄36.5岁，"80后""90后"干部占到了81.3%。本次选派注重人岗相适，在重点考虑街道、居民区的实际工作需要的基础上，虹口区还统筹考虑干部的工作能力、专业特长、熟悉领域等情况，切实把合适的干部放到合适的岗位上。他们将走进社区、走向基层、走近群众，成为新时代社区基层治理的"新力量"。同时，到社区这个"小社会"里摸爬滚打、反复淬炼，也有助于干部进一步树牢群众观念，提升做好群众工作的共情能力、引领能力、协商能力，是锻造政治素质优良、能力素质过硬的干部队伍的有效举措。

区委要求这些干部真情实意深入群众、深入基层，以"我将无我，不负人民"的情怀与担当，设身处地为老百姓想事、干事、谋事，集中资源

新时代非凡十年的虹口答卷

选派干部挖潜化解小区停车难

选派干部担任的均是居民区党组织书记（第一书记），需要扎扎实实地在社区工作不少于两年

力量办实事、解难题，真正做到与群众同心、与百姓共情，不断实现人民群众对美好生活的向往。真抓实干求实效、谋发展，坚持"四问于民"，走百家门、知百家情、解百家难、暖百家心，最大程度地激发干事创业的内驱力，用自己的实际行动来为群众谋福祉。全面从严加强自我管理，以党的二十大精神为引领，奋发有为做好居民区工作，进一步增强居民区党组织政治功能和组织功能，提升组织力、凝聚力、战斗力，勇于担当、积极作为，奋力在基层新阵地、新舞台上做出新的业绩，谱写新时代基层治理新的篇章。

　　为了让年轻干部更好地成长，区委相关部门特别制作了《工作指南》，其中明确了组织部门、派出单位、街道党工委以及选派干部的工作职责，同时对每个选派干部建立了成长档案，从带教老师信息、带教计划、培训记录、重难点任务、实施项目等多个方面进行全过程动态跟踪考察。派出单位也会通过定期走访等，了解选派干部的思想动态和工作状态，加强政治上关爱、工作上支持、生活上关心。街道党工委还会安排处级干部和经验丰富的居民区党总支书记进行"1+1"带教，帮助干部尽快适应岗位需求。为打消个别人的"镀金"念头，本次选派到居民区的干部工作时间不少于2年，也同时给予了干部在基层一线锻炼成长、开创事业充裕的时间和广阔的平台。未来，他们将与居民群众想在一起、干在一起，在社区舞台上建功立业，在社区党组织（第一）书记的岗位上奋力谱写年轻干部大有作为的新篇章。

链接一：

机关党建品牌创建活动

为庆祝中国共产党成立 100 周年，虹口区区级机关工作党委于 2019 年向全区区级机关党组织发出机关党建品牌创建活动的通知。三年来，全区各级机关党组织根据区委部署要求，主动把机关党建融入部门中心工作，融入虹口经济社会发展大局，探索符合时代特点的机关党建工作新模式、新举措，充分发挥机关党建走在前、作表率的引领示范作用，使每名党员都成为一面鲜红的旗帜，每个支部都成为党旗高高飘扬的战斗堡垒，形成了一批机关党建工作品牌。

为充分展示虹口区机关党员干部爱党爱国的精神风貌，结合推进党史学习教育，2021 年 6 月 4 日，主题为"筑牢信仰之基、汇聚前行力量"的虹口区机关党员干部庆祝中国共产党成立 100 周年暨机关党组织党建品牌交流展示发布会举行。活动对历时三年的机关党建品牌创建活动进行了回顾，并发布了 43 个优秀党建品牌。区领导向机关党组织代表赠送《"一个支部一座堡垒一名党员一面旗帜"虹口区区级机关党组织优秀党建品牌汇编》和"不忘初心、牢记使命"党员须知系列书签。随后，现场还举行了示范党课及支部故事汇报展演。

2021 年 6 月，虹口区区级机关党组织党建优秀品牌展开幕

链接二:

《中共虹口区委关于进一步加强
新时代干部队伍建设的若干意见》

为了充分激发全区干部干事创业的内在动力,勇担这代虹口人应该担负的职责使命,奋力走好新时代的长征路,不断开创虹口高质量发展的新局面,对标市委全会,虹口区制定了《中共虹口区委关于进一步加强新时代干部队伍建设的若干意见》(以下简称《若干意见》),并于2019年十届区委九次全会审议通过。

全会认为,虹口要在创造新时代上海发展新传奇中实现更大作为,必须要有一支充满激情、富于创造、勇于担当的干部队伍。要坚持事业为上,突出政治标准,树立正确的选人用人导向;要坚持知事识人,建立科学管用的实绩评价体系;要坚持前瞻布局,打造高素质专业化的年轻干部队伍,

2019年7月18日,中国共产党上海市虹口区第十届委员会第九次全体会议审议通过《中共虹口区委关于进一步加强新时代干部队伍建设的若干意见》,就进一步加强干部队伍建设,奋力开创虹口高质量发展新局面作全面部署

合理用好各年龄段干部；要坚持政治引领，提升干部政治素质和综合能力；要坚持关怀激励，增加干部担当作为的底气，进一步激发全区干部干事创业的内在动力，勇担使命职责，奋力走好新时代的长征路，不断开创虹口高质量发展的新局面。

《若干意见》具体分为六个部分：第一部分是总体要求，明确了指导思想、基本要求。第二部分是坚持事业为上，树立正确的选人用人导向。第三部分是坚持知事识人，建立科学管用的实绩评价体系。第四部分是坚持前瞻布局，打造高素质专业化的年轻干部队伍。第五部分是坚持政治引领，提升干部政治素质和综合能力。第六部分是坚持关怀激励，增加干部担当作为的底气。

"四字诀"探索区域化党建新路子

    深入推进区域化党建工作是上海市委根据特大型城市特点，为进一步创新社会治理、加强基层建设，提高上海党建科学化水平提出的一项重要举措。中共虹口区委对此始终高度重视，把区域化党建作为贯彻落实市委有关文件精神和要求的有力抓手，精心谋划、悉心组织，不断探索资源整合型区域化党建新路子。

    加强整体谋划，突出一个"合"字。虹口区委深刻认识到做好区域化党建工作，必须不断打破单位制和垂直管理的体制局限，使条与块的党组织和党员能够围绕共同需求、共同利益、共同目标在同一个平台上协同合作，只有这样，才能真正把不同建制、不同规模、不同隶属关系党的资源凝聚调动起来。为此，区委尤其注重加强整体谋划，从全局的角度健全完善区域化党建组织体系建设，结合虹口实际，在区、街道、居民区三个层面建立形成"1+8+N"的虹口区域化党建工作格局，实现工作覆盖纵向到

虹口区区域化党建工作联席会议成员参观数字北外滩展示馆

底、横向到边，不断聚合区域化党建工作的向心力。其中，"1"是指在区级层面设立1个区域化党建工作联席会议平台，作为议事决策机构；"8"是指在8个街道层面建立健全区域化党建工作联席会议，统筹社区资源、推动工作落实；"N"是指立足于居民区党组织，推行兼职委员制度，推动区域化党建工作向居民区延伸，提高居民区党组织统筹协调社区资源、服务居民群众的能力。同时，还重点研究完善在街道党工委领导下，社区党委与社区党建办、社区党建服务中心之间的工作协同和相互融合问题，进一步发挥社区党委在具体落实统筹区域化党建、"两新"组织党建和居民区党建中的积极作用，实现"三建"融合、统筹推进。

注重顶层设计，突出一个"共"字。区域化党建工作的关键在于把整个区域内的各类资源有效整合起来，因此也就更需要从高处着眼、以高层推动。虹口区委坚持高屋建瓴，注重加强顶层设计，在筹划搭建区级层面区域化党建工作联席会议的过程中，无论是在组织架构的安排、运作机制的设计，还是议事决策规则的制定上，都尽力做到充分尊重驻区单位的主体地位，还特别建立了联合总召集人轮值制度，明确联席会议的联合总召集人由各成员单位党组织书记轮值担任，力争实现各相关主体之间的共建、共商、共决。同时，各成员单位都地处虹口，彼此间经济相融、文化相通、人缘相亲，区委以助推发展的共同愿景为着力点，与相关驻区单位签订了《创建上海市文明城区共建协议书》和《虹口区推进科技创新中心建设共建协议书》，以契约的形式凝聚共同推动区域发展的动力，形成心往一处想、劲往一处使的共建共享局面。

2021年9月30日，在区域化党建工作联席会议成员单位上海市邮政公司的支持下，中共四大纪念馆主题邮局正式揭牌，"绿映红"的组合，将馆内的红色资源和革命基因与邮政特有的IP资源相融合，在方寸之间，以书信之力，弘扬伟大的建党精神

聚焦区域发展，突出一个"广"字。党建工作要围绕中心、服务大局，开

展区域化党建工作也必须与区域发展和各项重点工作的推进紧密结合。虹口区委在筹备区域化党建工作联席会议之初就明确提出，纳入联席会议的成员单位要既保证不同领域的代表性，又确保重点领域的全覆盖。为此，区委组织部按照区委的部署和要求，根据区域经济发展、重大项目规划、科创中心建设、民生服务保障等重点工作，分别依托相关部门对驻区单位的情况进行了排摸。在此基础上，区委从各驻区单位与区域经济社会发展的关联性、在区域建设中的参与度以及单位党组织设置等方面进行了分析比较和综合考量，最终确定了具有代表性的28家单位作为首批纳入虹口区域化党建工作联席会议的成员单位，涵盖了高等院校、科研院所、行业龙头、基层部队、重点企业、市级医院等多个方面和领域，着力把区域化党建工作的成效转化为区域经济社会各项事业发展的实效。

　　清单对接需求，突出一个"实"字。驻区单位纵有满腔热情，但如果没有抓手，也是有力无处使。只有不断创新区域化党建的项目载体，提供有效项目支撑，才能真正将"务虚"的联建转变为"务实"的共建。因此，虹口区委制定了《虹口区域化党建工作实施意见》，并广泛征求各成员单位的意见建议，还在《虹口区域化党建工作联席会议工作章程（试行）（草案）》中明确提出了"助推创新发展""开展党建联建""深化资源共享""培育人才成长""服务党员群众"5项主要工作任务；同时，依托区域化党建工作联席会议的平台，重点研究区域化党建工作内容的项目化，细化制定3个清单，即项目清单、资源清单和载体清单，以发挥各方优势为出发点，按照互补、互通、互动的原则，针对区域内、行业内党的建设、经济建设、社会发展、社会治理的重点难点问题，以清单的形式，把双方的优势资源对接起来，实现优势互补、资源互通，促进机制共筑、义务共担、资源共享、实事共办，助推区域科学发展。特别是在创新社会治理方面，主动借脑、借力、借势，努力使区属党组织和驻区单位党组织之间的优势资源得到互补、服务资源得到共享，切实让人民群众得到实惠，提升人民群众的获得感。

链接一：

首本《虹口区域化党建资源手册》

2016年8月25日，首本《虹口区域化党建资源手册》发布，32家"虹口区域化党建工作联席会议"成员单位、区属各级党组织、党员都可以享受到手册内的各种服务。

《虹口区域化党建资源手册》由两部分组成，第一部分为区域化成员单位党建资源清单，第二部分为虹口区党建资源清单。清单内容涵盖了中共四大纪念馆、上海犹太难民纪念馆等爱国主义教育基地，区内8个街道的社区党校和134个特色党员志愿者工作室的相关信息和特色服务内容。并首次发布了上海航运交易所、市一医院、复旦大学、武警二支队、上港集团、上海市邮政公司和城投控股等本区区域化党建工作联席会议成员单位的党建资源。党员只需翻开手册就可以查询各类党建资源项目、服务时间、

虹口公安分局四川北路派出所"红色守护团"品牌建设突出政治建警，充分挖掘运用地区红色资源宝库，引导青年党员民警和入党积极分子通过参与"情景党课""重温打卡"等组织生活和担任公益志愿者等沉浸式思政课，近距离感悟红色思想、传承红色基因，有效提高了组织生活的质量与效果，教育民警深植"对党忠诚、人民至上"的政治立场，引导其以学促知、以知促行效果，全方位锻造队伍政治定力

地址、预约电话等。《虹口区域化党建资源手册》每年定期更新增补相关党建资源，进一步加强资源的整合统筹。与手册配套使用的"虹口区域化党建资源共享卡"（简称"虹享卡"）也发放至32家"虹口区域化党建工作联席会议"成员单位党支部、区属各级党组织。党支部组织团体活动、党员个人有需要时，可凭"虹享卡"预约资源清单上的服务。

链接二：

老同志家门口有了"银发会客厅"

社区离退休干部之家是离退休干部党建工作的一个重要平台，也是老干部工作主动融入城市基层党建的一块重要阵地。自2020年起，虹口区深入学习贯彻习近平总书记考察上海重要讲话和关于老干部工作重要指示精神，贯彻落实中办31号文要求，不断夯实"1+8+X"三级社区离退休干部之家阵地体系，现已建成230余处"家"，并围绕场所标准、工作机制、功能设置等内容形成3大类18项共性项目清单。结合区域特色，围绕本区"会客厅"系列党建品牌，坚持以活动聚人心，以项目促发展，积极打造让老同志喜闻乐见、宾至如归的"银发会客厅"。进一步夯实了社区离退休干部党建工作基础，积极打造离退休干部助力基层治理平台，引领社区老年人老有所学、老有所乐、老有所为。通过精确引领、精准定位、精心搭台、精细服务，将离退休老干部"银发力量"转化为加强社区治理、服务群众的重要资源。

虹口区依托"文化三地"品牌和丰富的文化资源积淀，为离退休老干部提供服务清单，组织开展"行走的党课"。老同志们组建"领航书记工作室""理论学习小组"等政治学习宣讲团队，在"银发会客厅"中为社区群众提供优质党建课程。老同志们来到"银发会客厅"亮身份、作表率、作贡献，积极参与"一小时志愿者""时间银行"等志愿服务品牌建设。"银发会客厅"还以党建引领社区治理数字化转型，将辖区内老干部的基本信息、身体情况等嵌入"易表通"项目，做到底数清、情况明。充分利用动

老书记工作室专题会邀请离退休干部共同讨论工作

态标签化管理，提供精准化服务方案，积极健全数字化工作管理机制，以需求为导向，提供疫苗接种、健康咨询、法律服务、康乐沙龙、公益讲堂等服务。

充分发挥"银发会客厅"作为老同志"家门口学习阵地"作用，将"银发会客厅"党建品牌建设与虹口老干部"大思政课"体系建设有机衔接，以机制创新为核心，以队伍建设为关键，以数字赋能为支撑，整合全区红色资源，推动虹口老干部不断接受深刻的思想政治教育。依托"银发会客厅"平台，抢救性挖掘一批社区离退休干部红色资源，开展"90后对90后说""90后对大家说"——离退休干部红色故事宣讲系列活动。将"银发会客厅"作为老干部"大思政课"学习体验路线中的一站，在展现本区"文化三地"深厚文化底蕴的同时，结合街道自身"一街一品"或"一街多品"的品牌建设工程，用自身的特点和亮点打动、凝聚老同志。推进"课程思政"实践，探索将思政元素有机融入区老干部大学课程，推动思政课进课堂。充分发挥"银发会客厅"阵地作用，推动思政课进社区。搭建线上学习平台，开辟专题专栏，聚集课程资源，组织系列话题，探索推出一批在线教育课和网络文化产品。充分运用网上阵地平台，发挥"乐龄申城"网宣员队伍作用等，让老同志的主旋律声音、红色基因和光荣传统由实体阵地进一步向网络空间拓展。

链接三：

虹口区新时代上海党群服务阵地创新实践基地

　　为贯彻落实习近平总书记对上海基层党建提出的"继续探索、走在前头"的要求，深入践行"人民城市人民建，人民城市为人民"重要理念，全面推进城市基层党建高质量创新发展，市委组织部精心策划、周密准备，推出了12个新时代基层党建创新实践基地，全景呈现上海学思践悟新思想的最新进展。其中，由中共上海市委组织部和虹口区委共同打造的新时代上海党群服务阵地创新实践基地于2021年6月启用，代表上海向全国展示推进党群服务阵地体系功能建设的创新成果。

　　虹口区新时代上海党群服务阵地创新实践基地由天宝路881号虹口区市民驿站嘉兴路街道第一分站（嘉兴路街道党群服务站）和瑞虹路400号虹口区嘉兴路街道社区文化活动中心（嘉兴路街道党群服务站）共同组成，总建筑面积约6300平方米。其中，在虹口区市民驿站嘉兴路街道第一分站按照习近平总书记的考察路线开展现场学习；在瑞虹路400号一楼集中展示新时代上海党群服务阵地建设的发展历程、经验做法等；在瑞虹路400号二楼、三楼开设以党群服务阵地建设推动基层治理创新为主题的精品课程。

虹口区新时代上海党群服务阵地创新实践基地正式启用

　　下一步，虹口区将加快推进社区党群服务中心体系功能建设，坚持党的领导，织密党群阵地，突出"实"的导向，做好"融"的文章，持续打通服务党员群众的最后一公里、最后一百米。

大力推进"两新"组织党建全覆盖

实现"两新"组织党的组织和工作全覆盖，是"两新"组织党建工作的基础工程。面对点多面广、种类繁多、日益发展的"两新"组织，党的十八大以来，虹口区广大党组织和党务工作者，按照"哪里有群众哪里就有党的工作，哪里有党员哪里就有党组织"的要求，凝心聚力、攻坚克难，创新载体，拓展渠道，大力推进"两个覆盖"工作。

整合资源形成合力。虹口区建立领导干部直接联系基层制度，区委将抓"两新"党建情况作为书记履行基层党建责任制专项述职的重要内容。党员领导干部认真履行"一岗双责"，每人联系2—3家企业，每季度至少走访1次，服务企业发展，指导和帮助企业开展党建工作，有力推进了党建全覆盖。坚持"两新"组织党建工作联席会议制度，定期组织召开由市场监管、税务、民政、教育、卫生等10余个部门参加的"两新"组织党建工作联席沟通会议，适时通报覆盖工作推进情况，交流工作经验，进一步明确相关部门职责任务，重点协商解决部门间协同配合难、源头把关不

上海兴旺国际服饰城党建阵地

到位、党建责任主体不清等问题，形成齐抓共管合力。为适应社会组织登记制度改革，及时研究加强社会组织党建工作的对策措施，虹口区建立了区三级社会组织党建工作指导管理体系，即区社会组织党建工作指导中心、街道社会组织党建工作指导站、社会组织党建工作联络员，有效推动社会组织党建工作全覆盖。充分发挥各街道体制调整后党建资源整合优势，着力构建"目标同向、资源共享、工作同步"的党群一体化运作模式。根据地域特点和"两新"组织分布实际，各街道借助网格化社区管理优势，相继建立了"两新"组织党建全覆盖布点划片、责任包干等工作制度，做到定人定位定责。在工作力量配备上，坚持统筹兼顾、科学安排，做到分工不分家；在联系服务基层上，力求同步进园区、进楼宇、进市场。通过借助群团组织力量，激发党建工作生机活力，在实现党的工作覆盖同时，为建立党组织创造条件。加强"两新"组织党建与社区、单位党建良性互动。

着力加强指导保障。以产业园区、商务楼宇等领域为重点，开展"两新"组织党组织覆盖"百日攻坚行动"，集中时间、集中精力进行大排摸、大组建，营造覆盖工作氛围、掀起覆盖高潮。在"百日攻坚行动"中，区社会党工委深入各街道和相关部门及"两新"组织走访调研，指导基层地毯式排摸"两新"党建底数，理顺组织关系，挂号销号集中组建。组织 3 家市"两新"党建创新基地党组织，介绍全覆盖经验做法，引导大家对标找差，取长补短。特别是对党员不愿转接组织关系、出资人不支持党建工作、党组织设置不合理、党组织书记选配难等突出问题，及时作为"两学一做"学习教育整改内容，分工负责，细化举措，合力攻关。一批专职党群工作者集中招聘后，充实到"两新"组织党务工作者队伍中，

曲阳路街道曲二党总支与上海家事佳社区服务事务所签订党建联建协议

通过培训和新老结对带教等途径，提升综合素质。随着支部书记后备人才库的建立，以及探索落实相应的培训机制，有针对性地解决"两新"组织党组织书记源头缺乏的问题。督促和指导基层规范使用党建经费，下拨专款用于全覆盖工作开展，切实加大经费保障力度。在"两新"组织党组织中普遍开展"党员到社区、人人做公益"以及与困难群众结对帮扶活动，引导"两新"组织与社区、单位全面开展党建联建、结对共建，参与社区治理，履行社会责任，着力增强"两新"党建影响力、渗透力，营造全社会关心、支持、参与"两新"党建的氛围。

以服务催生覆盖新动力。深化"三进入"工作。从直接联系服务企业到建立投资服务协调机制，从制定出台扶持企业政策到为不同类型企业提供个性化服务，从加强"两新"组织出资人培训到开展非公经济人士理想信念教育等，有力促进"两新"组织的健康发展，增进"两新"组织业主和党员职工对"两新"党建的认同、理解，为推进全覆盖打下坚实思想基础。

各街道坚持以服务为先导，创新工作载体，推进覆盖工作落实，赢得了广大业主和青年白领对党组织的信赖，新建的党组织，大部分是由"两新"组织主动提出组建的。通过各类活动团结凝聚"两新"组织人才。如设立"两新"组织人才发展论坛、企业家和人事总监研修班等党建工作项目，积极推荐"两新"组织优秀人才为"两代表一委员"、劳动模范和先进工作者人选，坚持开展"两新"组织党组织覆盖工作年度人物以及"两新"组织优秀党建之友的评选表彰活动等，通过关心、服务和激励，把广大业主、管理层凝聚在党的周围，使之成为推进全覆盖工作的重要力量。

链接一：

虹口区《"两新"组织党建工作标准》

2016 年，虹口区开展了"解放思想大讨论"，确定"实施高标准管理、实现高水平发展、打造高品质生活"的发展路径和建设目标。2017 年，虹口区制定了《"两新"组织党建工作标准》，为"两新"组织党建注入了新活力，也让更多经营者们多了几分底气。

对于规模小、人员少、分布零散的"两新"组织而言，要做好党建工作有不少瓶颈需要破解。"两新"组织开展党建工作面临一个很现实的问题，就是党务工作者很多都是兼职，开展党建工作的业务素养和实际操作能力与高标准要求还有差距。如果

七浦路服饰市场党支部与市场管理方共同建立的"党支部与管理层双向沟通机制、支部党员联系经营户机制、管理层与经营户沟通协商机制、公司了解服务经营户需求机制、公司听取员工意见与交流机制"等五项工作机制发挥了积极作用

有标准可循，知道"两新"组织党建应该抓什么、怎么抓，党建工作开展起来势必更得心应手。因此，《"两新"组织党建工作标准》的出台，为区内"两新"组织更规范高效地开展党建工作提供了依据和参照。

《标准》是边总结边起草、边调研边实践，在探索中逐步完善制定出台的。因此，最终呈现出来的《标准》内容具体化、条款化，具有一定的可操作性，比如，《标准》规定"有3名以上正式党员且条件成熟的，要单独建立党组织"。关于"党建工作保障"，《标准》规定，要"加强场所建设"，明确"单独组建的党组织，按照有场所、有设施、有标识、有党旗、有书报、有制度的'六有'标准，打造党组织活动阵地"。

2017年，虹口的"两新"组织总数达一万多家，区内新经济组织党建覆盖率达79%，新社会组织党建覆盖率达68%，高于全市平均水平。

链接二：

虹口区新兴领域党建工作十大品牌

为贯彻党的十九大提出的新时代基层党建工作要求，落实各级城市基

层党建工作和组织工作会议精神，扎实推进虹口区"两新"组织党建工作高质量创新发展，2018 年年初，虹口区开展新兴领域党建工作十大品牌创建评选活动。经过一年多的创建实践，虹口区有关单位党组织围绕品牌创建，主动作为，勇于实践，形成了许多具有自身特色和优势的做法与成果，体现了全区"两新"组织党建工作创新实践成果，展示了新时代全区"两新"组织党组织和广大党员的新风采、新风貌。

2019 年 1 月 8 日，虹口区新兴领域党建工作十大品牌的演示和评审认定活动举行。经过评审，"以'五新'党建＋品牌，共筑活力白玉兰党建服务站"等 10 个项目被评为区新兴领域党建工作十大品牌项目，"以联席会议制度为保障，促进'两新'组织党建深入开展"等 4 个项目被评为区新兴领域党建工作十大品牌入围项目。参与本次评审的党建工作项目，是 2018 年年初在各单位上报的共 20 多个候选项目中集体遴选核定立项的，共计 14 个。评审标准主要围绕亮点特色鲜明、工作成效明显、创新性操作性强、可复制可推广、机制完善长效、品牌影响广泛六个方面。

链接三：

"两新"组织党组织书记有了"半月谈"

为了进一步落实"两新"组织党组织直接联系指导服务机制，加强"两新"组织党组织书记队伍建设，整体提升"两新"组织党建工作水平，虹口区委组织部（区社会工作党委）自 2020 年 7 月起建立了"两新"组织党组织书记"半月谈"小班化学习培训交流工作机制，由区委组织部（区社会工作党委）、相关大口及街道党（工）委、"两新"组织党组织书记代

"两新"组织党组织书记"半月谈"

表共同参与，多维度掌握各领域"两新"组织工作开展情况，强化党的创新理论学习和思想政治引领，针对性开展专题党务工作培训交流，协调解决共性问题，营造比学赶超浓厚氛围。截至2022年年底，已举办24场"半月谈"，150余名"两新"组织党组织书记及相关负责人参加学习培训。

为贯彻落实党的二十大报告中提出的"加强新经济组织、新社会组织、新就业群体党的建设"的工作要求，区委组织部（区社会工作党委）将依托"两新"组织党组织书记"半月谈"学习培训教育工作机制，及时动态了解掌握全区"两新"组织党组织学习宣传贯彻党的二十大精神有关情况，加强以习近平新时代中国特色社会主义思想凝心铸魂，不断强化思想政治引领，指导"两新"组织党组织凝聚"围绕发展抓党建、抓好党建促发展"的思想共识，在推进高质量发展中深入实践探索，不断增强党在新兴领域的号召力、凝聚力和影响力，用党建引领凝聚人心共识，激发新的奋进力量，为虹口全力打造中国式现代化重要展示窗口提供坚强的组织保障。

楼宇党建优势转为区域发展动能

近年来，虹口区楼宇经济蓬勃发展，尤其是北外滩滨江沿线和四川北路商圈，聚集了白玉兰大厦、瑞丰大厦、金融街（海伦）中心、虹口SOHO等一批地标性商务楼宇，楼宇经济对区域经济贡献占比达到40%。虹口区委通过优化体制机制、健全组织体系、深化服务内涵，高起点谋划、高质量推进、高标准开展楼宇党建，使党建引领成为助推虹口高质量发展的不竭动力。

从"一元主导"到"多方协同"，推动体制机制再优化

区委将楼宇党建融入新兴领域党建统筹推进、纳入城市基层党建整体格局，通过加强顶层设计、优化体制机制，为各项工作的推进和落实提供强有力的支撑。

健全领导体制，下活整体推进"一盘棋"。区级层面制定下发《虹口区加强新兴领域党建工作的实施意见》，在区委统一领导下，设立由区委组织部、区社会工作党委、区科技党委、区市场监管局党组、区投促办（楼宇办）党组和区三大功能区管委会办公室等部门组成的新兴领域党建工作协调小组，在整体推进新兴领域党建的过程中带动楼宇党建融合发展。同时，针对北外滩滨江沿线和四川北路商圈的重点楼宇，建立滨江党建联合体、功能区党建联席会议等，整合各方力量，做到楼宇党建与滨江党建、功能区党建同步谋划、一体推进，推动楼宇党建跨越发展，使楼宇成为展示区域党建成果的缩影。

完善工作机制，唱好联动协同"一台戏"。在区级和街道两个层面探索建立楼宇党建联盟和楼宇物业管理部门负责人联谊会，由相关部门党组织和各街道社区党委牵头，党建联盟以楼宇中规模较大、人员较多、成长性较好的非公企业党组织书记为主体，定期开展经验交流、形势报告、参观

白玉兰党建服务站

见学和工作研讨。同时，建立健全楼宇工青妇等群团工作协同机制，深化党建带群建、群建助党建，有效发挥党的组织优势和群团的资源优势，不断激发楼宇党建的生机和活力。

从"嵌入覆盖"到"有机复合"，推动组织体系再升级

虹口区积极创新"楼宇+"模式，使楼宇党建从单纯提高覆盖率转变为打造多维立体的组织体系。

楼宇+站点，做实"不出楼的阵地"。高标准打造楼宇党建阵地网络，构建形成全区"1+8+550"三级党建服务体系。其中，川北、嘉兴、北外滩3个街道社区党建服务中心直接布局在商务楼宇中，并在白玉兰大厦、金融街（海伦）中心、嘉和国际大厦等地标性楼宇中建成近100个兼具示范性和创新性的楼宇党建服务站。

楼宇+楼组，打造"立体化的社区"。将商务楼宇作为"两新"组织党建、居民区党建、区域化党建"三建"融合的重要节点，搭建商务楼宇社区楼组"双楼"联动平台，集约楼宇内外资源，服务"白领""白发"群体多元需求，实现多方共赢。如北外滩街道党工委牵头建立"北外滩双楼议事机构"，针对白领关心的工作午餐、停车难和社区老人关心的子女就业、文体活动场所等问题，线上线下定期交流，推进资源优势互补。嘉兴

凯德虹口商业中心"楼委会"发起了认领"星空咖啡杯"的公益项目

路街道新能源大厦党建服务站免费向周边社区党员群众开放新能源展示大厅，常年开展绿色能源传播和宣传活动。

楼宇＋发展，建强"竖起来的园区"。坚持以党建引领深化实施"引航助推计划"，定期组织区中小企业服务中心、科技创新服务中心、金融服务中心等开展大型咨询服务，连续14年举办以楼宇企业负责人为主体的虹口区企业家研修班，推进政府服务进楼宇。发挥区社会组织发展促进会、企业联合会、航运商会、个私协会等协调、服务、监管作用，助推"两新"组织健康发展，实现楼宇党建与优化营商环境同频共振、融合发展。

从"简单连接"到"精准对接"，推动服务内涵再深化

区委深化落实党员领导干部直接联系楼宇"两新"组织、党建指导及联络员直接联系楼宇党员职工制度，持续推动楼宇党组织普遍建立与"两新"组织负责人和管理层的双向沟通机制，深化服务内涵，创新载体平台，不断提升楼宇"两新"组织及其党员职工的满意度和获得感。针对白领的政治思想需求，面向楼宇党员和白领青年持续开发"虹讲堂"系列课程。曲阳路街道海鸥商务大厦党组织书记牵头成立"党建工作讲习所"，通过集中＋流动、现场＋线上、党员点单＋党组织按需配讲等方式，持续深入为楼宇内外党员群众宣讲习近平新时代中国特色社会主义思想。针对白领的文化艺术需求，四川北路街道楼宇联合党总支组建"青年话剧社"，创

作楼宇党员之歌，发动党员白领自编自导自演话剧；广中路街道嘉和国际大厦联合党支部探索将组织生活与公益活动有机结合起来，开展"嘉人读书会""我的阵地我做主：支部生活大讨论"等主题活动，在提升组织生活有效性的同时，不断丰富楼宇白领的业余文化生活。针对白领的生活服务需求，积极整合街道各项行政资源，将社区事务受理服务事项、日常生活服务延伸至楼宇，开展常态化长效化服务。白玉兰党建服务站在全市率先接入社保中心政务内网专线，使青年白领足不出楼宇即可办理 44 项全市通办的个人事务。推出"白领就餐计划"，严格筛选楼宇周边的优质餐饮企业，设立"白领就餐点"，有效解决了楼宇白领的就餐难题，深受广大白领的好评。

链接一：

"浦西最高党群服务站"玩出新花样

白玉兰党群服务站建在"浦西第一高楼"白玉兰广场。其所在的白玉兰广场主要面向全球 500 强企业、知名公司招商，入驻率达 80%，楼内员工 6200 余人，党员近 380 名。2018 年 2 月，白玉兰党群服务站正式揭牌启用，整个服务站面积 2000 平方米，配备 5 名专职党群工作者。按照"基础党务＋人才服务＋营商业务"三大模块，不断提升党群工作者服务企业的能力和水平，通过定期走访，常态化到楼宇企业了解情况、倾听诉求、梳理需求。

白玉兰党群服务站工作人员在日常接待过程中，常常碰到询问企业社保业务如何办理、婚姻公证、房屋买卖公证如何操作等问题，苦于问题过于专业，工作人员往往无法马上给出满意的答复。为了及时回应解决企业白领的诉求，2020 年以来，白玉兰党群服务站充分发挥楼宇党建的政治优势和组织优势，对企业进行了实地走访，通过发放问卷摸清需求、召集代表座谈交流、形成清单反馈上级网格等，进一步加强、完善惠企服务。北

白玉兰楼宇治理委员会五色工作体系正式发布

外滩街道白玉兰楼宇联合党委以白玉兰党群服务站为阵地支撑，精准对接责任区网格内企业白领需求，开办融合党务、政务、社务、医务、法务"五位一体"共百项综合服务，相继设立企业社保业务咨询点、虹口公证处北外滩专窗，将企业综合服务融入党群服务站，打通党建业务、行政事务、人才服务等落地见效"最后100米"，奋力跑出助推北外滩开发建设的"加速度"。

目前，"有困难、有问题先到白玉兰党群服务站问一问、坐一坐、聊一聊"的理念已深入人心。为使"白领吹哨、服务报到"的联动机制更加高效，虹口区通过党建纽带，将更多职能部门的服务资源、服务力量下沉到楼宇党群阵地，实现社区、街区、片区资源为楼宇所用，让党群阵地变成网格内的营商服务"综合窗口"。

链接二：

"善治理"的"楼宇会客厅"成为党建新模式

2021年以来，虹口区坚持"开放式、集约化、共享性、枢纽型"的理念，聚焦入驻单位是非公有制企业和社会组织的重点商务楼宇，就如何

在盛邦国际大厦 19 楼，专门有一间楼宇会客空间——living room

智能外卖柜出现在白玉兰广场正是虹口多年来坚持党建引领基层治理的生动实践

做好党建工作与优化营商环境、人才服务等工作的深度融合，大力探索以"善治理"为典型特征的楼宇党建新模式，助推区域经济高质量发展。2021年岁末，盛邦国际大厦和金大地商务楼相继成立了楼宇治理委员会（简称"楼委会"）。2022 年 1 月，虹口两大地标楼宇——凯德虹口商业中心和白玉兰广场"楼委会"先后揭牌。这波密集的成立仪式，标志着虹口的楼宇党建迈进 4.0 版的"楼宇会客厅"模式，即全力打造楼宇内党员群众交流的"会客厅"、公共产品的"便利店"、服务集成的"综合体"、信息汇集的"数据库"、基层治理的"大平台"，用高质量党建赋能区域高品质营商环境，助力虹口高质量发展。

目前，虹口区正着力打造以白玉兰广场、盛邦国际大厦等为核心、辐射带动周边商务楼宇的新时代高质量党建示范群，让楼宇服务在注重经济效益和投资服务的同时，更兼顾社会属性，不断提升楼宇自治工作能效，形成更多"竖起来的社区"创新治理新品牌。下一步，虹口将以学习贯彻党的二十大精神为契机，推动各街道做实楼宇党组织，全面推广党建引领"楼委会"工作机制，实现"一街一品牌""一楼一特色"，促进楼宇党建与居民区党建、区域化党建等融合发展，不断扩大党在新兴领域的号召力和影响力。

上海花园坊节能环保产业园联合党委探索"六共六赢"工作机制

作为虹口区北部功能区域的园区代表之一，上海花园坊节能环保产业园，是一个以节能环保为主题的标志性园区，园区内集聚了高顿教育、虎扑文化、上汽安悦等 60 余家互联网企业、节能环保机构和企业。园区内共有员工 4300 多人，以 80 后、90 后白领青年为主，共有 396 名党员，占园区员工总数的近百分之十。其中，党组织关系隶属广中路街道社区党委的有 4 家党组织，170 名党员。

上海花园坊节能环保产业园联合党委（以下简称"联合党委"）认真贯彻落实党的十九大、二十大精神和全国城市基层党建工作经验交流座谈会精神，围绕中心任务，做实党组织领导下的多元共治平台，有效推动各领域党建的有机融合、共同发展。以"红色引领，绿色发展"为主题，积极打造"两新"组织新兴领域党建品牌。以党建引领助力园区企业绿色发

花园坊节能环保产业园

展。针对花园坊园区"两新"组织、互联网企业集聚，员工普遍年纪轻、学历高、思想多元化的特点，结合大调研工作开展中，园区部分企业党组织所反映出希望加强园区党建资源协调的需求，在街道党工委领导下明确了必须以时不我待、只争朝夕的精神，进一步统筹党建服务资源，推进党的政策进园区、政府服务进园区、先进文化进园区，推动园区持续健康发展，有效实现对园区白领的服务、凝聚和引领的工作目标。联合党委着力推进党的基层组织设置和活动方式创新，通过强基础、建机制，形成品牌特色。

强基础、建机制，形成"六共六赢"品牌特色

创新组织机制，做到组织共建共赢。在区委领导的直接关心下，街道社区党委以提升组织力为重点，于 2017 年 11 月成立了区内首家园区联合党委，实施兼职副书记和兼职委员制度。园区内高顿教育党委、中铁上海分公司党委、虎扑文化党总支、上汽资产第三联合党支部、磐石保险党支部等党组织虽是不同的隶属关系、不同的单位性质，但都融入了共建体系，实现了集中统一管理，共同打造坚强战斗堡垒。

强化阵地建设，做到阵地共筑共赢。为给园区党建工作的开展提供坚实保障，联合党委在区委、区政府的关心支持下，在街道党工委领导下精心选址、设计，建成了区内首家园区党建服务中心，并将其打造为周边园区楼宇党建联动体系的枢纽，与街道园区楼宇 15 分钟党建活力圈内的龙之梦、上汽安悦等 10 个党建服务站，形成了共享共管共用的"1+10"党建服务阵地。场地运维上，推出错时 + 延时工作机制和社工 + 志愿者管理模式，确保开放时间紧密贴合白领职工实际需求。自 2018 年 3 月

上海市人才发展服务中心虹口分中心（花园坊）职称工作室

园区中心建成以来，接待各级领导、单位参观 106 批，共 2000 余人次，开展各类主题活动 64 场，5000 余人次参与。

发挥党员作用，做到队伍共抓共赢。将一批思想素质高、工作能力强的业务骨干吸收到党组织队伍中来，引导企业注重在党员中发现和培养管理人员，形成示范效应。运用广中路街道丰富的红色文化资源，发挥花园坊绿色产业优势，邀请园区入驻企业老总、党员员工围绕"红色引领、绿色发展"主题，设计制作情景教育党课，加强思想引领，引导党员发挥先锋模范作用。

推动文化协同，做到文化共育共赢。引导园区单位党组织以先进文化凝聚职工，如虎扑党总支确立了"不装、不躲、不停"的企业文化，在职工中起到了很好的引领作用；通过将街道"广玉兰"读书会活动延伸到园区，衍生出"高顿·财菁""上汽安悦·悦品"读书会等品牌活动，引导党员、群众积极培育和践行社会主义核心价值观；通过对接上大公共艺术协同中心，成立手造驿站并举办多场活动，以具有鲜明时代特色的传统文化，"润物细无声"地凝聚党员群众，尤其注重赢得青年群体的价值认同。

以活动促凝聚，做到党群共联共赢。坚持党建带群建，成立了园区工会联合会，建立了职工服务中心、青年中心，提供"妈咪小屋"等白领职工迫切需求的服务项目。定期举办"虹"心之约青年联谊会、"爱的小镇"公益集市、公益嘉年华等活动，实现党群服务全覆盖，把白领职工最广泛、最紧密地团结在党的周围。

打造交流平台，做到发展共促共赢。除了建立园区党员志愿者物业绿色服务通道，在街道党工委、虹口区人社局的大力支持下，街道党建服务中心携手虹口区人才服务中心，2018 年 9 月还在园区挂牌成立了全市首个建在党建服务站的职称受理点，为企业提供实实在在的人才服务，以党建引领提升优化营商环境，推动解决实际问题，助力企业发展。近年来，园区单位各项业务不断发展，诞生了高顿、虎扑两个"独角兽"企业。同时，园区单位也大力支持区、街道各项工作，积极参与社区治理，形成了强大的共治合力。

明方向、促引领，推动绿色发展

在街道党工委领导下，联合党委积极推进园区党建工作，认真探索实践"六共六赢"工作机制，使进一步加强区域内新兴领域的党建工作取得了一定的成效。联合党委将坚持以"完善组织体系、强化政治引领、助力企业发展"为工作导向，深化工作机制，更好地发挥联合党委协抓共管的统筹作用，用好党建阵地、做实活动项目、延伸辐射范围，积极打造新兴领域党建品牌，努力实现"红色引领，绿色发展"的工作目标。

在体系建设上下功夫。以花园坊园区党建服务中心为枢纽，打造园区楼宇党建联动体系，借鉴、推广园区合作机制，实现园区楼宇党建15分钟活力圈内的场地共用、资源共享、活动共办、发展共促。

在思想引领上下功夫。充分发挥资源优势，挖掘花园坊园区及周边的创业故事、先进典型等，用身边人、身边事分享感动、树立榜样、传播正能量，培育先进企业文化和园区文化。推进智慧党建，依托园区互联网企业资源，通过微信小程序、网上党校等形式，开通线上思政课、微心愿认领、场地预约、活动报名、党员志愿服务积分兑换等功能，让白领职工最方便、最快捷地享受党群服务、参与党群活动，培养和弘扬社会主义核心价值观。

在助力发展上下功夫。搭建15分钟党建活力圈内的企业交流平台，为中小企业创造更多向成熟企业学习及开展合作的机会，营造一流的营商环境。把以花园坊园区为中心的15分钟党建活力圈建设成为各类企业的兴业创业活力圈、白领职工的学习成长活力圈。

链接一：

花园坊党群服务中心做到"有呼必应、无事不扰"

花园坊党群服务中心作为全区首家园区党群服务中心，充分发挥互联网企业党建特色，积极探索数字经济、职称受理、公积金工作室等功能，

"星期五人才服务日"等一站式服务，有效解决了青年白领在提交材料中的各类问题

发挥"红色店小二""金牌店小二"精神，做到"有呼必应、无事不扰"，有效激活园区发展内生动力，用实际行动践行学党史、悟思想、办实事、开新局。

聚焦人才服务，助力企业"向上生长"。花园坊入驻企业类型代表性强（大部分属于科技、文创类企业）、白领青年多（园区职工85%以上为80后）、学历高（本科及以上约占60%）、外来人才高度聚集（近80%非上海户籍），园区党群服务中心发现企业在职工人才引进、人才培育方面有很大的需求。为助力辖区实现"向上生长"，抓好企业人才支撑这个关键，党群服务中心"花园坊人才职称受理工作室"，在不断提升工作人员自身专业素养的同时，以职工需求为导向，围绕职称申报、人才引进、居转户等企业操心、人才关心的方面，开展项目服务和政策对接，提供错时加延时、星期五人才服务日等一站式服务，以不断的服务升级和高效的服务价值，吸引高层次人才集聚。据不完全统计，至2021年中工作室已服务近800人次，其中57人取得中级职称，22人取得高级职称。

数字人民币飞入"白领食堂"。城市数字化转型是时下上海正在全力推进的一项民心过程。如何利用数字化手段，让园区服务管理变得更智慧、更科学，花园坊党群服务中心动了不少脑筋、下了不少功夫，牵线搭桥，联合中国银行虹口支行、花园坊节能技术公司，于2021年5月中旬打造了虹口区首个、上海市首批落地的白领食堂数字人民币应用场景。推行数字货币不仅惠及民生，切实关系到园区白领们的日常生活，同时也十分契合花园坊的发展规划，进一步加速了园区的数字化转型，大大降低了企业的资金成本。

链接二：

高顿教育党建经验入选中央党校
"新时代民营企业党建典型案例"

2019 年 6 月 22 日，由中央党校（国家行政学院）举办的"新时代民营企业党建经验交流会"召开。会上发布了民营企业党建案例分析报告，并为民营企业党建典型案例代表颁发证书。位于虹口区花园坊节能环保产业园的高顿教育集团作为代表中唯一一家民营教育企业，入选"新时代民营企业党建典型案例"。

作为一家民营教育企业，高顿教育一直将党建工作作为引领企业发展的"红色引擎"，党建兴则事业兴，党建强则事业强。2014 年高顿教育新公司注册后不久，就成立了党支部，几年来公司党员队伍迅速发展壮大，党支部在 2017 年升格为党委，高顿教育创始人担任党委书记，现下设 4 个党支部，拥有 150 多位共产党员。

高顿教育同时又是一家互联网教育企业，党员队伍呈现年纪轻、学历高、创新意识强的特点。在党组织日常活动中，高顿教育党委借助企业高新技术优势，充分利用微信社群、小程序、App 应用等移动工具，直播、视频交流等年轻人高频使用的交互手段，开启网络党建培训新模式。同时，党建工作需将党的思想和理论与具体实践相结合，近年来，高顿党委开展了"井冈山红色教育洗礼"活动、响应国家精准扶贫号召的"暖锋公益行动"，让年轻党员深入革命老区，与当地群众打成一片，接受红色教育以及帮助当地脱贫致富。

在党组织的引领下，高顿教育的业绩、体量实现了飞速发展：2014 年党支部成立时，有党员 12 名；2015 年党员扩展到 32 名，高顿获得数千万

高顿教育青年自发组织开展"纪念马克思诞辰 200 周年"主题党日活动

美元 A 轮融资；2016 年党员突破 50 人，企业在财经教育行业中遥遥领先；2017 年高顿教育党委成立时，党员达到 79 名，企业在全国开设 22 所分校；2018 年党员超过百人，高顿获得 8 亿元 C 轮融资。数据的对应增长，客观反映了高顿教育快速发展的动力和原因，也更加坚定了高顿跟党一起创业的初心。

家园党建引领居民区楼组自治

　　2018 年，为顺应加强城市基层党建的形势，满足社区基层党建的内在需要，虹口区欧阳路街道在 5 个居民区进行了"家园党建"社区治理模式试点工作。在广泛调研的基础上，通过优化党总支、党支部、党小组的组织设置，居民区、居民楼宇片区以及居民楼的划分，创设了"虹阳家苑""虹阳微家""虹阳人家"三级议事、项目平台，街道党工委发挥"龙头"作用，以"虹阳家苑"为平台，做实街区联动，以"虹阳微家"为平台，做强责任区共建，以"虹阳人家"为平台，做亮楼组自建，携手区域化党建单位，协同各方力量，完善制度机制、开展专题培训、参观互助、落实保障等方式，探索推进"家园党建"。党小组从原先的 63 个增加到了 123 个，选拔了一批有能力、有意愿的党员担任党小组长，从而形成了党小组的有效管理。该街道还划细、划小、划实党支部责任区，从原先的 15 个增加到 28 个。经过探索实践，"家园党建"提档升级，党建引领各项工

依托党总支"虹阳家苑"街区联席会议平台，支部积极发动居民群众为小区公共区域改造建言献策

"全覆盖式"家园党建模式在新冠疫情防控中发挥了重要作用

作成效明显，群众的幸福感、获得感、安全感明显提升。

在此基础上，近年来，虹口区在各街道推进并不断深化家园党建。各街道以"成熟一个、组建一个""组建一个、活跃一个"为原则，以独立楼组或就近楼组为单位，3 名以上属地党员组建 1 个党小组，每个党小组配备 1 名党小组长，划小做实党小组，努力形成上下贯通、执行有力的组织体系。结合 2021 年居民区"两委"换届工作，推动居民小组长由党小组长兼任，进一步激活基层治理"神经末梢"。通过织密网格、做实平台，下沉网底、上提活力，努力实现每幢居民楼都有党的组织、每个门洞都有党的工作、每名党员都在社区发挥作用，进一步提升了居民区党组织领导各类组织、协同各方力量、集聚各方资源、解决实际问题的能力和水平。2022 年疫情防控"大上海保卫战"中，全区各级党组织和广大党员冲锋在第一线、战斗在最前沿，正是家园党建的"根基"，各社区形成了"党总支—党支部—党小组—党员"四级防控体系，确保"看好楼、守好门、管好人"。落实"党小组包干"责任制，党小组长、居民小组长带领党员群众开展全覆盖排摸工作，协助落实各项社区防疫工作。

2022 年 9 月，虹口区委认真贯彻落实全市基层治理大会和本市《关于进一步加强党建引领基层治理的若干措施》精神，总结固化疫情防控期间党建引领楼组自治有益经验和有效做法，补齐基层治理短板，发布《虹口区关于加强党建引领居民区楼组自治的指导意见（试行）》（以下简称《指导意见（试行）》），对全区家园党建工作进行了部署指导：坚持党建引领。发挥家园党建引领居民区楼组自治的定向把舵作用，确保楼组自治建设始终沿着党指引的方向前进，始终在居民区党组织领导下开展。坚持群众路线。在推选楼组长、制定楼组自治公约、开展楼组自治活动等过程中坚持党组织领导下的民主协商、共商共议，提升居民的主人翁意识和参与热情，激发基层自治活力。坚持重心下移。将加强居民区楼组自治建设作为加强居委会建设的基础来抓，结合深化"沉浸式办公"，推动居委会工作的重心进一步深入楼组、深入家庭、深入居民群众。坚持因地制宜。根据不同小区、不同楼组的特点，因地制宜、因需制宜、因势利导，坚持"四问"于民和"五勤"工作法，形成"一楼一特色"，提升楼组自治建设实效，打造楼组自治品牌。

《指导意见（试行）》还提出了三项主要任务：一是总结固化疫情防控经验，为进一步加强党建引领楼组自治建设打好基础。各居民区党组织、居委会既要注重总结经验，也要认真查找不足，重点基于群众评价，对所有楼组及楼组长发挥作用情况逐一进行评级，具体包括"发挥作用突出、发挥作用良好、发挥作用一般"三个等级，做到全覆盖、底数清、情况明。各街道党工委要及时将疫情防控期间形成的党建引领楼组自治优秀经验、典型事例总结提炼、汇编成册，作为拓宽楼组自治思路、丰富楼组自治内涵的鲜活案例和生动教材。二是选优配强楼组长队伍。各街道党工委要指导居民区党组织、居委会结合楼组长在抗疫中的表现，调整优化楼组长队伍，探索"双楼长制""楼组长助理制"，加强楼组自治力量。三是多措并举推进党建引领居民楼组自治建设。重点是加强党建引领居民自治楼、自治示范楼建设，加强居民楼组自治"六个一"载体建设，加强对党建引领居民楼组自治的支撑保障。

链接一：

开展向杨如明同志学习活动

杨如明是虹口区凉城社区秀苑居民区党总支书记。她潜心探索以党建引领、服务为本、民主自治、价值凝聚为核心的社区居民自治管理新模式，勇敢实践民主提事，问需于民；民主决事，问计于民；民主理事，问治于民；民主监事，问谏于民的四民四问工作法，使党总支成为凝聚党员、服务群众的坚强堡垒，受到社区党员群众的拥护和支持。在她的带领下，秀苑居民区的共产党员比学赶帮，普通群众积极参与，社区建设和管理实现了良性循环，以自治、绿色、快乐、知识、服务为主题的五型秀苑基本成型。居民区和党总支先后荣获全国和谐示范社区和全国先进基层党组织等光荣称号，她本人也光荣地当选为党的十八大代表，成为上海代表中唯一一名"小巷总理"。

党的十八大代表杨如明

2013年5月6日中共虹口区委、虹口区人民政府作出《关于开展向杨如明同志学习活动的决定》，号召全区党员群众学习她体贴入微、竭诚奉献的为民情怀，把握细节、倾听呼声的科学精神，用心交流、循循善诱的工作方法，心系群众、勤勉务实的工作作风。5月8日，虹口区举行"最美基层干部"杨如明先进事迹座谈会。会上，区委、区政府向全区党员干部发出号召，结合"为民、务实、清廉"为主要内容的群众路线教育实践活动，广泛开展向杨如明同志学习活动，进一步加强干部队伍作风建设。

链接二：

杨如明党建志愿者工作室

杨如明党建志愿者工作室成立于2012年9月，以党的十八大代表、"全国先进基层党组织"凉城新村街道秀苑居民区党总支书记杨如明同志为领衔人，以热爱社区工作、基层工作经验丰富的志愿者为团队骨干，紧紧围绕"面向基层，服务至上"工作宗旨，通过下设"党建苑""书记茶苑""读书苑"三个活动平台，着力发挥"业务培训、创新策划、实践指导、典型推广"四大功能作用。

"力量在群众中聚——再说'补短板'"活动

　　加强"传、帮、带"，着力打造人才培训新基地。随着社区居民区书记新老交替，党务工作者的"新手"进入社区工作。刚刚接触基层党务工作的新人，对工作的认识度、熟悉度不够，在工作中遇到困难的时候，很有可能"捉襟见肘"。杨如明党建志愿者工作室的团队成员都有着丰富的基层工作经验和灵活的基层工作方法，他们的经验和方法是一笔宝贵的社会财富。受区民政局的委托，2013年，来自全区各街道的16位青年社工"生手"走进工作室，拜领衔人杨如明为师，深入了解社情民意，学习工作经验。杨如明及工作室的其他同事不定期与青年社工交流，倾心带教，将自己的工作感悟、心得毫无保留地与他们分享。此外，工作室的"读书苑"还召集青年社工们参加读书活动，陶冶情操，提高个人素质与修养。

　　创新思路，着力开创群众工作新方法。工作室围绕创新策划这一重要功能，针对社区工作实际，结合居民区和"两新"组织等不同特点，不断创新思维，攻坚克难，探索党建工作新思路，开创群众工作新方法。加强指导居民自治工作。围绕物业管理、"两新"组织党建等热点难点问题，举办"书记茶苑"专题研讨活动和"两新"组织党建座谈会，介绍生动事例及经验做法。

　　集思广益，着力开凿信息交流新渠道。工作室旨在培养人才、开拓创新、指导实践，同时也致力于成为一个知识、经验、心灵、情感等交流沟通的平台，集聚群众工作正能量，提升社区发展新成效。一是创办《党建苑》内刊，实现交流方式定期化，传播党建知识、交流工作心得、树立先进典型、弘扬科学创新，对基层党建工作案例进行推介，每个案例加注点评，供各基层党组织参考学习。二是利用新媒介，实现交流方式多样化。工作室利用网络媒介，开通了微博、电子邮箱、QQ群等现代网络工具，建立工作室和党组织书记、书记和书记之间交流互动平台。

链接三：

大居党建引领社区治理绽放彩虹之美

虹口区彩虹湾是中心城区最大的保障性住房社区。随着四期陆续建成入户，近3万人的集中居住，周边地区的配套服务和管理问题日益凸显，人口导入为社区发展带来了前所未有的挑战和机遇。为此，街道党工委牢牢把握新挑战、探索新课题，立足于"彩虹湾"地区的大型居住社区实际情况，围绕人民群众对美好生活的向往和实际需求，以党的组织体系为核心，立足党建引领社区自治和社会共治，探索形成多层次、多元化、多样化的大居党建联盟体系，使党的建设引领小区治理、贯穿小区治理、保障小区治理，从而服务、凝聚、引领党员群众共建共治共享。

强化组织领导，突出一个"活"字。通过纵向搭建"街道党工委—街道社区党群服务中心—居民区党组织—党小组"基层党组织体系，配齐配优人才队伍，进一步夯实工作基础，活化组织作用，通过三级党群服务网络，开展各项功能性服务、活动，进一步延伸工作触角，用活党群阵地，提升工作实效，狠抓一个"实"字。积极打造零距离、嵌入式、接地气的基层党群工作阵地，实现"大居党建"引领下的工作和服务全覆盖。通过搭建平台，强化党组织与辖属单位的共建联建，签订《党建工作责任书》，促使各党组织进一步强化责任意识，有效打造党建引领的大居党建联盟。以机制为抓手加强各方沟通交流，通过组织联建、活动联办、资源联用、服务联做，促进社区和辖区单位的深度融合，完善多元参与的社区治理机

邻距离·彩虹堂

制。加强统筹协调，形成一个"合"字。突出大党建思维，以机制为抓手，以项目为载体，有机联合单位、行业及区域党组织形成利益共同体，推动社会力量参与，积极实现社区自治和社会共治相结合。通过整合资源，探索打造功能性联盟，逐步探索形成公共服务、公共安全、公共管理、社区共治等各项专题委员会，让"专业"负责"专事"。通过联合共建，结合区域化党建联席平台机制，以项目化方式展开运作，推动企业单位与社区共治共享，让"同盟"实现"共赢"。结合彩虹湾公租房实际，联合虹房集团党委在公寓内建立"彩虹工坊"党群服务站、青年中心，围绕不同青年群体的切身利益，推出"彩虹计划"项目，有效实现青年的思想引领、组织覆盖、活动凝聚、服务延伸，让"特性"化为"特色"。

建立跨省流动党员"双重管理双向服务"机制

　　20 世纪 80 年代后期，迎着改革开放的大潮，到上海闯荡的天台人有 3 万多人，其中有为数不少的党员。其时，流动党员教育学习缺失、基本权利无法正常行使、党性逐渐弱化是普遍困境。如何在大开放、大流动的背景下开展党建工作，是组织部门一直在探索的课题。天台县委组织部听到在外流动党员的心声，马上与虹口区联系。虹口区有关部门也已关注到这一庞大的天台人群体，他们期盼发挥流动党员的作用，实现对流动人口有效管理，并将天台在沪流动党组织纳入区域性大党建格局。1995 年 1 月 14 日，在虹口区曲阳路一间工厂的二楼会议室，全国第一个跨省流动党组织——天台县在沪流动党支部宣告成立。两地组织部门签订双重管理协议书，明确职责，定期互访沟通，举行研讨会，共同推进流动党员教育管理。由此破壳的"双重管理"党建管理体制，打破区域界限和体制束缚，成为

1995 年，天台县驻沪流动党支部在虹口区曲阳路街道成立，成为全国第一个跨省流动党支部，此后不断发展。图为浙江省天台县驻沪流动党总支与曲阳路街道社区综合党委结对共建签约仪式

有效破解流动党员教育难、管理难问题的密码，并在实践中迸发强劲活力。

让流动党员始终"流动不流失"。天台县在沪流动党支部的成立，打破了传统封闭的"体制内"党建模式，此后，采取依托式、区域式、联合式等多种方式，因地制宜建立流动党组织。虹口区还与天台县建立了定期联系通报、职责分工等各项制度。每届区党代会代表选举，虹口区都安排1个名额给天台驻沪流动党组织。20多年来，两地领导换了好几届，但流动党员教育管理的合作不曾间断。在两地党委的精心呵护下，天台在沪流动组织不断发展壮大，2007年8月，天台在沪流动党员委员会成立，从最初的6名党员，发展到拥有9个支部、350余名党员和入党积极分子的流动党委，如今天台在沪流动党员已遍布上海。20多年共同探索，天台与虹口形成了以"流出地与流入地共同管理、服务创业地与服务家乡"为主要内容的流动党员"双重管理、双向服务"工作模式——既双重管理，又双向服务，管活、管顺了流动党员，也将党的建设与经济社会建设有机结合起来，将流出地和流入地的积极性都调动起来，实现了双赢。目前，这一模式已走出长三角地区，向全国各地推开，成为在全国有影响的党建品牌。

让流动党员始终"人散心不散"。每月15日，是天台在沪各流动党支部雷打不动的党性教育日。活动内容务实管用，锤炼党性初心。流动党组织的理念密不可分："服务价值有多大，凝聚力就有多强。"一直以来，流动党组织融党情、乡情、商情为一体，加强常态教育，通过设立流动党员帮扶基金，开展组团帮困系列活动，让广大流动党员感受到党情深、乡情浓。流动党组织的凝聚力来自哪里？"我们充分发挥党委和支部的政治功能，用教育来提升党员素质，用制度来规范党员管理，用载体来推动党员作用的发挥，用服务来凝聚党员，把乡情、商情、党情融为一体。"20多年来，天台在沪流动党组织通过成立创业服务中心、设立关爱基金、组织交心谈心、开展暖心行动等，为在沪党员和天台人提供政策咨询、信息交流、法律援助、扶贫帮困等各项服务。这里，不仅是一个加强研讨交流、提升党性修养的学习平台，也成了一个整合信息资源、提供众多商机的服务平台。为把优秀人才牢牢凝聚在党的周围，天台在沪流动党组织还探索建立"两推两选、两票两权、两考两公示"等制度，公推优秀外出务工经

2022 年 4 月 13 日，天台在沪流动党委将价值 19.5 万元的 3400 箱牛奶分别运送到上海市公共卫生中心、嘉定马陆镇人民政府、宝山区庙行镇人民政府、普陀区真如街道、虹口区曲阳街道等地，分发给抗疫一线的医护人员和社区的孤寡老人

商人员，从中发展党员。

流动党组织成为"一面旗"。有了流动党组织，党情深了，乡情浓了，信息灵了，合作多了，发展快了。最初到都市淘金的天台人，成为各行各业的佼佼者，积极担当起社会责任。初步统计，目前在沪打拼创业的天台人有 5 万多人，天台籍人员在上海创办具有独立法人资格的企业 1800 多家，创办各类市场 10 多个，资产 1 亿元以上的经商办实业能人就有 100 多人，总资产超 600 亿元。

一个党员就是一颗火种、一块基石，团结起身边的人，一同前进。20 多年来，天台在沪流动党委推动"浙商回归"工作，帮助在外能人返乡创业，先后"带"回企业 70 余家，投资总额达 10 多亿元；帮助村庄发展、村民致富，每年为家乡捐款捐物超过 500 万元，回乡担任村干部的达 200 多人。

从上海起步，从东海之滨到雪域高原，从南国春城到大漠边疆，伴随天台人的脚步，一个个在外流动党员的"家"建了起来。流动党组织，成为天台人经济的"一根藤"，成为沟通两地的"一座桥"，成为天台党建的"一面旗"。目前，天台已在全国 20 个外出人员集中的城市建立了 2 个流动党委、3 个流动党总支，38 个流动党支部。每个流动支部成立时，都与所在地签署《双重管理协议书》，建立定期沟通联系制度。

新时代、新形势、新要求下，如何评价党建工作的成效？天台与虹口一致认为，关键在于对长三角一体化进程的推动作用，在于对两地经济、政治、文化建设方面的社会效益，在于党组织建设和党员个人价值的有机统一。2019 年 8 月 1 日，因流动党员"结缘"的天台与虹口再度联手发力，天台·虹口深化流动党员"双重管理双向服务"助力长三角一体化主题活动在上海召开，双方签订一体化发展协议，合力打造两地跨区域合作的平台。两地确定的十大项目，涉及党建共建、产业共赢、治理共抓、人才共育等方面，谋求在更大范围、更宽领域、更深层次上实现联动发展。

链接一：

虹口旧改基地成立移动党群服务站

2021 年 4 月，虹口区旧改基地移动党群服务站正式成立。虹口区以"移动、整合、便民"为原则，提出"移动的大树"理念，推动旧改基地党群服务站建设与旧改项目地块的移动性相适应，使党群服务站不断扎根到不同区域、不同地块，吸收整合当地特色资源，为区域内党员群众输出因地制宜的服务。

旧改基地移动党群服务站突出移动特点，跟着旧改基地"跑"。通过整合区域资源，将法律咨询、信访接待、公益讲座、休闲娱乐等群众急需又喜闻乐见的服务送到旧改一线。在旧改基地开展"行走的思政课"，让参与者深入群众、深入人心，进一步凝聚思想共识，激发起干事创业的强大动力，让旧改征收工作更细致、更有温度。

2021 年 9 月 9 日，四川北路街道 194 街坊成立旧改临时党委。同时，旧改基地移动党群服务站在

2021 年 4 月 22 日，上海市首个移动型旧改基地党群服务站在保定路 358 号旧改基地正式投入使用

此落脚。四川北路街道拥有丰富的红色文化资源，194街坊旧改基地党群服务站结合街道地域特色，除了落实政策咨询、矛盾调解、法律服务、文体服务、职工关心等功能外，还进一步拓展红色文化传播功能。每周邀请党史教育专家和宣讲团志愿者老师为旧改基地党员群众开展"红色地图讲解"，把党史教育送到旧改一线，让党建引领旧改入脑入心、走深走实。"寻街探巷访民情——旧改地块大思政课"，是虹口旧改基地党群服务站移动到四川北路街道后的又一创新举措。党群服务站每周安排青年党员、积极分子、巾帼岗、突击队人员等走街串巷，探访民情，并将他们的走访体会展示在党群服务站的墙上。

让居民们印象深刻的，还有194街坊旧改基地党群服务站的"小巷人家暖心屋"。党群服务站结合"我为群众办实事"实践活动，开设党群、生活、法律、健康、文体、心理疏导等综合性便民服务，满足党员群众"冬可取暖、夏可纳凉、渴可喝水、急可如厕、累可歇脚、伤可用药"的现实需求。同时，整合虹口区纪委、区信访办、街道、法院、医院等单位服务资源，以需求为导向优化资源配送，形成组团式服务理念，保障党群服务站的长期可持续发展。除了广受居民欢迎的手作、茶艺、养生等保留项目外，还不断尝试创新活动项目。类似疗愈舞蹈课，就旨在对居民给予心理疏导和情绪排解，为旧改基地传递更多正能量。

链接二：

上海灯具城党总支成立

"党员就在你身边"承诺墙、"共产党员示范岗"铜牌……在上海灯具城的商户们眼里，这些党建元素出现在琳琅满目的商场中，自有一种无法言说的魅力，这是一份责任，更是一份承诺。

接流动党员"回娘家"。上海灯具城是国内最早的大型灯具市场之一。目前，灯具城内共有商户100多家，其中一部分商户还有着另外一重身份——共产党员。但由于商户流动性较大，常常导致这些党员商户们"游

上海灯具城党建服务站办公区

离"于组织之外。为帮助这些流动党员解决这个问题，灯具城于2014年9月将原商户党支部更名为"上海灯具城联合党支部"，并安排人员主动上门了解情况，与广中路街道携手帮他们重回组织的怀抱。书记由灯具城党总支副书记兼任，接受灯具城党总支和广中路街道社区党委的双重领导。

一名党员一面旗帜。为积极发挥党员商户们的先锋带头作用，联合支部特别要求党员商户们亮明身份，在商场大堂设立的"党员就在你身边"承诺墙上公开自己的照片、商铺号、职务及服务承诺等信息。此外，支部每年都组织评选"共产党员示范岗"，并对获评商户给予奖励，激励广大群众向党员看齐，共同营造良好的经营氛围。

满足党员多元化需求。灯具城党总支在5楼专门为灯具城党员群众开展各种组织活动而辟出300平方米场地，每个工作日的午休时间向党员群众开放。在这里，不仅有新党员宣誓墙、理论刊物阅览室、小型会议室、各种健身器材，还有不定期举行的各类党组织活动，为党员群众提供多种精准服务，使党员们真正找到"家"的感觉。此外，在支部的协调沟通下，广中路街道的党建服务站也建到了这里，搭建了深化区域化党建工作的有效平台。

链接三：

10号晚上7点，支部见！

四川北路街道流动党支部成立于1993年，现有党员35名。建立初衷是为了适应市场经济发展需要，为在外打拼的党员打造一个"流动党员之家"。

由于党员的流动性和分散性，要开展好组织生活可不简单，问题的核心是党员不能定期到党支部报到，破题就必须打破空间距离，推动流动党员教育管理服务制度化、常态化，让党员能够找到党组织。支部开始探索流动党员"双固定"机制，即组织生活的时间固定在每月10日晚7时，地点固定在四川北路街道社区党群服务中心。支部要求党员必须按时报到参加"三会一课"，并定期做好提示工作，这一举措将流动党员管理由"动态"变为"固态"，得到了街道社区党工委的大力支持。"双固定"机制让流动党员有了自己的党群工作阵地，让党支部和党员之间、党员与党员之间有了更为紧密的联系纽带，党员们切实感受到了组织的浓浓关怀，真正体会到了认同感和归属感。现在，经常可以看到一些流动党员拖着行李箱来参加组织生活。

用好网络载体是完善流动党员教育管理服务的一种新途径。对于有部分党员确实无法参加组织生活的情况，党支部认真商议，以微信群、学习强国App等各类信息化手段为载体，组织党员线上参与组织生活。支部要求网络活动必须签到，视频讨论要看到党员一张张面孔，时刻回答问题，定时交流感想，让每个党员认识到组织生活的严肃性。同时，支部定期通过微信群推送理论知识，组织党员参与打卡学习等活动，引导党员利用碎片时间随时随地随心学。现在支部党员们的自学热情大大提升，大家都已养成了习惯，每天利用空余时间刷一刷学习强国App。这几年，大家还会主动把自己参与的各类党员志愿服务活动、党建理论自学心得等"晒"在互联网、"秀"在朋友圈。

四川北路街道流动党支部要求党员必须按时报到参加"三会一课"，并定期做好提示工作，"双固定"机制将流动党员管理变"动态"为"固态"

党管人才强体系，政治引领聚合力

　　党的十八大以来，虹口深入贯彻落实新时代人才工作新理念新战略新举措，坚持人才引领发展战略地位，聚焦引才、育才、用才、留才，着力强化高层次人才队伍建设，取得了一定成效：党管人才更加科学有力；人才集聚效应持续凸显；人才工作品牌更具特色；人才发展生态更有温度。进一步凝心聚力营造英才汇聚的创新"强磁场"，为打造"上海北外滩、浦江金三角"提供人才支撑和智力支持。做好新时代人才工作，必须坚持党管人才，管宏观、管政策、管协调、管服务。近年来，在区委、区政府的领导下，虹口已形成由组织部门牵头抓总，职能部门各司其职、密切配合，社会力量广泛参与的人才工作联动新格局。

乐业虹口，大展"虹"图

完善组织架构，优化人才工作领导小组设置。2021年，为加快推进人才强区建设，区委积极对标市人才工作领导小组，升格区人才工作领导小组设置，由区委书记担任组长，并新增区公安分局、区司法局、区税务局等7个部门作为成员单位，进一步完善组织架构，强化对全区人才工作的组织领导和统筹协调作用。同时，将人才工作作为年度党建责任制考核的重要内容，压实工作责任、注重结果运用，逐步构建起上下联动、横向贯通、分工合理、整体协同的区域人才工作体系，努力推进人才工作高质量发展。

加强宏观管理，让人才政策体系更具实效。抓纲举目，制定发布《虹口区人才发展"十四五规划"》，为虹口提升城区能级和核心竞争力、聚力北外滩开发建设，实现高质量发展高品质生活高效能治理锚定人才发展目标。以更加开放的姿态对接上海"海聚英才"工程，出台《虹口区促进海内外优秀人才集聚的意见》，作为虹口"5+N"产业政策体系框架中5个专项政策之一，为人才引进、培育、使用、服务提供全方位支持。设计更具穿透力的人才政策，在全市率先出台《虹口区留学回国人员过渡期内租住人才驿站的专项支持政策》，让海内外人才"先落脚再落户"；制定《虹口区人才安居工程实施办法（试行）》，尽最大努力为广大人才解决后顾之忧。2022年新一轮新冠疫情防控取得阶段性胜利后，火线发布《虹口区全力抗疫情助企业促发展的实施办法》，依托"14438"优化营商环境综合平台，用好人才发展专项资金，全力帮助企业纾困解难，坚定人才在虹口干事创业的决心信心。

强化政治引领，提升人才队伍凝聚力。发挥党管人才的政治优势和组织优势，加大从一线专家人才中推荐担任党代表、人大代表、政协委员的工作力度，支持参政议政，为广大人才在更多平台展示自我搭建平台。近年来，多名人才因出色履职，获评年度区优秀政协委员。区十四届、十五届政协委员，区拔尖人才成海涛，提出的社情民意有五次被市政协采用，其中三篇被市领导批示。目前，虹口500余名各类高层次人才中，有近80名成为新一届"两代表一委员"。

加强对各类人才的教育培训，先后举办多期虹口区青年英才研修营、非公有制经济代表人士研讨班、新的社会阶层代表人士培训班等，指导各类人才深入学习领会习近平新时代中国特色社会主义思想的丰富内涵和核心要义，加深对世情、国情、区情的理解，提升人才队伍的凝聚力、归属感、认同感。坚持"一把手"抓"第一资源"，健全党委联系服务专家机制，加强各级领导干部与专家学者的结对联系。依托"千人访万企""书记要对书记说""半月谈"等特色服务品牌，结合大走访、大排查等工作，零距离为各项人才服务解惑，提升人才满意度与获得感。

　　虹口将继续坚持党管人才制度优势，加强系统谋划、把关定向，持续在创新人才工作理念上下功夫、在搭建人才发展平台上出实招、在优化人才多元服务上求实效，让天下英才近悦远来，将虹口真正建设成为人才汇聚之地、成长之地和向往之地。

链接一：

大力推进"宏才工程"

　　2015年4月1日，在前期成立9个专项调研组深入各单位开展调研的基础上，中共虹口区委召开"宏才工程"实施推进工作会，就推进实施"宏才工程"进行动员和部署。

　　实施"宏才工程"是虹口创新发展的战略需要。通过"宏才工程"，要建立一支政治坚定、结构合理、敢于担当、充满活力、廉洁自律的高素质干部人才队伍，通过加强整体谋划和顶层设计，构建优秀人才发现、培养、选拔、服务的平台机制，探索有利于优秀干部和创新人才成长的制度和政策环境。"宏才工程"分体制内干部和体制外人才两大块内容，体制内发现、储备和加快培养干部，体制外重点是吸引高层次人才来虹口创新创业。

"虹口人才"微信公众号

2015 年 12 月 23 日，中国共产党上海市虹口区第九届委员会第十一次全体会议通过的《中共上海市虹口区委关于制定虹口区国民经济和社会发展第十三个五年规划的建议》中明确提出：集聚创新创业人才。实施人才引进集聚计划，改革创新人才培养和评价机制，大力实施"宏才工程"，推行"千百十"人才集聚计划，促进各类创新创业人才集聚。加快产业创新和科技创业人才引进和培养，培育一批站在行业科技前沿、具有国际视野的领军人才和创新团队，集聚一批具有战略思维、创新意识、管理能力、运作经验的企业家和职业经理人。建立更开放更灵活的人才管理制度，促进科研人员柔性流动。以人才的发展需求为根本，优化生活配套服务，营造良好的创新创业环境。

链接二：

双向挂职"润滑"政企沟通渠道

为深入推进群团改革，2017 年，虹口区工商联启动机关干部、企业人才双向挂职锻炼，让机关年轻干部走进基层学习"企业语言"，把企业优秀人才请进机关拓展工作视野，为构建新型政企关系添加"润滑剂"。

首批参与双向挂职工作的企业有森信投资控股（集团）有限公司、上海苏宁云商销售有限公司、上海市新沪商企业家俱乐部有限公司、上海美设国际货运有限公司、上海环境节能工程有限公司。在为期 3 至 6 个月的挂职锻炼中，来自区工商联的年轻干部深入企业了解基层实情、积累经验，从转变作风做起，增强服务基层、服务企业的意识。同时，企业的优秀人才也通过到区工商联挂职，学习如何与政府部门进行沟通。

区工商联还通过完善主席工作机制，建立"青年创业者"联谊会等措施，加强非公有制经济代表人士领导队伍建设、培养年轻一代非公有制经济人士。特别是在构建新型政企关系方面，区工商联携手虹口税务局等部门，推出"虹口区服务非公经济发展法治论坛""面对面座谈会""同心圆下午茶"等特色主题活动，完善政企沟通长效机制，提高非公经济人士获得

2017 年 6 月 26 日，虹口区工商联机关干部与企业人才双向挂职锻炼启动仪式

感。此次启动的干部双向交流挂职锻炼，是区工商联推进群团改革的又一创新之举，希望通过这种形式拉近与企业的距离，增强工作创新性和针对性。为进一步畅通政企沟通渠道，区工商联"青年创业者联谊会""非公经济法制平台""'税商汇'服务平台"等服务企业平台也继续得到拓展和完善，维护企业合法权益，为企业排忧解难。此外，区工商联网站、微信公众号也新设"深化服务企业"栏目，主要是收集整理并及时发布区域经济社会发展规划和政府部门各类支持企业发展的政策，帮助广大投资企业快速了解并融入虹口。

链接三：

"菁英 100" 青年人才培养计划

为打造"上海北外滩、浦江金三角"提供人才支撑和智力支持，2022年 8 月，虹口区启动了"菁英 100"青年人才培养计划。

该项目从"选苗、育苗、用苗"全过程搭建好虹口青年人才培养的优质"苗圃"，培育壮大青年人才蓄水池。项目为"菁英 100"青年人才提供资金支持和定制化精准人才服务，开辟人才安居政策咨询等各类服务通道，组织开展研修营、沙龙等活动，并积极对接推荐"千帆行动"等各类市级人才培养计划，为青年人才提供更高发展平台。同时，虹口区正式启用了"高层次人才服务卡"，该卡包含各类区级优质服务资源，通过线上线下双渠道，为全区高层次人才提供"人才事务、人才发展、健康管理、子女教

2022 年 8 月 17 日，虹口区"英才汇聚北外滩　共筑浦江金三角"2022 年人才工作会议上，118 位优秀人才代表被授予荣誉称号，并获颁首批"高层次人才服务卡"，同时着重培养青年人才的"菁英100"计划正式启动

育、文体休闲"等 18 类 40 余项优质高效便捷服务。

　　近年来，虹口区加快推进人才强区建设，先后出台了《虹口区促进海内外优秀人才集聚的意见》《虹口区留学回国人员过渡期内租住人才驿站的专项支持政策》《虹口区人才安居工程实施办法（试行）》等政策和创新推出海归人才驿站，为人才引进、培育、使用、服务提供全方位支持，解决他们在工作、生活中的各种后顾之忧，增强他们安心在上海、在虹口干事创业的决心信心。五年来，新引进海内外高层次人才 100 余名，促进了区域经济和社会发展。

　　下一步，虹口将不断放大海归人才驿站等服务政策效应，健全人才安居、教育、医疗综合服务体系，优化发展平台和环境，吸引更多人才汇聚虹口、创新创业、实现价值。还将在创新人才工作理念上下功夫、在搭建人才发展平台上出实招、在优化人才多元服务上求实效，让天下英才近悦远来，使虹口真正建设成为人才汇聚之地、成长之地和向往之地。

践行伟大建党精神，赓续传承力量之源

　　党的十八大以来，中共四大纪念馆以习近平新时代中国特色社会主义思想为指导，全面学习贯彻党的十八大、十九大、二十大以及各次全会精神，牢记"三个务必"，坚持"人民场馆为人民"理念，充分发挥红色文化、海派文化、先进文化资源优势，服务基层群众，创新开展党史研究、展览陈列和宣传教育工作，把丰富的红色资源作为主题教育的生动材料，讲好党的诞生地故事，传播红色文化，弘扬核心价值。

守正创新，提升研究策展实践能力

　　着力党史研究，筑牢立馆之本。近年来，中共四大纪念馆策划举办"上海 1927——纪念上海工人第三次武装起义胜利 95 周年""固本强基筑堡垒——中国共产党百年支部建设图片史料展""根基血脉·力量之源——党的群众路线发展历程图片史料展""抓铁有痕筑党魂——中国共产党早期

中共四大纪念馆外景

纪律建设史料展览""开启新征程　博物馆的力量——文化名人与时代同行""中国文化的生力军——从左翼文艺到延安文艺""斯人如虹——丁玲相关文献微展"等原创展览 19 场，以丰富的史实和深刻的理论为依据，着重阐释中共四大纪念馆红色文化品牌"力量之源"的内涵和外延，为践行伟大建党精神研究和宣传工作注入不竭动力。

深入开展研讨活动。开展中共四大里弄名称研究，确定会址所在里弄名称为"广吉里"，并撰写论文《中共四大会址广吉里考证》；与区委党史办、区委党校一起举办《中共四大史》书稿专家评审会，编写、梳理、完善相关书稿；持续强化对四大代表及相关人物的研究力量，与上海市中共党史学会、区委党史办共同召开郑超麟、阮章等虹口党史人物史料征集与学术研讨等活动，完成四大最年轻代表阮章的照片考证工作；举办"左翼文艺与延安文艺"对话会、陈望道文艺美学思想学术研讨会等活动，并与复旦望道研究院与兄弟场馆等共同探讨"陈望道文艺美学思想"。

加速成果转化。根据研究成果，制作《非遗面塑｜中共四大红色故事》IP 系列定格动画、《中国共产党第四次全国代表大会》图文录；打造"国旗教育展示厅"沪语民谣主题曲《五星红旗迎风飘》；组织"力量之源小红花"志愿者，拍摄宣讲"非凡十年""二十大精神""请党放心　强国有我"等"力量之源　红色 100"系列视频；在《世纪》杂志发表李白烈士故居研究文献，叙述革命先烈事迹，并以舞剧的形式登上舞台，用优美的舞姿展现烈士的英勇事迹。

砥砺奋进，做响"文化三地"宣教品牌

用好红色 IP，打造品牌项目。开展"初心讲堂"系列讲座、"喜迎二十大·为国旗添彩"、"为国旗而歌艺术创作大赛"、"博物馆的力量"、"艺术与人民在一起——左翼文艺与延安文艺"虹口文化名人讲座等主题活动，2022 年共开展 51 场，覆盖线上线下近 40 万人次，使红色文化资源成为开展爱国主义教育、培育社会主义核心价值观、了解党的奋斗历程和建设成果的重要载体。

丰富线上宣传平台。充分发挥新媒体宣传优势，通过中共四大纪念馆微

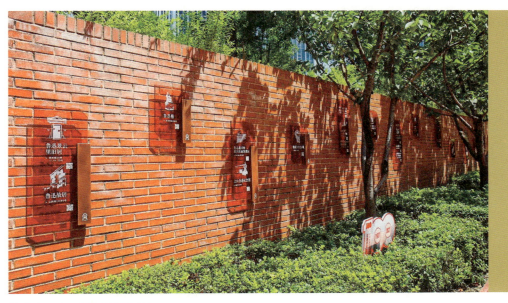

"虹"色足迹·年轮大道展示墙

信公众号，推出"力量之源·红色100"、"力量之源"战斗堡垒｜志愿者说、国旗广场"大思政课"、听"小红花"讲"红故事"等系列专题，弘扬中国共产党人的伟大精神，让红色文化在上海更加鲜活靓丽。2022年浏览量逾502.5万人次，累计发布推送251篇，媒体报道174篇，其中央媒报道20篇。

凝心铸魂，构建大思政课育人格局

发力巡展巡讲，引进优秀红色资源。将原创展览以巡展形式送展入机关、入企业、入学校，2022年开展线上线下巡展15场，累计受众6513人。走出去的同时，中共四大纪念馆也不断"引进来"，先后举办"伟大历程——一大到七大巡展""觉醒年代百幅版画展""中共四大代表姓名印章篆刻作品展""可爱的中国——共和国英烈方志敏特展"等引进展览，勾勒中国共产党发展的红色印迹，彰显中国共产党人的红色基因，为更多组织和党员开展党史学习提供珍贵资料。

营造沉浸式观展氛围，持续打造"虹"色足迹·年轮大道展示墙，上海革命遗址旧址纪念墙"元宇宙"展区，集中展示重要革命遗址旧址，反映中国共产党在党的诞生地重要区域的战斗历程，展现共产党人坚贞不屈、追求自由的斗争精神。打造"'声'临其境 Cosplay 隐蔽战线上的……""寻踪探秘，李白烈士故居沉浸式聆听广播剧体验"等活动，以沉浸的方式让游客走入故居、纪念馆，由旁观者转变为戏中人，更好地让观众了解革命烈士为新中国作出的贡献，厚植爱国主义情怀。

探索打造"红色文化生态示范区"。积极发挥红色场馆作用，在虹口区委、区政府指导下，充分发掘虹口特有的文化积淀，大力推动四川北路红色文化生态示范区建设。围绕"四红馆一中心一遗址"，以共享单车、迷你巴士等形式串联红色资源、打造红色旅游路线，充分发挥党的诞生地、初心始发地、伟大建党精神孕育地特点，推动红色旅游产品和服务不断提升。

新时代新征程上，中共四大纪念馆将以党的二十大精神为指引，以学习宣传贯彻习近平新时代中国特色社会主义思想为主题主线，利用上海丰富的红色资源和学思践悟新思想的实践资源作为生动教材的党员教育新载体，依托中共一大、二大、四大场馆管理委员会，以"谦虚谨慎、艰苦奋斗、守正创新、敢为人先"的四大精神深入推进"党的诞生地"发掘宣传工程，扎实开展学术研究工作，深挖相关史料文物，持续推进场馆数字化建设和展陈创新，加强培养红色文化宣讲人才梯队，推出更多优秀党史故事和红色主题活动，打响"力量之源"红色品牌，为"推进文化自信自强，铸就社会主义文化新辉煌"这一重大任务作出应有的贡献。

链接一：

中共四大纪念馆被命名为"全国爱国主义教育示范基地"

2017年11月28日，中共四大纪念馆全国爱国主义教育示范基地揭牌仪式在中共四大纪念馆举行，这也是上海市第13家"全国爱国主义教育示范基地"。

1925年1月在上海虹口召开的中国共产党第四次全国代表大会，在党的历史上第一次明确提出无产阶级领导权和工农联盟问题，提出加强党的组织、执行，使党群众化的组织路线，推动中国共产党从小到大、由弱到强，从一个宣传性的政治小团体发展为真正的群众性政党，影响至深至远。2007年，习近平同志在参观中共四大史料陈列馆后郑重指出，一定要把党的历史完整地记载下来，教育下一代，这也包括要把四大纪念馆建造好，

2017 年 11 月 28 日，中共四大纪念馆全国爱国主义教育示范基地揭牌仪式举行

把史料征集好。

在中央和上海市委的关心支持下，2012 年 9 月，位于虹口区四川北路公园的中共四大纪念馆正式建成开放。多年来，区委、区政府牢记总书记嘱托，深耕历史文脉，创新开展研究、展陈、宣教工作，深入推进"党的诞生地"发掘宣传工程，创新爱国主义教育的内容和形式，努力讲好中共四大和上海党的诞生地故事，把党的光荣传统发扬好、继承好，使纪念馆成为广大党员干部群众追寻光辉历程、缅怀先辈伟业的红色地标，使红色基因融入城市血脉、根植市民心中。

链接二：

上海首个国旗教育展示厅亮相

虹口与国旗有很深的缘分，国旗设计者曾联松曾长期居住于虹口。2021 年 5 月，随中共四大纪念馆重新改陈布展而专门设置的上海首个国旗教育展示厅与市民见面。

该厅展示面积约 1300 平方米，设计采用庄严大气的整体风格，以组合式展台凸显"团结凝聚"的内涵，并集纳多种展示手段，生动、立体地演绎重要时刻，辅以沉浸式体验引发观众对国旗的记忆，从而激发观众热爱

国旗教育展示厅内景

国旗、热爱国家的情感。采用专题式的叙事方式，从"国旗诞生""国旗飘扬""国旗和我"三个版块，讲述国旗诞生的历程和设计的内涵，国旗设计者与虹口的渊源，展示国旗在历史脉络上的伟大瞬间。

　　展示厅辟出独立区域，根据老照片，复原了一处国旗设计者曾联松的书房，展示了他的设计手稿、字画等，再现了他生前工作、生活的场景。同时，含有国旗、国徽元素的各类纪念典藏也有大量展示，其中不乏原件罕品——白公馆革命志士在狱中缝制的五星红旗，新中国成立50周年上海人民广场升旗仪式使用的国旗，祖国最南端三沙市成立以来在永兴岛升起的国旗等。模型展示区展示了我国自主研发的各领域最先进、最具代表性的国之重器，如辽宁号航空母舰、玉兔号月球车、C919空中客机、长征系列运载火箭等模型，展现大国风采，彰显综合国力；展览还邀请知名艺术家创作相关绘画、雕塑，增强展览视觉效果，向观众全景化、沉浸式展现国旗创作诞生的伟大历程和中华儿女与国旗的动人故事，打造新时代爱国主义教育的传播高地。

链接三：

中国共产党支部建设百年历程展开展

　　2022年9月7日，《固本强基筑堡垒——中国共产党支部建设百年历

《固本强基筑堡垒——中国共产党支部建设百年历程展》在中共四大纪念馆开幕

程展》在中共四大纪念馆开幕。126 张图片，14523 个珍贵文字，将中国共产党支部建设的百年波澜壮阔历程，画卷般地展现在人们眼前。参观者通过一段段文字、一幅幅图片，回眸中国共产党支部建设的百年光辉，感受精彩绚烂的百年发展历程。

本次展览以中国共产党支部发展的历史沿革为线索，梳理了党支部建设的发展脉络，全面系统呈现了 1921 年至今，与党支部建设相关的重大历史事件、重要党史会议，以及党的领导人关于支部建设的重要思想和论述等，涵盖了"党支部建设的历史起点""支部建在连上""成为坚强的战斗堡垒""党支部建设在探索中前行""党的全部工作和战斗力的基础""党的一切工作到支部"六个篇章。

中国共产党第四次全国代表大会第一次提出"三人成立党支部"，虹口由此成为中国共产党支部建设的起点。抓好支部建设，夯实基层战斗堡垒，是历史赋予虹口的职责任务，也是践行初心使命的重要途径。镌刻在展板上的历史印记熠熠发光，每一张照片都引起了时代的共鸣。回望过往，在种种考验面前，党支部充分发挥战斗堡垒作用，在守正创新中不断丰富和发展支部建设理论，为我们眺望新时代前方的奋进路提供精神动力，也为上海深入探索超大城市基层治理现代化路径提供启示。

中共四大最年轻代表阮章首露"真容"

2022年9月7日，在"牢记嘱托 砥砺奋进——中共四大纪念馆开馆十周年纪念活动"仪式上，中共四大纪念馆内唯一没有照片的最年轻的中共四大代表——阮章首露"真容"。仪式上，中共上海市虹口区委党史办公室主任王佩军发布了阮章照片，阮章后人代表阮宝胜将阮章南开中学毕业照片铜制底片原件和阮章参加四大时在北四川路上购买穿过的翻领大氅（复制件）赠予中共上海市虹口区委党史办公室、中共四大纪念馆。至此阮章史料征集及照片找寻取得了阶段性成果。

阮章（1902—1926），字炳文，又名阮辛、阮济，祖籍广东中山南朗镇赤坎村，1902年7月27日出生在上海，居住在红旗桥小菜场附近，4岁时随父母到唐山，1919年毕业于天津南开中学，1922年4月加入中国共产党，曾任中共唐山地委组织委员、代理书记。1925年1月11日，阮章作为唐山代表，参加了在上海虹口召开的中国共产党第四次全国代表大会。他是唐山党组织主要领导人之一、北方工人运动的先驱者之一，其革命活动主要在唐山、锦州、北票等地，为北方工人运动蓬勃开展作出杰出贡献，深受工人群众爱戴。他为革命事业积劳成疾，不幸于1926年3月16日病逝于秦皇岛。

阮章，是中共四大20位代表中最年轻的一位，也是去世最早的一位，由于历史客观的原因，不仅阮章

《1922年职工同人联合会代表欢迎邓培回唐》，图中坐者右二为阮章

史料比较缺乏，也是目前中共四大纪念馆展陈中唯一缺少照片的一位，这一直是中共四大纪念馆展陈中的一个遗憾。做好阮章史料征集及照片找寻，对研究中共创建史和中共四大，具有特别重要的意义，也是党史工作者一项刻不容缓的责任。2007 年 7 月 12 日，习近平同志考察虹口中共四大史料陈列馆时指出："我们一定要把党的历史完整地记载下来，教育下一代，这也包括要把四大纪念馆建造好，把史料征集好，要重视党史研究工作。"中共四大研究是党的创建史和上海党史研究的重要方面，也是虹口党史研究的重中之重。建设好中共四大纪念馆是虹口区委、区政府落实习近平同志要求的重要举措，而做好阮章史料征集与照片寻找也是做好虹口党史工作的题中之义。虹口党史工作者守土有责、自觉担责，在各方面的支持帮助下，20 多年前开始的第一轮阮章史料收集解决了阮章代表资格问题。2014 年开始的第二轮阮章史料征集，则把阮章照片找寻作为重中之重的任务。

自 2014 年起，虹口区委党史办牵头区文史馆、中共四大纪念馆等启动新一轮阮章史料征集和照片找寻工作，历时八年坚持不懈征集寻找，曾先后走访中山、唐山、天津、锦州、石家庄、沈阳、哈尔滨、牡丹江、朝阳、北票、秦皇岛等地，与多地党史部门、有关专家交流讨论，先后发现天津、唐山、锦州和北票等多个阮章人物及多张阮章历史照片与不同时期的史料，包括《南开中学 1919 年南开第 13 次毕业班同学录（民国八年夏季）》《1922 年职工同人联合会代表欢迎邓培回唐》等重要合影。由于历史久远，这些照片大多模糊难辨，加上史实复杂，在最后阶段虹口区委党史办特别邀请上海市公安局刑侦总队物证鉴定中心技侦专家张铭等参与对阮章照片的最后考证论证。

2021 年 6 月 3 日，根据广东中山市委党研室、

2022 年 9 月 7 日，中共四大纪念馆开馆十周年纪念活动上，纪念馆内唯一没有照片的最年轻的中共四大代表——阮章首露"真容"

天津南开中学校史馆等提供的天津阮章侄子阮宝胜先生的信息及有关天津阮章照片线索，虹口区委党史办、中共四大纪念馆、上海市公安局刑侦总队物证鉴定中心有关同志前往天津南开中学，与南开中学理事会、唐山市委党研室共同举办"阮章革命历程及照片研讨考证座谈会"，与天津阮章后人阮宝胜及家人就天津阮章南开中学学习情况、毕业照及铜板底片、阮家多人参加革命的事迹等，进行了面对面交流和史实征询查证，对天津阮章基本革命历程与史实情况做了综合研讨并形成共识，成为收集和考证阮章革命史料和照片的一个转折点。

2021年12月，南开中学理事会从天津博物馆举办的《红色记忆——天津革命文物展》中发现与阮章是同班同学的南开中学1919年毕业生、天津觉悟社重要成员、后任北京市委书记的马骏烈士的后人捐赠的《南开第13次毕业班同学录（民国八年）》，获得了找寻官方性质的阮章照片的最新线索。同时，河北省委党研室宣教处也帮助从河北省档案馆扫描到《1922年职工同人联合会代表欢迎邓培回唐》合影照片，提高了照片区分鉴定的辨识度。在此基础上，上海市公安局刑侦总队物证鉴定中心对阮章有关照片进行了数字辨析和综合研判，为做出天津阮章为中共四大代表阮章的基本结论奠定了基础。

2022年1月25日，中共虹口区委党史办、中共四大纪念馆与南开中学校史馆、唐山市委党研室、中山市委党研室、锦州市委党研室、北票市政协文史委、秦皇岛市委党研室共同发起举办"最年轻的中共四大代表、北方工人运动的先驱者之一"阮章史料征集与学术研讨会，通过腾讯会议线上线下同步进行的方式交流阮章相关问题的研究与挖掘情况，听取了虹口区委党史办、中共四大纪念馆关于阮章史料征集研究的情况报告和上海市公安局刑侦总队物证鉴定中心关于阮章照片的论证报告，并对有关研究成果与照片进行了充分的讨论和确认。目前，阮章南开毕业照片作为阮章主要形象照片，已陆续在中山、唐山和南开中学有关党史活动和印刷物品上开始使用。

通过八年征集阮章史料、找寻阮章照片，充分体现了党史工作者海纳百川、追求卓越、弘扬伟大建党精神的执着：一是多年来参加阮章史料征集与找寻阮章照片，不仅获得了有关阮章的文物史料，丰富了中共四大纪念馆展陈内容，还深切感悟到革命前辈的内在精神和人格品质，深切感受到中共四大在党史上推动大革命高潮到来、推动工农革命的伟大意义与影响力所在，对我们今天赓续红色血脉，为实现中华民族伟大复兴而努力奋斗具有重要的现实意义。同时，搞清楚阮章与出生地虹口、与籍贯地中山、与工作地唐山锦州等的关系，丰富虹口中山唐山锦州等党史资源，增强了党史工作者的责任感和自豪感。二是虹口区是"党的诞生地"有机组成部分，初心始发地之一，红色文化的源头，也是伟大建党精神的孕育地实践地之一。持续深入开展阮章史料征集和照片找寻，成为虹口区落实市委"党的诞生地"发掘宣传工程、弘扬红色文化精神、深化虹口文化建设的一个有力抓手。三是与阮章相关的各地党史部门与专家，通力合作，开拓了一种天下党史一家人、跨地区协同合作挖掘研究党史的新路径。四是突破党史研究的传统方法，第一次引入公安力量，借鉴物证研究方法，一举突破阮章历史照片分析确认的瓶颈问题。

链接一：

党史宣讲"六进"品牌

上海虹口是中国共产党的诞生地和党的初心地重要区域，马克思主义的早期传播、中共四大召开、"左联"成立和开展文化社会动员、城市地下斗争等史实在中共党史上有着重要地位。"四史"教育活动启动后，作为区委存史、资政、育人的职能部门，区委党史办主动靠前，通过与区有关部门和街道以及社会单位的合作，将党史资料征集研究、挖掘、学习、宣传与"四史"教育活动、北外滩开发建设等中心工作紧密结合，推出了党史宣讲进机关、进社区、进学校、进楼宇、进工地、进军营的"六进"活动，帮助干部群众学习和总结历史，让红色文化基因为虹口新时期发展铸根立魂，为做好当前工作、更好走向未来打下坚实基础。仅2020年，区委党史办即开展"六进"宣讲超100场。在此基础上，区委党史办根据不同需求，精心组织了多种课件，持续深入地打造党史宣讲"六进"品牌，迄今已举

中共上海市虹口区委党史办公室与同济大学法学院党委联合开展"沉浸式"理论学习活动

办各类宣讲活动逾200场，线上线下受众近5万人次。

为推动党的二十大精神深入人心、落地生根，重温党的百年奋斗历史，传承红色基因，讲好红色故事，2022年11月，虹口区委党史办又联合同济大学宣传部、校团委为学校第五届青马工程殷夫班的同学们开展宣讲活动。区委党史办负责人通过"行走的课堂"和专题讲座相结合的形式，在滨江沿线、马路边讲述了发生在北外滩地区的赴法勤工俭学、远东反战大会、国歌孕育、国徽制作等红色故事，并与师生座谈了学习党的二十大精神的体会与思考。

链接二：

虹口区举办纪念早期赴海外留学史料展暨研讨活动

2019年是赴法勤工俭学运动一百周年。3月11日，由中共上海市委党史研究室、上海市档案局、上海市地方志办公室、中共虹口区委指导，中共虹口区委宣传部，虹口区档案局、区委党史办、区方志办，保定留法勤工俭学运动纪念馆主办的"睁眼看世界　启航北外滩"——虹口区纪念早期赴海外留学史料展暨研讨活动在北外滩的白玉兰广场20楼成功举行。

1919至1920年，中国掀起了赴法勤工俭学运动的高潮。一批又一批来自全国各地的有志青年怀揣追求真理、振兴中华的梦想，从黄浦江畔远渡重洋，踏上了上下求索之路。至1920年年底，共有20批约2000人，搭乘远洋轮船，分别从上海北外滩及其周边码头起锚，驶向法国。这场赴法勤工俭学运动，为中国新民主主义革命孕育了一大批优秀的领导者，为中国共产党储备了一大批中坚力量，也为近代中国造就了一大批科学文化事

新时代非凡十年的虹口答卷

赴法勤工俭学运动重要亲历者后人参观史料展

业的栋梁之材。蔡和森、赵世炎、王若飞、陈延年、向警予、周恩来、邓小平、陈毅、聂荣臻、李富春、李维汉、李立三等，都是当时从黄浦江畔出发前往海外留学的。可以说，北外滩见证了一批批有志青年从黄浦江畔出发而为民族的未来播下燎原的火种。

本次展览以纪念赴法勤工俭学运动一百周年为契机，以不忘救国救民初心、弘扬革命历史传统为主线，以"睁眼看世界、启航北外滩"为主题，用翔实的图文史料，展示当年赴法勤工俭学学子在上海虹口北外滩地区起程赴海外留学的历史及百年来北外滩地区发生的深刻变化，缅怀百年前赴法勤工俭学前辈们的爱国情怀和革命精神。其中，"留法勤工俭学运动史料展"，主要在河北保定留法勤工俭学运动纪念馆展陈基础上优化、精简而成，简洁明了地描述了留法勤工俭学运动的全过程和重要事件。

链接三：

虹口首批重要红色革命遗址纪念标识正式与市民见面

作为上海"开天辟地——党的诞生地发掘宣传工程"的重要区域，虹口是全市红色文化遗址旧址最密集的区域之一，留下了中共中央机关报

中共中央宣传部遗址纪念标识

《红旗周报》秘密印刷所遗址、仁基印刷所遗址、中共上海地下党《改造日报》旧址、太阳社旧址、创造社出版社旧址等一批宣传马克思主义思想、推进革命运动发展的重要宣传阵地，现有重要红色革命遗址、旧址、纪念设施85处。为加强革命文物保护利用，弘扬革命文化，传承红色基因，2021年3月31日，虹口区第一时间落实响应全国革命文物工作会议精神，在全市率先完成了留法勤工俭学出发地、中共中央宣传部遗址等首批6处重要红色革命遗址和周恩来避难地（礼查饭店）等3处红色革命旧址纪念标识的设置工作，意味着虹口区又增添了多个可近距离触摸的红色地标，进一步丰富了党史学习教育资源。

为了让广大市民群众更进一步了解红色革命遗址，虹口区统一树立起大理石质纪念碑或纪念牌，将各遗址旧址中发生的党史故事以黄铜二维码形式贴在纪念碑或纪念牌上。还专门设立了多媒体宣传栏，运用科技互动手段，通过视频、图文等方式展示周边的红色印记，打造可感知、可触摸的红色文化生态。接下来，虹口区还将进一步丰富党史学习教育资源，为广大市民群众提供红色文化资源获取新路径，推出"跟着伟人学党史"等红色文化场景教学点，着力打造红色文化资源高地、红色文化研究高地、红色文化宣传活动高地，将红色革命遗址旧址转化为更生动、更接地气、感知度更高的文化地标。

奋进新时代，情暖两岸潮

　　两岸一道共风雨，血脉相亲根相牵。习近平总书记强调，历史不能选择，现在可以把握，未来可以开创。党的十八大以来，在党中央对台大政方针指引下，虹口对台工作立足于区域经济社会实际，服务中心工作大局，深化两岸融合发展，增进同胞心灵契合，为助推上海成为中央对台工作的"排头兵"，地方交流的"主力军"，全国对台工作的"模范生"，贡献了虹口智慧和力量。

　　拉近手足之情，促进两岸民心相通。1988年台湾当局开放大陆民众赴台探亲后，虹口区台属许松林拿到了第一张赴台探亲奔丧证，标志着两岸之间打开了存在近40年之久的人间藩篱。不论岛内政坛如何风云诡谲，两岸交流的车轮始终滚滚向前，极大地促进两岸同胞的相互往来，增进彼此的了解和情感交融。

　　多年来，两岸基层工作者共同开展了形式多样的交流活动，打造了一系列有虹口特色的交流品牌项目，发挥了首创效应和积极影响。2013年起

2013年3月22日，首届沪台两地社区工作论坛在虹口区欧阳路街道举行

举办的"沪台两地社区工作论坛",是上海市首个以社区工作为内容、以论坛为活动载体的两岸基层交流项目;2014年在全市率先开展台北里长"当一日上海居委主任"特色活动,得到中央台办、国台办的肯定并向全国推广;2015年欧阳路街道蒋家桥居委会与台北市士林区天和里结成首个沪台基层友好社区,之后居委与里结对共建模式在全市竞相展开。"人在一起,心在一起",手握久了,心就近了。随着交流的不断深入,虹口与台湾的基层互动已经从"交流参访"变成了"走亲访友",进而化作双方良性互动的友谊之舟,承载着越来越浓的亲情、乡情和友情,跨越沪台间的海天之隔而如此自然恬淡,丝丝入心。

推动交流交往,深化两岸融合发展。垃圾分类怎么搞,台湾实地跑一跑;为老服务要办好,现场取经不可少。党的十八大以来,围绕服务经济社会发展需求,虹口区组织数十个团组赴台参访考察,参加全市各类因公团组赴台交流,赴台开展商务交流和合作。卫生、文化、体育、教育、社区管理、环保等交流全面铺开,参观、座谈、交流、研讨热络开展,为虹口经济社会发展提供了宝贵的台湾经验。

2014年在台北举办的"台北上海城市论坛"上,虹口区与台北市士林区签署了交流合作备忘录,就两区在区政建设、经济发展、社区组织管理和运作等方面的交流合作达成了共识。此后,以街道居民区书记、主任为主的基层参访团多次赴台北开展"当一日里长"交流活动。与中国国民党士林区党部间的交流也常态化、制度化开展。多元化、多层次的对台基层交流格局逐渐形成。

优化营商环境,助力台资企业发展。几十年来,有这样一群台湾同胞,他们怀揣梦想来到虹口,或在这里创业,或在这里安家,他们努力奋斗,一起见证虹口的发展,一起成就虹口的丰饶,一起沐浴虹口的荣光。为了安商、便商、助商,区台办与相关部门共同着力营造稳定公平透明、更富效率、更加便捷的营商环境,让区内的台资企业共享改革开放的"虹口力度",审批办事的"虹口速度",服务企业的"虹口温度",环境优化的"虹口热度"。连续多年举办"台商看虹口"活动,为台资企业转型发展开阔视野、拓展思路;协助对接进博会、征才博览会等,帮助寻觅

2015年3月12日，"台北里长当一日居委主任"活动中，里长们在广中路街道何家宅居委体验居委主任工作

企业发展需要的市场要素；举办政策咨询会，搭建政府职能部门与台商交流平台；组织学习培训，助力企业依法生产经营，健康发展；建立台资企业定期联系走访制度，深入企业问需、问计，切实帮助企业办实事、解难题。目前，虹口区台资企业主要集中在航运物流业、批发零售业和咨询服务业。其中有的台资企业已扎根虹口发展近二十年，有的成立了"运营总部"不断扩大经营范围，还有的正以虹口为基础向全国扩张业务。他们在壮大发展自身的同时，也为推动虹口经济发展和维护两岸和谐稳定作出了贡献。

舞动文化纽带，构筑青年未来之桥。青年兴则国家兴，青年强则国家强。青年一代有理想、有本领、有担当，国家就有前途，民族就有希望。为了在广大青少年心目中植下爱国主义的种子，区台办与区教育局多年携手开展了形式多样、内容丰富的涉台教育宣传活动。"百年辛亥文化虹口"、"一脉承两岸，携手共发展"板报评比、"涉台教育精品课堂"、"中华灿烂文化两岸和谐一家——家校共建活动"及"情牵两岸寻梦虹口"青少年涉台教育之虹口旅游线路设计大赛……经过多年悉心耕耘，"两岸一家亲"的纯真情感和"共圆中国梦"的真诚期盼已在每一位青少年心中萌发、滋长。

两岸青年是与新时代共同前进的一代，而源远流长的中华传统文化则是联结彼此共同的纽带。"沪台缘同学情"大学生夏令营，"指南针计

2015 年 3 月 12 日，欧阳路街道蒋家桥居委会与士林区天和里缔结沪台首个基层友好社区

划——引领两岸青少年走近中华文明"，港台暑期实习大学生看虹口，"对话·筑梦·共融"2018 香港台湾暑期实习大学生创新创业分享会，上海市复兴高中和台北市复兴高中、虹口北虹高中和云林北港高中的校际交流，一场场青春的相会与激荡，都让两岸青年的心连得更近，手拉得更紧。每一次相逢相谈，都留下彼此最真诚的笑容、最珍贵的友谊和最难忘的记忆。

团结引领凝聚，共建美好和谐家园。"此心安处是吾乡"，为了让生活在虹口的台胞都有家的感觉，虹口区从台胞最为关切的义务教育、基本公共就业服务、基本公共卫生服务等方面着手，积极落实中央和上海各项惠台举措，帮助做好港澳台居民居住证的申领工作；制作并发放《虹口区台胞服务指南》，对外公布区涉台服务窗口信息，为台胞办事提供便利；关心关怀台胞生活，开展对高龄台胞、困难台胞的帮扶工作；建立台界志愿者队伍，引导台胞参加社会公益活动；举办"庆祝新中国成立 70 周年暨纪念《告台湾同胞书》发表 40 周年虹口区涉台知识竞赛""心系两岸情满中华——虹口区纪念改革开放 40 周年台界人士涉台知识竞赛""情牵两岸美哉虹口——台界人士摄影大赛"等活动，丰富台胞生活，展现台胞风采。虹口正力争成为最有温度的城区，以更好更优质的服务，让广大台胞共享高质量发展、高品质生活的丰硕成果。

首期"沪台青少年探学营"活动

    2021年7月，首期"沪台青少年探学营"活动在上海市虹口区青少年活动中心举行。在沪台生、家长志愿者和虹口区初中生共40人参加了"中国文学探索之旅"活动。

    虹口区行政学院老师为同学们上了一堂历史文化课。讲述了革命前辈勤工俭学扬帆起航、红色情报"对角线"共同抗争、五星红旗屹立东方等发生在虹口区的故事。营员们听得认真、投入，增加了对这一历史时期和代表人物的了解。

    在"国家指南针计划"青少年实践基地，纸浆造纸、缫茧取丝、活字印刷、青花彩绘等承载着中华传统文化的民族技艺，吸引着营员们好奇的目光。营员们学习拓印技术和竹简装帧，体验了动手的乐趣、技艺。

    在参观上海鲁迅纪念馆和中国左翼作家联盟会址纪念馆时，每支探秘小队带着一个抽取的谜题，边听讲解边探寻答案，并在课堂上分享解题报告。上海鲁迅纪念馆、中国左翼作家联盟会址纪念馆的两位专家对营员们的答案进行了点评和补充。专家还为营员们作了"鲁迅是谁"的专题讲座。

2021年7月13—14日，首期"沪台青少年探学营"活动在区青少年活动中心举行

经过"行走的课堂"和"沉浸式体验"，营员们对鲁迅先生及他对中国文学、人文精神的巨大贡献，有了更全面、更深刻的认识，对"左翼作家联盟"成立的时代背景和这场波澜壮阔的左翼文化运动也有了进一步的了解。

闭营式上，营员代表们说，探学营活动精彩、难忘，从中收获了知识，收获了快乐，收获了友谊，也收获了成长。大家不仅认识和了解了虹口，更对上海这个文化重地多了一份喜爱和敬重。

链接二：

台北里长来沪当起垃圾分类指导员

台北里长"当一日上海居委主任"活动是虹口区推动两岸基层交流的一项创新性活动项目，让里长和居委主任通过角色互换来促进对彼此工作的了解和认知，更加注重两岸基层交流活动的参与性和体验性。通过在里和居委会之间构建一种可长可久的交流沟通机制，进一步发挥居委主任和里长在两岸基层交流中的桥梁作用，拉近两地居民间的心灵距离和情感连结，让交流活动能向下扎根，厚植两岸和平发展的社会基础。

来访的台北里长到居委会"当一日居委主任"，实地了解居委会的职能和建设情况，通过亲身参与来体验居委主任的日常工作，真切感受两岸基层民主的不同之处。两岸基层工作者通过召开座谈会、举办论坛等形式，围绕共同关注的议题开展探讨，如对独居老人的关护、居民活动的组织、老旧设施的维护、志愿者队伍建设等，相互交流经验做法，共同提升治理水平。2019年十位里长受聘当上了"虹口社区垃圾分类指导员"，让垃圾分类工作在深化两岸基层交流中共同促进，共同提高。

在两岸基层交流持续开展的基础上，欧阳路街道的蒋家桥居委会和士林区的天和里成为首个缔结的两岸基层友好社区，实现了两岸基层交流由"常态化"向"制度化"推进，交流内容由"项目化"向"日常化"延伸，交流深度由"扁平化"向"立体化"拓展。虹口区首创开展台北里长"当一日上海居委主任"活动和缔结两岸基层友好社区的做法，获得了国台办

2019年3月15日，虹口区开展"台北里长当一日居委主任"活动，在北外滩街道举办了"台北里长当一日垃圾分类指导员"主题交流活动

和市台办的高度肯定，国台办特将虹口区的工作经验向全国台办系统进行了编发，市台办也将此做法在全市各区进行了推广。

链接三：

专项民主监督提升参政议政水平

为进一步拓宽民主监督渠道、提高民主监督实效，自2017年以来，中共虹口区委先后围绕中小河道治理、人才工作、促进民营经济发展等当年重点工作或重大举措，委托各民主党派区委和无党派人士开展专项民主监督，这几年来专项民主监督工作在虹口的实践是生动有效的，各民主党派通过实地调研、监督检查、专题协商，帮助区委、区政府查摆不足、把脉会诊，既为被监督单位更好开展工作贡献了智慧和力量，也有助于民主党派和无党派人士在履职实践中提高参政议政的本领。

各民主党派、无党派人士及参与专项民主监督的各相关单位提高政治站位、加深思想认识，将专项民主监督作为推动我国新型政党制度在我区生动实践的重要平台，以更高标准、更高水平持续深化开展专项民主监督

2021年6月至10月，虹口区民主党派和无党派人士分别赴对口街道围绕养老服务开展专项民主监督

的"内功"，进一步抓实调查研究，厚植履职能力，着力提高查找问题、建言献策的精准度，持之以恒地将专项民主监督工作不断做好做优，体现出参政议政的质量和水平，为区域发展多建睿智之言、多献务实之策。

为做好专项民主监督，各民主党派和无党派人士高度重视，专门成立了专项民主监督工作组，分别由各民主党派区委主委、区知联会会长担任组长并带队赴对口部门开展调查研究，通过听取汇报、座谈交流、现场走访、查阅资料等形式，深入掌握相关部门取得的工作进展以及面临的问题和需求，在认真总结成效、分析不足的基础上，积极建言献策，撰写完成专项民主监督报告。

区委统战部从更好发挥中国共产党领导的多党合作和政治协商制度优势的高度，自觉提升政治站位，组织全区各民主党派、无党派人士与相关部门领导召开专项民主监督工作启动会，为各民主党派、无党派人士与对口部门对接开展专项民主监督积极创造条件、搭建平台、提供支持；会同各民主党派区委负责人、无党派人士开展实地调研、通报工作并座谈交流，为各民主党派、无党派人士知情明政、开阔视野。

中国共产党早期纪律建设史料展开展

"先进的马克思主义政党不是天生的，而是在不断自我革命中淬炼而成的……"锈迹斑驳的钢板上，镂空雕刻着"抓铁有痕铸党魂"几个大字，伴随铿锵有力的旁白声，呈现出烈焰锻造的效果。2022 年 11 月 11 日，在位于上海市虹口区四川北路的中共四大纪念馆，"抓铁有痕铸党魂——中国共产党早期纪律建设史料展"开幕。一件件展品、一篇篇故事、一段段历史，生动再现了党在创立和大革命时期进行早期纪律建设的历程。

1925 年 1 月 11 日至 22 日，中共四大在上海虹口淞沪铁路旁的一幢石库门里召开，推动了大革命高潮的到来。四大之后，为提高党员纪律意识，维护党的团结统一，党通过了一系列重要举措。如成立党的第一个地方性纪律检查机关——中共广东区委监察委员会，强化对地方核心人事权的掌握、建立巡视特派制度、完善报告制度、颁布第一个反贪腐文件——

"抓铁有痕铸党魂——中国共产党早期纪律建设史料展"场景

"全面从严治党　永远在路上"警示教育案例展览

《坚决清洗贪污腐化分子》等。

　　本次展览聚焦 1921 年中共一大党的诞生至 1927 年中共五大首创中央纪律检查机关这段党史上波澜壮阔的时期，上溯马克思、恩格斯与列宁关于无产阶级政党纪律的红色基因，回顾中国共产党早期纪律建设艰难历程，以及改革开放党的纪检机关恢复重建的伟大变革。展览分为思想探源、铁纪萌芽、革命实践、机构首创、继续前行 5 个单元，真实再现了中共早期纪律建设的艰辛探索和伟大实践。

　　展览着力呈现党的纪检监察制度的孕育和产生过程，全面呈现了上海作为"党的诞生地"在党的纪检监察制度孕育过程中的重要贡献和地位，紧跟早期党史发展历程梳理纪律建设史料史实和发展脉络，同时，紧扣十八大以后全面从严治党要求，对相关纪法规定寻根探源，追溯加强党的纪律建设的思想理论源头以及强化中央权威、党内监督、实行巡视、报告制度等制度规定的历史源头，梳理历史沿革脉络。

　　展览总结提炼出党的早期纪律建设史上的"十个第一"：第一次明确提出"党的纪律为铁的纪律"，必须建立"与俄一致的共产党"；发布第一个纲领，首次规定在党内建立统一的组织和严格的纪律；发布第一部党章，将"纪律"单列一章，首次阐释了党的根本组织原则——民主集中制；在第一次工人运动高潮中首次开展反贪腐斗争；第一次处理党内"小组织"问题；在第一次国共合作中首次建立"党团"机制；第一次在党的代表大会上将组织问题提到关于生死存亡的高度；成立党的第一个地方性纪检机关——中共广东省委监察委员会；颁布党的第一个反贪腐文件《中央扩大会议通告——坚决清洗贪污腐化分子》；成立党的第一个中央纪律检查机关——中央监察委员会。展厅将展陈风格和展览内容有机融合，展头设计新颖，通过暗场追光调动气氛，钢水浇筑配合音乐与旁白，结合锈铁板质感背景，"抓铁有痕铸党魂"主题鲜明地映入观众眼帘，带来沉浸式观展体验；进一步融入多媒体互动技术，实现"智慧"场馆，丰富展陈形式，以"静动静"作为主要结构，将固定版面和多媒体相结合，既能通过电子屏翻页浏览丰富内容，又能结合屏幕静态展示核心内容，实现不翻页也能流畅观展，增强了互动性、参与性。上海是党的诞生地和早期中共中央机关所在地，为党的发展壮大和铸就铁的纪律作出了重要贡献。虹口则是上海红色资源最为聚集、红色历史积淀最为深厚的区域之一。展览全面呈现中国共产党早期在上海推进纪律建设的探索和实践，并突出其与当前全面从严治党制度规定的联系和呼应，特别是紧扣新时代强化党中央权威、党内监督、实行巡视、报告制度等全面从严治党相关纪法规定，体现探源溯流，注重现实映照，强化党员干部廉政教育。

为了坚决贯彻落实党的二十大关于"加强新时代廉洁文化建设，教育引导广大党员、干部增强不想腐的自觉，清清白白做人、干干净净做事"的要求，虹口区还精选十八大以后中央纪委国家监委通报曝光的负面典型案例，在中共四大纪念馆电子展厅打造"全面从严治党永远在路上"警示教育案例展（以下简称《案例展》），全力做好执纪办案"后半篇文章"，发挥案件警示教育作用，努力夯实不想腐的根基，夯实"三不腐"一体推进的基础。用生动案例呈现中央八项规定精神，于点滴之间激浊扬清。分别通过"一桌餐""一个球""一张券""一份礼""一辆车""一种津补贴""一个会所""乱作为""不作为"等12个主题、20多个代表性案例，为参观者剖析违反中央八项规定精神的教训及镜鉴意义，凸显八项规定以小切口带来的大变局。用"打虎拍蝇"的案例强力呈现反腐败斗争成效。从违反党的

中共四大纪念馆引进的《品重柱石——王荷波个人生平展》（王荷波为中共四大正式代表，在五大被选举为首届中央监察委员会主席）

政治纪律、组织纪律、廉洁纪律、群众纪律、工作纪律、生活纪律六大纪律的视角，运用图文＋视频的形式，深入剖析腐败行为的纪法后果，强化震慑警示效果。

"抓铁有痕铸党魂——中国共产党早期纪律建设史料展"曾于 2018 年党的纪律检查机关恢复重建 40 周年之际在中共四大纪念馆首次展出，此后在全国多地巡展，获得良好反响。2021 年以来，在市纪委监委和虹口区委领导下，虹口区纪委监委肩负高度的历史责任感和历史使命感，联合中共上海市虹口区委党史办公室、中共四大纪念馆，以"丰富史实、映照现实"为着力点，多次组织专家研究征集、增补完善、论证评估，打造更为精彩纷呈的全新常设展，以飨观众。展览开幕后，全市相关部门、单位纷纷前往开展警示教育，引导党员干部筑牢思想防线，远离腐败和"围猎"，共塑风清气正政治生态环境。

链接一：

《廉洁家书》进万家

2017 年 10 月 13 日，虹口区向万户家庭发放《廉洁家书》活动在欧阳路街道绿洲紫荆花园小区举行，这也标志着虹口《廉洁家书》进机关、进

2017 年 10 月 13 日，虹口区"喜迎十九大　廉洁家书进万家"活动现场

社区、进楼道、进家庭活动正式启动。

　　《廉洁家书》要求每个家庭要树立清廉家风，以德保家，以廉保家，自觉学廉倡廉；把好家庭防腐关，自觉敬廉崇廉；抵制腐败，从我做起。让我们的身边充满祥和温暖，社会形成清廉风气，让清廉家风守护每一个幸福美满的家庭。由区红叶书画院的画家创作的国画版《廉洁家书》在绿洲紫荆花园小区的居民楼道里悬挂着。除了在欧阳路街道的各个居民小区有条件的楼道里悬挂外，各个街道还将结合美丽小区建设等环境综合整治工程的开展，在各社区楼道悬挂国画版、卡通版等各种《廉洁家书》画，使更多人了解《廉洁家书》的内容，从而达到培育崇德向善、崇俭尚廉优良家风的效果。

　　2017 年，虹口在全区开展了"树清廉家风，创最美家庭"活动，通过开展一次"树清廉家风"主题座谈会、"传清廉家训"朗读故事会、公开承诺"立清廉家规"、征集"清廉家训家书"、寻找"海上最美家庭"和发放《廉洁家书》，推介体现崇德向善、崇俭尚廉家风的"最美家庭"，引导广大市民从自身做起、从家庭做起，立家规、传家训、树家风，推动全社会提升以德齐家、以廉保家的意识，以廉洁家风涵养清正党风政风民风，筑牢反腐倡廉家庭防线。还评选出了 86 户家风正、家教严、风清气正的好家庭。

链接二：

弘扬廉政文化，营造风清气正氛围

党的十八大以来，虹口区纪委监委立足本区实际，利用好虹口丰富的文化资源，不断创新形式和载体，拓展阵地和渠道，组织开展写廉洁心语、书廉洁诗词、绘廉洁画意、讲廉洁故事、廉洁摄影篆刻和微电影微视频展播等活动，激发党员干部积极融入廉洁文化建设，进一步强化党员干部廉洁从政、廉洁用权、廉洁修身、廉洁齐家的思想自觉和行动自觉，切实夯实不想腐的根基，大力弘扬廉政文化，营造政治清明、政府清廉、干部清正、社会清朗的良好氛围。

2012 年 10 月，为迎接党的十八大，深入开展反腐倡廉教育，推进廉政文化建设，推动社会主义文化大发展大繁荣，落实市纪委、区委关于切实增强反腐倡廉宣传针对性和有效性的要求，助推虹口新崛起、营造"想干事、能干事、干成事、不出事"风清气正环境，由区纪委、区委宣传部、区文化局联合主办了"风清气正——虹口廉政文化书画展"。书画展得到了本区书画家、书画爱好者和各方人士的热忱支持与参与，共征集作品

机关干部参观廉洁文化书画作品展

300 余幅，选出的 160 幅入展作品，融思想性和艺术性于一体，将廉政文化建设融入艺术形式中，凸显了虹口人在新崛起中的精气神，为虹口新崛起营造了风清气正的社会环境。2023 年 1 月，虹口区纪委监委主办的"翰墨扬清风　丹青绘廉洁——上海市虹口区机关廉洁文化书画作品展"开展，此次活动面向全区机关部门、街道近万名党员干部及其亲属开展了广泛的发动征集，不同层级、不同岗位的党员、干部及部分政协委员、人大代表以字书廉、以画绘廉，将廉洁元素、廉政体会融入艺术创作，最终遴选出60 多幅优秀作品进行展出。

2023 年 2 月，为深入学习贯彻落实党的二十大精神，进一步加强新时代廉洁文化建设，由区纪委监委年轻干部组成的"虹小清"廉洁文化宣讲团送"廉"到基层活动在嘉兴路街道开讲。"虹小清"宣讲团以"纪检监察史""作风建设""六大纪律""监督执纪"为主线，通过回顾历史，以理论与案例相结合的形式，深入浅出地讲述了廉政知识，让广大党员干部在潜移默化中受到教育。

率先探索以项目化方式，落实党委主体责任和纪委监督责任

落实党风廉政建设责任制，党委负主体责任，纪委负监督责任。如何用新思路、新方法重新理清地方党委和纪委的责任，划出权力界限，改变原本可能会陷入的"党委挂名、纪委出征"的老套路，真正回归到一级党委在落实党风廉政建设责任制中统揽全局、协调各方的核心作用？虹口区委正努力摸索一条道路，回答这个摆在党委和纪委面前最重要和最现实的命题。党的十八大以来，虹口区在全市率先探索以项目化方式落实党委主体责任和纪委监督责任的有效方法。每年抓住重点、逐年深化，推动形成责任层层传递、压力逐级传导的工作格局。全区局处两级及下属延伸单位领导干部共制定责任项目4428项，建立"问题共同找、责任共同担、项目共同推"的"责任＋项目"联动协同机制，年底组织全区处级单位党政主要负责人向区委、区纪委书面述责述廉，形成了局级干部责任项目与各分管部门责任项目相互对应、相互衔接、齐抓共管，"党委第一责任人的责任项目与班子成员责任项目联动，班子成员责任项目与责任单位风险防范联动，责任落实协同、监督检查协同、问题解决协同"的生动局面。

责任该如何理清？虹口区落实党委主体责任工作自启动以来，局级领导干部经历了认领项目、立项审核、签字背书、上级报备、网上公示等环节，每个环节都紧扣"理清责任"这个工作启动阶段的关键，每个责任主体在其中都充分发挥作用，确保责任找得准、理得清、落得实。

坚持"区委领导"与"顶层设计"相结合。落实党委主

虹口区纪委监委开展"青年 廉洁 服务——虹小清说廉 助力北外滩开发建设"主题活动

体责任，关键在区委领导核心作用的发挥上。区委常态化在区委专题会和区委常委会上专题研究，组织区党政领导班子成员认真学习中央、中央纪委，以及市委、市纪委关于落实党委主体责任的相关论述和要求。在深化思想认识的基础上，加强顶层设计，制定《中共虹口区委关于落实党风廉政建设主体责任的实施办法（试行）》（以下简称《实施办法（试行）》），形成落实主体责任的规范要求。全区局级领导干部根据《实施办法（试行）》和区委部署，立项承诺、接受监督，为各级党组织落实好党委主体责任作出了表率，形成了以上示下的良好氛围。

虹口报刊登虹口区局级领导干部落实党风廉政建设主体责任发言摘录

坚持"问题导向"与"项目导向"相结合。明确坚持问题导向，以项目化方式来推动主体责任落实，做到党风廉政建设任务项目化、项目责任化、责任目标化。寻找"问题突出、适合落地、易于评估"的廉政风险项目，每个人立足自身工作，通过基层讲、群众提、上级点、自己找，以及征询各方意见等途径，聚焦问题、确立项目。这些项目切口准而实，目标适度而清晰。每个项目都有明确工作目标，这个目标根据该领域的党风廉政建设实际情况设定，力争"跳一跳，够得着"。

坚持"责任认领"与"责任把关"相结合。"责任认领"体现领导的个人责任，"责任把关"体现组织的领导责任。虹口区在落实党委主体责任中，将两者有机结合起来。在责任项目确立过程中，采用认领的方式，发挥个人的主观能动性，提升了责任的聚焦度，摆脱了以往由纪委为同级党委成员分解责任，找不准要害、点不到穴位的困境。对于个人认领的责任项目，区委不当"甩手掌柜"，对项目逐一审核把关，确保每个领导干部认领的责任，不越出党风廉政建设的范畴，不偏离履行党委主体责任的要求，对不符合要求的内容含混、责任不明的项目，区委要求退回"返工"，或进一步细化。

领导责任该如何落实？领导责任的落实是项目责任落实的关键。一是从组织上，抓"个人承诺"与"承诺兑现"。按照区《实施办法（试行）》

的要求，局级领导干部要根据工作职责列出权力清单，并制定《责任书》，对加强廉洁自律与落实项目责任作出承诺。区委要求局级领导干部对项目落实情况及分管部门的党风廉政建设情况向区委报告，将处级层面主体责任落实情况列入年终干部考核范围。二是从个人上，坚持"带头示范"与"责任压力传导"。加强对领导班子、部门领导干部的政治纪律和廉政思想教育，对部门领导要求将廉政建设责任层层分解、落实到具体岗位和责任人。着重加强廉政教育、抓好制度建设、严格监督机制，监督推动负责和分管部门党风廉政责任项目确立、责任书签订的落实。

责任链条该如何形成？党风廉政建设责任制要形成责任链条，在于层层抓住责任落实，使得每一层级的领导、每一层级的用权，都能够对上级负责、对群众负责，虹口区在区四套班子和法检两院局级领导干部的带领下，传导责任压力，建立分类分层、上下联动的责任体系。

区委下发通知，明确全区各党（工）委、党组、区委工作部门以及公权力大的综合部门的领导班子成员，以及非领导班子成员但有明确分管工作的同志，均要制定《责任书》，真正做到落实主体责任横向到边，纵向到底。为配合区委落实工作，区纪委建立分工联系制度，由室主任以上领导干部带队深入各单位，与党政主要负责同志、纪检负责人面对面座谈，指导责任项目制定。同时，区纪委还配合区委专门组织召开街道领导座谈会，对街道初步报送的重点责任项目进行集体审议，提出修改意见，使各街道的重点责任项目不偏不空不虚。各级党组织认真落实，党组织"一把手"切实履行第一责任人的职责，率先垂范、认真把关，切实将本单位的责任项目制定落到实处。初步建立了责任逐级落实，压力逐层传导，一级抓一级、一级对一级负责的责任体系。

责任落地该如何监督？"信任不能代替监督"，纪委要担负起执纪监督问责的职责，就要全过程参与项目推进、全身心落实监督责任，以惩治促进廉政风险预防，以问责促进责任落实到位。纪委一方面从原有的包办党委责任中'退出来'，另一方面把未履行到位的纪委本身的监督职责'捡起来'，协助党委构建起全方位的监督网络。

具体在项目化推进过程中，区纪委在各个环节严格把关，确保责任落

新时代非凡十年的虹口答卷

实不走样。一是立项时协助。区党政领导班子成员对本人项目负责，但立项之初，对项目所涉及的领域、切口大小，把握不准。为此，区纪委积极争取上级指导，市纪委领导多次专程来虹口调研，在区委、区政府班子会议上共同研究，形成共识，强化党委的主体责任意识，指导个人确立责任项目。二是推进时跟踪。为推动责任落实，区纪委建立全程督查制度，坚持日常监督检查与专项监督检查相结合，通过实地抽查、个别访谈等方式，了解掌握重点责任项目推进情况，并及时向牵头负责的党政领导班子成员做好情况反馈。同时，对办信查案、行政监察、专项检查、巡视督查等工作中发现的问题和掌握的信息，及时通报给相关区党政领导班子成员。三是违纪时追责。区纪委还建立完善党风廉政建设责任制责任追究办法，对领导班子、领导干部不履行或不正确履行《关于实行党风廉政建设责任制的规定》的，进行责任追究。对发生重大腐败案件和严重违纪行为的，严格落实"一案三查"制度，既要追究当事人的责任，又要倒查追究相关领导的责任，还要查找体制机制制度和管理上的漏洞。

链接一：

统筹推进纪检监察体制改革

近年来，虹口区率先作为，不断释放体制机制活力，统筹推进纪检监察体制改革。

率先召开转隶大会，把制度优势转化为治理效能。虹口区在全市各区中率先召开转隶大会，扎实抓好区人民检察院原侦防部门干警的转隶工作。在内部管理中，区纪委监委以"三个试出来"积极探索政治机关的工作定位，创造性地实行干部交叉配备，一二三执纪监督室与四五六审查调查室一一对

虹口区率先成立街道监察办公室

应，实现监督执纪问责与监督调查处置一体贯通。在外部协作中，探索与区检察院、区法院、区市场监督管理局等部门的对口联系及信息报送机制，在职务犯罪案件办理过程中明确工作要求、细化任务分工，逐步形成各负其责、协同配合、无缝对接的法法衔接工作格局。

率先成立街道监察办公室，扎实推进监察职能向基层延伸。在中心城区中率先召开街道监察办公室成立大会，向全区8个街道监察办正式授牌，研究制定监察监督规范，赋予街道监察办线索处置、谈话函询、初步核实、立案调查权限，进一步加强街道基层监察力量，提高发现问题、准确处理的能力，将监察职能向"神经末梢"延伸，在"治未病"上发挥一线哨兵的作用。

率先成立派驻纪检监察组，实现对区级党和国家机关派驻全覆盖。在中心城区中率先通过综合派驻与单位派驻相结合的形式成立了9个派驻纪检监察组，实现对区级党和国家机关派驻全覆盖。各派驻组根据授权，履行纪检、监察两项职责，强化对监督单位领导班子和区管干部的监督，着力加强对监督单位本级机关和系统所属各单位的监督检查，切实发挥好"探头"和"前哨"作用。

此外，围绕授权、用权、治权各环节，制定《虹口区纪检监察办案工作纪律》《虹口区纪委监委"一案一授权"工作办法》等制度规定，实行问题线索"三级研判"，构建监督监察权力运行的制约机制。强化派驻派出履职考核，建立派驻纪检监察组组长、街道纪工委书记述职述责述廉机制，压实基层一线监督责任。

链接二：

建立"四责协同"微制度

近年来，虹口区对标对表以习近平同志为核心的党中央全面从严治党重大决策部署，大力推进全面从严治党"四责协同"机制，即党委主体责任、纪委监督责任、党委书记第一责任人责任和班子成员"一岗双责"统一联动、合力运行的责任落实机制，取得积极成效。

2018 年以来，虹口区不断健全完善"四责协同"机制，加快构建主体明晰、有机协同、层层传导、问责有力的责任落实机制。形成了全面从严治党"四责协同"机制建设"1+8"工作体系。新建了提醒问责制度，进一

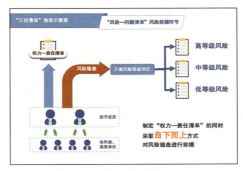

"三份清单"制度示意图（部分）

步推进全面从严治党"四责协同"机制建设，明晰权责关系、规范权力运行、担当管理责任、追究失责行为，以问责倒逼四个责任主体的责任落实，推动管党治党从宽松软走向严紧实。2018 年年初，虹口区制定了《关于全面从严治党"四责协同"机制建设的有关微制度（试行）》，在此基础上，同年又对微制度进行了修订，形成了 2.0 版。微制度由原先 5 个增加至 8 个，如：新建了上下联动的协同推进机制，实现议事会商联动协同、履职履责监督协同、责任落实上下协同的三方面协同推进机制，在推动横向到边、纵向到底上下工夫，解决好责任落实层层递减、压力传导不到位的问题；修订"三份清单"制度，对原先的"问题清单""责任清单""项目清单"进行扩充，按照责任来自权力、问题源于风险、项目产生制度的思路，夯实三份清单的基础，形成"权力—责任清单""风险—问题清单""项目—制度清单"，并分别推动权力行使与责任担当相统一、风险排摸与问题查找相统一、项目实施与制度建设相统一。

当年，虹口区对全区 433 名党政领导干部共查找问题 638 个，梳理廉政风险点 943 个，制定责任项目 728 个，通过实施责任项目，全年新建、修订制度 400 余个。虹口区还分别会同部分大口单位、委办局及街道、国资系统进行专题研究，重点走访 5 家基层单位，对各单位问题清单、责任清单、项目清单进行把关，逐一点评，针对问题和风险点梳理不全面不准确、责任项目选取有偏差、工作步骤措施过于笼统、以业务工作替代廉政风险防范等情况，及时提出整改意见，要求各单位予以纠正。通过对 69 个

单位部门的"三份清单"逐一审核，重点对30余个部门单位班子成员共计300余个党风廉政责任项目进行把关、纠偏，并根据相关标准，按A、B、C三个等级进行评定，在"三份清单"编制环节补齐党风廉政建设"一岗双责"短板。此外，虹口区还在国资系统建立起了由九项制度构成的区管国企全面从严治党监管制度体系，解决了一批突出问题。如：制订了《区管国有企业经营管理活动中防止领导人员利益冲突的办法（试行）》，明确国企领导人员在经营活动中的"七个不准"；针对国资系统公务用车使用管理方面存在不规范的问题，制订了《关于加强虹口区国有企业公务用车管理的意见》等。虹口区建管委党工委则聚焦区委巡察、财经纪律专项检查以及审计等各类监督检查中发现的问题、12345及近两年群众举报信件中揭示出的党风廉政建设问题，对廉政风险系数大、问题突出的领域和环节，自下而上地开展全面排查。根据权力的重要程度、自由裁量权的大小、腐败发生概率及危害程度等因素，将风险项分为"高""中""低"三个等级，选出了社会投资的重大项目协调、市政水务工程招投标过程监管、建设工程质量安全监督检查等方面的20个项目作为重点防控项目，项目所涉及的职能事项覆盖机关各科室及下属事业单位。

链接三：

专项检查促进监督往深里走、往实里落

近年来，虹口区纪委结合虹口经济社会发展、政治生态具体情况，在区委领导下，坚持问题导向，一年一个专题，以专项督查强化高标准管理。2017年针对部分基层单位在落实中央八项规定精神、财经管理纪律等方面的历史遗留问题，开展财经纪律、干部选拔任用大检查。2018年开展全面从严治党大检查，全面检查上一年度问题整改落实情况，对未整改、整改不到位的行为坚决查处，同时举办纪检干部、组工干部学习班，严格规范选人用人、监督执纪问责纪律要求，形成有力震慑。2019年开展民生领域社会救助资金专项检查，切实维护群众利益，提升财政资金使用绩效，推

虹口盯紧抓实漠视侵害群众利益问题专项整治

动完善政府治理体系建设。在新冠疫情防控大考中践行初心使命，第一时间抽调80余名干部组建15个监督组下沉基层，以"四不两直"方式开展一线监督。坚持"寓监督于服务之中"，紧盯"四应四尽"组织落实、保供物资采购发放、"拔点清面"攻坚行动开展、常态化核酸检测等重点方面和关键环节，综合运用下沉基层全程驻点、飞行检查、专项监督调研等方式，全面深入开展监督检查，为疫情防控提供坚强纪律保障。2021年开展国有房屋资产专项治理，进一步优化国有房屋资产配置机制，提升资产管理效能。2022年开展12345市民热线工单专项督查，严肃查处民生领域不作为、慢作为和乱作为。经过连续几年的不懈努力，以专项检查带动面上监督的深入，持续营造风清气正良好局面。

北外滩开发建设

"一心两片"尽显繁华

北外滩，是"新"的，也是"老"的。当前，北外滩正以"保护更新式开发"，探索打造"一心两片、新旧融合"的中央活动区新范式。"一心"指中央核心商务区，商办建筑体量达 350 万平方米，包括 18 幢 180 米以上超塔；"两片"是两侧虹口港片区、提篮桥片区，保持低层高密度的空间尺度，按照严格的风貌保护要求，通过修缮、复建或重建历史建筑等保护方式，恢复历史肌理，彰显城市文脉与活力。

1843 年 11 月 17 日，上海开埠，上海道台在洋泾浜外滩（今延安东路外滩）设立"江海关"，英国人商船在虹口徐家滩（今东大名路高阳路附近）登陆。1845 年，英国东印度公司率先在虹口徐家滩建造了简陋的驳船码头，称"虹口码头"，即后来的高阳路码头，开启了北外滩建造外国轮船码头的先河。可以说，北外滩既是上海开埠以来中国睁眼看世界的启航之地，也是近代中外经济文化的交融之地，更是开启上海近现代化进程的肇始之地。

建在历史保护建筑和街区之中的北外滩，有成片里弄建筑、两片历史文化风貌区、30 处风貌保护街坊以及 44 处历史保护建筑。北外滩开发建设，一方面坚持"一楼一档案，一弄一方案"，守护"里弄小巷石库门、滨江临河老建筑"的独特气韵，保护好承载历史故事、文脉的老建筑、老物件；另一方面坚持征收、规划、出让"三联动"，招商、建设、运营"三同步"，为好土地找到好人家、锻造好作品、集聚好功能。2021 年，虹口全面完成了北外滩 68 个街坊、近 4 万户成片旧改，"腾笼换鸟"能级迭代。原是"七十二家房客"的 59 街坊，将建成上海华贸中心，打造由 30 栋历史建筑构成的"品牌之家"集聚区。

2020 年，上海犹太难民纪念馆展陈面积扩大 4 倍后重新对外开放，扩建期间成立了上海犹太难民纪念馆国际咨询委员会；2022 年 10 月，已有

旧改居民的热切盼望

江景会客厅

80 余年历史的上海市优秀近代建筑——雷士德工学院旧址完成修缮，变身为一所具有世界影响力的创新创意设计研究院……

近年来，重磅文化活动也不断在虹口北外滩"解锁"。世界城市文化论坛在虹口举行，专家学者云集北外滩，为提升城市软实力献策；上海国际文学周的主论坛落户虹口，北外滩滨江之畔的"上海最美书店"建投书局成为主会场，首开一家书店承办上海国际文学周的先河。

"一江一河"沿线风景绝美，成为市民游客热门打卡地。这两年，随着虹口滨江全面贯通，把最好资源留给人民，这里打造了"江景会客厅"系列：西有居民楼河滨大楼，中有北外滩滨江驿站、数字北外滩 CIM 馆、建投书局，东有新时代文明实践中心。同时，通过在居民楼内打造"社区会客厅"，让居民感受更方便快捷也更贴心的服务；通过增加公共服务设施、开发公共活动，为游客提供更有温度的服务。而通过一个个"会客厅"，居民与游客有了更多交集，居民生活因"圈"多元，游客体验也因"圈"亲切。

按照"三年出形象、五年出功能、十年基本建成"的目标，北外滩正打造核心功能优势，建设全球资产管理、国际航运服务、绿色低碳示范、工业互联网展示"四大高地"，打造超级总部基地。这里将创造超过 30 万个就业岗位，助力上海高水平人才高地建设。同时，营造"居职相融"的特色生产生活生态环境，不断完善居住、教育、医疗等配套服务。核心区中央绿地、4.5 公里空中连廊直达滨江一线。

"玉兰绽放"北外滩

　　走出轨交12号线国际客运中心站，仰头就可望见一栋由波浪条纹状的深蓝色钢结构蜿蜒而成的摩天大楼，这就是白玉兰广场。新高度配上了"高颜值"：办公塔楼顶层平台呈花瓣状，宛如一朵绽放的白玉兰，320米的高度撑起了上海浦西新的天际线，成为申城第四高楼。

　　乘坐电梯向高320米的最高层66层塔楼进发，耗时1分02秒抵达。站在顶层停机坪上，夏日的骄阳下可眺望整个外滩和对岸的陆家嘴建筑群，东方明珠、上海中心、金茂大厦等摩天大楼一览无余。黄浦江上百舸争流，外滩钟楼的"东方红"旋律也隐隐飘来，声声入耳。

　　作为浦西新地标的白玉兰广场建筑面积42万平方米。其中地下16万平方米，分别与上海国际客运中心和12号线国际客运中心站南北相连。地上26万平方米，包括一座66层、高320米的办公塔楼，以及酒店塔楼、展馆、商业裙房，是一个集办公、酒店、商业、车库等多用途的综合开发项目。据了解，顶着"浦西第一高楼"之称的白玉兰广场开建之日起就成为受世人瞩目的虹口新地标。它有多个"第一"：首次亮相上海的W酒店、浦西最大的无柱宴会厅、浦西唯一可俯瞰百年外滩和陆家嘴城市天际线的观光层、上海最大的IMAX影厅、中国最大的楼体LED屏……落户北外滩白玉兰广场的W酒店与滨江贯通是同一天"生日"。

上海白玉兰广场

新老建筑协调开发，历史建筑引来新客商

　　2021 年下半年，北外滩贯通和综合改造提升工程竣工。北外滩的综合改造花"大功夫"对老建筑进行修复性改造，比如扬子江码头 2 号、3 号仓库在此过程中得以重现，滨水改造工程对地区历史空间、文化记忆的激活效应得以显现。扬子江码头 2 号、3 号仓库是在 1902 年左右由当时的美昌洋行建筑师施美德利设计，后期基本保持了原历史形态，具有很高的文化价值。在综合改造工程中，建设团队利用数字化技术，从外观到细节再现了历史风貌。此外，它还带动周边老建筑焕发新生。位于海鸥饭店与"世界会客厅"之间的百年优秀历史建筑红楼，在多年前已经出现局部倾斜、沉降和裂缝，在修缮中建设团队引入国内最先进的顶升技术，将红楼整体抬高超 6 米，并对建筑基础进行加固，提高了老建筑的稳定性。

　　北外滩开发时考虑新建筑与周边老建筑的衔接，不仅不能影响老建筑的使用，更需要考虑与老建筑相协调统一，这是北外滩开发的难点，也是北外滩开发的亮点。比如，坐落于东长治路 505 号的雷士德工学院，建筑风格兼具英国哥特复兴风格和装饰艺术派风格，是研究上海近代建筑风格的重要案例，也是上海近代多元建筑风格的重要组成部分。为此，虹口

扬子江码头仓库外墙修缮前后对比

区对雷士德工学院主楼进行了修旧如旧的保护、室内装修和环境整治提升。修复中的雷士德工学院为了尽可能保护和还原历史特色，特别辟出一间材料陈列室，通过复刻比对，尽量保留最初的"模样"。修缮后的雷士德工学院已作为创新平台重新投入使用，助力北外滩发展创新创意设计产业。

链接三：

未来浦西第一高楼——上海北外滩中心开工

上海黄浦江与苏州河交汇处，一座有着河流般曲线外立面的摩天大楼即将拔地而起，刷新浦西"第一高楼"新高度。

2023 年 3 月 24 日上午，上海虹口北外滩重大项目集中开工暨 91 号地块（上海北外滩中心）桩基开工仪式举行，预计于 2030 年建成高达 480 米的地标性建筑，引领北外滩核心商务区打造运作全球总部城。作为与陆家嘴、外滩同筑上海"黄金三角"核心商务高地的重要一极，北外滩被认为是上海"中心发力"、引领带动城市南北发展轴线的新引擎，承载着上海深入发力现代化建设的重要使命。此番树起"新高度"，也标志着北外滩开发建设进入了"全面起势"新阶段。上海北外滩中心这一新地标建筑预计将与北外滩的开发同步建成，届时将与陆家嘴超高层建筑群、外滩历史风貌建筑群构成"黄金三角"整体天际轮廓，成为上海城市形象的新名片。作为上海新地标，该建筑设计进行了全球方案征集，整个建筑将体现全新的绿色低碳及数字化理念，并与周边具有江南特色的滨水空间、具有文化底蕴的历史建筑形成呼应与融合。该超高层建筑预计建设地上 99 层、地下 4 层，总建筑面积约 45 万平方米，包括商业、办公、酒店、观光等综合功能。以这一制高点为统领，另有 17 栋 180 米至 380 米的超高层建筑将于其周围渐次展开，共同重塑浦西天际线。

三年来，随着世界会客厅、雷士德工学院、友邦金融中心等一批标志性项目建成投用，如今的北外滩，岸线品质魅力绽放，功能配套能级提升，交通优势愈发凸显，正加速以中国式现代化重要展示窗口的姿态精彩亮相。

91 街坊浦西新地标项目桩基开工

虹口将全力以赴，高规格建设品质载体，高起点布局特色产业，高浓度集聚科创要素，以"一年一个样、三年大变样"加速将"施工图"变为"实景画"，推动北外滩早出形象、早见成效，早日建成上海"五个中心"的总部集聚区和"四大功能"的重要承载区。

世界会客厅外景

"最美河畔会客厅"

——世界会客厅

　　北外滩作为外滩的延伸，拥有丰富的文化资源和深厚的历史积淀。扬子江码头原为上海日本邮船株式会社码头，又称三菱码头，主要建筑有日本邮船株式会社办公楼（现港务局办公楼位置）、1号仓库、2号仓库和3号仓库等建筑，其中2号仓库和3号仓库两座建筑始建于1902—1903年，以清水青砖与清水红砖为特征的外立面，体现了特有的历史风貌。通过拆除原港务办公楼及1号仓库，保留并改造作为历史建筑的原2号仓库、3号仓库，三栋楼在整体更新改造后成为具有国际重大会议接待功能的会议中心，即世界会客厅，并在形式上与外滩万国建筑群保持协调统一，同时运用了新理念、新模式和新技术，满足核心使用功能，展现庄重的国家形象和上海独特的城市魅力。

"上海公报"发表 50 周年纪念音乐会

　　世界会客厅整个建筑群是具有会议、会见、宴请、展览和演出等功能的国际会议中心。从世界会客厅窗口向外眺望，黄浦江的西岸是有着百年历史的老外滩万国建筑群，东岸是改革开放之后拔地而起的陆家嘴金融城，"一江一河"沿岸的城市风景尽收眼底。和传统会议厅的现代风格不同，"世界会客厅"有着红青相间的清水砖墙，显得古朴厚重，其中两栋会议楼是由百年仓库改造而来。通过借力 3D 激光扫描、深度建模等新型数字化技术，百年仓库从外观到细节精准再现历史风貌；包括 46 万块老砖头在内，近 80% 的历史元素得以重新利用。世界会客厅按照"中国故事、上海表达、世界客厅、共筑辉煌"的设计目标，在满足国际级重大会议文化中心的功能基础上，挖掘和传承项目独有的历史底蕴，以"新老融合共生"作为设计理念，将"世界会客厅"作为外滩的延伸。

　　世界会客厅于 2022 年 8 月甫一开放，便成为国家级大型公共文化与会议活动的"聚光点"和世界智慧交流的"新舞台"。短短几个月时间，承担起如"上海公报"发表 50 周年纪念音乐会、2022 年上海全球投资促进大会暨"潮涌浦江"投资上海全球分享季启动活动、2022 上海—台北城市论坛、2022 年世界城市日全球主场活动暨第二届城市可持续发展全球大会开幕式、2022 北外滩国际航运论坛等十余场重大国际会议，促全球文明与智慧畅达交流。未来，世界会客厅将继续秉持文化自信，努力打造高标准、高品质内容，在服务国家战略和区域发展以及开展对外交流中进一步发挥积极作用，让更多海内外宾客听见上海的声音，感受中国式现代化建设的坚定步伐和澎湃活力。

链接一：

北外滩"世界会客厅"演播室启用

　　为助力北外滩开发建设，2020年12月28日，虹口区人民政府、中国邮政上海市分公司、上海报业集团战略合作签约暨北外滩"世界会客厅"演播室启用仪式在浦西第一高楼上海市白玉兰广场举行。北外滩"世界会客厅"演播室位于上海市白玉兰广场L层，占地面积约400平方米，由虹口区融媒体中心、澎湃新闻网、白玉兰广场共同合作建设。演播室设有实景演播室、虚拟演播室两大区域及VIP接待室、化妆间、导播间、同声翻译区等配套空间。其中，实景演播室背景可利用北外滩地区天然的城市景观，同时可容纳近40至60名观众现场参与节目录制，主要承担内容包括世界会客厅栏目录制、专家访谈、线下活动、发布会等。虚拟演播室主要承担包括世界会客厅虚拟背景节目录制、虚拟直播等内容。

　　北外滩坐拥黄浦江和苏州河"一江一河"，区域优势得天独厚，区域价值、历史人文价值、商业价值弥足珍贵。这块4平方千米的土地将按照"世界会客厅"要求，高水平规划、高品质开发、高质量建设，打造新时代都市发展新标杆、核心功能重要承载地、新发展理念实践区。北外滩"世界会

北外滩"世界会客厅"演播室启用仪式

客厅"演播室的启用，体现了本市新闻单位、新闻工作者充分发挥自身优势，与政府、企业携手，聚焦北外滩规划亮点"讲好故事"，打响新时代虹口"文化三地"品牌，推动文化强区和北外滩文化新标杆建设，有助于进一步提升北外滩的全球知名度、影响力，共同构筑国际北外滩的良好形象。

链接二：

蓝厅论坛首次走进上海"世界会客厅"

"中国式现代化与世界"蓝厅论坛于 2023 年 4 月 21 日在位于上海北外滩的"世界会客厅"举行。来自近 80 个国家的政要、前政要，国际知名专家学者和工商界代表，外国驻华使节和国际组织驻华代表以及国际媒体代表与会。国家主席习近平向厅论坛致贺信。

"蓝厅论坛"是外交部创建的政府、企业、学界、媒体及公众等中外各界沟通交流的平台，旨在为社会各界就中国外交政策等共同关心的问题进行讨论建立新渠道。论坛取名于活动举办地外交部南楼"蓝厅"。之所以把论坛取名为"蓝厅论坛"，是因为蓝色让人联想到大海和天空，既包容万象又蕴含热情与活力，契合了和谐共存、开放共赢的理念。

蓝厅论坛首次走进上海"世界会客厅"

此次论坛由中国公共外交协会、中国人民外交学会和上海市政府共同主办，围绕"中国式现代化与世界"主题举行三场论坛和一场工商界午餐会，就中国新发展推动全球治理，人文交流互鉴，坚持高水平开放等议题进行深入交流。这是论坛举办二十一届以来，第一次走出北京"蓝厅"，落地上海北外滩"世界会客厅"。会客厅原址为拥有百年历史的扬子江码头，这里见证了上海解放、改革开放后党和国家领导人亲临上海、关心浦江两岸建设开发的历史。4月21日，随着蓝厅论坛在此举办，"世界会客厅"也被赋予了新使命，这里将成为国际社会深入理解"中国式现代化"内涵的绝佳位置。

链接三：

上海北外滩"世界会客厅"发布主题曲《会客 | 世界》

2023年6月16日，世界会客厅携手上海交响乐团发布了世界会客厅主题曲，庆祝世界会客厅首秀两周年。当天晚上，原创主题曲《会客 | 世界》在黄浦江畔奏响，主题曲由知名青年作曲家罗威创作，上海交响乐团演奏，国内最具实力的指挥家之一、上海交响乐团驻团指挥张洁敏指挥。焕然新生的百年建筑与跨越三个世纪的经典乐团，共同演绎着这座城市独有的文化魅力。

主题曲《会客 | 世界》从"音乐是流动的建筑"展开构思，用流淌的旋律，层层递进地展开了一幅宏伟画卷，在音乐里表达一种包容和进取的城市精神。四首变奏曲"春"变奏《绽放》、"夏"变奏《浦江夜绘》、"秋"变奏《潮起、叶落》和"冬"变奏《伫立》，表达了四季流转，对历史的回溯，以及对新生的赞美。

北外滩流淌着红色血脉，承载着厚重记忆。青年毛泽东曾于此送别赴法留学的有志青年，聂耳的《码头工人歌》亦在此创作。江河交汇，世纪更迭，百年后的今天，优雅的音符汇聚成华美乐章，悠扬的旋律萦绕在黄浦江畔。

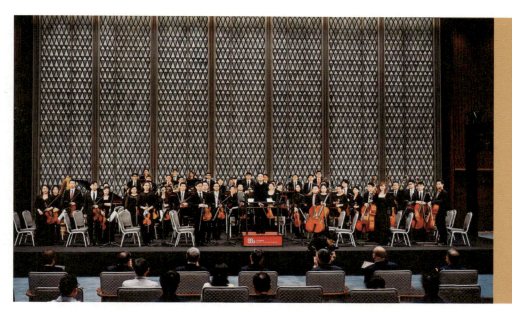

上海北外滩"世界会客厅"发布主题曲《会客 | 世界》

　　2021年6月16日,世界会客厅迎来首秀,开启了会客厅讲述中国故事、诠释中国式现代化的重要篇章。此次活动既是周年庆典,也是正式宣告,通过打造专属声音符号,展现世界会客厅功能多元化的文化属性。

财富管理高地日渐成形

　　十年间，虹口的金融产业跃升为支柱产业，这是一段敢于"无中生有"的历史。"十一五"末，金融服务业产税占虹口全区财政收入的比重不超过3%。近年来，虹口创造性地提出了专注打造"财富管理"为特色的金融服务业，深化北外滩金融港建设，与外滩和陆家嘴错位发展，形成国际金融中心的"黄金三角"地带。

　　虹口区内金融企业数量从"十一五"末的78家，发展至2022年上半年，新入驻金融企业65家，金融企业总数达2014家，资产管理规模超过7.5万亿元。金融产业税收从"十一五"末的4.41亿元发展至2022年上半年的77.96亿元。2016年以来金融服务业年均税收增幅近20%。2019年第九届北外滩财富与文化论坛上，"上海金融科技园区"正式揭牌。近年来，虹口区积极抢抓金融科技发展机遇，吸引了包括京东科技二总部、浦发银行金融科技总部、吉利集团金融科技总部在内的国内外知名重点金融科技企业落户。借力于北外滩开发的契机，围绕上海国际金融中心建设的"6+1"格局，虹口将致力于建成上海全球资管中心和上海金融科技中心的核心承载地。

　　目前，虹口金融呈现特色化金融逐步彰显、国际化程度显著提升、数字化转型加速推进、绿色化发展助力双碳几大特点。资产管理总规模已近8万亿元，其中包括占全国总数1/8的17家公募，15家超百亿元规模私募；德意志银行、美国景顺等一大批国际资管机构QDLP、QFLP试点企业以及AIA等外资金融机构纷纷落地；浦发银行、吉利集团、东亚期货的金融

国投瑞银基金

十年间

金融产业税收
4.41亿元 → **77.96亿元**

金融企业数量
78家 → **2014家**

一跃成为虹口支柱产业

虹口金融产业发展

科技总部，以及全国首家网络直销银行——中邮邮惠万家先后落户，形成集聚发展态势；辖区上海环交所抢抓碳市场启动机遇，承担全国碳排放权交易系统建设和运营，目前正按照"加强与境外特别是欧洲碳排放市场对接，带动供应链上的贷款和保险等业务发展碳金融"的指示要求，丰富绿色金融创新产品，打造碳金融中心。虹口主动融入上海国际金融中心建设，大力扶持培育以财富管理和资产管理为特色的金融产业。在北外滩地区，财富管理品牌已全面打响。同时，虹口积极布局元宇宙、人工智能为代表的新产业，做大做强科技创新，不断优化区域产业结构，具有虹口特色的高端服贸扬帆起航。

北外滩已成为上海国际金融中心重要组成部分，高规格金融活动纷至沓来。2022年中国首席经济学家论坛年会暨十周年活动、第八届中国北外滩资产管理峰会、第十九届中国国际金融论坛等在北外滩先后举办，高朋满座，北外滩金融"朋友圈"继续扩大。未来，虹口将设立北外滩资产管理中心，依托上海对冲基金园区、上海金融科技园区和即将增设的上海资产管理园区，大力吸引国内外大型金融总部、资产管理机构和要素市场，促进金融与科技深度融合，切实增强集聚配置全球资源的能力和水平。以全国碳排放权交易市场落户北外滩为契机，加快碳金融中心建设和气候投融资试点推进，构筑北外滩绿色低碳示范高地。

链接一：

北外滩财富与文化论坛举行

2011年3月25日，由国家文化部对外文化交流中心、中国证券监督

"北外滩财富与文化论坛专家委员会"在第十届北外滩财富与文化论坛上正式成立

管理委员会研究中心和上海市金融服务办公室主办，上海证券交易所和虹口区人民政府承办的第一届"北外滩财富与文化论坛"在北外滩隆重举行。虹口区首次把财富和文化两个主题对接，并以此为开端，将论坛打造成为北外滩一年一度的财富与文化嘉年华，使其成为促进虹口乃至上海财富与文化融合发展的一大抓手和品牌。2020年11月29日，以"新时代·新标杆·新奇迹"为主题的北外滩财富与文化论坛在上海虹口北外滩举行。这是自2011年以来，虹口北外滩连续举办的第十届财富与文化论坛。

论坛聚焦北外滩打造新时代都市发展新标杆，探讨全球资产管理中心建设、金融科技中心建设、资本与文化产业新融合等重点和热点议题，为新时期金融文化产业融合发展把脉献策。论坛开幕式上，成立了北外滩财富与文化论坛专家委员会。委员会由扎根金融、文化领域多年的专家学者和知名人士组成，成为北外滩财富与文化论坛可持续发展的重要智囊团，为虹口区经济社会发展、国际化营商环境建设、金融服务业和文化创意产业等发展提供各类决策咨询服务，进一步发挥北外滩财富与文化论坛的辐射带动作用，以更开阔的视野、更开放的理念、更开拓的思路谋划"北外滩打造成为新时代都市发展新标杆"的长远发展。

链接二：

上海首个对冲基金园区亮相北外滩

作为加快上海国际金融中心建设进程的具体行动，以及打造虹口区财富管理高地，实现虹口新崛起的又一重要举措，国内首个专业型功能性对冲基金集聚地——上海对冲基金园于 2013 年 10 月 18 日在北外滩正式开园。

上海首个对冲基金园区亮相北外滩

对冲基金是业界公认的投资管理高级形态，它通常以追求绝对收益为主要目的，以量化套利为盈利手段，被称为资本市场上的另类投资。对冲基金园区设立后，在市相关部门的大力支持下，研究制定实施了一整套针对入驻企业的扶持政策，园区管委会联合工商、税务、人社、消防等各相关部门，从企业注册、机构认定、人才服务、资金扶持等各个环节，为企业提供全方位的服务，力争做到让企业不出园区就能办理各类手续。此外，园区还引进银行、券商、期货公司、会计师事务所、律师事务所、金融数据公司等一系列相关机构，建立完整的上下游产业链，营造完美的园区"生态环境"，满足对冲基金公司的资金募集、业务通道、投资研究、财务管理、法律咨询等各类需求。

2011 年年初，虹口区确立了"打造以财富管理为特色的金融集聚区"的目标，当时，虹口仅有 70 多家金融机构，且多为券商终端门店，类型较为单一。目标确立后，当年下半年即引入 45 家新的金融机构；2012 年，有 185 家金融机构入驻虹口。

链接三：

首家国际金融企业中国总部落户北外滩

2023 年 6 月 29 日，世界五百强企业、百年金融老店宏利投资管理正式入驻虹口区北外滩。

宏利投资管理正式入驻北外滩

　　宏利财富及资产管理亚洲区业务负责人杜汶高表示，虹口北外滩将是一个高度战略性的基地。宏利投资管理将以落户虹口为契机，以旗下全资实体为平台，将全球专业知识与中国的人才和本地实际联系起来，加速在中国市场的增长。在他看来，中国与许多其他亚洲国家一样正快速老龄化。目前，中国正着力推行个人养老金账户政策，预计 2025 年中国的私人养老金总市场将增长到 2.1 万亿美元，2030 年将达到 3.1 万亿美元，蕴藏巨大潜力。

　　虹口区委书记李谦表示，虹口区聚焦"上海北外滩、浦江金三角"战略目标，正着力打造北外滩财富管理高地。短短十余年间，虹口金融实现了从无到有、从有到优的华丽蝶变，金融产业已成为虹口区域经济发展和产业功能提升的重要支撑。近年来，随着一批国际知名投资机构入驻虹口，虹口金融产业的国际化水平不断提升。宏利投资管理入驻北外滩，是历史上首家中国总部落户北外滩的国际金融企业，标志着北外滩在加快区域金融功能优化布局中又迈出了关键一步。希望以入驻签约仪式为契机，宏利投资管理能积极投身北外滩开发建设，逐步将在中国的养老业务等集中到北外滩区域。

北外滩航运码头

从"老码头"到"航运总部基地"

　　北外滩位于"一江一河"交汇处，因码头而生、因航运而兴。1845年，"虹口码头"在这里出现，此后，一批批轮船码头在此建造起来。从19世纪中后期至20世纪前期，外商、轮船招商局等沿江抢滩，建码头，盖仓库，造堆栈，开船厂，竞争激烈。北外滩成为上海面向世界的重要水路港口。

　　昔日停泊的舢板，如今早已没了踪影。北外滩从"老码头"摇身一变，成为全国首个"航运服务总部基地"，集聚包括中远海运在内的航运企业4700余家、功能性机构40家，全球前50位船公司中有12家在此设立总部。北外滩国际航运论坛连续两年成功举办，习近平总书记向首届论坛发来贺信。

　　北外滩还被誉为"中国大陆地区现代邮轮产业的发源地"，是国内首个

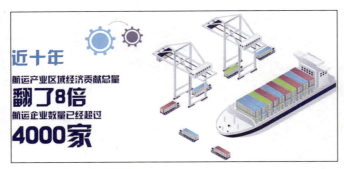

近十年
航运产业区域经济贡献总量
翻了8倍
航运企业数量已经超过
4000家

从"老码头"到"新基地"

"国家邮轮旅游发展实验区"的重要组成部分，落地了中国大陆地区首个邮轮母港、第一条母港邮轮航线、国内首个"国际邮轮经济人才基地"、上海首家外资独资旅行社、全国首家外商独资邮轮船务公司，包括嘉年华、皇家加勒比、诺唯真在内的全球各大知名邮轮公司陆续在北外滩设立区域总部。航运服务贸易延链升级，加快航运金融、航运保险、船舶管理和海事仲裁等高端航运服务业集聚成势，积极摘取邮轮产业这个"造船业皇冠上的明珠"。

北外滩实现了中国航运的多个"第一"，包括：国内首批航运经纪人试点，国内首家外商独资邮轮船务公司等。北外滩被誉为中国现代航运服务创新发展的试验田，为上海国际航运中心"软实力"提升作出了重要贡献。2016 年，国内首家国际保赔管理公司落户北外滩。对标伦敦、新加坡等知名国际航运中心，近年来北外滩又成功吸引一批具有国际影响力的高端航运服务企业，比如全球首家提供在线船舶估值的航运大数据公司——Vessels Value，国际知名航运保赔协会——北英保赔协会的全资子公司，夏礼文、英士等具有百年历史的海事律师事务所等。

全球知名邮轮公司"抢滩"北外滩，既看中了北外滩"与陆家嘴隔江相望，与老外滩比邻而居"的区位优势，还看中的是经多年发展北外滩已形成的邮轮产业服务链条，包括邮轮船务、船舶供应、旅行社、信息咨询、教育培训、电子商务、免税品供应等上下游产业。吸引世界目光的还有，北外滩对标伦敦金丝雀码头、纽约曼哈顿的下城区，正在加快建设具有全球影响力的世界级滨水区，3.4 公里滨水岸线全面贯通。

在这旖旎的滨水岸线之中，上海港国际客运中心 1197 米的码头岸线时刻守候，拥有 4 个邮轮泊位和 40 个游艇泊位，可满足 3 艘 7 万吨的豪华邮轮同时停靠，是亚洲数一数二的邮轮停靠基地，年接待能力近 90 万人次。2023 年 3 月，两艘高端特色邮轮在上海港国际客运中心启航，开启沿海人文风景之旅，其中的招商伊敦号是中国第一艘悬挂五星红旗的高端邮轮。

世界航运巨头集聚，企业成群、产业成链，每年还有超过 100 家航运企业在北外滩设立，续写当年辉煌，书写未来更恢宏的篇章。

链接一：

2021 北外滩国际航运论坛举行

2021 年 11 月 4 日，国家主席习近平向 2021 北外滩国际航运论坛致贺信。习近平主席指出，航运业是国际贸易发展的重要保障，也是世界各国人民友好往来的重要纽带。在全球新冠疫情蔓延的情况下，航运业为全球抗击疫情、促进贸易复苏、保持产业链供应链稳定发挥了积极作用。中国愿同世界各国一道，共克时艰，顺应绿色、低碳、智能航运业发展新趋势，深化国际航运事务合作，全力恢复和保障全球产业链供应链畅通，促进国际航运业健康发展，为推动构建"人类命运共同体"作出贡献。

以"开放包容，创新变革，合作共赢——面向未来的国际航运业发展与重构"为主题的"2021 北外滩国际航运论坛"，向世界展示了上海国际航运中心建设的巨大成果，来自中国乃至世界航运界的专家学者齐聚东海之滨，就如何在有力推动国际航运业发展的同时，平稳实现行业秩序重构与再平衡，携手应对挑战，畅所欲言。由上海航运交易所研发的"上海出口集装箱结算运价指数"通过国际证监会组织标准审计，此举为航运运价指数期货产品上市奠定了坚实基础。自 1998 年上海航运交易所发布全球首个集装箱运价指数以来，至

2021 北外滩国际航运论坛举行

今已经形成涵盖集装箱、干散货等领域的"上海航运指数"体系。2021年，上海航运交易所为维护航运市场稳定研发的上海出口集装箱结算运价指数，通过国际证监会组织《价格报告机构原则》审计，标志着该指数通过国际权威认可，上海航运交易所成为国内首家通过该认证的国家级指数机构。

链接二：

停靠过北外滩的邮轮

作为航运服务总部基地的虹口北外滩，曾迎来不少重量级的船只停靠。2006年7月2日，豪华巨轮意大利歌诗达邮轮"爱兰歌娜号""水晶梦幻之旅"从北外滩首航。这是歌诗达邮轮公司开出的第一条以上海为母港的邮轮国际航线，也是虹口北外滩首次成为一个大型邮轮的母港。

2006年8月29日，在经过近一年环球长途航行后，瑞典"哥德堡号"仿古船，到达航行的终点——上海，并停靠在北外滩。在北外滩停靠期间，这艘仿古帆船受到了市民的极大关注。虹口社区居民受邀登船参观，船员还来到虹口社区参加联欢晚会，两国人民开展了友好互动。2014年7月11日，被誉为"中华神盾"的我国新型导弹驱逐舰"郑州舰"停靠北外滩，向公众开放参观。海军郑州号导弹驱逐舰于2012年5月6日首次试航，2013年12月26日在完成各项测试后入役，隶属东海舰队。2016年12月16日，中国海事旗舰"海巡01"首次停靠北外滩向公众开放。"海巡01"曾驰骋南海为南沙岛礁设立灯塔保驾，参加震惊世界的马航MH370失事客机打捞，并多次参与海事救援。此后，"海巡01"多次在北外滩开展公众开放日活动。2020年7月11日，"雪龙2"号极地科考破冰船停靠北外滩。该船是全球第一艘采用船艏、船艉双向破冰技术的极地科考破冰船，它装备有国际先进的海洋调查和观测设备，能实现船舶和科考的智能化运行和辅助决策，并搭载有直升机，具备出色的应急及保障支撑能力。"东海救101"轮和"东海救204"轮，也曾先后停靠过北外滩。2018年，台风"飞燕"过境日本，关西国际机场瘫痪造成大量中国旅客滞留。在危急

停靠过北外滩的歌诗达邮轮

时刻，"新鉴真号"紧急开辟了旅客回国的海上绿色通道，这批旅客也是从北外滩登陆平安回家。2023 年 7 月 11 日，第 19 个国际航海日，"海巡 01"轮、"申城之光"轮和"雪龙 2"号这三位"老朋友"作为船艇公众开放活动的"特邀嘉宾"，亮相北外滩国客中心码头。

链接三：

弘扬航运精神，传承航运文化，
虹口区北外滩航海公园开园

在中国航海日即将来临之际，比邻北外滩世界会客厅，与浦东陆家嘴隔江相望的北外滩航海公园于 2023 年 7 月 10 日正式开园。

北外滩航海公园位于虹口区东大名路以南，新建路隧道以西，以"乘风破浪、引航未来"为设计理念，弘扬航运精神，传承航运文化。在东大名路的公园主入口可以看到，一座象征航运起源的主题雕塑《梦舟》竖立在此。雕塑以先民对江河探索的起源为灵感来源，将独木舟的造型与轻盈的具有科技感的材料相结合，展示舟在古代用来探索海洋文明，如今在世界航运中发挥重要作用，跨时空地结合以领航未来的寓意。

北外滩航海公园开园

　　游客从公园入口起，就能感受到千年航运跌宕起伏，在历史大潮中滚滚向前。主入口向南是全长 77 米的中外航运历史大事记轴，灯带两侧选取航运历史上 26 个关键的时间节点，以图标插画的形式让游客在信步漫游间"穿越"历史。

　　航海公园作为传承航运文化历史的重要载体，深度拓展了"公园＋航运文化科普教育"功能，专门设置探索征途区，内含航海星图、世界航海图、航海文化互动景墙、有鲸出没等多个科普实践景点，为青少年儿童打造一个集科普、互动、运动于一体的沉浸式亲子体验航海探索乐园。

数字引领未来

　　虹口区高度重视信息基础设施建设，在上海中心城区中最早开展 5G 基础设施建设。2017 年 1 月 11 日，虹口区政府与上海市经信委签署市、区关于建设新型无线城市战略合作协议，并分别与上海电信、上海移动、上海联通、上海铁通签署共同推进十三五期间"智慧虹口"建设的战略合作协议；与东方明珠、上海均瑶（集团）、上海信投等联合体签署了新型无线城市建设战略合作协议。在此基础上，通过优化 4G 网络、建设 5G 基站、宽带千兆接入、建设东方明珠无线广播电视网（NGB-W）双向网、城域物联专用网以及高速公益 WLAN 的信息基础设施建设，推进新型无线城市试点和极速北外滩综合示范区建设。

　　这标志着作为本市首批新型无线城市试点区，虹口物联专网建设正式启动。一批针对社区、园区、校园、城市管理的智慧应用，使信息服务民生更为精准。虹口区新型无线城市试点工作聚焦滨江贯通等重大工程项目建设，通过打造新载体，提供新服务，建设"超 i-Shanghai"信息亭，全面实现升级提速，为上海建设"创新之城"增添虹口特色。

　　同时，虹口区制定完成了《北外滩新一代信息基础设施规划》，北外滩

虹口区"极速北外滩"——"超·爱上海"2.0 版信息亭

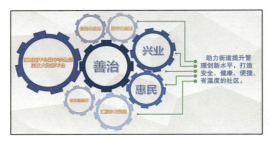
北外滩街道智联点亮幸福生活

核心区域（东大名路沿线）5G 网络的峰值下载速率达 1.6Gbps 以上，全球领先。2019 年 3 月 30 日，"全球双千兆第一区"开通仪式在虹口足球场举行，吴清副市长现场拨通了全球首个不换卡不换号、基于中国移动 5G 网络的手机间通话，标志着虹口成为全国首个中国移动 5G 试用的行政区域，形成了 5G 网络基础覆盖。2020 年，虹口建成全市首个广电 5G 实验通讯网，并连续两年获得上海市城区（全市）移动通信用户感知度测评第一名。目前，虹口正积极推动三大电信基础运营商加大微基站、室分系统的建设力度，截至 2023 年 1 月 31 日，全区建成 11539 个（含综合杆和广电 5G）5G 基站，完成以 5G 宏站、微基站、室内分布系统，道路杆站、屋顶站、城市综合杆等为载体的 5G 全域深度覆盖。基站密度全市领先。

北外滩要打造中国式现代化重要展示窗口，必须体现全球顶尖中央活动区的数字化和绿色化特征，要加快数字赋能增强城区生命线韧性，以数字化提升基层能力，推进"硬科技＋轻应用"等数字化应用场景建设，为基层减负增能。打造整体化数字治理场景和特色亮点示范工程，为全市基层治理数字化转型提供"虹口方案"与"虹口品牌"。

链接一：

数字北外滩展示馆面世

2022 年 1 月，数字北外滩展示馆在北外滩核心滨江区国客中心 10 号楼落地，参观者可以沉浸式感受十年后的北外滩。数字北外滩展示馆总建筑面积 4139 平方米，场馆以地上一、二、三层楼为主体进行展陈布置。展览围绕北外滩的城市规划发展脉络展开，以"会见·连接"为主题，向观众全面呈现"上海北外滩、浦江金三角"的国际化城市形象。

一踏入展示馆，12 台移动屏随着韵律起伏，通过城市律动、城市记忆

数字北外滩展示馆内的模型

等主题，展示北外滩辉煌历程和现代形象。一楼布置的1∶750模型，集中展示了北外滩一江一河一港、一心两片的城市格局。另一个五层的模型，清晰地呈现了未来北外滩核心区域的地下立体结构。其中包括地铁12号线和规划中的19号线在负一楼至负三楼的分布，以及地下车库集中停放地和能源中心所在的负四楼。模型后的规划展示片，重点介绍了数字技术赋能北外滩的总体规划建设。通过"世界客厅 中央之区"的城市视角概括现况，阐述未来，展望"打造新时代都市发展新标杆"的城市愿景。

展示馆最奇妙的地方在于，通过智慧城市沉浸式剧场，聚焦北外滩的未来城市建设和生活。站在中心位置，仿佛置身于十年后的北外滩，不必戴上智能设备，就能"飞跃地平线"，俯瞰外滩、陆家嘴、北外滩"黄金三角"。规划中提到的"未来之城"——480米浦西第一高楼、中央绿地、超高城市集群、最美城市天际线、五层立体空间环境……都将以直观动态的形式展现在眼前。

链接二：

北外滩打造"5G全球创新港"

2019年9月10日下午，全球首个综合性5G应用展示及联创平台——

"5G 全球创新港"在虹口北外滩开港

"5G 全球创新港"在虹口北外滩开港。港区总面积 5558 平方米,四层独栋建筑在周围的银行、投行、航运和海关等高楼中显得别具一格。其南面紧邻的是上海国际航运服务中心东港池,池内的快艇伴随当日的和风摇曳、蓄势待发。

该港区共四层:一层为上海 5G 综合应用展示厅,重点展示 5G 网络、技术、应用和产业创新生态,通过与远端 5G 场景应用互动,为 5G 创新成果提供成熟度测试验证;二层为 5G 联创中心平台,集聚了华为等 5G 产业链企业、长三角 5G 创新发展联盟等机构,将围绕以 5G 为代表的新一代信息技术开展联合创新;三层是 5G + VSAT 联创中心,为打造 5G +低轨卫星通信网络研发高地;四层为 5G 创新应用在城市管理中的实践及城市规划展示区。作为"上海 5G 综合应用先导示范区"的标志性项目和重要功能性平台,"5G 全球创新港"还为各类 5G 创新型企业提供包括项目路演、产业融合、资本对接、信息发布与合作交流等诸多综合服务。

"华为—上海 5G+VR/AR/MR 创新中心"同步落户虹口,打造 5G 产业生态链。"5G 全球创新港"的开港,助推虹口进一步全面开放场景资源和数据资源,吸引资本链、创新链、产业链的集聚,推动 5G 赋能城市管理、社会建设和经济发展。

链接三:

"远东第一库"里藏着一个"元宇宙"

2022 年 9 月,百联资控元宇宙数字艺术作品展及"远东第一梯"蒋吟个展在虹口区"元宇宙一号"空间——永兴仓库举办,这也是近百年老建

百联资控元宇宙数字艺术作品展及"远东第一梯"蒋吟个展在永兴仓库举办

筑永兴仓库迎来的首个艺术展览。

位于杨树浦路的永兴仓库是上海仓储业中最有名的仓库之一,因从事货栈仓储业务,又被称为"61号老栈"。它由康益洋行建设于1929年,又在1935年扩建,当时的总面积达3427平方米,成为同期同类仓库中的面积之最,所以又被称为"远东第一库"。仓库内存在一个享有"远东第一梯"美誉的货运电梯,由美国奥的斯公司(OTIS)设计制造,可载重8吨货品。

该仓库是国内罕见的具有巴洛克式风格的工业建筑。经过百联资控专业团队精心打造,目前永兴仓库已形成了高新科技企业相对聚集的态势,未来还将聚集更多科技新业态企业入驻,形成上下游产业链,增强硬软件衔接,推动北外滩在未来落地更多应用场景,项目因此被授牌为元宇宙一号空间。

未来,永兴仓库"元宇宙一号"将探索"沉浸+"模式,多元化、更具惊喜感的体验内容将在61号老栈呈现。办公部分将"以虚强实",以发展相关企业为导向,围绕5G技术,支撑边缘计算、物联网、8k超高清等领域的颠覆性创新,叠加VR/AR、车联网、工业互联网、智慧医疗、智慧金融等企业的需求,结合元宇宙协会,定期举办行业活动,打造"元宇宙一号空间"试点示范区。

文化北外滩，城市会客厅

　　自 2017 年中滨江空间基本贯通以来，经过 5 年一系列的提升改造，虹口滨江 2.5 公里岸线实现全面亲水贯通。原本封闭的国客码头作业区域完全向市民开放，并通过虹口港人行连廊联通了滨江亲水平台与"世界会客厅"5 米平台。北苏州路 900 米沿河风光也完全向市民开放。虹口挖掘北苏州路沿线优秀历史建筑资源比如上海大厦、邮政大楼、河滨大楼等，通过打通步廊断点、增设绿化景观和照明，打造了慢行空间、观景平台、滨河步廊，让市民游客可以"走过来、坐下来、美起来"，现在北苏州路沿河一带已是虹口滨江市民最喜欢赏景、休闲的片区。

　　虹口滨江空间重点被导入了文旅、时尚、消费等活动，增添了浓浓的文化气息。打造时尚品牌集聚地。通过培育发展国客中心邮轮码头等北外滩新品首发地，举办周期性、标识性、系列化的品牌发布活动，树 IP、聚人气、导流量；积极争取时装周、品牌节等市级活动落户虹口，进一步打响北外滩时尚影响力。举办文化艺术活动。近年来，潮博会、功夫熊猫、北外滩光影艺术展、全球沉浸式产业峰会等项目在北外滩落地。努力把握

北外滩滨江步道

2020 上海旅游节魅力滨江主题活动

好上海赛艇公开赛给苏州河沿岸联动开发带来的机遇，不断扩展和延伸滨河空间功能，策划举办高水平、高规格的政务外事交流、文体赛事活动等。持续做好"建筑可阅读"系列。挖掘北苏州路老建筑历史底蕴，为北外滩区域的历史建筑进行挂牌，市民游客通过扫描二维码阅读建筑，展现建筑背后鲜为人知的故事，传承好历史文脉。此外，推出"5G+VR全景导览"体验项目，打造沉浸式的语音导览。开发北外滩微旅游线路。加强对区内旅游资源的发掘研究，在北外滩区域开辟微旅行线路，比如"奇遇·虹口犹太难民足迹"，荣获了"上海市民最喜欢的微游特色旅游线路"。在每周六、日下午，组织由旅行社专业导游组成的志愿讲解员为游客提供免预约的北苏州路讲解服务。滨江国客中心段的北外滩航海公园也已开园。

老建筑焕发新生的同时，也将唤醒城市文化记忆。虹口正在积极打造"江景会客厅"系列，浦西第一高楼里的"人民咖啡馆"、北外滩来福士里勾起乡愁的城市集市、颇受欢迎的"世纪同框"打卡点、滨江绿地里的银色"巨蛋"……再加上河滨大楼、上海大厦，以及风貌保护区内的老洋房、老弄堂等的加持，让北外滩"望得见水，看得见景，守得住乡愁"，不仅有味，而且有范儿。

链接一：

上海大厦旧貌换新颜

上海大厦原名百老汇大厦，因建造在百老汇路（今大名路）上而得名。

上海大厦今貌

大厦于 1930 年动工建设，1934 年竣工，英国建筑设计师弗雷泽设计，新仁记等六家营造厂承建。大厦外墙为浅褐色泰山面砖贴面，给人以凝重而大气的印象。大厦的内部装饰，包括上下升降的老式电梯，处处透出一种从容和精致。其内部顶端沿口均以统一且线条丰富的几何图形相连装饰，凸显出装饰艺术派与美国现代高层建筑风格的完美结合，成为上海高层建筑趋向现代主义风格的早期代表。由于大厦最初是为来沪外国人打造的高级公寓，开张伊始即由外籍人士管理。一时间，社会名流、高官巨贾纷至沓来。入住百老汇大厦的"高端人物"不仅有英国友邦银行经理、美亚保险公司老板、大美晚报主编等，不少洋行、银行经理和高级职员甚至在这里长期包房以显示身份。

"八一三"事变以后，业广地产公司以低价将大厦卖给日本恒产株式会社，日本特务机构特高课就设在这里。抗战胜利后，大厦被国民党政府作为敌产没收，美国军事顾问住了进来。直至 1949 年 5 月，历尽沧桑的百老汇大厦由上海市人民政府接管。

经上海市人民政府批准，1951 年 5 月 1 日，百老汇大厦正式改名为"上海大厦"。从此，上海大厦成为接待外国元首和政要的重要舞台，历史上曾先后接待过 120 多位（批）国家元首、政府首脑、政府代表团参观，

2021 年，"爱上北外滩"第一辑《上海大厦》《上海邮政大楼》《河滨大楼》《浦江饭店》出版

承办重要宴请任务。周恩来总理曾多次陪同外宾登临上海大厦观光，柬埔寨的西哈努克亲王、埃塞俄比亚的海尔·塞拉西皇帝、苏联的伏罗希洛夫主席等都曾登临上海大厦。周恩来总理最后一次登临上海大厦是 1973 年 9 月，那是他陪同法国总统蓬皮杜在此登临 18 楼露天平台饱览上海风光。周恩来总理在上海大厦纵览浦江两岸的身影，为北外滩留下了浓墨重彩的篇章，至今仍让人无限怀念。

链接二：

雷士德工学院华丽转身

位于北外滩东长治路 505 号的雷士德工学院旧址，始建于 1934 年，是一座采用英国哥特复兴和装饰艺术派风格的建筑。建筑立面以天平、角尺、齿轮、圆规、烧杯等科学仪器与机械图案为装饰，独具匠心。作为沪上比肩交通大学、圣约翰、沪江的一流工学院，在十年办学期间为中国培育了一批批优秀人才。该校于 1945 年结束了短暂的办学生涯，学校旧址先后为上海航务学院和上海海员医院使用。2021 年，伴随着北外滩新一轮开发建

雷士德工学院修缮后鸟瞰

设的火热推进，雷士德工学院旧址启动修缮工程。2022年10月，项目总体完工。通过对原雷士德工学院主楼进行保护修缮、室内装修和环境提升，工程不仅恢复了建筑历史风貌、消除了现有结构的安全隐患，还延续了历史建筑的生命与活力。

　　按照"应保尽保"的原则，修缮工程保留了阶梯教室、大礼堂等重点部位的全部历史，从细节设计上呼应了历史建筑的文脉，使新旧建筑形成了一个新的整体。本次修缮的难点包括建筑材料的清洗、修缮、仿制和补配。外墙泰山砖、内墙釉面砖虽然在近代建筑中也较常用，但是到了清洗和补配，就都变成了量身定制，通过无数次试样才能达到理想效果。

　　走进建筑内部，一楼大礼堂足有二层高，东西侧绿色的墙面下部设有红漆木护壁，设置了暖气龛。窗下的图案均为装饰艺术风格。大礼堂里的地坪和舞台，保留了历史原样的条木地板。二楼阶梯教室保留的室内黑板为上下提拉活动黑板，为20世纪30年代原物，这类设施在近代教育建筑中保存至今的较少。建筑外部，约1600多平方米的公共绿地也进行了精心设计。以内向开敞的空间手法复原了中央弧形草坪，并保留了老银杏等大型乔木。

　　2023年，雷士德工学院以全新的面貌绽放于北外滩，完善并提升北外滩的文化功能，打造全新的设计创新引擎。一系列重磅活动将在此举办，北外滩正在向全球奏响最强音。

留法勤工俭学出发地纪念标识树立

　　1919 年至 1920 年，中国掀起了赴法勤工俭学热潮，湖南新民学会成为这场运动的重要推动者之一，组织了大量湖南青年赴法。1919 年 3 月 17 日上午，毛泽东作为新民学会主要领导者和湖南赴法勤工俭学组织者之一，到上海汇山码头为乘坐日本"因幡丸"邮轮赴法的林蔚、欧阳钦、傅昌钰、沈宜甲等首批 89 名学员送行；3 月 31 日，毛泽东又到虹口汇山码头为另一批 26 名乘坐日本"贺茂丸"邮轮赴法的学生送行。1920 年 5 月 9 日，毛泽东再次到杨树浦码头为搭乘法国"阿尔芒勃西号"轮船的赵世炎、熊锐等 121 名赴法勤工俭学青年送行。从 1919 年 3 月到 1920 年 12 月间，全国先后有 20 批近 2000 名中国青年从上海乘船到法国"勤于作工，俭以求学"，其中从今日虹口几处码头及江面出发赴法勤工俭学的学生有 700 人左右。赴法勤工俭学，不仅开启了这些中国青年各自不平凡的人生，也开启了中国革命重要的进程，成为中共党史上最为重要的事件之一。其中，来自天津的周恩来，湖南的蔡和森、李维汉、向警予，四川的赵世炎、邓小平、陈毅、聂荣臻等人，都在中共党史上留下了重要印迹。2021 年 3 月 17

留法勤工俭学出发地纪念标识

日，是"留法勤工俭学启航"102周年纪念日。当日，"留法勤工俭学出发地纪念标识"揭幕仪式在北外滩滨江举行。这也是上海市首批设立的重要红色革命遗址、旧址统一纪念标识之一。从靠近公平路码头的滨江最佳观景点一眼望去，江面上有一个红色的七号浮筒，而它，正见证了一个世纪前的启航。

2019年3月17日，是当年第一批中国留法勤工俭学年轻人，乘坐"因幡丸"邮轮从北外滩的汇山码头启航100周年。虹口区当天在北外滩举行了《睁眼看世界，启航北外滩》纪念早期赴海外留学史料研讨会。当年第一批从北外滩出发的赴法勤工俭学者吴震寰的女儿吴本立，以及后来先后从北外滩地区出发去海外留学的中国有志青年李立三的女儿李英男、周恩来的侄孙女周蓉等参加了研讨会，并在会前寻访他们的祖辈或父辈当年启航海外留学的北外滩滨江。

码头文化露天博物馆的玻璃幕墙

高效集约的交通体系

　　北外滩遵循"用最好的资源服务人民"的原则，以先进的交通规划理念和可持续的发展思想，构建以人为本，与北外滩功能定位相适应的，多样化、多模式的综合交通体系。按照顶级中央活动区需求，系统组织滨江两岸路网。以外滩隧道、在建东西向北横通道、延安高架路、延安东路隧道、浦东大道，以及规划的南北通道为"井"字形快速路网骨架，促进北外滩、陆家嘴、外滩地区交通一体化建设，形成均衡、高效的综合交通网络。建成后，北外滩地区10分钟可达陆家嘴、外滩地区，30分钟可达上海火车站，45分钟可达上海南站和虹桥枢纽，60分钟可达上海东站和浦

虹镇老街公交枢纽站

在北外滩核心区范围内构建地上、地面、地下全方位互联的立体活动网络

东机场。北外滩已规划了"4 线 9 站"的轨道交通网络，三条隧道将构建起黄金三角"8 分钟通勤圈"，北横通道连通北外滩与虹桥、浦东国际交通枢纽。北外滩地区已建成以"二横三纵"主干路为骨架的路网系统及外滩隧道、新建路隧道、大连路隧道 3 条越江、越河隧道，实现"黄金三角"之间的交通联动。

轨交方面，现有 3 线 7 站，规划 19 号线将穿越北外滩并设置周家嘴路站、提篮桥站 2 个站点，使北外滩拥有 4 条地铁线路、9 个站点，轨道交通 600 米覆盖率超过 90%。未来从地铁车厢走到办公室仅需 5—10 分钟。公交方面，北横中运量公交和现有 60 条公交线路将满足公交出行需求，公交 300 米覆盖率达 100%，并进一步推进公交站点与慢行网络一体化衔接，形成"公交＋慢行"为主的绿色交通网络。

在北外滩核心区内设置占地 11 个街坊、约 50 公顷的慢行优先区，并在唐山路两侧，设置占地 6 个街坊、约 22 公顷的无车区，将更多活动的空间还给行人。坚持多策并举开辟绿化空间，在高阳路两侧规划约 6 公顷的中央绿轴，纵贯核心区、直达滨水区，连接国客中心站、提篮桥站等两大轨交站点。按照开放便捷、立体互联的原则，在核心区范围内构建地上、地面、地下全方位互联的立体活动网络。新建公共区域地下整体连通，地下一层打造整体开发、步行连通的活力街区，拓展商业、文化、体育等公共功能。地面重点关注慢行品质提升，提供集中绿地、活力街道和休憩场所等载体。二层连廊提供丰富的观景、休闲体验，同时作为通勤交通的必要补充。

"一江一河一港一轴"是北外滩最宝贵的资源，虹口将充分依托这一优势，积极打造世界级滨水绿色慢行区域。创建低碳生态型的可持续发展城市交通环境，实现对外交通高效便捷、内部交通绿色低碳、交通管理智慧创新，让更多的人能享受到北外滩高速发展带来的便利，不断实现发展为了人民、发展依靠人民、发展成果由人民共享。

链接一：

打造"30、60、90 交通出行圈"

北外滩地区从 2021 年起建设"30、60、90 交通出行圈"，通过大力发展公共交通，提升轨交公交覆盖率，积极发展智慧停车、智慧公交、智慧道路，倡导绿色出行，构建与空间布局相协调、与发展规模和功能相适应，多层次、一体化、高品质、智慧型的综合交通体系，实现地区交通出行集约高效、便捷舒适、智慧生态。

"30、60、90 交通出行圈"，即 30 分钟可达中心区（包括上海站），60 分钟可达中心城（包括上海南站和毗邻中心城的虹桥枢纽），90 分钟可达近郊范围（包括上海东站、浦东机场）。远郊新城以 120 分钟为限。

未来，北外滩地区轨道交通站点 600 米覆盖率将超过 90%，除了现有的轨道交通 4 号线、10 号线、12 号线外，将再增加一条轨道交通 19 号线，增强北外滩与小陆家嘴、世博、前滩区域和浦东国际机场的快捷联系。进一步优化提升现有常规公交体系，以骨干线、区域线、接驳线、特色线等组成常规公交网，主要服务中短距离出行，作为轨道交通的补充。公交站点 300 米覆盖率达 100%，200 米覆盖率达到 90%。公交站点智能化覆盖率达 80% 以上，提高道路在数据采集、智能管控、信息发布等方面的水平。

北外滩的轨交覆盖率超九成

另外，绿色交通出行（公共交通、慢行交通、新能源小汽车）比例不低于80%，途经核心区的公交车辆清洁能源化达到100%。

链接二：

建设新理念的北外滩来福士枢纽站

虹口区北外滩滨江重要交通基础设施——北外滩来福士枢纽站已于2021年正式启用，该公交枢纽规划入驻公交线路共4条，并与轨道地铁形成便捷的换乘系统。北外滩来福士枢纽站作为北外滩滨江区域的第一座建成投用的综合交通换乘中心，正焕发着国际城市与区域交通的新活力。东长治路公交枢纽占地面积近4000 m²，位于东长治路958号（来福士广场侧边裙楼内）。目前已有巴士线路854路、13路无轨电车的终点站入驻该站点，因架空接触网供电的运行方式，"拉线入站"成为该室内枢纽的亮点。线路854路：东长治路公平路——市光新村（包头路）、线路13路：东长治路公平路——中山公园地铁站，两条公交线路贯穿虹口区、静安区、普陀区、杨浦区等，并与12号线形成换乘互通，支撑引领城市功能品质提

北外滩来福士枢纽站

升。独具一格的楼宇外立面景观、便捷周到的换乘互通、多元化枢纽的功能集聚……伴随北外滩来福士广场开业，该枢纽将带动客流效益、提升其商业价值以及城市经济带动作用，全方位彰显虹口北外滩区域"世界级会客厅"的闪亮名片。2022年以来，虹口区深入实践"为群众办实事"的重要理念，以"提升居民幸福感"为目标，依照北外滩区域高标准建设管理要求，积极打造区域性交通枢纽，不断擦亮"北外滩名片"，为提升城市功能品质助力。

链接三：

探索"以人为本、慢行优先"的慢行交通

在虹口北外滩核心区，空中连廊就像"游走于建筑丛林与城市森林间的艺术飘带"，将区域内地块之间有效互联，打造了全天候无障碍的空中慢行系统。北外滩核心区内规划设置约50公顷的无车区。无车区范围内倡导慢行优先，使人们可自由享受公共空间，最大化激发地区活力。作为北外滩核心区重大工程，总长度约4.5公里的空中连廊系统将成为构建核心区立体慢行网络的重要载体，为通勤交通提供"全天候"便利，同时串联区域内各类公共功能，方便市民观景、休闲。空中连廊项目按照"最高标准、最好水平"要求，坚持打造北外滩精品工程。示范段一二期连廊竣工后，将立体无缝连接核心区内三大商业综合体——北外滩来福士、友邦金融中

4.5 公里空中连廊系统效果图

心和金茂广场，塑造一流的商务、消费和休闲环境，让北外滩核心区形象更加亮丽。

北外滩地区慢行交通将按照外部联系便捷高效，内部出行舒适宜人的原则，贯彻"以人为本、慢行优先"的理念，打造小尺度、高密度的街巷格局，建设地面慢行优先区，以空中连廊连接轨交站点、主要商务楼宇，提供通勤与多元观景休闲体验，核心区地下空间整体开发，构建地上、地面、地下全方位互联的立体空间网络，打造安全、连续、便捷、舒适的慢行通道和空间宜人、品质一流的慢行环境。北外滩地区停车系统将做到与路网容量相协调，实施出行目的差别化政策，实现动静态交通平衡发展，发挥停车在调控、引导个体机动化出行需求、优化交通方式结构方面的促进作用。

新时代非凡十年的虹口答卷

生态北外滩，打造"双碳"示范区

北外滩作为核心商务区的战略高地、上海"五个中心"建设的重要功能载体，无论从碳排放结构还是从资源禀赋上来说都具有鲜明的特色，总结起来看呈现"三高两聚"。北外滩仍处于"三年出形象、五年出功能、十年基本建成"的高质量发展阶段，尽管目前碳排放量占虹口区总量的约五分之一，但未来新建建筑将占四成，碳排放仍有较大的增量需求。北外滩建筑领域的碳排放占八成以上，"超塔建筑"和"历保建筑"数量多，降碳难度系数高。城区建设密度高，亟须低碳技术创新支撑，挖潜能源低碳绿色转型空间。北外滩要素集聚、优势显著，以环境能源交易所为代表的碳金融相关产业试点和以绿色技术银行为代表的绿色技术转移转化探索初具雏形，绿色金融和低碳技术双轮驱动。

基于北外滩控碳重点和自身的优势，市经济信息中心按照"多点发力，统筹推进"的原则，提出构建"6+9+X"的工作框架。以"6大重点任务"

广灵二居民区建设了集太阳能供电、雨水收集、自动浇灌于一体的立体绿化；梦湖苑将雨水储存在地下集水井中，用于景观绿化灌溉、垃圾箱房清洗……

"十三五"期间，虹口提出"打造低碳生态环境，建设低碳社区"

为发力点，"9大示范项目"为引领，"X项组织机制"为保障，从建筑、交通、社区、技术、金融等各方面布局亮点示范工程。六大重点任务主要包括：

推动建筑绿色低碳转型。一手抓新建建筑准入门槛，一手抓既有建筑节能改造。加大超低能耗建筑推广力度。推动既有建筑梯次有序开展节能改造。"十四五"期间完成节能率15%及以上的建筑面积11万平方米，到2030年累计完成22万平方米。推动公共机构超低能耗改造"应改尽改"。强化绿色金融支撑保障。发挥上海环境能源交易所全国碳市场中心作用，抓住全国碳排放权交易市场落户北外滩的契机，加强碳市场和碳价机制研究。同时围绕绿色技术银行，重点引进、集聚一批推动绿色技术转移转化及科技与金融结合的各类金融服务机构以及具有影响力的绿色技术创新机构。推广分布式清洁能源供应体系。既要积极拓展适合中心城区的可再生能源，又要提升能源利用效率。推广太阳能光热、光伏与建筑装配一体化。积极发展"源网荷储"一体化和多能互补，推广以分布式"新能源+储能"为主体的微电网。搭建能源平台，完善区域能源监测。构建集约高效低碳的城市交通体系。提升绿色交通出行比例，加强绿色交通管理，到2025年绿色交通出行比例达80%，到2030年绿色交通出行比例达85%。加快推进交通工具低碳化转型升级，加强绿色交通基础设施建设，新建住宅充电泊位，按照总停车位的100%预留充电设施建设安装条件，2025年纯电动车占比达到45%，2030年达到50%。推进绿色低碳生活方式。鼓励零碳社区申报，创建社区低碳技术应用试点。积极参与全市碳普惠平台建设，鼓励社会主体在北外滩示范区开发首个绿色低碳行为的碳普惠平台。发展绿色低碳经济。重点吸引"总部型""平台型""服务型"绿色低碳产业集聚。落地1—2家具有影响力的企业总部，推动低碳商务服务企

"潮涌浦江"投资上海全球分享季之"央地合作　碳讨未来"
三峡集团上海院、上海联交所、虹口区战略合作签约会

业和机构集聚发展，支持"双碳"研究机构建立实验室、研究中心等，形成"双碳"研究高地。九大示范项目包括：超低能耗建筑推广项目、既有建筑节能减碳项目、绿色技术集成应用项目、充电桩落地推广项目、智慧低碳交通试点项目、碳普惠示范社区项目、碳金融服务示范项目、重点企业节能低碳攻坚项目、提升碳影响力项目。

在 2023 绿色金融北外滩论坛上，虹口区委副书记、区长吕鸣在欢迎致辞中提到，虹口北外滩凭借财富资管高地、金融资源集聚和碳排放交易市场落地优势，将绿色低碳作为区域经济发展的根本遵循。金融和航运双向赋能，同频共振，以绿色金融活水，提升区域经济低碳发展活力，打造未来城市的样板间。

链接一：

绿色技术银行总部落户虹口

2016 年 9 月 2 日，科技部和上海市人民政府明确虹口区作为国家绿色技术银行总部及相关机构产业的承载区。虹口区承接部市共建"绿色技术银行"项目落地，完成绿色技术银行顶层设计，主动布局绿色技术产业，按照"总部＋一圈一街一园"的布局，努力打造绿色技术创新要素集聚示范区。国家绿色技术银行总部设在北外滩地区浦江国际金融广场，运营中心设在中山北二路石油大厦，同时提供总建筑面积为 27000 平方米的空间

绿色技术银行总部落户虹口

载体作为绿色技术园区。2017 年 12 月 3 日，"绿色技术银行管理中心"揭牌，规模 35 亿元的绿色技术成果转化基金正式成立。建设国家绿色技术银行是国家实施科技成果转化行动、加快绿色技术国际化转移、落实联合国 2030 年可持续发展议程和气候变化《巴黎协定》的重大举措。

绿色技术银行，是汇聚资源节约、环境友好、安全高效、生命健康等可持续发展重点领域中的先进实用绿色技术，强化科技与金融结合并实现科技成果的资本化、加快科技成果转移转化和产业化、同步服务于国内可持续发展和绿色技术领域南南合作的综合性服务平台。5 年多时间里，绿色技术银行在上海、长三角、国家可持续发展创新示范区先后实施了上海化工区废水减排及资源化、张江高新区工业废水近零排放及资源化、长三角有机垃圾资源化利用、绿色甲醇燃料、绿色食品工业园区建设等示范项目。

链接二：

全国碳排放权交易市场在北外滩鸣锣开市

2021 年 7 月，全国碳市场上线启动仪式暨中国碳交易市场论坛在天潼路 229 号的中美信托金融大厦召开，全国碳排放权交易市场在北外滩正式鸣锣开市。开市当天，交易成交量 410.4 万吨，成交额 2.1 亿元，成为世界上最大的碳交易市场。承担全国碳市场交易系统建设和运维管理工作的正是虹口北外滩的上海环境能源交易所。一年来，市场运行总体平稳，累计交易量 1.94 亿吨，交易额达到 84.92 亿元人民币，成为实现"双碳"目标的重要工具。虹口区致力推动碳金融领域的企业和功能性机构集聚，助力上海碳金融中心及绿色金融枢纽建设。《北外滩地区绿色生态总体规划》还谋划了"呼吸自由滨水区、绿色更新前沿地、通达共享商务区、智能时尚会客厅"的建设蓝图。绿色、低碳、生态引领的理念正深入人心，绿色建筑量质齐升，绿色生活方式引领新风尚。

上海环境交易所以全国碳市场上线交易启动为契机，确立了"一体三功能五大中心"的发展定位和目标，努力打造具有国际影响力的碳交易中

全国碳排放权交易市场在北外滩鸣锣开市

心、碳定价中心。未来，虹口区将进一步紧紧围绕国家"碳达峰、碳中和"重大战略，支持上海环交所建设全国碳市场，以全国碳交易市场在北外滩上线启动为契机，不断壮大碳市场生态圈，以持续提升的"软实力"构建引领未来产业高质量发展的集聚地。

链接三：

氧气水岸，踏出低碳足迹

北外滩地区规划之初，其间的滨江绿地便启动了同步的建设。经过了十余年的耕耘打造之后，一个总面积达到13.6万平方米的"都市绿肺"终于在整条虹口滨江沿线贯通的同时惊艳开放。一路漫行，你可以看到由林下灌木构成的幽静空间、千姿百态的植物视线廊道、缤纷悦目的彩色花带；走累了的时候，散落其中的休息凳方便你随时歇脚——甚至，如果你想在晴朗的周末来这里滚一滚草坪，滨江绿地也完全向你敞开怀抱！

忘掉工作中的繁杂事务，放下从不离身的手机和笔记本，游览于绿地与露天"老上海码头文化"博物馆之间，哪怕只是闭上眼睛，静静地躺在温热的土地上，嗅着草木近在咫尺的芳香，也自有一份难得的陶然忘忧之乐。当然，如果你想要和全家人一起动起来，在这里你会找到再新鲜不过的运动体验新地标——在 10 m×10 m 的高科技互动足球场，通过十种不同的玩法模式，训练多项足球技能；数跑彩虹的 9 种趣味玩法，将会为全年龄段的人们创造出乐趣满满的集体游戏；而全球第一台将娱乐与教育相平衡的寓教型游乐设备 MEMO 游戏迷阵，是脑力运动与体力运动相结合的完美典范。空中篮球场，无疑也将成为沪上篮球爱好者的又一运动新地标。在北外滩的滨江绿地里，一条红白灰相间的健身步道掩映在葱茏的树影之间。从清晨到夜晚，这条被誉为"滨江最美步道"的路上都有不同年龄、不同职业的市民前来锻炼身体，或是晨练快走的老人，或是午后散步的白领，到了晚上，夜跑大军更是这里一道跃动的风景线。

　　周边丰盈的草木植被所形成的天然氧吧，为跑者们提供了良好的环境条件；戴上耳机，在外滩与陆家嘴的迷人夜景包围之中活力开跑，运动的枯燥一扫而空，取而代之的是尽情挥洒能量的酣畅淋漓。

北外滩置阳绿地滨江一角

后 记

  《新时代非凡十年的虹口答卷》是中共上海市虹口区委党史办公室在中共上海市委党史研究室的主持和指导下，在中共上海市虹口区委宣传部的具体领导和区各部门、街道及有关单位的支持下，贯彻落实中央关于党史工作"存史、资政、育人"和"一突出、两跟进"的指示精神而呈献的一部新作。该书通过撷取 86 个案例、252 个链接、429 张照片，以案例加链接的记述方法、图文并茂的形式，详实记录了虹口全区人民十年来，在市委及区委、区政府领导下，经过共同努力奋斗，在经济建设、政治建设、社会建设、文化建设、生态文明建设及从严治党和北外滩地区开发建设中所取得的辉煌成就。中共上海市虹口区委党史办公室 2023 年 1 月着手材料收集、8 月完成初稿撰写、10 月完成评议评审，将于 2024 年年初付梓出版。

  全书编写过程中，中共上海市委党史研究室制定了详细的收录内容细则和记法细则，先后召开编写培训会、推进会。虹口区委书记李谦应邀为展示虹口过去十年发展成就和奋斗历程的此书作序，勉励党史工作"围绕中心，服务大局"，勇于开拓，积极作为。虹口区委常委、宣传部部长吴强同志全程指导，对本书的编写提出了许多宝贵的意见建议。区委办、区府办、区人大办、区政协办、北外滩开发办及区机关各部门和区融媒体中心等给予了大力支持。本书所记内容主要由各相关单位提供，同时参阅了《虹口报》《虹口信息》《虹口简报》《虹口年鉴》等内容，按照规定的记述方法进行整理编写。

  由于时间紧促，编纂人员水平有限，加之资料收集难免会有遗漏，记述内容肯定存在疏漏或不妥，敬请领导和同志们批评指正。

编者

2023 年 12 月

图书在版编目(CIP)数据

新时代非凡十年的虹口答卷/中共上海市虹口区委
党史办公室编. —上海:上海人民出版社,2024
ISBN 978-7-208-18718-4

Ⅰ.①新… Ⅱ.①中… Ⅲ.①区域经济发展-研究-
虹口区 Ⅳ.①F127.513

中国国家版本馆 CIP 数据核字(2023)第 255983 号

责任编辑 沈骁驰 郑一芳
封面设计 汪 昊

新时代非凡十年的虹口答卷
中共上海市虹口区委党史办公室 编

出　　版　上海人氏出版社
　　　　　　(201101 上海市闵行区号景路 159 弄 C 座)
发　　行　上海人民出版社发行中心
印　　刷　上海盛通时代印刷有限公司
开　　本　720×1000 1/16
印　　张　38.5
字　　数　558,000
版　　次　2024 年 1 月第 1 版
印　　次　2024 年 1 月第 1 次印刷
ISBN 978-7-208-18718-4/D·4255
定　　价　268.00 元